W0174532

Tristan Jones · Festgefahren

Tristan Jones

Festgefahren

Gefangen auf dem Main

pietsch

First published 1998 by Sheridan House, Inc.,
145 Palisade St., Dobbs Ferry, New York 10522, USA
under the title *The Improbable Voyage*.

Copyright © 1986 by Tristan Jones.

Deutsche Fassung: **Irina und Willi Zeiss**

Einbandgestaltung: Sven Rauert

Titelbild: Manfred Peter

Bildnachweis:
DONAUKURIER: S. 198, 200
Manfred Peter: S. 193–197, 199

Redaktionelle Betreuung: Astrid Breuer-Greiff

Gegenüber der amerikanischen Originalausgabe wurden einige Namen von Perso-
nen und Orten sowie einige Datumsangaben angepasst beziehungsweise korri-
giert, wenn offensichtlich war, dass Tristan Jones ein Irrtum unterlaufen ist.

Eine Haftung des Autors oder des Verlages und seiner Beauftragten für Personen-,
Sach- und Vermögensschäden ist ausgeschlossen.

ISBN 3-613-50412-X

Copyright © by Pietsch Verlag, Postfach 103743, 70032 Stuttgart
Ein Unternehmen der Paul Pietsch Verlage GmbH + Co
1. Auflage 2002

Nachdruck, auch einzelner Teile, ist verboten. Das Urheberrecht und sämtliche weiteren Rechte sind dem Verlag vorbehalten. Übersetzung, Speicherung, Vervielfältigung
und Verbreitung einschließlich Übernahme auf elektronische Datenträger wie CD-
ROM, Bildplatte usw. sowie Einspeicherung in elektronische Medien wie Bildschirm-
text, Internet usw. sind ohne vorherige schriftliche Genehmigung des Verlages unzuläs-
sig und strafbar.

Lektor: Oliver Schwarz
Innengestaltung: Viktor Stern
Druck: Gutmann, 74388 Talheim
Bindung: Riethmüller, 70176 Stuttgart
Printed in Germany

Inhalt

Ceffyl da yw ewylls

(Wo ein Wille ist, ist auch ein Weg)

Altes keltisches Sprichwort.

Für Claire Francis, eine tapfere Lady
und
für Wally Herbert, einen tapferen Gentleman

Vorwort

D ies ist eine wahre Geschichte, geschrieben von einem Seemann für
seine Kumpels und für alle anderen, die in Zukunft die beschriebe-
ne Reise mit weniger Schwierigkeiten durchführen können. Ich habe ab
und zu ein paar Informationen eingefügt, die für einen Reisenden wichtig sein können – Wassertiefen, Liegeplätze, Einkaufsmöglichkeiten, wo
man Frischwasser bekommen kann, und solche Sachen. Das ist für die
Leute, die auf der gleichen Route fahren – ich hoffe, sie werden für den
allgemein interessierten Leser nicht langweilig sein.

Dies ist die Geschichte einer ungewöhnlichen Reise, aber keine Rei-
sebeschreibung im landläufigen Sinn. Man wird in diesem Buch wenig
über Museen, Gemäldegalerien oder sonstige touristische Sehenswürdig-
keiten zu lesen finden, auch wenig Geschichte. Das Buch beschreibt die
Reise, wie man sie von Bord eines seegehenden Schiffes aus erlebt, von
einem der ungewöhnlichsten aber schönsten Schiffe seiner Zeit.

Ich hoffe, dass die zur Referenz gemachten Angaben für Reisende
und ihre Bedürfnisse ein wenig Neugier wecken – ist nicht das ganze Leben eine Reise?

Ich unternahm diese Reise gegen alle gut gemeinten Ratschläge welt-
bekannter Autoritäten für Entdeckungsreisen, Flussnavigation und Ozeanreisen. Nur zwei Personen hielten es für möglich, die anderen wuschen ihre Hände in Unschuld und wünschten mir viel Glück (vielleicht
auch, damit sie mich los wurden). Diesen beiden Menschen widme ich
dieses Buch.

An Bord von *Outward Leg*
Meghisti,
Nisos Kastellorizo,
Griechenland

September–Oktober 1985

Teil 1: Hinein

»Die Donau, in meiner Sprache genannt Danube, Duna in Öster-
reich, Dunaj in der Tschechoslowakei, Dunav in Jugoslawien, Duna-
rea in Rumänien, Dunay in der UdSSR, der längste Fluss in Europa,
mit Ausnahme der Wolga ... fließt durch ein Delta und nach 1750
Meilen ins Schwarze Meer.

Zwischen Neustadt und Regensburg erzwingt sich der Fluss sei-
nen Weg durch ein Gebiet von Kalksteinsteilwänden, das fast eine
Meile lang ist. Am Ostende dieser Enge liegt Kelheim ... und da der
Ludwigskanal den Fluss Altmühl und den Main bei Bamberg verbin-
det, ist es möglich, den europäischen Kontinent auf dem Wasserweg
von der Nordsee bis zum Schwarzen Meer zu durchqueren.«

Aus: *The Black Sea Pilot, 1969*, British Hydrographic Department,
Ministry of Defence.

»Scheiße!«

Ein unbekannter deutscher Beamter, Ludwigskanal, 1944

»Verdammte Scheiße!«

Der Autor, als er herausfand, warum der Beamte 1944 geflucht
hatte. 5. Dezember 1984

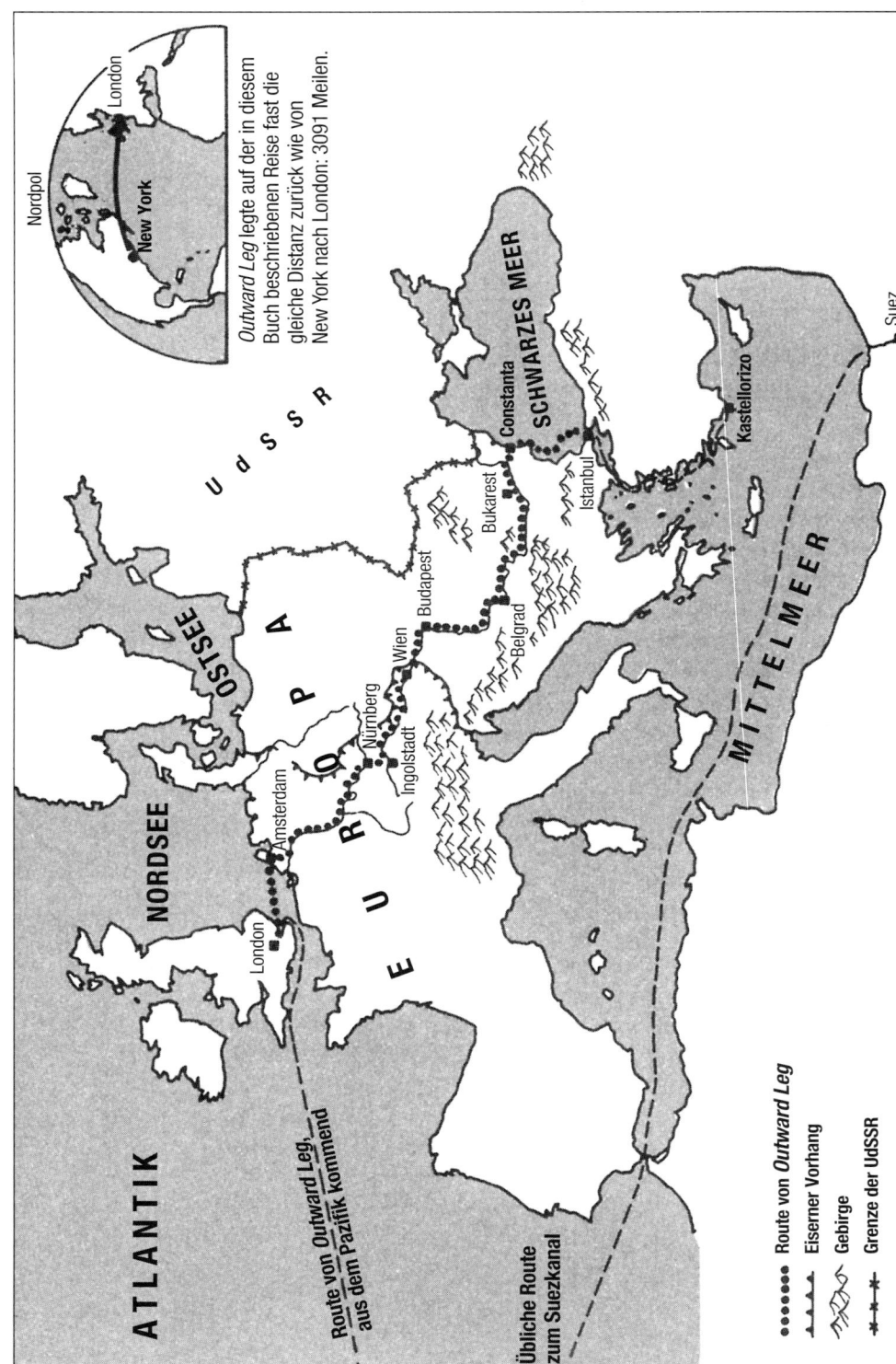

Outward Leg legte auf der in diesem Buch beschriebenen Reise fast die gleiche Distanz zurück wie von New York nach London: 3091 Meilen.

ATLANTIK

NORDSEE

OSTSEE

UdSSR

London

Amsterdam

E U R O P A

Nürnberg

Ingolstadt

Wien

Budapest

Belgrad

Bukarest

Istanbul

Constanta

SCHWARZES MEER

Kastellorizo

MITTELMEER

Suez

Nordpol

London

New York

Route von *Outward Leg,* aus dem Pazifik kommend

Übliche Route zum Suezkanal

●●●●●● Route von *Outward Leg*

▲▲▲▲ Eiserner Vorhang

🗻🗻🗻 Gebirge

╼╼╼ Grenze der UdSSR

1 Pionierarbeit

Im St. Katherine's Dock in London gingen mir eine Menge Dinge durch den Kopf, ich dachte an die vor mir liegenden Möglichkeiten. Jetzt schreibe ich diese Gedanken hier in Kastellorizo auf, dreitausend Seemeilen später. Für einen gewöhnlichen Seemann mit einem kleinen Schiff gibt es immer drei »Wenns«, die verhindern können, dass er überhaupt ablegt: erstens, wenn er darauf wartet, dass sein Schiff zu einhundert Prozent reisefertig ist, zweitens, wenn er wartet, bis er genug Geld für die Reise zusammen hat, oder drittens, wenn er auf die »vernünftigen« Leute hört.

Das ist natürlich etwas anderes, wenn er Sponsoren hat, die seine Reise finanzieren. Die Sponsoren haben eine Menge Geld investiert, und sie versprechen sich natürlich einen Vorteil davon. Sie wollen, dass der arme Kerl sofort ausläuft; ob sein Schiff reisefertig ist, ist ihnen ganz egal. Aber die »ungewöhnlichen« Reisen werden selten von Sponsoren unterstützt, die fassen so etwas nicht einmal mit der Kneifzange an, denn ein solches Unterfangen entspricht nicht dem Gefühl der Landratten.

Aber darin liegt auch der große Vorteil des »unmöglich« Reisenden. Er ist zwar knapp bei Kasse, ein echt chronischer Zustand, und sein Schiff ist niemals »perfekt« ausgerüstet, aber wenn er sein Salz wert ist, dann legt er trotzdem ab. Er mag über kurz oder lang bankrott sein, aber er ist wenigstens unterwegs, obwohl er dann oft nicht weiß, wie es weitergehen soll. Wenn die Reise gar nicht erst begonnen wurde, dann war es nur ein Traum, und man begräbt ihn besser, bevor die »vernünftigen« Leute die Idee sowieso auseinander nehmen. Geld ist zwar hilfreich, aber es macht Träume nicht wahr; das machen nur Glaube, Hoffnung und Leidenschaft, und das auch nur, wenn der Reisende nicht voller Geduld wartet, bis der Traum sich von selbst in Luft auflöst.

Im Jahre 1984 und schon seit vielen Jahren davor war es mein Traum, Europa in einem seegehenden Schiff zu durchqueren, über den

Rhein und die Donau. Darauf bereitete ich mich damals im St. Katherine's Dock vor.

Viele Leute denken, dass lange Flussreisen sehr viel bequemer und sicherer sein müssten als Blauwasserreisen auf den Ozeanen. Oft trifft das Gegenteil zu. Wenn man gut navigiert, ist ein Schiff auf dem Ozean im Allgemeinen die meiste Zeit weit von Gefahrenquellen entfernt; auf einem Fluss ist das äußerst selten. Die Chancen eines Unfalls sind für das Schiff und die Besatzung auf einer Flussreise viel größer als auf See. Einem Landmenschen erscheint das unlogisch, aber das kommt daher, weil er im Binnenland, auf einem Fluss, von den gewohnten Dingen umgeben ist: dem Land, den Bäumen, von Menschen, Städten und Dörfern. Ein gewöhnlicher Landmensch hat wenig Ahnung von Untiefen, Sandbänken und schnellen Strömungen. Ich kenne viele Reisebesessene, tote und lebende, und keiner von ihnen würde beim Anblick des Oberlaufs der Donau bei Hochwasser nicht zusammenzucken.

Ich habe alle Ozeane der Welt befahren, erst zwei Wochen bevor ich den Rhein in Angriff nahm, hatte ich meine Atlantiküberquerung in *Outward Leg* beendet. Aber ich kann mit voller Überzeugung sagen, dass meine Reise quer durch Europa sehr viel gefährlicher war, als jede Ozeanpassage – für mich und auch für das Schiff. Wir beide hatten den Atlantik ohne einen Kratzer unter Segel überquert, aber als wir aus der Donau ins Schwarze Meer hinauskamen, sahen wir beide ungeheuer mitgenommen und gebeutelt aus.

Das bestätigt das, was ich seit langer Zeit über Ozeanreisen sage: Es ist nur das Unerwartete, das Ungewohnte, unsere eigene dunkle Seite, vor der wir Angst haben. Es ist die Abgeschiedenheit da draußen, die Einsamkeit, allein in dunkler Nacht: Davor haben wir mehr Furcht als vor Schiffbruch oder Tod. Und doch sind die Risiken auf einer langen Flussreise viel größer, aber wir akzeptieren sie leichter, oder wir können sie leichter verdrängen, und nehmen blöderweise an, dass der Tod in einer gewohnten Umgebung und in Gesellschaft anders, angenehmer wäre. Aber das ist reine Illusion, jeder stirbt für sich allein, wo immer er auch sein mag. Abgesehen davon wäre es sicher angenehmer, auf See zu sterben als in Gesellschaft einiger Typen, wie wir sie auf den Flüssen und insbesondere im unteren Donaubereich antrafen.

Die Tatsache, dass mein Schiff 8,50 Meter Breite hatte, war schon genug, um die meisten »vernünftigen« Leute abzuschrecken. Über den

Tiefgang dachten sie erst gar nicht nach, obwohl der für mich viel wichtiger war. Hätte das Schiff nur drei Zentimeter mehr Tiefgang gehabt, wäre die Reise fast unmöglich gewesen, aber so, wie ich mich kenne, hätten wir dann sicher die drei Zentimeter am Kiel abgesägt.

Die Höhe, mit gelegtem Mast natürlich, war ebenfalls kritisch, wir legten den Mast so tief wie möglich an Deck, und trotzdem kamen wir manchmal nur mit fünf Zentimeter Freiraum unter Brücken hindurch.

Die Blicke, die mir manche Leute in London zuwarfen, als ich ihnen meine Route erklärte, sagten alles. Nicht alle blickten so, versteht sich, aber die große Mehrzahl. Wäre ich jünger gewesen und hätte ich nicht schon einige der »unmöglichen« Reisen hinter mir gehabt, hätte ich ihnen sicher ohne Zweifel beigepflichtet. Vielleicht half auch mein falsches Bein, und außerdem war ich immerhin heil aus dem piratenverseuchten Kolumbien herausgekommen.

Für die Pioniere unter den Reisenden sind diese Blicke, diese Spötteleien, gewohnte Dinge. Ich hatte sie vor meiner Arktisreise bekommen, vor der Reise zum Toten Meer und zum Titicacasee, und ich bekam sie jetzt wieder. Es war, als würde ich sagen, ich wollte mit einem seegängigen Schiff hinauf nach Tibet. Aber für mich waren diese Sprüche wie Regenwasser auf dem Rücken einer Ente. Der Test für meine eigene »Normalität« (wenn es so etwas gibt) besteht darin, diese Einstellung der anderen noch wahrzunehmen. Nehme ich sie noch wahr, dann bin ich okay, nehme ich sie nicht mehr wahr, bin ich auch okay.

Trotzdem hörte ich aufmerksam allen Einwänden gegen die Reise zu. Wie mir fast jeder sagen konnte, gab es keine Wasserstraßenverbindung zwischen dem Rhein und der Donau. Trotzdem behauptete der *Black Sea Pilot* in seiner Ausgabe von 1969, dass es eine gab. Es waren keine Breitenangaben für den Ludwigskanal vorhanden, aber wenn es ihn gab, würde er sicher auch benutzt. Dann könnte man vielleicht *Outward Leg* auf ein Flussschiff laden und sie so transportieren. Es gab Gerüchte um einen neuen Kanal in Bau, aber weder die Deutsche Botschaft in Washington noch in New York konnte mir darüber nähere Auskunft geben, besonders nicht über den Fortgang der Arbeiten. Einige sagten, der Kanal wäre fertig, andere sagten, man hätte noch nicht einmal damit angefangen. Was die Auskünfte aus dem südlichen Bayern betraf, so hätte es genau so gut am Oberlauf des Amazonas liegen können. Das waren also meine gesammelten Informationen, die ich in den kurzen

Unterbrechungen zwischen dem Schreiben meines neuen Buches und der Vorbereitung meines Schiffes einholen konnte.

Mein guter Freund Peter Drew vom Londoner World Trade Center, der das alte St. Katherine's Dock in ein Schmuckstück verwandelt hatte, bot mir einen Flug nach Nürnberg an, um die Bedingungen dort persönlich in Augenschein zu nehmen. Könnte man das Schiff über das existierende Kanalbett hinwegziehen? Würden die Behörden einen Straßentransport genehmigen? Könnte man es mit einem Hubschrauber über Hindernisse bringen? Diese Fragen hätte man durch einen Besuch abklären können, man hätte die Probleme mit eigenen Augen gesehen. Aber ich dachte, es wäre besser, die Probleme auf mich zukommen zu lassen; ich flog nicht hin. Irgendwie hatte ich das ungute Gefühl, dass ein Augenschein der Probleme meine Reiselust gefährden könnte. Wie sich später herausstellte, hatte ich die richtige Entscheidung getroffen. Wenn *Outward Leg* nicht gewesen wäre und alles, was sie für mich bedeutete, hätte ich bei meiner Ankunft in Nürnberg meinen Traum in den Müll geworfen, wäre nach London zurückgekehrt und hätte dann die Route durch die Biskaya und über Gibraltar genommen. Mit einem guten Schiff wie *Outward Leg* es war, wäre es so viel einfacher gewesen, ins Westliche Mittelmeer zu gelangen. Aber würde ich erst einmal den Rhein hinauf kommen, das wusste ich, dann könnte mich nichts mehr zur Umkehr bewegen. Ich würde dann bis zum Ende kämpfen. Der Amazonas hatte mich einmal besiegt, tausend Seemeilen vom Ozean entfernt. Jeder Fluss, der Rhein zum Beispiel, war ein Symbol für mich, kein Hindernis, nautischer, technischer oder menschlicher Natur, sollte mich auf meiner Reise mit *Outward Leg* aufhalten. Es wäre vielleicht eine Frage von »Friss oder stirb!«, aber scheitern wollte ich nicht und schon gar nicht in Deutschland!

Flüsse haben mich seit jeher fasziniert. Oft waren meine Ozeanreisen nur Verbindungen von Flüssen zu anderen Flüssen. Es ging mir ähnlich wie Bill Tillman, der lange Ozeanreisen machte, nur um irgendwo einen bestimmten Berg zu besteigen. Viele meiner Reisen hatten ein Flussdelta zum Ziel. Selten bin ich an einer Flussmündung vorbeigesegelt ohne das große Verlangen, sie zu erkunden, einfach nur um zu sehen, wie es da drinnen ist – ich weiß nicht, was die Anhänger Freuds dazu sagen würden. Gott möge ihnen beistehen, aber für mich haben Flussläufe einen Symbolcharakter, ich liebe Flüsse! Für mich sind sie geheimnisvoll, mystisch, egal wie kalt und einsam, heiß und feucht, schmutzig und verdreckt sie sind. Flüsse sind reich, sie erzählen mehr über ein Land als all' die Denkmäler, die Städte, die Bahn- und Autobahntrassen. Sie sind mit den Schicksalen der Menschen, die an ihrem Ufer leben, verbunden, und sie fließen immer weiter, werden immer dunkler vom Dreck und Unrat der Gesellschaft, sie sind fett, ranzig, oft stinken sie, und trotzdem sind sie schön. Flüsse sind vital wie das Leben selbst, lebendig, dunkel, klug, voll exotischer Weisheit und unendlicher Zeit, und die enden, wie wir alle, schlussendlich, in der See.

Jahrelang hatte ich im Atlas die Europakarte studiert und die Möglichkeiten erkannt. Europa könnte eine Ostküste haben, es könnte möglich sein, eine Reise von der Nordsee direkt ins Schwarze Meer zu unternehmen. Es wurde mir klar, dass auch schon andere längst vor mir diese Idee gehabt hatten. Lange schon bevor ich meinen Traum entdeckte, hatten sie daran gearbeitet. In der Tat hatte der später verrückt gewordene König Ludwig von Bayern den Traum Realität werden lassen, in einer Kleinausgabe sozusagen, aber das war auch schon ein Jahrhundert her. Einige kleine Einrumpfschiffe hatten die Reise gemacht, aber es waren keine Seeschiffe gewesen. Jetzt waren die Ingenieure in den Hügeln von Bayern an der Arbeit, um auch für große Schiffe eine Verbindung zu schaffen. Natürlich hatten sie dabei Flussschiffe und Lastkähne im Sinn. Die einzigen Seeschiffe, die dann noch hindurchfahren würden, wären Yachten, und ich wollte, dass *Outward Leg* das erste Ozeanschiff sein würde. Mein Schiff sollte wie eine Wildgans auf ihrem Jungfernflug Europa durchqueren.

Outward Leg ist ein Trimaran. Das heißt, sie krängt nicht besonders, und ich kann mich daher als Einbeiniger mit gewisser Leichtigkeit auf ihr bewegen. Aber dafür ist sie breiter als gewöhnliche Schiffe, tatsächlich ist sie bei ihrer Länge von 12,50 Meter breiter als dreimal längere Einrumpfschiffe. Sie ist so breit wie eine moderne Fregatte der Marine. Auf See spielt das keine besondere Rolle, ihre Breite ist dort eine Wohltat, sie verleiht dem Schiff eine enorme Geschwindigkeit, auf die manche neidisch sind, und sie gibt ihm große Stabilität. Aber in Häfen und auf Flüssen ist die Breite ein Problem: das Schiff nimmt mehr Raum in Anspruch als mir durch meine bescheidene Anwesenheit auf der Erde zusteht. Durch die Breite macht das Manövrieren auf eingeengtem Raum Kopfschmerzen, besonders bei einer steifen Brise. Durch die einer Kenterung entgegenwirkenden »Kühlrohre« im Hauptrumpf (Rohre mit Wasserballast) hat *Outward Leg* einen Kiel, der einmeterfünfzig tief im Wasser liegt, das heißt, das Schiff kann sich nur in Wassertiefen über 1,50 Meter bewegen. Mit dem gelegten Mast beträgt die Höhe über der Wasserlinie etwas über zwei Meter. Also, mit ihrer Länge, Breite, Tiefgang und Höhe ergibt sich bei *Outward Leg* ein Volumen von 12,50 x 7,50 x 3,50 Meter. Das ist schon ein ganz schöner Brocken für einen Transport über Land, selbst mit modernen Mitteln. Das Ganze nimmt einen Raum ein, so groß wie zwei normale Wohnzimmer. Weil es sich um ein Schiff handelt, gibt es überall Beschläge und Ausrüstungsteile, die nicht beschädigt werden dürfen. Den einzigen Vorteil, den sie für einen Landtransport mitbringt, ist ihr relativ geringes Gewicht, leer wiegt sie nur etwa drei Tonnen.

»Also«, sagen die »vernünftigen« Leute, »können Trimarane wegen ihrer Breite nicht überall fahren!«

Das war ein weiterer Grund für meine Rhein-Donau Reise, ich wollte es den »vernünftigen« Leuten zeigen, das heißt, ich wollte Gebiete besuchen, in die »normale« Einrumpfschiffe mit gleicher Länge nicht hinkommen, solange man dort das Wasser nicht tiefer macht. Es war deshalb mein Ziel, auch den Oberlauf der Donau mit einem Ozeanschiff und zudem noch einem Trimaran zu befahren. Ich wollte ein unbestreitbares Zeichen setzen für die Einrümpfler, ein für alle Mal die Diskussion um das Fahrtengebiet für Mehrrumpfschiffe beenden. Das wäre dann eine Herausforderung für die Einrumpf-Fanatiker, es mir nachzumachen. Das Ganze schreibe ich natürlich mit einem Augenzwinkern und meine es nicht so ernst.

Noch ein Grund für die Reise: Man muss nur in den Atlas schauen, um das Kaleidoskop der verschiedenen Kulturen zu sehen, die sich über den Norden, das Zentrum und den Osten von Europa verteilen. Und nicht nur die politischen Karten sind interessant, auch die Wetterkarten, die Niederschlagsmengen, die Diagramme der Einwohnerzahlen pro Quadratkilometer, die verschiedenen Religionen und Sprachen.

Im Norden liegen das flache Holland, die deutschen Moor- und Heidelandschaften. Diese Länder sind von geschäftigen Holländern und ernsten Deutschen bewohnt, dann die Hügel in Bayern, mit den erstaunlich lebenslustigen Nachkommen der Kelten, die Berge in Österreich, dem alten Herz des ehemaligen Kaiserreiches. Dahinter die Düsterheit der slowakischen Donau, die weiten Flächen der ungarischen Steppe mit ihren wunderbaren Menschen, dann die Berge und danach die Einfachheit im Hinterland von Jugoslawien, so unglaublich verschieden von der Adriaküste. Dann folgen eine Reihe dramatischer Schluchten, wie man sie kaum sonst irgendwo auf der Erde findet, und dann fährt man durch eine herrliche, aber durchaus sehr gefährliche Flusslandschaft, mit den so unterschiedlichen Ländern wie Rumänien und Bulgarien an den Seiten. Zum Schluss kommt man bei Constanta ins Schwarze Meer. Für ein kleines Schiff gibt es kaum eine andere Reiseroute auf der Welt, die so von kulturellem Reichtum ist, von der Vergangenheit bis heute. Es gibt keinen anderen Fluss, der so geschichtsbeladen und gleichzeitig so modern ist. Kein anderes Reisegebiet hat so viel Geschichte durchlebt, alte Keltenstämme lebten dort, römische Soldaten, die Reiter Attilas, türkische Feldherren. Und das alles auf einem Boden, auf dem heute die kommunistischen Grenzwächter ihre Runden drehen. Nirgendwo in der Welt könnte die Lage so trostlos sein und doch so hoffnungsvoll. Nirgendwo kann man den Aufstieg und den Untergang von Reichen, in der Vergangenheit und in der Gegenwart, besser sehen als dort in Europa.

Und neben diesen drei Gründen für die Reise gab es noch einen. Dort gab es Millionen von Amputierten, die Älteren als Überlebende des schrecklichen Krieges, die Jüngeren als Folge von angeborenen Behinderungen und Krankheiten. Es war auch ein Ziel meiner Reise, ihnen ein wenig Hoffnung zu geben, ihnen Mut zu machen. Ich wollte ihnen zeigen, dass, wenn ich es machen kann, dann können sie es auch.

Outward Leg führt die amerikanische Flagge, weil sie in den USA registriert ist und weil sie Amerikanern gehört. Ich bin Brite und hätte auf Wunsch ihre Nationalität ändern können. Es wäre vielleicht sogar ratsam gewesen, denn die Unterstützung durch britische Konsulate ist für gestrandete Seeleute hilfreicher als durch amerikanische Botschaften. Wenn man das politische Klima in Europa bedachte, besonders in Osteuropa, wäre das eine vernünftige Sache gewesen. Aber meine Neugier überrannte wieder einmal meinen gesunden Menschenverstand, wie so oft, wenn ich versuchte, einen Traum in die Realität umzusetzen. Ich entschied mich, die amerikanische Flagge beizubehalten. Ich wollte herausfinden, wie man ein amerikanisches Schiff auf den Wasserwegen in Zentral- und Osteuropa empfangen würde.

Das führt uns zur politischen Seite des Traums. Der Eiserne Vorhang teilt Europa in zwei Hälften. Auf der westlichen Seite (für uns existiert der Vorhang auch) haben die Amerikaner Soldaten stehen, unterstützt von ihren europäischen Verbündeten, mit mehr oder weniger viel Begeisterung, wie es scheint. Auf der östlichen Seite haben die Rote Armee und die Luftwaffe der UdSSR die Satellitenstaaten fest im Griff. Von der österreichisch-tschechischen Grenze an fließt die Donau durch kommunistisch kontrollierte Länder, aber sie ist ein internationaler Wasserweg, Schiffe aller Nationen haben das Recht, ihn zu befahren. Nach dem Prinzip, dass eine Hand die andere wäscht (das scheint die allgemeine Regel in der Politik zu sein), ist die Donau eine internationale Wasserstraße, gemäß dem Donauvertrag vom 10. Februar 1947. Nationen, die den Vertrag verletzen, laufen Gefahr, dass ihren Schiffen das Befahren westlicher Gewässer untersagt wird.

Die Eröffnung des Rhein-Main-Donaukanals soll 1992 stattfinden. Die Ostblockländer, insbesondere die UdSSR, haben größtes Interesse daran, für ihre Frachtschiffe Navigationsrechte auf dem Rhein zu erhalten. Damit hat der Westen einen langen Hebel in der Hand, die freie Fahrt kleiner Schiffe auf der Donau durchzusetzen. Das heißt, das im Eisernen Vorhang klaffende, aber wenig benutzte Loch kann offen gehalten und von vielen Schiffen benutzt werden. Die meisten werden sicher die Donau abwärts fahren, aber theoretisch kann man sie in beiden Richtungen benutzen. Je mehr Schiffe das tun, je besser. Meine Geschichte wird zeigen, warum.

Osteuropa blickt nach Paris und London, nicht nach Moskau. Die Donau ist wie eine große Autobahn, die mitten durch das sowjetisch kontrollierte Osteuropa hindurch führt. Wenn man ein Ozeansegelschiff dort hindurch bewegt, dann verbreitet es einen Hauch der Freiheit, bringt ein wenig Licht ins Dunkel. Ein einziges westliches Schiff auf der Donau ist wie ein Blatt im Rinnstein, aber eine Tonne Blätter können natürlich den Abfluss verstopfen, können eine Veränderung erwirken. Das erste Blatt hat seinen hüpfenden Weg gefunden, hat die See erreicht, das ist mir wichtig und vielleicht auch anderen. Aber was mir wichtiger ist, dass es Tausende von Menschen gesehen haben. Und wo ein Blatt schwimmen kann, dort können viele andere schwimmen.

All das wusste ich damals im St. Katherine's Dock, ich wollte nicht nur eine interessante Reise machen und schon gar keine bequeme. Ich fuhr auch nicht aus reiner Neugier, ich wollte mehr erreichen.

Also schnappte ich meinen Traum, verstaute ihn unter Deck, machte mein Schiff klar – und legte ab.

2 Vorbereitung ist alles

Wenn ich sage: »Ich machte mein Schiff klar«, dann werden mich nur eingefleischte Seereisende verstehen. Also für alle, die nicht wissen, was ich meine, also keine Finger aus Belegnägeln und keine Haare aus Takelgarn haben, kommt hier die Erklärung.

Ich hatte eine Crew an Bord: Terry Johanson, achtundzwanzig, den ich in New York aufgelesen hatte, und Martin Shaw, achtundzwanzig, der seit den Azoren bei uns war. Terry war früher Kellner gewesen und ehemaliger Student der russischen Geschichte. Neben anderen Dingen hatte Terry zwei große Vorteile: Er war ein guter Koch, und er wurde nie seekrank. Ich dachte, seine Kenntnisse der russischen Sprache würden uns in der unteren Donau sehr gelegen kommen.

Martin Shaw war sozusagen als Anhalter nach England mitgekommen, seinem Zuhause. Er war Ingenieur und hatte sein eigenes Schiff gebaut, dann im Indischen Ozean Schiffbruch erlitten und sich zu den Azoren durchgeschlagen. Ich hätte mir keinen besseren Mann vorstellen können, um *Outward Leg* über die Lücke zwischen Rhein und Donau hinweg zu bringen. Beide Leute meiner Crew hatten außerdem die notwendige Willenskraft, die man für eine solche Reise braucht, und viel Energie. Ob sie auch die beiden anderen Voraussetzungen für Pioniere mitbrachten, Geduld und Leidenschaft, konnte nur die Zukunft zeigen.

Es war erst zehn Monate her, dass meine Weltreise in San Diego, Kalifornien, begonnen hatte. Am 29. August 1984 waren wir im St. Katherine's Dock in London angekommen, wir hatten 14.000 Seemeilen zurückgelegt, viele davon direkt gegen Wind und Wetter in der südlichen Karibik. Zwischen San Diego und London war ich in zehn ausgewachsene Stürme geraten, die das Schiff durchgerüttelt hatten. In London mussten also einige Arbeiten erledigt werden.

Durch das schwere Am-Wind-Kreuzen waren die Vorderseiten der Flügeldecks, herrliche Kurven aus Fiberglas, eingedrückt und zerkratzt.

Die Stauräume in den Flügeldecks hatten noch nie Farbe gesehen, da wir es damals in San Diego eilig gehabt hatten, und auf der Reise hatten wir kaum Gelegenheit gehabt, sie anzupinseln. Die Seiten des Schiffes waren an ein paar Stellen zerkratzt. Das war die richtige Arbeit für Martin, neben dem Ausbau der vorderen Kojen für die Crew. Wie ich schon sagte: Wenn man wartet, bis alles einhundert Prozent fertig ist, kommt man nie auf See hinaus. Wir waren auch mit den halbfertigen Kojen um ein Viertel der Erde herum gesegelt. Außerdem hatte Martin so neben den wohlverdienten Besuchen bei seiner Familie etwas zu tun.

Terry strich die Kombüse mit weißer Farbe. Vorher war sie dunkelblau gewesen und hatte viel zu düster gewirkt. In seiner Freizeit besichtigte er London wie ein echter Tourist.

Wir schickten das Großsegel zum Erneuern aller Nähte zu Ratsey and Lapthorne auf der Insel Wight. Sie lieferten sehr gute Arbeit ab, alle Nähte waren jetzt dreifach, und sie berechneten keinen Penny dafür! Damit halfen sie mir mehr, als sie ahnen konnten.

Mein Gummibeiboot, ein miserables amerikanisches Ding, hatte man in Kolumbien geklaut, zusammen mit dem 3-PS-Außenborder. Dabei hatte die Crew nur ein paar Zentimeter davon entfernt an Deck geschlafen. In London war mein Geld knapp, und außerdem brauchte ich meine ganze Zeit, um neben verschiedenen Artikeln für Segelzeitschriften das Buch *Outward Leg* fertig zu schreiben. Bei Schriftstellern ist das nicht so wie bei Ärzten, Rechtsanwälten, Truckern und Müllmännern, sie bekommen während der Arbeit kein Geld. Sie werden erst bezahlt, wenn es den Verlegern oder Herausgebern beliebt. Also haben sie nie Geld, wenn sie es brauchen. Doch dann kommt irgendwann ein unerwarteter kleiner warmer Regen. Die Arbeiten, die ich im September ablieferte, würden irgendwann in den nächsten sechs Monaten bezahlt, – falls sie angenommen werden würden.

Im Leben stehen die Engel nicht so an jeder Straßenecke herum, aber manchmal kommt einer einfach so daher spaziert. In diesem Fall war es meine gute Freundin Claire Francis, sie passte gut in die Engelsrolle. Sie tauchte ganz früh an einem regnerischen Morgen auf, übermütig wie immer. Vor Mittag bin ich selten auf der Höhe, und besonders nicht, wenn ich über einem Kapitel schwitze, bei dem es um die Piraterie in der Karibik geht, und das nicht zur Umgebung im St. Katherine's Dock passt.

Claire ist eine echte Ozeanseglerin. Sie machte nicht viel Geschwafel, wie es die Landratten tun, so mit »wie geht`s dir« und »wann legst du ab?« Sie rückte gleich mit der wichtigsten Frage heraus, die einen Reisenden vor dem Aufbruch beschäftigt: »Hallo Tristan, was brauchst du?«

»Ein Beiboot und einen Außenborder.«

»Ist das alles?«

»Einen Petroleumkocher, denn für meine amerikanischen Gasflaschen finde ich sicher keine Adapter in Europa, aber Petroleum gibt es überall ...«

Wie gewohnt schüttelte Claire ihr Haar auf eine Seite. »Also, ich werde sehen, was ich in Sachen Beiboot und Kocher machen kann, für den Außenborder kann ich nichts versprechen. Was ist mit Avon-Beibooten, hast du die probiert?«

Müde schüttelte ich den Kopf. »Claire, das ist die einzige Firma in Wales, die einen internationalen Ruf bei den Seglern hat, aber sie haben mir nur einen kleinen Rabatt angeboten, es lohnt sich kaum. Aber die walisische Touristenorganisation hat mir eine verdammte Flagge mit rotem Drachen geschenkt, die ich auf der Donau führen soll ...«

Claire grinste: »Oh, das ist bestimmt sehr nützlich! Das löst dein Problem im Nu, oder?« Sie dachte eine Minute lang nach, dann sagte sie: »Ich sag' dir, was ich mache, ich rufe die Firma Dunlop in Liverpool an, wegen dem Beiboot, und auch Taylor's in Southampton. Wir werden sehen, was die für dich tun können.«

Also, um es kurz zu machen, zwei Tage später kam eine riesige Kiste auf dem Steg an, ein nagelneues 12-Fuß-Beiboot von Dunlop. Es war das erste neue Beiboot, das ich in zweiunddreißig Jahren an Bord hatte. Keiner kann sich vorstellen, wie gut wir es später auf dem Rhein und der Donau gebrauchen konnten; ohne das Beiboot wäre die Reise unmöglich gewesen. Fast zur gleichen Zeit kam ein nagelneuer zweiflammiger Petroleumkocher aus Southampton an, inklusive Ersatzteile. Ich sprach zwar nicht lange mit den Spendern, aber ich hoffe, ich brachte das Gefühl meiner großen Dankbarkeit zum Ausdruck. Dann, als wir gerade das Beiboot aufgeblasen hatten, kam Peter Drew vom World Trade Center und organisierte einen Außenborder für mich, einen nagelneuen 8-PS-Suzuki. Wir machten ihn am Heckkorb fest und nannten das Beiboot *Middle Leg* (Mittelbein), denn das Beiboot liegt auf dem mittleren

Rumpf, wenn wir unterwegs sind. Mit dem Außenborder läuft es zehn Knoten.

Neben dem Zusammentragen von Ausrüstungsgegenständen musste ich mich mit der Presse auseinander setzen: *Times, Observer, Standard, Yachting World, Yachting Monthly, Sea Trade, Portsmouth News*. Und dann die vielen Interviewer, manche realistisch, manche voller Illusionen. Aber es war ein Teil meiner notwendigen Aktivitäten an Bord von *Outward Leg*, ich wollte so viele Leute wie möglich erreichen, besonders Behinderte. Es sollte keine Selbstbeweihräucherung sein, ich wollte nur klar machen, was ich machte und warum ich es machte. Von Bekanntheit wird man aber nicht satt, und viele Journalisten waren wie die Pest. Sie kamen zu den unmöglichsten Tageszeiten, und die meisten wollten nur von Abenteuern, Gefahren und Katastrophen hören. Nur die Besten wollten verstehen, was wirklich vorging. Was die Pressefotografen angeht, ich denke, ich kenne da eine sehr einsame Insel, auf die man sie allesamt verbannen sollte. Dort könnten sie auf ihre perfide Art Pinguine fotografieren oder sonst was. Wie sonst kann man einen einbeinigen Alten auf Deck herumjagen und ihn danach fragen, die idiotischsten Stellungen einzunehmen? Einige wollten sogar, dass ich meine Prothese ausziehen und mein geschnitztes Holzbein anlegen sollte.

London war voller Touristen, aber sie hatten wenig Zeit, sich für einen verrückten Krüppel zu interessieren, der sich auf eine ungewöhnliche Reise vorbereitete. Dafür lud uns Claire Francis zum Abendessen ein, und gegen Ende September genossen wir einen wunderbaren Sonntag bei ihrer Familie auf dem Land in Buckinghamshire. Seit Jahren war es wieder das erste Mal, das ich in Großbritannien auf dem Land war, ich liebte den Anblick der Bäume und Blumen, der gepflegten Rasenflächen und der Hecken.

Vor dem Abreisetag am 14. Oktober, kam eine Glückssträhne daher, im St. Katherine's Dock lag das Hauptquartier der »Operation Raleigh«, die ihren Schoner für eine Weltreise ausrüstete. Eine ehemalige Dampfschiffgesellschaft hatte ihnen alle ihre Seekarten spendiert. Aber die »Operation Raleigh« hatte viele doppelt, und viele waren auch für Gebiete, in die sie auf ihrer Expedition nicht kommen würde. Könnte ich die gebrauchen?

Minuten später stand ich im Kartenraum des Schoners, nach einer Stunde oder zwei lagen zweihundert Seekarten, die meisten aus dem

Jahr 1980 und nachgeführt (!), in der Achterkajüte von *Outward Leg*. Sie waren ein Goldschatz an Informationen über das Mittelmeer, das Rote Meer, die Straße von Malakka, das Südchinesische Meer und die Küsten Japans. Ein neues Kartenblatt kostet etwa zehn Pfund, gebraucht etwa fünf. Zusammengerechnet hatte ich jetzt Karten im Wert von 1000 Dollar! Außer den Blättern für das Schwarze Meer und für ein paar einzelne Gebiete hatte ich alles für die geplante Weltumsegelung bis zurück nach San Diego. Und das alles geschah so schnell, dass ich kaum Zeit hatte, mich bei der »Operation Raleigh« zu bedanken. Sie hatten mir gewaltige Kosten erspart.

Anfangs Oktober, fünf Wochen nachdem wir in London angekommen waren, wurde ich mit meinem Buch *Outward Leg* fertig und hatte zusätzlich einen Vertrag für das Buch ausgehandelt, das du gerade liest. Ich hatte zwar noch keinen Vorschuss darauf, aber der sollte über kurz oder lang eintreffen oder jedenfalls ein Drittel davon. Das würde *Outward Leg* und uns drei ein paar Monate über Wasser halten. Außerdem hatte ich drei Artikel der Reise an *Yachting World* und einen Reisebericht an *Nautical Quarterly* in den USA verkauft. Alles zusammen hatte ich jetzt etwa 2000 Dollar im Sparstrumpf, und in den folgenden Wochen sollten noch einmal 1500 hinzukommen. Es war an der Zeit aufzubrechen, es war Oktober geworden, und die Strömung im Rhein würde mit dem Herbstregen einen Höhepunkt erreichen. Gegen das Jahresende hin würde in den Hügeln Bayerns der Frost einsetzen, und dann käme ich vor dem nächsten Frühjahr nicht über das fehlende Stück hinweg. Wenn wir uns nun beeilten, dachte ich, könnten wir zu Neujahr am Oberlauf der Donau sein, vielleicht noch vor den tiefen Temperaturen im Februar. Dann, vielleicht in Ungarn, könnten wir in ein Loch hineinkriechen, um auszuruhen. Dort war das Leben billig, wir könnten das Tauwetter abwarten und uns dann im März wieder auf den Weg zum Schwarzen Meer machen.

Am 14. Oktober, exakt ein Jahr, nachdem *Outward Leg* in San Diego losgesegelt war, war alles zur Abreise fertig. Wir mussten nur noch auf die Flut warten und auf das Öffnen der Dockschleuse. Und dann mussten wir noch unseren Freunden adieu sagen. Die ersten beiden Dinge konnte ich kaum erwarten, das Letztere ertrug ich mit Fassung.

Das meinte ich, als ich schrieb: »Ich machte mein Schiff klar«.

3 Viel Hektik, wenig Fortschritt

Eine kleine Gruppe guter Freunde war am St. Katherine's Dock, als *Outward Leg* die Leinen loswarf und sich für das Auslaufen in die Themse bereit machte. Es gab auch eine Menge Zuschauer, hauptsächlich Touristen, zusammen mit den Leuten für die Bedienung der Zugbrücke und der Schleuse. Es macht mir sowieso keinen Spaß, mit Trara verabschiedet zu werden. Schon gar nicht, wenn ich das Schiff aus einem engen Hafen heraus manövrieren muss. Dann sind Emotionen nur hinderlich, man sollte einen klaren Kopf haben und sich konzentrieren, und ganz besonders dann, wenn das Schiff achteinhalb Meter breit ist, und die Schleuse nur achtmeterachtzig.

Claire Francis war das klar, denke ich, sie wusste genau, wie das ist, wenn beim Verlassen des Hafens zu viele Zuschauer da sind. Sie war einen Tag oder zwei vorher zum Schiff gekommen. Viele bekannte Namen der britischen Segler- und Landreiseszene hatten ihre Zweifel über den Erfolg meiner Reise ausgedrückt. Demzufolge wiesen mich viele Herausgeber zurück, denen ich Artikel und Berichte angeboten hatte. Selbst denjenigen, die mir entgegengekommen waren, musste ich versichern, dass ich ihnen bei Umkehr und der Wahl einer Alternativroute über die Biskaya und Gibraltar sofort Nachricht geben müsste. Nur Claire glaubte fest daran, dass *Outward Leg* es schaffen konnte. »Wenn das jemand schafft, dann bist du das!«, sagte sie. Auch Wally Herbert dachte so, er hatte niemals Zweifel.

»Ich wünschte, ich hätte deine Zuversicht, Claire«, sagte ich, »ich bin selbst voller Zweifel, aber ich werde es angehen!« Im Geheimen rechnete ich mir eine Chance von fünf Prozent aus, dass *Outward Leg* das Schwarze Meer ohne irgendeine Art von Schiffbruch erreichen würde. Aber als mir das durch den Kopf ging, drückte ich schon auf den Anlasser. »Fünf Prozent ist mehr als hundert Prozent von Nichts«, knurrte ich.

Meine Crew war aufgeregt, dass es endlich los ging, oder sie diskutierten noch über das, was ich ihnen gesagt hatte. Das Schleusentor öffnete sich langsam, und das graue Themsewasser kam in Sicht. Nach den fünf Wochen, in denen wir im Bassin eingesperrt gewesen waren, war das ein fast heiliger Anblick. Eine Schar von Krähen kreiste über dem Tower von London. »Jungs«, sagte ich, »ich habe versucht, an alles zu denken, aber ich wette mit euch, dass wir etwas vergessen haben. Ich habe mich noch nie auf eine Reise begeben, bei der nicht irgendwann Würmer auftauchten. Aber keine Sorge, das Unbekannte ist reizvoll und hat oft auch seine guten Seiten.« Terry nickte weise mit dem Kopf, aber Martin sah mich an, als käme ich gerade aus dem Irrenhaus, dann legte er die Leinen bereit.

Die Zugbrücke über dem Schleusentor schwang langsam nach oben, ich kuppelte die Maschine ein, um die Lage des Schiffes für die Einfahrt in die Schleuse zu korrigieren. Ich versuchte, die Rufe der Zuschauer zu überhören, aber ich gab ein wenig zu viel Gas. Das Schiff bewegte sich zu schnell, und die Steuerbordwant blieb an der aufgehenden Zugbrücke hängen. Es dauerte einen Moment, bevor das Mädchen, das die Zugbrücke bediente, unsere Schreie über den Lärm der Zuschauer hinweg hören konnte, und eine ganze Minute lang hing *Outward Leg* mit der Want an der Brücke, die anscheinend unaufhaltsam immer mehr nach oben ging. Es war, als ob London mich an meinen Jackenärmeln zurückhalten wollte, mir sagen wollte, ich wäre ein verdammter alter Narr.

Aber die Sache ging trotzdem gut aus, die junge Brückenwärterin merkte endlich, was los war, sie ließ die Brücke wieder ein wenig herunter, und meine Crew befreite die eingeklemmte Want, die mit einem lauten »Twang« in ihre Position zurück schnappte. Gott sei Dank, dass *Outward Leg* keine Salinge hatte! Die Saling an Steuerbord wäre unter Garantie am Mast abgebrochen, und wir hätten für eine Reparatur zurück ins Bassin gemusst. Das ist der Vorteil eines breiten Trimarans, man kann die Oberwanten direkt auf den Schwimmern befestigen, obwohl viele Konstrukteure von Mehrrumpfschiffen das aus einem mir unbekannten Grund nicht machen. Ich denke, es ist mehr eine Frage der Tradition, nach dem Motto: »Mein Vater hatte Salinge, also brauche ich sie auch!« So viel ich weiß, ist *Outward Leg* das einzige Schiff in dieser Größe, das keine hat.

Bald liefen wir frei in der Themse. Als Erstes mussten wir unsere Treibstofftanks auffüllen. Man hatte uns zu einer Treibstoffbarke geschickt, direkt unterhalb des Docks. Also fuhren wir dorthin und machten längsseits an ihr fest, das war um 15.30 Uhr. Nach zehn Minuten Rufen und Klopfen tauchte endlich der Tankwart aus der Kabine auf, frisch gewaschen und gekämmt. In der Hand hatte er einen kleinen Aktenkoffer. Wenn ich jemals auf ein klassisches Beispiel der »englischen Krankheit« getroffen bin, dann war es hier. Er schüttelte den Kopf: »Wir machen um drei zu, keine Bedienung mehr – bin auf dem Weg nach Hause!«

Geduldig erklärte ich ihm, dass wir nicht früher aus dem St. Katherine's Dock hätten auslaufen können, da die Flut erst ihren höchsten Stand erreicht haben musste. »Wir wollen nach Holland, wir haben nur noch fünf Liter im Tank«, bettelte ich.

»Kann' dir nicht helfen, Kumpel, gibt ein interessantes Programm im Fernsehen ...«

Erst nachdem wir ihm ein gutes Trinkgeld versprochen hatten, zog der Tankwart mit saurem Gesicht seine Handschuhe an und gab uns den Schlauch an Bord. Während wir schnell und voller Demut unseren Tank füllten, knurrte er etwas von »verdammten Yachtkerlen« vor sich hin. Terry, ein New Yorker war nahe daran, sich den Kerl zu schnappen, um ihn über die Seite seines Kahns zu befördern, aber ich gab dem Glotzenliebhaber schweigend unsere letzte Fünfpfundnote und einige Münzen als Trinkgeld. Er sah das Geld einen Moment lang an und stopfte es kommentarlos in die Tasche. Dann drehte er sich um, stieg in sein Beiboot und ruderte weg.

Als wir das servicefreundliche Tankschiff hinter uns gelassen hatten, motorten wir mit der Ebbe die Themse hinunter, denn es gab keinen nennenswerten Wind. Der Abend kam heran, und ein leichter Regen kam von Osten her, ein Nieseln, kalt und klebrig, wie ich es oft in meiner Jugend erlebte hatte, als ich Schiffsjunge auf *Second Apprentice* gewesen war, die regelmäßig in diesen Gewässern gefahren war. Aber damals waren die Londoner Docks noch belebt und geschäftig gewesen, vollgestopft mit Schiffen aus allen Teilen des Empire und vielen Päckchen von Segelbarken, die sich mit der Flut den Fluss hinauf gearbeitet hatten. Jetzt lagen die Docks verlassen und öde da, zerstört von den Gewerkschaften. Meile um Meile drifteten wir an trostlosen Ladekais entlang, mit rostigen Kränen und windschiefen Hütten.

Um acht Uhr abends brach die Nacht herein, und wir standen vor Shellhaven, wo der Fluss sich verbreitert und zur Themsemündung wird. Die Kanäle zwischen den Schlammbänken wurden verwirrend und die

Tidenströme rätselhaft. Die ganze Seemündung ist gut befeuert, vielleicht ein wenig zu gut, denn die Dutzende von blinkenden Bojen sind bei der Navigation schwer zu unterscheiden. Die Tide war gekentert und lief jetzt gegen uns. Es war besser, einen Platz für die Nacht zu suchen. Wir liefen Hole Haven an, das ist exakt, was der Name sagt: ein Loch im Schlamm, an der flachen, öden, trostlosen, nebligen Küste von Essex. Das Loch liegt in einem Spalt zwischen monströsen Ölraffinerien, deren gespenstische Fackeln am Kopf der schlanken und silbrig glänzenden Stahlkonstruktionen ein fremdartiges Licht verbreiteten, so als hingen sie einfach frei in der Luft.

Um halb drei Uhr morgens, in einer regnerischen Oktobernacht in der Themsemündung, fühlten wir uns nicht gerade wie Helden; wir hatten keinen großen Mut, keine große Motivation. Im Ölzeug stapften wir schweigend an Deck umher, öffneten ein wenig die Luken und verkürzten die Ankerkette, bis in der Kombüse der Teekessel zu pfeifen anfing und der Speck in der Pfanne brutzelte. Manchmal hörte man ein unterdrücktes Fluchen, wenn sich jemand auf dem Vorschiff die Zehen angestoßen hatte, aber niemand gab einen schlagfertigen Kommentar dazu ab. Wir führten unsere Arbeiten wie ein todernstes, notwendiges Ritual durch, in einer Begräbnisstimmung. Es gab kein Wort, das nicht unbedingt notwendig war, und das war dann eh nur ein Gemurmel. Der Skipper suchte vom Cockpit aus nach der funkelnden Kennung einer bestimmten Boje draußen in der regnerischen Dunkelheit. Die Flammen der Gasfackeln waren wie eine Lichtwand, alle paar Sekunden konnte man einen Fluch hören. Aber dann vollbrachte der heiße, dampfende Tommy Lipton's Tee sein Wunder, und vor uns lag ein neuer Tag, eine Ebbe und eine gute Brise aus Westen, gut für den Kurs nach Holland. Also sagten wir Großbritannien Lebwohl.

Bald waren wir wieder draußen in dem Kanalgewirr der Seemündung, das gespenstische Glühen der Wanten verwandelte sich in Silber, wurde dann blau und am Ende schwarz. Wir tuckerten dahin, wichen dem Küstenverkehr aus und nahmen in der leichten, zur See laufenden Tide Kurs auf Greenwich Reach. Hinauf mit dem Groß! Bald zogen wir an der North Tongue Boje vorbei, wir baumten das Vorsegel aus und rollten mit guten sieben Knoten vor dem Wind dahin, mit direktem Kurs auf die Lowlands.

Aber das hielt nicht lange an. Im Dunst des Regens würgten wir zum Frühstück feuchte Sandwiches hinunter, die Segel hingen herunter wie die Flanellunterhosen der alten Maggie. Die Brise war müde geworden und hatte sich dorthin verzogen, wo es wärmer war. Es schien, als ob der Regen uns bis zum Knochenmark durchweichen wollte, bis in unsere kalten Magenspitzen.

Auch am späten Vormittag zeigte sich keine Besserung: Es war ein rotznäsiger tropfender Tag, das Wetter konnte sich zu nichts entscheiden. Es saß grau und kalt auf einem Baum und schoss ab und zu fahle silbrige Sonnenstrahlen durch die tief hängenden dunklen Wolken am Horizont. Es war ein geeigneter Tag für ein Seebegräbnis, es fehlten nur ein paar Kränze auf dem grauen schwappenden Wasser.

Unter Deck, im Bauch von *Outward Leg* schnurrte die Yanmar Maschine, wir glitten von einer Welle zur nächsten, suchten unseren Weg durch den dichten Verkehr der großen Frachter, eine stetige Prozession in der geschäftigsten Seestraße der Welt. Um die Mittagszeit kam dann eine Nebelbank heran, so weiß und undurchsichtig wie ein Samtvorhang, drohend braute sie sich am nördlichen Horizont zusammen. Aber der Tag konnte sich immer noch nicht entscheiden, wie er werden sollte, und der Nebel gab wieder auf, als wolle er die Trostlosigkeit der Szene nicht länger vor unseren Augen verbergen.

An einem solchen Tag kann man eigentlich nur drei Dinge tun: Man kann unter Maschine weiter laufen, man kann nach Wind pfeifen oder die Götter herausfordern. Ich hasse es, auf See zu motoren und, seit ich mir vor einigen Jahren bei einem Flugzeugunfall den Kieferknochen gebrochen habe, kann ich auch nicht mehr pfeifen. Also entschied ich mich für das Letzte. »Jungs«, sagte ich, »es sieht so aus, als müssten wir den ganzen Weg bis nach Rumänien motoren. In Amsterdam müssen wir sowieso den Mast legen, wegen der Brücken auf den holländischen Kanälen ...«

Ich hatte noch nicht fertig gesprochen, als dieser schnäuzende, weinerliche, tropfende, nieselnde Herbsttag mit einem Knall endlich zu Potte kam. Plötzlich begann es hoffnungsvoll zu blasen, natürlich wieder aus Westen. Hoch mit dem Groß, raus mit der Fock, weg mit der Maschine. Wir rollten wieder mit ausgebaumten Segeln vor dem Wind, zuerst mit sechs bis sieben Knoten, und dann jagten und flogen wir dahin wie Dreck von einer Schaufel, direkt auf das Noord Hinder Feuerschiff zu, das inmitten von Sandbänken an der holländischen Küste liegt. Ich wollte nach Möglichkeit dieses Feuer bei Anbruch der Dunkelheit ausmachen, um danach unsere exakte Position in der in sieben Dimensionen veränderlichen südlichen Nordsee zu bestimmen.

Wir haben ein Satnav-Gerät, aber auf See vertraue ich ungern von Menschenhänden hergestellten Apparaten, noch nicht einmal holländischen Feuerschiffen. Ich denke, das kommt von meinen Erfahrungen in den entlegenen Seegebieten dieser Welt. Ein paar Schläge vor den Küsten der Dritten Welt würden jeden anderen auch von meiner These überzeugen: »Es gibt nur vier Arten von Reisenden auf kleinen Schiffen: Anfänger, Pensionäre, Tote und Pessimisten.«

Diesmal war mein Pessimismus unbegründet. Das Noord Hinder Feuerschiff lag auf seiner Position und funktionierte, wie wir sofort bemerkten, als die Nacht wie eine schwarze Decke über uns hereinbrach. Es braucht eine Weile, bis man sich wieder an die Zuverlässigkeit der Navigationshilfen an den Küsten von entwickelten Ländern gewöhnt. Das kommt einem, der sich im Niemandsland von irgendwo bewegt hat, fast unglaublich vor.

Der Satnav ist eine andere Sache. Es ist mir klar, dass es damit jetzt einer Menge Leute möglich ist, ihren Weg über den Ärmelkanal zu finden, den sie mit herkömmlichen Navigationsmethoden kaum gefunden hätten. Sie können sogar mit Hilfe dieses Kastens längere Seereisen, wenn nicht gar Ozeanpassagen, unternehmen. Aber es ist mir auch bekannt, dass in letzter Zeit viele Yachten auf Klippen gestrandet sind. Ich persönlich schaue meinen Satnav als stillen hilfreichen Matrosen an, der leider während einer Behandlung durch die Irrenärzte ein wenig schizophren geworden und in einem Moment geistiger Verwirrung durchaus in der Lage ist, dem Skipper ein Messer in den Rücken zu jagen. Ich rede mit ihm, erzähle ihm Witze, ich mache ihm Mut, ich mag ihn, aber ich traue ihm niemals. Jeder, der das macht und der seine Abhängigkeit von einem Satnav nicht durch konventionelle Navigationsmethoden kompensiert, ist ein Dummkopf, um es gelinde zu sagen, und bald ein Dummkopf ohne Schiff.

Aber in dieser Nacht in der Lowland See benahm sich unser Satnav perfekt, in der Morgendämmerung standen wir beim Leuchtfeuer von Ijmuiden. Nach meiner Koppelnavigation und Peilung hatte er zwar einen kleinen Fehler gemacht, aber ich dachte, das wäre nicht übel für einen

Matrosen, der weder isst noch trinkt und sich mit ein wenig elektrischem Saft zufrieden gibt. Also entweder hatte der Satnav einen Fehler gemacht, oder die Karte war ungenau. Aber das Wichtigste war, dass das Schiff dort war, wo es nach der Karte sein sollte, und nicht, wo die von Menschen gemachten Apparate es hinplatzieren wollten. Wir liefen hinter die Mole von Ijmuiden und dann auf die großen Schleusen des Noordzee Kanals zu. Als sich *Outward Leg* immer noch unter Segel näherte, die Maschine lief zur Sicherheit mit, sahen die Tore zwar riesig, aber irgendwie unschuldig aus. Es gab keine Anzeichen, dass diese Tore für uns bestimmt waren, dass sie uns den Weg zu einem herrlichen System von Wasserwegen öffnen könnten, das Europa vom Baltikum bis nach Berlin, von Polen bis zum Mittelmeer durchzieht, vom Ärmelkanal bis in die Schweiz. Und das sogar bis zum Schwarzen Meer reicht – hofften wir – und von dort bis in die Ägäis und weiter.

Als wir näher kamen, rief eine Lautsprecherstimme zu uns herüber, die Holländer sprechen natürlich gutes Englisch: »Guten Morgen Amerika, wie geht's?«

»Guten Morgen«, rief Martin vom Vorschiff aus, Terry und er grinsten einander an und fingen an zu singen:

Good morning, America, how are you?
Don't you know that I'm your native son?
I'm a train they call the City of New Orleans:
I'll be gone five hundred miles 'fore the day is done!

(Guten Morgen, Amerika, wie geht's dir?
Erkennst du nicht deinen eigenen Sohn?
Ich bin ein Zug genannt die City von New Orleans:
Mache fünfhundert Meilen, bevor der Tag zu Ende ist!)

Outward Leg war auf dem europäischen Kontinent angekommen, jetzt mussten wir ihn nur noch durchqueren.

Wir liefen um halb acht in die Noordzee Schleuse ein, frühstückten drinnen und liefen um halb elf hinaus. Nach einer raschen Fahrt über den Noordzee Kanal gelangten wir durch die neun Meter breite und drei Meter tiefe Einfahrt nach Sixhaven, dem städtischen Yachthafen von Amsterdam. Um halb elf waren wir schon wieder draußen auf dem

Fluss Y; es mag zwar nicht der kürzeste Fluss der Welt sein, aber den kürzesten Namen hat er bestimmt.

Für einen Behinderten wie mich ist das Anlegen ein Problem. Ich kann nicht gut klettern, und das Laufen tut weh. Ich muss nach einem Liegeplatz Ausschau halten, der nahe bei den öffentlichen Verkehrsverbindungen und den Einkaufsmöglichkeiten liegt, möglichst auch noch in der Nähe des Hafenmeisterbüros, sonst muss meine Crew die ganze Arbeit machen, und das ist ein wenig unfair. Sixhaven liegt am Ufer des Y, gegenüber der Stadt. Wären wir dort geblieben, hätten wir jedes Mal die Fähre benutzen müssen, und die Fähre legt ein paar schmerzhafte hundert Meter vom Yachthafen entfernt an. Nach einigen Auskünften vom holländischen Zoll, der in Sixhaven an Bord kam, gab es einen öffentlichen Anlandeplatz für kleine Schiffe auf der Stadtseite des Y, in der Nähe des Bahnhofs. Er heißt Jachthaven, wie sonst? Mit unserem relativ geringen Tiefgang von 1,50 Meter konnten wir dort festmachen, das Problem war nur, dass der Steg öffentlich ist und in der Nähe des Bahnhofs liegt. Es war anzunehmen, dass wir die Aufmerksamkeit von Betrunkenen, Drogendealern und anderem Treib- und Strandgut im Bahnhofsbereich erregen würden.

Ich rief meine guten Freunde im Amsterdamer Marinemuseum an, und die sagten mir, die besten und sichersten Liegeplätze der Stadt wären im Oosterdock in der Nähe vom Museum. Aber mit gestelltem Mast musste ich auf das Öffnen der Straßen- und Bahnbrücken warten, die jede Nacht um 02.00 Uhr aufgehen. Das große Hafenbecken hat eine Tiefe von drei Meter, und die Einfahrt direkt unter der Eisenbahnbrücke ist zehn Meter breit.

Als vom Tageslicht unabhängige Seeleute tuckerten wir um zwei Uhr in der Nacht durch die Einfahrt zum Oosterdock. Leichter Regen machte das Deck rutschig. Nachdem meine Crew das Schiff vertäut hatte, wollte ich nach unten, rutschte aus und fiel zwei Meter tief den Niedergang zur Achterkajüte hinab. Mein falsches Bein schlug mit einem dumpfen Knall auf dem Kabinenboden auf, ich war fast ohnmächtig vor Schmerz und brach zusammen.

Am nächsten Morgen hatte ich immer noch große Schmerzen und konnte mich kaum bewegen. Ich dachte, ich hätte eine Rippe gebrochen. Ich beschloss, erst einmal die nächsten zwei Tage abzuwarten. Die Zeit war kostbar, um vor dem Wintereinbruch gegen den Rhein anzukommen und über die Lücke in Deutschland, und ich wollte kein Geld für unnötige medizinische Behandlung ausgeben. »Die einfachste Art, eine gebrochene Rippe zu heilen, ist ein strammer Verband und dann warten«, stöhnte ich. Ich hatte Unrecht.

Nach dem dritten Tag mit großen Schmerzen schickte ich Terry weg, um eine Ambulanz zu holen. Ich konnte kaum stehen und bekam keine Luft. Man schaffte mich ins Onze Lieve Vrouwen Gasthuis, ein Krankenhaus. Nach einigem Warten unter Schmerzen sagte mir eine Ärztin, dass die Röntgenaufnahmen drei gebrochene Rippen zeigten und mein rechter Lungenflügel zusammengefallen sei. Versuch' einmal zu laufen, auf einem Bein, mit drei gebrochenen Rippen und einem zusammengefallenen Lungenflügel!

»Aber ich muss doch den Rhein hinauf, Doktor«, stöhnte ich.

»Aber sie müssen ins Bett, Kapitän!« entgegnete sie, und das war ein Machtwort.

»Und es ist bald November, der Rhein steigt«, protestierte ich, während jemand ein Rohr in meine rechte Brust rammte. Ich fühlte, wie es sich in meinen Lungenraum eingrub, so wie ich mich in den Rhein hätte eingraben sollen. Dann tat es sehr weh, ich wurde bewusstlos und alles war in Ordnung.

4 Eine erfrischende Pause

In den nächsten zwei Tagen ging es mir gar nicht gut. Die Wochenend-
mannschaft im Krankenhaus hatte mich an eine kaputte Lungenpum-
penmaschine angeschlossen. Zuerst merkten sie das nicht, und dachten,
das Röhrchen, das in meinen Brustkorb führte, wäre falsch eingesetzt.
Also rissen sie es wieder heraus und versuchten zweimal, es richtig ein-
zusetzen. Das war verständlicherweise eine extrem schwierige Prozedur,
denke ich, nach dem Gefühl in dem weichen Bereich unter meinem
Schlüsselbein. Nachdem sie mich drei Mal aufgespießt hatten, fing ich an
mich zu fragen, ob die Götter der See mir damit etwas über die Reise sagen wollten. Seitdem wir uns im St. Katherine's Dock an der Brücke auf-
gehängt hatten, gab es ein schlechtes Vorzeichen nach dem anderen.
Aber dann dachte ich, dass sie nur etwas mit mir spielen wollten, so lange, bis der Rhein seinen Hochwasserstand erreichen würde, sie wollten
einfach nur meinen Willen testen. Ich hatte große Schmerzen, schluckte
Unmengen Tabletten, bekam Spritzen und stählte meinen Willen zum
Gesundwerden. Ich begann, mich auf die neue Situation einzustellen.
Die Sprache war kein Problem, weil praktisch jeder in Holland Englisch
spricht.

Terry brachte mir Zeitungen und hielt das Schiff zusammen mit Martin in perfektem Zustand. Sie isolierten die Decken in der Vorder- und
Achterkajüte gegen die kommende Kälte. Martin machte das sehr gut,
obwohl das keine einfache Arbeit war. In meinem Krankenhausbett tös-
tete ich mich mit dem Gedanken, dass sie das alleine besser machten, als
wenn ich ihnen hineingeredet hätte.

Das Onze Lieve Vrouwen Gasthuis behandelte mich sehr gut. Es war
ein tausend Mal ruhigerer Ort als das St. Vincent's Hospital in New York,
und man brachte ein paar sehr interessante alte Männer herein, aber sie
starben weg, bevor ich sie näher kennen lernen konnte. Als ich merkte,
wie schnell sie hier starben, fragte ich nach der Rechnung. Das war etwa
zehn Tage, nachdem man mich eingeliefert hatte. Ich hatte immer noch

Schmerzen, aber ich dachte, dass ich zurechtkommen würde, ich wollte einfach wieder an Bord von *Outward Leg*. Die Rechnung belief sich auf 1620 Pfund, fast zweitausend Dollar. Sobald mir der Zahlmeister des Krankenhauses die Summe genannt hatte, krabbelte ich aus dem Bett und entließ mich selbst.

Das World Trade Centre in London gab mir einen Kredit für einen Monat. Bis dann sollte ich einen Vorschuss auf dieses Buch erhalten haben, aber die Krankenhausrechnung würde den Löwenanteil davon verschlingen. Doch richtiger Pioniergeist verlangt, dass man nicht allzu weit in der Zukunft herum grübelt, man sollte sich um die direkt vor einem liegenden Probleme kümmern. Das Wichtigste war jetzt, den Rhein in Angriff zu nehmen, bevor das Hochwasser durch den Novemberregen einsetzen und der Frost in den Alpen und im Jura danach für gefährliches Niedrigwasser sorgen würde. Ich hoppelte aus dem Hospital hinaus. Die kalte Luft tat meiner Lunge gar nicht gut; ich konnte fühlen, wie meine Lungenhälften an den losen Rippen scheuerten. Es regnete natürlich, und die vor mir liegenden 440 Meilen Flussfahrt sahen in meinem Kopf ziemlich düster aus. Wenn es mir gut gegangen wäre, hätte ich durchgehustet, mich geschnäuzt, aber das alles tat zu weh. Ich konzentrierte mich also voll auf die Gegenwart.

Als ich zum Schiff kam, war mir klar, dass ich die Abreise noch um ein paar Tage verschieben musste. Ich brauchte noch Erholung, musste meine Rippen verheilen lassen. Außerdem hatte ich dem *Nautical Quarterly* ein paar Fotos von *Outward Leg* im Zentrum von Amsterdam versprochen, ein guter Grund, noch eine kurze Zeit herumzuhängen. Am Hauptbahnhof in Amsterdam hatte damals vor zweieinhalb Jahren die Sache mit meinem Bein angefangen. Ich hatte mir vorgenommen, mein Ozeansegelschiff an diesen Platz zu bringen, so nahe wie möglich! Als wir zum Oosterdock verholt hatten, waren wir bereits in Sichtweite gewesen, aber das war mir nicht nahe genug. Nichts ist nahe genug, wenn man sich ein Ziel gesetzt hat und es zu einer persönlichen Herausforderung macht. Ich nahm mir vor, zum Hauptbahnhofsdock zu fahren, sobald der Mast gelegt war und wir unter den Brücken der Kanäle hindurch kommen würden.

Wir warteten ein paar Tage und gingen dann im Nieuwe Vaart längsseits, um den Mast zu legen. Ich bat Terry, mir zu helfen, mit dem Beiboot die umliegenden Kanäle zu erkunden und ein paar Bilder zu machen. Vom Nieuwe Vaart aus konnten wir das Beiboot direkt ins Herz von Amsterdam steuern und hindurch, das Dingi war hier besser und bequemer als ein Auto und außerdem viel schneller, denn auf den engen Kanälen gab es keine Staus. Aber wir mussten bei unseren Einkäufen und beim Landgang höllisch auf das Beiboot aufpassen, besonders wenn ich alleine war. Mit einem Bein und drei gebrochenen Rippen ist es schwierig, einen Beibootdieb zu fangen.

Das Mastlegen kostete 25 Gulden, zuerst schien mir das viel, aber im Nachhinein war es billig, denn die Werft machte einen ausgezeichneten Job. Als der Mast und der Baum auf den Flügeldecks lagen, sah *Outward Leg* irgendwie nackt aus. Außer einem Wantenspanner, der über Bord ging, war alles in Ordnung.

Die Befriedigung, als *Outward Leg* am Stationsplein längsseits ging, war so groß, dass ich mich darüber fast wieder fit und gesund fühlte. Wir waren jetzt nur etwa zehn Meter von der Stelle entfernt, an der ich damals im Februar 1982 vor die Straßenbahnschienen gefallen war. Meine Kumpels dachten, ich wäre übergeschnappt, als ich auf das Seitendeck des Cockpits kletterte und mit meinem Stock der Straßenmauer und der Straßenbahnhaltestelle drohte. »Wie gefällt dir das, du Saukerl?«, brüllte ich.

Amsterdam habe ich immer gemocht, seit der Zeit, als die Stadt nach Ende des Zweiten Weltkriegs befreit worden war. Wie in jeder großen Metropole hat man hier viel Freiheit, das zu machen, was man will, und es gibt nur wenig Einschränkungen. Wir konnten an jedem beliebigen Ort festmachen, und keiner sagte: »Hier könnt ihr nicht bleiben!« Auch Molenverteidiger waren hier unbekannt – Gott segne Holland.

Aber man hatte uns geraten, im Zentrum von Amsterdam sehr gut auf *Outward Leg* und die Ausrüstung aufzupassen. Es schien, als ob die Antwort der Dritten Welt auf die Wohltaten des Westens durch diese Stadt geleitet würde, und so gab es viele Drogensüchtige, die dafür bekannt waren, dass sie alles, was nicht niet- und nagelfest war, klauten, um ihre Sucht zu finanzieren. Ich muss wohl einer von den letzten Viktorianern sein, die haben zwar auch ein paar Laster unter dem Teppich versteckt, aber sie haben wenigstens Klartext geredet. Es fielen mir durchaus ein paar schräge Typen auf, die uns und das Schiff beäugten. Dem Anschein nach waren es weder Holländer noch gewöhnliche Touristen oder Studenten, und sie sahen aus, als hätten sie noch nie im Leben auch nur einen Finger zum Arbeiten gekrümmt.

Am 5. November liefen wir in die Amstel ein, »Feuerwerktag«, bemerkte ich zu Martin. Ich fragte mich, ob das wohl ein weiteres Omen war, aber es waren nur feuchte Knallerbsen, es regnete und regnete. Unter den Brücken der Amstel, die zum Neder Rijn führt, hatten wir nur wenige Zentimeter Freiraum, bei einer Wassertiefe von einmetersechzig.

Ich machte mir Sorgen, ob wir nicht zu früh losgefahren waren, ich hatte zeitweise immer noch starke Schmerzen, besonders wenn ich mich bewegte oder bückte. Aber ich beschloss, meine Crew nicht mehr zu belasten als unbedingt notwendig. Ich steuerte das Schiff, so dass die jungen, agilen Leute an Deck herumtollen konnten, wenn sie wollten. Bis Nürnberg stand ich so am Rad und ließ mich nur selten für ein paar Minuten ablösen. Nicht, dass mir das unbedingt Freude gemacht hätte, aber wir waren ja auch nicht auf einer Vergnügungsfahrt. Bei dem dichten Verkehr, den Strömungen und unbekannten Tiefen ist eine Flussfahrt ein wenig riskant. Ohne einen ortskundigen Lotsen an Bord sollte ein guter Skipper, wenn er nicht selbst am Rad steht, in der Nähe sein, wenn der Steuermann Hilfe braucht. Es wäre unfair, einen unerfahrenen Matrosen einfach sich selbst zu überlassen und ihn dann für eventuelle Zwischenfälle verantwortlich zu machen. Wenn der Skipper am Rad steht, kann er nur sich selbst Vorwürfe machen. Was Autopiloten angeht, so verstaut man die bei einer Flussfahrt am besten gut eingepackt unter Deck und vergisst sie, bis man wieder auf See ist. Man muss das Schiff immer von Hand steuern, egal wie kalt und nass es ist.

Im Allgemeinen sind Leute mit Ozeanerfahrung oder Küstensegler keine guten Flussschiffer, zumindest nicht am Anfang. Auf Flüssen und Kanälen taucht ein Navigationshindernis nach dem anderen auf; es gibt selten Pausen, und man muss ständig auf der Hut sein. Die meisten Hochseesegler sind das nicht gewöhnt, diese Enge, diesen dichten Verkehr. Die besten Flussschiffer sind Leute, die sich einer Situation blitzschnell anpassen können und die bereits viele Fahrten hinter sich haben. Aber auch Anfänger können die Bedienung der Schleusen und das Festmachen schnell lernen. Dann akzeptieren sie die zeitweise Hektik und das Drumherum als etwas völlig Normales, denn sie kennen nicht die Ruhe und Gelassenheit auf See. Ozeansegler können auf einem Fluss schnell nervös werden, manchmal auch überkritisch und mürrisch, es sei denn, sie sind pausenlos beschäftigt. Also sollte man alle an Bord beschäftigen, wenn nicht gerade mit den Leinen gearbeitet werden muss, und der Skipper sollte alle antreiben, damit er selbst auch immer beschäftigt ist.

Da wir erst spät weggekommen waren, brachte uns der erste Tag nur bis nach der Noordensluis. Wie der Name schon sagt, liegt diese Schleuse am Nordende des Amsterdam-Rhein-Kanals. Die Deiche am Ufer sind etwa drei Meter hoch und gepflegt, aber die Fahrt ist monoton und langweilig, weil man die unter dem Wasserspiegel liegenden Häuschen und Felder wegen der Deiche nicht sehen kann. Man sieht nur das Wasser, den Himmel und die riesigen Flussschiffe an jeder Biegung, ab und zu auch ein paar Enten. Die Flussschiffe laufen mit zehn Knoten und halten für niemanden an.

Am zehnten Tag waren wir auf dem Neder Rijn und fuhren auf den »echten« Rhein zu, auf den Arm, den die Holländer Waal nennen. Als wir in den Rhein hinaus kamen, wurden wir stromabwärts gerissen. Wir liefen zwar mit dem Yanmar fünfzehn Knoten, aber ich schätzte die Strömung in der Mitte auf bestimmt elf Knoten.

Nijmegen liegt etwas erhöht und war erfrischend anders als der hinter uns liegende Teil von Holland mit seinem absolut flachen Land hinter den hohen Deichen. Erfreulich anders, es sei denn, man muss den Hügel mit nur einem Bein und drei gebrochenen Rippen erklimmen. In Nijmegen gibt es zwei Häfen am Waal, der stromabwärts liegende Waalhaven ist groß und sicher, mit tiefem Wasser. Aber die riesigen Lastkähne liegen hier und löschen staubige und schmutzige Ladung wie Zement, Öl oder Kohle. Außerdem liegt der Hafen abseits vom Zentrum hinter den Bahngeleisen, und ein normaler guter Läufer braucht bestimmt zehn Minuten bis in die Stadt. Für mich hätte der Platz genauso gut hinter dem Mond liegen können.

Der Hafen für Kleinschiffe liegt in der Nähe des Vluchthaven, von dem aus in den Sommermonaten die Ausflugsdampfer verkehren. Jetzt, Mitte November, gab es natürlich keine mehr hier, wie fast überall auf dem Rhein, aber die Landungsbrücken waren noch da. Das machte mir Freude! Wir könnten die Landungsbrücken zum Festmachen benutzen, auch weiter flussaufwärts.

Der kleine Hafen von Nijmegen ist in der Mitte etwa zwei Meter tief, aber gegen das Ufer und die Hafenmauer hin nur sechzig Zentimeter.

Wir machten nach Mittelmeerart fest, mit einem Buganker und dem Heck zum Kai. Es war das erste Mal, dass wir seit Hole Haven, nach einem Monat, wieder den Anker benutzen. Das nächste Mal würde es tief im Binnenland sein, wie wir sehen werden.

Das Anlandgehen in Nijmegen war ein Problem. Am Ufer lag eine Menge Eisenschrott herum, und die Stege waren halb zerfallen. Ich musste ins Beiboot hinein, dann über einen Lastkahn klettern, der als Gewächshaus für Pflanzen diente, dann über ein abgeschlossenes Gatter und dann über eine wackelige Planke, ehe ich auf dem schlammigen Ufer stand. Mit meinem falschen Bein fühlte ich mich wie Blondin, der auf einem Drahtseil über die Niagarafälle gelaufen war. Aber irgendwie schaffte ich es und erkundete mit Terry die Stadt.

Sobald wir den Hindernisparcours überwunden hatten, zeigten die Götter Einsicht oder sie merkten, dass sie mich nicht von meinem Vorhaben abbringen konnten – es hörte auf zu regnen, und die Sonne kam heraus. Es war eine fahle Wintersonne, bleich und kraftlos, aber sie gab mir ein Gefühl wie auf Tahiti, als wir über das Kopfsteinpflaster den kleinen Hügel zum Zentrum hinauf stolperten. Ich fühlte mich als Gewinner, ich blieb stehen und schaute auf das Wasser des Rheins drunten und knurrte: »Ich krieg' dich, du teutonischer Dickkopf!«

Auf dem Rückweg zum Schiff kaufte ich dicke Socken, eine wunderbare Sache. Später, als der Winter uns in seine Fänge nahm, entdeckte ich ein seltsames Phänomen: Ich fror nicht nur an meinem gesunden Fuß, sondern auch an dem falschen. Also musste ich zwei Socken anziehen. Zum Glück hatte ich drei Paar gekauft und nicht nur drei einzelne Socken, wie ich zuerst wollte. Aber die kräftige Verkäuferin hatte nicht mitgespielt – sie hatte mehr Verstand gezeigt als ich.

Der 13. November fiel auf einen Montag, nicht auf einen Freitag. Ich dachte, das wäre ein gutes Omen, um den Rhein in Angriff zu nehmen. Von Nijmegen bis zur Mainmündung sind es 238 Meilen. Die Crew machte die Leinen los und nahm den Anker an Deck. Es war sieben Uhr am Morgen, und es schien ein guter Tag zu werden. *Outward Leg* schob sich aus dem Hafen in den schnell laufenden Strom hinaus. Nun gab es kein Zurück mehr, sie war auf dem Weg ins Herz von Europa, und wir würden sie dorthin bringen, selbst wenn wir sie ziehen müssten. Sie schien das zu wissen und nahm den Kampf mit dem Rhein auf, sie wollte ihn schlagen, bevor alles Land und Wasser mit Eis überzogen war. Ich zog meinen Rippenverband enger, knirschte mit den Zähnen und versuchte, nicht zu tief zu atmen.

Um mit den Worten von Sherlock Holmes zu sprechen: Das Spiel hatte begonnen, bis zum Schwarzen Meer waren es achtzehnhundert Meilen. »Ganz einfach!«, sagte ich zu meiner Crew, »Mann, das könnt ich sogar auf einem Bein!«

5 »Deutschland, Deutschland über alles«

Aus dem durchsichtigen Plastikmaterial, das wir in Rheden gekauft hatten, baute Martin einen Wetterschutz. Dieser erwies sich als großer Segen, denn der Wind war kalt, und es regnete fast pausenlos bis nach Frankfurt. Die Originalsprayhood, die in San Diego gemacht worden war, bestand aus Zeltmaterial mit Sichtfenstern aus Plastikfolie. Sie war gut für die See, aber auf einem Fluss war sie wertlos, denn sie behinderte die Sicht. Wenn man ständig mindestens zehn Schiffe gleichzeitig im Auge behalten muss, ist jeder tote Winkel eine Gefahr. Mit dem klaren Plastik war ich im Cockpit ziemlich gut gegen Wind und Regen geschützt. Das System war nicht perfekt, es hatte Spalten und keine Scheibenwischer, aber es war tausend Prozent besser als nichts.

Der Ofen in meiner Kajüte machte nur Ärger, schon von dem Tag an, als wir ihn in Amsterdam das erste Mal angemacht hatten. Zum einen war die Luftreserve im Drucktank zu klein, so dass der Brenner in der Nacht zu beliebigen Zeiten ausging, und zum anderen leckte er. Wenn wir eine Stelle abgedichtet hatten, leckte der Ofen einfach an einer anderen. Er war für ein sonniges Land wie Kalifornien gebaut und funktionierte auch so. Er war aus Kupfer und rostfreiem Stahl gemacht und sah wundervoll aus, aber leider haben diese beiden Metalle unterschiedliche Ausdehnungskoeffizienten, die sich miteinander vertragen wie die Anhänger der Mun-Sekte und ich. Das Ding musste entweder lecken oder explodieren.

Ein Zusatztank für die Druckluft war hinter der Maschine eingebaut, und ein Rohr führte durch das Schott zum Drucktank des Ofens. Jetzt, da ich davon erzähle, gibt es zwar noch den Zusatztank und das Rohr, aber der verdammte Ofen ist weg, er wurde in der Donau einem nassen Grab zugeführt, das er voll und ganz verdiente. Zwei Monate lang hatten Martin und ich mit dem Ofen gekämpft, zum Schluss hätte er mich fast ermordet, wie wir noch sehen werden. Langsam aber sicher färbte er alles in der Achterkajüte schwarz, sehr wahrscheinlich auch meine schmerzenden Lungen.

Die Jungs vorn im Vorschiff hatten es besser, sie hatten einen kleinen altmodischen, aber gut funktionierenden Petroleumherd und den Superofen, den Claire für uns organisiert hatte.

Nachdem wir in Nijmegen abgelegt hatten, fanden wir verschiedene Dinge über den Rhein heraus. Erstens, man hat weder am Tag noch in der Nacht selten weniger als zwanzig Schiffe in Sicht, vor dem Bug und hinter dem Heck. Zweitens, der Fluss ist gut betonnt und befeuert. Drittens, *Outward Leg* musste mit ihrer schwachen 22-PS-Maschine die Verkehrsregeln genau beachten und die flussabwärts fahrenden Schiffe an ihrer Steuerbordseite passieren. Sie machte sehr wenig Fahrt über Grund und an manchen Stellen bestand Gefahr, dass sie nicht mehr gegen die starke Strömung ankam, also rückwärts geschoben wurde.

Die einzige Möglichkeit bestand dann darin, so dicht ans Ufer heranzugehen wie wir uns trauten, aber dort lauerten in den Fluss hinaus gebaute Dämme, die oft überspült waren.

Diese Rückhaltebuhnen liegen im Schnitt etwa 350 Meter auseinander und dienen dazu, den direkten Strom vom Ufer abzuhalten und die Erosion abzuschwächen. Zwischen den Buhnen gab es weniger Strömung, also bestand der Trick darin, um die Spitze herumzulaufen und dann wieder zum Ufer hin, in den strömungsschwachen Bereich. Es war ein ewiges Hinein- und Hinaussteuern, den ganzen Tag lang. Es war natürlich klar, dass wir dabei über kurz oder lang auflaufen mussten, und manchmal hatten wir zehn bis zwölf Grundberührungen am Tag. Wenn die Strömung stark war und das Schiff wenig Fahrt über Grund machte, passierte dabei relativ wenig, aber manchmal gab es zwischen den Buhnen starke Wirbel, und das Schiff lief mit Geschwindigkeit auf. Oft kamen wir mit unserem Tiefgang von einmeterfünfzig über die Buhnen hinweg, aber manchmal bekamen wir Kratzer an den »Kühlrohren«, die seitlich am Kiel entlang liefen. Aber diese Behälter für Wasserballast waren für die Flussfahrt ohne Bedeutung, also akzeptierte ich die vorerst unabwendbaren Schäden, denn ich wollte vor dem großen Frost Nürnberg erreichen.

In den meisten Regionen des Rheins trafen wir auf Niedrigwasser – der Sommer in Europa war ziemlich trocken gewesen. Die durchschnittliche Tiefe betrug etwa 4,50 Meter. Damit können auch sicherlich größere Ozeanyachten den Rhein bei Niedrigwasser befahren, solange sie sich in der Mitte halten und von den Buhnen wegbleiben. Die meisten der großen Lastkähne haben einen Tiefgang von drei Meter.

Der Rhein ist vermutlich die verkehrsreichste Wasserstraße der Welt. Es begegneten uns Holländer, Deutsche, Schweizer, Franzosen und Belgier, auch einige Schiffe aus der DDR, aus Norwegen und Dänemark. Einmal sahen wir sogar ein Schiff mit Luxemburger Flagge und ein schwedisches Küstenschiff mit gelegten Masten und abgesenkter Brücke.

Viele Schiffe hatten Autos an Deck stehen, denn die meisten hatten feste Heimathäfen, Amsterdam oder Hamburg. Sobald ein Schiff seine Ladung gelöscht hatte, fuhren die Schiffseigner, die an Bord lebten, mit dem Auto zu den Frachtbörsen, um eine neue Ladung zu ergattern. Viele Rheinschiffe gehören ihren Skippern, und meist liegt noch eine Hypothek auf dem Schiff. Ein harter Job, die Flüsse hinauf und hinunter, bei Tag und Nacht, bei Wind und Wetter, unter allen Sichtbedingungen, und dann wieder zur Börse für die nächste Fracht. Jeder, der denkt, dass die Frachtschiffer in Europa ein romantisches Leben führen, kennt die Tatsachen nicht. Sie befinden sich in einem fanatischen, gnadenlosen Konkurrenzkampf. Oft befindet sich nur der Skipper mit seiner Frau an Bord, und man wechselt sich am Rad ab, Tag und Nacht. Manchmal sieht man auch einen Matrosen an Bord, aber die Gewinnmargen sind so knapp, dass die Schiffer oft keinen bezahlen können. Neben der Arbeit am Rad und der Mithilfe beim Anlegen und Schleusen, versorgen die Bordfrauen auch noch den Haushalt und die Kinder, gehen einkaufen und kochen. Die Lastkähne legen selten irgendwo an, außer in den schmutzigen Handelshäfen, zwischen Kiesbaggern und anderen Frachtschiffen mit Ladungen aus Kohle oder Zement. Der einzige Lichtblick, den sie wahrscheinlich in ihrem arbeitsreichen Leben haben, ist die Landschaft zwischen den großen Industriegebieten, aber auf dem Unterrhein sieht man kaum etwas davon. Vielleicht kommt ihnen das Leben auf dem Schiff besser vor als in einem industriellen Arbeitervorort, aber mir schien es, als wären sie genau so weit von ihrer persönlichen Freiheit entfernt wie Lastwagenfahrer oder Eisenbahnangestellte. Sie müssen immer weiter und weiter, sie können nicht einfach irgendwo festmachen und das Leben genießen.

Auf *Outward Leg* waren wir in einer ganz ähnlichen Situation, aber das hatten wir uns schließlich selbst zuzuschreiben, denn wir konnten jederzeit aussteigen, wenn wir wollten. Außerdem gab es für uns keine Frachttermine, keine Entladehäfen. Wir waren entschlossen, unsere Reise fortzusetzen, gegen alle Hindernisse, aber es gab auch keine Frachtbörse, mit der wir einen Verdienst erwirtschaften könnten, jedenfalls nicht auf dieser Welt. Aber vielleicht später im Himmel, und dann würden wir kein Auto brauchen um hinzukommen, eher ein paar Flügel auf dem Rücken.

Von morgens bis abends tuckerten wir voran. Auch für uns wäre die Navigation bei Nacht auf dem Rhein theoretisch möglich gewesen, aber ohne Radar, bei Wind und Nebel, war das viel zu riskant. Die Rheinschiffe kamen mit bis zu sechzehn Knoten den Fluss herunter. Außerdem hatte ich mit meinen Schmerzen in den Lungen, den Rippen und dem Bein nach vierzehn Stunden am Rad die Schnauze voll. Auf dem Ozean hätte ich bei genügend Seeraum beigedreht, auf dem Fluss suchte ich einen Platz zum Festmachen.

So ging es neun Tage lang, von Nijmegen bis nach Frankfurt am Main. Ich hoffte, dass dort Post auf mich wartete. Selbst im Binnenland von Europa war *Outward Leg* eine kleine Welt für sich, sie war eigenständig, das Land zog an ihr vorbei, wenn sie vorantuckerte, und sie hatte keine Verbindung mit dem, was wir an den Ufern sahen. Auf dem Weg flussaufwärts hatten wir einfach keine Zeit für Ausflüge und Erkundungen – immer voran, immer weiter, so lange es noch einen Funken Tageslicht am Himmel gab. Wir mussten die Strömung besiegen, wir mussten vor dem Hochwasser, das unser Vorankommen noch schwieriger gemacht hätte, so viele Meilen wie möglich zurück legen. Auf dem Rhein wurde uns bewusst, dass wir gegen jeden Tropfen Wasser, der aus den nördlichen Alpen, den Bergen des Schwarzwalds und den Vogesen herabströmte, ankämpfen mussten. Als interessante Lektion in Erdkunde sollte man einmal auf einen dahinströmenden Fluss schauen und versuchen herauszufinden, wo all' das Wasser herkommt.

Der Waal ändert an der holländisch-deutschen Grenze seinen Namen und wird zum Rhein. Unser erster Reisetag brachte uns bis nach Emmerich, wo am linken Ufer eine Grenzstation liegt. Der Tag war zur Abwechslung einmal freundlich und sonnig. Ich wurde oft an die Reisen im Jahre 1938 und 1939 mit *Second Apprentice* erinnert, die durch diesen Flussanschnitt geführt hatten. Dieses Schiff war eine große, schwere, breite, stumpfschnäuzige Ketsch gewesen, sie hatte keine Maschine gehabt, und doch hatte der Skipper, Tansy Lee, sie gegen die gleiche Strömung gesegelt, zusammen mit einem Dutzend anderer Frachtensegler, auch alle ohne Maschine. Dabei waren damals die Segel lange nicht so gut wie heute, aber wir hatten es jedes Mal geschafft, langsam aber sicher. Ich dachte, mancher heutige moderne Segler würde damit große Mühe haben. Die einzige Schlussfolgerung, die ich daraus ziehen kann, ist die, dass es weniger auf das Material als auf den Menschen ankommt. Ich schätzte, dass *Outward Leg*, hätte der Mast an Deck gestanden, bei dem flussabwärts wehenden Wind von fünfzehn Knoten nicht mehr als einen bis eineinhalb Knoten gegen den Strom gut gemacht hätte. Aber Tansy hatte das geschafft, ich erinnere mich genau daran, dreihundert Tonnen in einem Rumpf von dreißig Meter Länge, mit einer Durchschnittsgeschwindigkeit von einem Knoten über Grund. Bis nach Homburg, von wo aus uns ein kleiner Dampfschlepper bis nach Remagen gezogen hatte, unserem Zielhafen.

Der Grenzposten in Emmerich ist ein Kahn mit der Aufschrift ZOLL, daneben gibt es gepflegte Rasenflächen und getrimmte Bäumchen am Hang eines Hügels, der das Land hinter sich verbirgt. Das Einklarieren von *Outward Leg* in deutsche Gewässer war eine reine Formalität. Die Crew ging mit den Schiffspapieren und unseren Pässen zum Büro, zahlte eine geringe Gebühr für sechs Monate Aufenthalt und war nach einer Stunde wieder an Bord. Kurz nach dem Mittagessen slippten wir die Leinen und waren wieder unterwegs. Dann liefen wir in einer monotonen Landschaft gegen den Rhein an, bis gegen sechs Uhr am Abend, als es dunkel wurde. Wir hatten bereits die Stadt Wesel voraus in Sicht, als ein Motorboot der Flusspolizei mit hoher Geschwindigkeit auf uns zukam.

»Also Männer, macht das Deck klar und ran an die Torpedos!« – ich war noch nicht mit Deutschland versöhnt. Aber die drei jungen Polizisten an Bord waren viel zu jung, um dabei gewesen zu sein, sie waren sehr ordentlich gekleidet und freundlich. Sie bestanden darauf, *Outward Leg* in ein Kanalbassin hinein zu begleiten, wo wir festmachten.

In *Outward Leg* ist die Yanmar-Maschine nicht nur unser Antrieb, sondern versorgt uns auch mit Elektrizität, einen Hilfsgenerator haben wir nicht. Wenn Yannie also den Geist aufgibt, dann sind wir strom- und antriebslos. Erstens muss man auf einem Trimaran wegen der Segeleigenschaften Gewicht sparen, und zweitens konnte ich mir keinen Hilfsgenerator leisten.

Am nächsten Morgen waren wir beim ersten Tageslicht auf den Beinen, wie immer. Meist war es neblig oder es nieselte. Manchmal war der Nebel so dick, dass wir die Abfahrt eine Stunde oder so verschieben mussten, aber wenn die Sonne etwa fünfzehn Grad am Himmel erreicht hatte, hob sich normalerweise der Nebel, und man hatte um die hundert Meter Sicht. Dann war es Zeit für das Anwerfen der Maschine, das Überziehen der Winterjacken und Handschuhe gegen den frostigen Nebel und das Loswerfen der Leinen. Je kälter es wurde, umso mehr trieb uns das zur Eile an.

Den ganzen Tag lang lief die Maschine auf voller Drehzahl, 3200 Touren. Bei warmem Wetter und ohne Strömung wäre *Outward Leg* damit an einem windstillen Tag sieben Knoten gelaufen. Aber auf dem Rhein lag unsere Geschwindigkeit über Grund bei vier Knoten, bis hinunter auf ein Drittel davon, also etwas über einem Knoten. Eine einfache Rechnung ergibt, dass die Strömung im Rhein zwischen Nijmegen und Mainz drei bis sechs Knoten beträgt, an der Loreley aber noch wesentlich mehr.

Der nächste Anlaufhafen war Düsseldorf, von Wesel aus vierzig Meilen flussaufwärts. Wir zogen einen ganzen Tag lang durch eine industrielle Wüstenlandschaft, schmutzig, dunstig, hässlich, wie aus einer Szene des neunten Kreises von Dantes Inferno. Es war offensichtlich das Resultat idiotischer Profitgier. Ich versuchte, die Horrorvisionen zu verdrängen, die in mir aufstiegen: Was wäre in Europa passiert, wenn all diese Macht in die Hände von ein paar Verrückten gefallen wäre. Dann fiel mir auf, dass es trotz allem auch wilde Enten gab, nicht gerade viele, aber immerhin genug, um den Glauben daran zu stärken, dass die Natur unbezwingbar ist.

Auf diesem Törn kam auch unser Beiboot *Middle Leg* zum Einsatz. Während wir immer noch mit fünf Knoten voraus liefen, ließen wir es in dem engen Kanalstück bei Homburg ins Wasser. Martin kletterte hinein, startete den Außenborder und fuhr zum Einkaufen, während ich mit Terry weiter gegen die Strömung kämpfte. Eine Stunde später, als wir erst vier Meilen weiter gekommen waren, schoss *Middle Leg* von achtern her auf uns zu, mit Lebensmitteln für die nächsten zwei Tage. Die Crew zog das Beiboot wieder an Deck, bei unseren Flügeldecks war das kein

Problem. Ein Schleppen des Beiboots am Heck kam wegen des Ge-
schwindigkeitsverlusts nicht infrage. Diese Beibootfahrten wurden fast
zur täglichen Routine auf dem Rhein, besonders wenn wir in einem wenig besiedelten Abschnitt waren. Das Einkaufen war damit viel bequemer, und wir hatten keinen Zeitverlust – ich dachte voller Dankbarkeit an
die Firma Dunlop und an Claire Francis.

Wenn man auf dem Rhein oder der Donau ein Beiboot benutzen will,
dann sollte es mindestens acht Fuß lang sein und der Außenborder sollte
über sechs PS haben. Mit weniger kommt man kaum gegen die Strömung an. Riemen für das Beiboot sind ein Muss, sonst wird man beim
Versagen des Motors hilflos flussabwärts getrieben, besonders bei der
Loreley oder auf der Donau. Bei Winterreisen sollte das Beiboot zu-
sammenfaltbar sein, wie wir noch sehen werden.

Die Strömung bei Homburg war sehr stark auf dem Rhein. Wie auf
allen Flüssen ist sie umso stärker, je enger das Flussbett wird. Ich schätze, dass der Rhein bei Homburg nur hundert Meter breit ist, und für einen Fluss sehr tief – dreiundzwanzig Meter. Nach dem Lärm und der
Hektik weiter flussabwärts, war es in der Altstadt von Homburg über-
raschend ruhig. Alles dort sah sehr viktorianisch aus, wie eine Szene
aus *Harte Zeiten* von Dickens – ich erwartete jeden Moment das Auftauchen von kleinen Schornsteinfegern auf dem Pier, aber der war verlassen und leer.

Vor Anbruch der Nacht erreichten wir Düsseldorf, es war die gottver-
lassenste Marina, die ich je im Leben gesehen hatte. Sie lag in einer Ecke
des großen Industriehafens, direkt vor den Schornsteinen eines giganti-
schen Kraftwerks, der Lärm der Maschinen war überwältigend. »Mein
Gott«, brüllte ich zu Terry hinüber, der am Steg (mit Strom und Wasser)
festmachte, »kein Wunder, dass die Rheinländer so laut sprechen!«

Die Morgendämmerung enthüllte ein Paradies für unwiderruflich ver-
rückte Wochenendurlauber. Die Marina wurde von dem Kraftwerk fast
erdrückt, und trotzdem gab es in der Betonwüste einen kompletten
Yachtclub, mit Wimpeln und Flaggen, die im Nieselregen und Rauch
schlapp herunter hingen. Es gab sogar eine Veranda, die über ein Gewirr
von Eisenbahngeleisen und einen Berg aus Autoschrott hinweg blickte,
und dann zum Rhein hin, mit seinen dutzendweise vorüber rauschenden
Frachtern. Verblüfft starrte ich auf diese unglaubliche Szenerie, ich kam
nicht umhin, den Sportsgeist der Hobbyschiffer zu bewundern, die ihrem

Hobby in dieser miesen Umgebung nachgingen. Aber es beweist wieder einmal: Wir sind überall!

Der Tag war bedeckt und kalt. Er war mehr geeignet für ein Picknick der Totengräber als für eine Fahrt flussaufwärts. Am Ufer lagen viele industrielle Slums und Fabriken, bis hinauf nach Köln. Als die Dämmerung hereinbrach, sahen wir den Dom und machten in dem engen Becken für Kleinschiffe in der Nähe des Zentrums fest. Der Hafen war mit überwinternden Segel- und Motoryachten vollgepackt, und es gab eine Tankstelle.

Am darauf folgenden Tag, kalt aber schön, arbeiteten wir uns gegen eine zunehmende Strömung weiter flussaufwärts, die Dächer und Schornsteine von Köln blieben langsam achteraus. An engen Flussstellen lief die Strömung jetzt mit fünf Knoten, Stunde um Stunde fuhren wir zwischen die Buhnen hinein, dann wieder hinaus, und hatten Mühe mit dem dichten Frachtverkehr. Endlich, nach dreizehn Stunden, erreichten wir Remagen, mit der Maschine auf Vollgas waren wir im Schnitt nur etwas über zwei Knoten gelaufen. Zweimal waren wir auf Buhnen aufgelaufen, das letzte Mal so hart, dass ich vom Rad nach vorne geschleudert wurde und mit meinen immer noch nicht verheilten Rippen anstieß. Martin rief mir etwas zu und zeigte hinter das Heck: Weiße und gelbe Partikel trieben dort im Wasser. Das waren einmal die »Kühlrohre« gewesen – Scheiße! Aber was sollten wir im Moment dagegen tun? Würden wir weiter draußen im Rhein laufen, wäre der Strom noch stärker, und wir kämen überhaupt nicht mehr voran. Also mussten wir unsere Wasserballastrohre, die hier sowieso keinen Sinn hatten, den Flussgöttern opfern.

Im Frühlicht des nächsten Morgens sahen wir eine amerikanische Fahne an einer zerstörten Brücke oberhalb von Remagen herunterhängen. Es war die Stelle, an der die amerikanischen Truppen sich im Jahre 1945 über den Rhein gekämpft hatten. Es war die letzte amerikanische Flagge, die wir, außer der Nationalen von *Outward Leg*, bis Griechenland zu sehen bekommen sollten, neun Monate später.

6 Das Loreleylied

Ab Bonn, etwa in der Mitte zwischen Köln und Remagen, wird die Landschaft an den Ufern des Rheins freundlicher. In der Nähe von Bonn säumen viktorianische Villen und altehrwürdige Hotels den Fluss und rufen Erinnerungen an längst vergangene, schöne und erholsame Sommerferien hervor. Im Fluss sind Schwimmstege verankert, mit den Klubhäusern der Rudervereinigungen im Hintergrund. In der Sommersaison hätten wir vielleicht an diesen Pontons festmachen können, aber es wäre riskant gewesen. Der Verkehr auf dem Rhein ist dicht, und die Bug- und Heckwellen sorgen für unruhiges Wasser, Tag und Nacht, Sommer wie Winter. Man fühlt sich fast wie im Mittelmeer.

Am östlichen Ufer liegen viele Weinberge an den Hängen. Remagen brachte Erinnerungen an meine Jugend zurück, als ich vierzehn war und *Second Apprentice* von Treidelpferden die Ahr hinaufgezogen wurde. Wir legten damals bei der Mineralwasserfabrik an, ein paar Meilen vom Rhein entfernt. Vierzig Jahre später fand ich in der New York Public Library heraus, dass diese Fabrik zum Privateigentum des Sturmbannführers Heinrich Himmler gehört hatte. Er war damals ganz gut im Geschäft gewesen, denke ich, denn die SS-Rekruten durften nur Mineralwasser trinken.

Unser nächster Halt war Koblenz, eine alte Stadt mit alten Festungsanlagen. Hier liefen wir in die Mündung der Mosel hinein, die von Metz und Nancy in Frankreich her kommt. Sie ist bis nach Toul voll kanalisiert, und mit Schiffen bis zu fünf Meter Breite hätte man über das französische Kanalsystem bis nach Paris fahren können und hinauf nach Calais am Ärmelkanal oder über die Rhone ins Mittelmeer.

Die Mündung der Mosel war nicht sehr tief, es gab viele Sandbänke, aber wir fuhren bis zur ersten Straßenbrücke hinauf. Dort machten wir müde an einer hohen Mauer fest, am Fuß einer steilen Leiter und auf zweimeterzwanzig Tiefe. Man hatte uns gesagt, dass es in der Nähe Geschäfte und eine Post gebe. Das Stadtzentrum war nur ein paar hundert

Meter entfernt. Bei gutem Wetter wäre das ein fast idealer Liegeplatz gewesen, wir waren von hohen mittelalterlichen Häuschen umgeben, lagen in ziemlich sauberem Wasser, und am Ufer gab es einen Park mit grünen Rasenflächen. Die Leute in Koblenz waren auch sehr viel freundlicher als weiter unten am Rhein, wo sie eher düster und sauer dreinblickten. Das war schon ein wesentlicher Grund dafür, dass es mir am Mittelrhein gut gefiel. Es war auch das erste Mal, dass ich, trotz meiner Müdigkeit und der Schmerzen, in Deutschland an Land ging. Wenn die Leute unfreundlich dreinschauen, düster und abweisend, dann bleibt man besser an Bord.

Der Loreleyfelsen liegt oberhalb von Koblenz, zwischen Boppard und Kaub. Bei Touristen ist der Felsen berühmt, und sie finden ihn interessant, für die Schiffer ist er verdammt gefährlich. Der Rhein zwängt sich hier durch eine Enge, das Fahrwasser ist sehr schmal, und gleichzeitig macht der Fluss eine Biegung von fast 180 Grad. Diese Biegung und die im Fluss liegenden Klippen erzeugen starke Wirbel und Strudel. Ein in Flussmitte liegender riesiger Felsen, der vom Fluss überspült wird, erzeugt Panikgefühle. Wenn man stromaufwärts fährt und die Maschine nicht den Geist aufgibt, ist ein Zusammenstoß mit dem Felsen nicht sehr wahrscheinlich, denn die Strömung läuft hier mit sechseinhalb Knoten.

Ich kommandierte die Crew ins Beiboot ab, um das Gewicht von *Outward Leg* zu reduzieren, Yannie musste jetzt 225 Kilo weniger schieben. Alleine nahm ich die Loreley vom Cockpit aus in Angriff. Eine lange Leine verband *Outward Leg* mit dem Beiboot, das unter eigener Kraft hinterher lief. Das sollte ein Abtreiben von *Middle Leg* verhindern, falls der Außenborder stehen bleiben würde. Umgekehrt würden wir eine Rettungsmöglichkeit haben, falls die Maschine von *Outward Leg* versagen würde.

An beiden Enden des Loreley-Wildwassers gibt es einen Wachturm mit Spiegeln, die es den Wächtern erlauben, um die Ecke zu sehen. Sie setzen ein Signal für die flussaufwärts fahrenden Schiffe, wenn ein Fahrzeug entgegenkommt. In diesem Fall muss das aufwärts fahrende Schiff an der Seite warten, denn das flussabwärts fahrende Schiff kann ja nicht einfach anhalten, wenn es einmal in den Loreley-Engpass eingelaufen ist. Das Fahrwasser führt nur einige Meter zwischen dem Ufer und dem Felsen hindurch. »Man könnte eine Menge Geld verdienen, wenn man so etwas in Disneyland hätte«, sagte ich zu den Jungs.

Outward Leg schob sich gegen die mächtige Strömung näher und näher an den unteren Teil der Flussbiegung heran. Manchmal schien sie sich fast nicht mehr vorwärts zu bewegen, und manchmal stand sie wirklich still, obwohl die Maschine auf Vollgas lief. Dann blieb mir nichts anderes übrig, als seitwärts gegen das Ufer zu steuern, so nahe heran wie ich mich traute, um die geringere Strömung zu suchen. Die ganze Zeit behielt ich das Beiboot mit der Crew hinter dem Heck im Auge. Sie liefen mit dem Außenborder die gleiche Geschwindigkeit wie *Outward Leg*, aber sie wurden jetzt nass, der Wind lief gegen den Strom und baute einigen Hack auf.

Zwei Stunden lang schoben wir uns Zentimeter um Zentimeter voran, entlang der Felsen und Klippen. Dabei mussten wir stets aus dem Fahrwasser der Schiffe bleiben, die uns entgegenkamen oder uns überholten. Endlich erreichte *Outward Leg* den oberen Wachturm, der gefährlich aussehend auf einer vertikal abfallenden Klippe über dem rauschenden Wasser des Rheins steht. Hier war die Strömung am stärksten, es war die mächtigste, die wir auf dem Rhein erlebten. Es müssen über sieben Knoten gewesen sein, an manchen Stellen sicher acht, denn das Schiff blieb einfach stehen, trotz Rückenwind von zwanzig Knoten. Für den Wind war ich sehr dankbar. Ich wusste, dass er laut Statistik an neun von zehn Tagen flussaufwärts weht, und noch dankbarer war ich für die Zuverlässigkeit der Yanmar-Maschine. Wäre Yannie auf dieser Strecke bei der Lorelei auch nur einen Moment lang stehen geblieben, hätte unsere Reise in einer Katastrophe geendet. *Outward Leg* wäre mit Sicherheit aufgelaufen, und ich wäre wahrscheinlich ertrunken oder zumindest schwer verletzt worden. Mit meinen gebrochenen Rippen, meinem einzelnen Bein und meinen angeschlagenen Lungen hätte ich nur eine sehr geringe Chance zu überleben gehabt. Auf dem felsigen Flussbett hätte kein Anker gehalten, und bei dieser Strömung wäre ich ohne Ruderwirkung flussabwärts auf die Klippen getrieben. Irgendwie dachte ich, falls das passieren würde, dann würde meine Crew vorher längsseits kommen, um mich von Bord zu holen, sie waren clever, meine Jungs. Das war auch ein Grund, warum sie im Beiboot saßen. Offiziell war es wegen des Gewichts, aber es gab auch eine stillschweigende Verabredung, dass wir uns im Notfall gegenseitig zu Hilfe kommen würden. Kriechend schob sich *Outward Leg* an der Lorelei vorbei – ich sagte ein leises »danke«

an die japanischen Ingenieure und Maschinenbauer, die Yannie so zuverlässig gebaut hatten.

Dann ließ die Strömung nach, nicht plötzlich, sondern langsam und allmählich. Der Fluss wurde breiter, und es waren nur noch fünf Knoten, einige Meilen nach der Loreley nur noch vier. Wir atmeten erleichtert auf, sprachen kein Wort und nahmen das Beiboot an Deck. Aber wir wussten alle, was wir hinter uns hatten und wie groß das Risiko gewesen war. Wir hatten das dritte große Hindernis auf unserer Reise quer durch Europa überwunden. Das erste war die Willensanstrengung gewesen, die Reise überhaupt anzugehen, das zweite die Kraft, meinen Unfall in Amsterdam zu verdauen.

Der Ort, an dem wir endlich in Deutschland an Land krochen, hieß Assmannshausen. Der Ort liegt etwa zweihundert Meilen hinter der deutschen Grenze zu Holland und ist ein von gewaltigen Weinbergen umgebener Ausflugsort am Rhein. Am Ufer gibt es schöne Hotels und Geschäfte, aber sie liegen vom Fluss aus hinter einer Bundesstraße und der Eisenbahntrasse, die wiederum hinter einem eisernen Zaun und hinter dem Zugang zum Ponton mit einem verschlossenen Tor liegen. Diese Barrikaden muss man erst einmal überwinden, auf einem Bein, mit einem Krückstock und einer lädierten rechten Seite. Dem Verkehr auf der Bundesstraße nach zu urteilen, dachte ich, dass es in der Stadt viel Betrieb geben würde. Ich stellte mir vor, wie angenehm es wäre, dort in einer Kneipe zu sitzen und gemütlich einen Kaffee zu trinken. Ich nahm das verschlossene Tor in Angriff, schaffte mich irgendwie darüber hinweg, kletterte über den Zaun und hoppelte dann so schnell wie möglich über die Schnellstraße. Der Schnellzug auf den Bahngeleisen verfehlte mich nur um ein paar Meter, und voll innerem Triumph kam ich in der Stadt an. Aber alles war verrammelt und geschlossen – dabei wollte ich doch nur eine Tasse Kaffee trinken. Absolut stinksauer machte ich mich auf den Rückweg zum Ponton. Als ich mich über das Tor hievte, erzählte mir Terry, dass es einen bequemen Fußgängertunnel gebe, unter der Schnellstraße und Bahntrasse hindurch, nur einhundert Meter weiter entfernt.

Ich starrte über den Rhein hinweg und auf den vielen Beton rundum. »Das ist ein verdammter Verteidigungswall«, knurrte ich. Dann sah ich die Ente auf dem Ponton. Stocksauer wie ich war, bückte ich mich nach einem Kiesel, um nach ihr zu werfen. Dann merkte ich, dass die Ente nur einen Flügel hatte und hinkte. Ich sah sie einen Moment lang an und schämte mich ein wenig, aber dann wurde mir bewusst, dass wir verwandte Seelen waren, und ich fing an laut zu lachen. Die Ente hinkte erschrocken den Ponton entlang, wollte wegfliegen, landete aber im Rhein. Sie quakte, schwamm, kämpfte gegen die Strömung und hinkte weiter unten ans Ufer.

Später machte ein Lastkahn an dem Ponton neben uns fest, und der Skipper kam auf einen Schwatz herüber. Er war ein ernster und interessanter Mann, aber mein Deutsch war noch schlechter als sein Englisch, und wir palaverten in einer Art Euro-Kauderwelsch mit Einlagen von Holländisch, Deutsch, Französisch, Englisch und sogar mit ein wenig Spanisch, Italienisch und Portugiesisch von meiner Seite.

Er sagte mir, dass man zur Zeit Tiefenmessungen im Rhein machte, die Sandbänke veränderten sich ständig. Er erzählte mir auch, dass die Strömung oberhalb von Bingen, ein paar Meilen flussaufwärts, nachlassen würde. Dann sagte er, der Rhein-Main-Donau Kanal wäre fast fertig gestellt.

Genau, wie er gesagt hatte: Nachdem wir an Bingen vorbei waren, lief die Strömung nur noch mit dreieinhalb Knoten, und wir kamen gut voran. Bei Mainz verließen wir den Rhein und fuhren in die erste Schleuse seit Holland ein. Wir waren im Main. Von der Nordsee aus hatten wir 250 Meilen zurückgelegt – nun waren wir wirklich im Herzen Europas.

Der Zusammenfluss von Main und Rhein liegt in einer ländlichen Gegend und ist ein paar Meilen von der Stadt Wiesbaden entfernt. Wir fanden schnell heraus, dass die Schleusen nicht so gute Festmachermöglichkeiten hatten wie in Holland. Es gab viel weniger Ringe, und sie hatten große Abstände, etwa 20 Meter. Das war bei allen sechzig Schleusen zwischen Wiesbaden und Bamberg der Fall. Unsere Lösung war einfach, wir arbeiteten mit nur einer Leine und führten sie vom Vorschiff aus zur Leiter an der Seite der Schleuse und dann nach achtern, wo wir sie wieder sicherten. Natürlich hängten wir alle verfügbaren Fender an der Mauerseite über Bord. Wenn das Schiff sich mit dem Wasserpegel hob, verholten wir es mit dem Bootshaken zur Leiter hin, zogen es dicht heran und verschoben die Leine um ein paar Sprossen nach oben. Diese Methode funktionierte ausgezeichnet, und wir hatten keine Probleme damit.

Die Schleusenwärter sahen uns verwundert zu, und als Terry, unser Sprachgenie, die Worte »Schwarzes Meer« aussprach, erregten wir ungläubiges Erstaunen. Wo zum Teufel wollten wir hin? Aber dann nickten sie weise mit dem Kopf und sagten: »Jetzt offen«. Das erzeugte Euphorie in mir. Diese Kanalgräber mussten ein irrsinniges Tempo drauf haben, weil der Frachtschiffer am Morgen in Assmannshausen noch von »fast fertig« gesprochen hatte.

Oberhalb des Zusammenflusses von Main und Rhein liegt Rüsselsheim. Auf dem Main gab es viel weniger Verkehr, und die Strömung war gering. Nach einer Stunde waren wir dort, gerade als es dunkel wurde. In der Dämmerung machte ich zwischen den Bäumen einen kleinen Ponton aus. Dort machten wir fest und aßen unser Abendessen in der Kabine, denn im Cockpit war es viel zu kalt. Zwischen ein paar hell beleuchteten Restaurants und dem Ponton standen Bäume und ich hoffte, man hätte unsere Ankunft nicht bemerkt. Als wir an dem kleinen Ponton festmachten, benutzten wir unsere übliche Methode, wir brachten je eine Vor- und eine Achterleine zum Ufer hinüber. Wenn es dort keine Bäume gab, gruben wir zwei kleine Anker ein.

In der Nähe gab es Fabriken und eine Ölraffinerie, aber es deutete wenig darauf hin, dass wir nur ein paar Meilen von Frankfurt entfernt waren, einer der größten Städte in Deutschland.

Bevor wir in die Kojen stiegen, schauten wir aus der Luke der Achterkajüte herum. Aus der am nächsten gelegenen Bar kam laute Musik herüber, angeheiterte Gäste liefen zu ihren Autos, fummelten mit dem Schlüssel und zischten ab. Ich wunderte mich über den Gedanken, was sie wohl sagen würden, wenn sie gewusst hätten, dass sie von einem Seeschiff aus beobachtet wurden, das nur ein paar Meter von ihnen entfernt lag. Aber sie hatten offensichtlich keine Ahnung, dass *Outward Leg* sozusagen den Parkplatz mit ihnen teilte, und das war mir sehr angenehm. Schnaps und Schiffe passen nicht gut zusammen, auch nicht im Binnenland.

Früh am Morgen legten wir bei dünnem Nebel ab, Richtung Frankfurt. Wir mussten zwei Schleusen passieren, und das kostete uns zwei Stunden, weil die Schleusenwärter den flussabwärts fahrenden Frachtverkehr vorließen, bevor sie ihre pompösen Tore für *Outward Leg* öffneten. Kurz nach der Mittagszeit erreichten wir Frankfurt am Main. Ich suchte nach einem Platz für das Mittagessen, fand aber keinen. Ich dachte an die Worte Nelsons, »ein guter Kapitän kann nicht falsch handeln, wenn er dem Feind die Breitseite zeigt.« Also machten wir unterhalb der Fußgängerbrücke, die Frankfurt mit Sachsenhausen verbindet, am Uferkai fest.

7 Weiter auf dem Main – und Stopp!

An den fünf Tagen, die wir in Frankfurt waren, um Post abzuholen und die Maschine und Ruderanlage zu warten, regnete es pausenlos. Die Sache mit der Post war einfach: Es gab keine Briefe für uns.

An einem Tag rief eine Dame aufgeregt vom Kai herab. Ich steckte meinen Kopf aus dem Niedergang hinaus. Sie schwenkte eine deutsche Ausgabe meines Buchs *Ice* und wollte ein Autogramm. Ich muss sie wohl angesehen habe, als sei sie verrückt. Dann nahm ich ihr das Buch aus der Hand und starrte es eine Weile an. Da muss sie mich wohl auch für etwas minderbemittelt gehalten haben. Leider sprach sie nur wenig Englisch. So konnte ich ihr nicht erklären, dass ich das Buch vorher nie gesehen hatte. Ich hatte noch nicht einmal gewusst, dass überhaupt eine deutsche Ausgabe existierte.

Von Frankfurt bis nach Nürnberg sind es 218 Meilen, natürlich viel weniger über die Autobahn. Das kommt daher, dass der Main zwei große Schleifen macht. Zweimal mussten wir einen Umweg von sechzig Meilen machen, nur um unserem Ziel, Nürnberg, dreißig Meilen näher zu kommen.

Der Main windet sich durch eine pittoreske Landschaft, zuerst zwischen den Hügeln von Spessart und Odenwald hindurch, dann durch den Steigerwald und entlang den Ausläufern des Fränkischen Jura, der Wasserscheide zwischen Rhein und Donau. Auf dem Fluss gibt es 62 Schleusen, und die Strömung ist daher um vieles geringer als auf dem Rhein, jedenfalls die meiste Zeit. In den aufgestauten Flussteilen gibt es so gut wie keine Strömung, nur im Unterwasser der Schleusen manchmal eineinhalb Knoten.

Auf dem Main gibt es auch keine Buhnen, aber dafür viele Untiefen außerhalb der Fahrrinne, die oft nicht gekennzeichnet sind, meist an den Innenseiten der Biegungen. Man sollte keine Abkürzungen versuchen, sondern in der sich windenden Fahrrinne bleiben. Die Wassertiefe betrug im Allgemeinen dort drei Meter, aber an einzelnen Stellen, wie zum Beispiel im Oberwasser der Schleuse Schweinfurt, liefen wir mit unserem Tiefgang von 1,50 m ein paar Mal in dem weichen Schlammgrund auf.

Vielleicht lag es an der geringen Wassertiefe, dass wir nur wenigen Frachtkähnen begegneten. Es waren relativ kleine Schiffe, die mit leichter Fracht wie Holz für die Zellstoff-Fabriken oder Öl beladen waren.

Die Navigation auf dem Main war einfach, außer durch Aschaffenburg hindurch, wo das Fahrwasser eng wurde und die Strömung stärker war.

Wir fuhren jeden Tag von morgens bis abends, und wir brauchten eine Woche von Frankfurt bis nach Nürnberg, das waren 31 Meilen pro Tag oder auch sieben Schleusen. Manchmal mussten wir an den Schleusen warten, bis der flussabwärts gerichtete Verkehr hindurch war. Die Schleusenwärter waren besorgt um den Wasserverbrauch beim Schleusen, denn der Sommer war sehr trocken gewesen und sie schleusten nicht gerne ein einzelnes kleines Schiff.

Für britische Verhältnisse sind einige der Schleusen im Main gigantisch, etwa einhundert Meter lang und zwölf Meter breit. Bei den Schleusen im Oberlauf kann das Wasser auch in ein Haltebecken abgelassen werden, von wo man es wieder in das Oberwasser hinauf pumpen kann. Viele Schleusen liegen neben Wasserkraftwerken mit breiten verstellbaren Stauwehren, über die bei normalem Wasserstand der Überschuss hinweg schießt. Aber jetzt waren die eisernen Wehre hoch, und der Überschuss bestand nur aus einem Rinnsal.

Als wir Frankfurt hinter uns ließen, wurde die Landschaft heiter. Sie veränderte sich von einer Industriewüste zu einem Gebiet mit hübschen Dörfern, baumbestandenen Hügeln, kleinen Märchenschlössern und zerklüfteten Hängen, an denen terrassenförmige Weinberge angelegt waren. Üblicherweise machten wir im Oberwasser einer Schleuse fest. Es gibt dort oft lange Kais, bequemerweise mit Frischwasserzapfstellen und Telefonkabinen. Die Schleusen arbeiten von Tagesanbruch bis zum Abend. In der Nacht ist das Befahren des Mains nicht gestattet, wahrscheinlich wegen der engen Fahrrinne. Das Festmachen im Oberwasser der Schleusen erlaubte uns, früh in der Morgendämmerung aufzubrechen. Wir kamen dann bei der nächsten Schleuse an, wenn diese ihren Betrieb aufnahm. Da der Wasserstand im Main niedrig war, war die

Wahrscheinlichkeit von Treibholz gering, und wir konnten die paar Meilen in der Morgendämmerung relativ sicher zurücklegen.

Wir machten an der Schleuse in Obernau fest, die etwa einen halben Kilometer von der Stadt entfernt liegt; gemessen an Frankfurt war es hier sehr ländlich. Die Stadt ist von sanften Hügeln umgeben, und es gibt viele Lärchenwälder. Der ganze obere Main ist ein gutes Revier zum Fischen; besonders unterhalb der Schleusen sahen wir viele Angler – mit Fischereierlaubnis, versteht sich. Oberhalb von Obernau werden die Hügel höher und höher, man sieht Paläste und Burgen, Herrenhäuser, Dörfchen und sehr viele Weinberge, besonders an den Hängen der Flussbiegungen. An einem herrlichen Winterabend machten wir bei Gemünden fest, inmitten einer prachtvollen Naturlandschaft mit Fischreihern, Teichhühnern und Wildgänsen.

Nachdem wir nun in Nordbayerns angekommen waren, grüßten uns alle Leute vom Ufer aus, sie schauten erstaunt und neugierig herüber auf *Outward Leg*, auf ihre Flaggen und ihre amerikanische Nationale. Die Flaggen und Wimpel, die wir führten, waren nicht nur ein Ausdruck unseres Stolzes, sondern sie erhöhten auch unsere Sichtbarkeit für andere Schiffe. Je mehr wir im Wind knattern ließen, umso besser und eher wurden wir von anderen Skippern gesehen, wenn sie um eine Biegung herum kamen. Aber was die Leute zum Winken brachte, war nicht die Anzahl der Flaggen, sondern die Länder, die sie repräsentierten, zum Beispiel die amerikanische Flagge für das Schiff am Heck, die rote britische Flagge an Steuerbord für Martin und mich, und der rote Drache von Wales an Backbord für meine Heimat, so wie ich sie kannte.

Je weiter wir den Main hinauf kamen, umso freundlicher und hilfsbereiter wurden die Schleusenwärter. Wir konnten uns nur sehr rudimentär in Deutsch ausdrücken, aber wenn wir ihnen erklären konnten, was wir vorhatten, bekamen wir Rufe der Ermutigung. Manche waren der Meinung, der Rhein-Main-Donau-Kanal wäre fertig, andere schienen noch nie davon gehört zu haben.

In Schweinfurt machten wir wieder im Oberwasser der Schleuse fest. Seit einige Frankfurter Vandalen in der Nacht unsere Leinen losgemacht hatten, warfen wir stets den Bruce-Anker über den Bug und hofften, dass er uns vor dem Abtreiben bewahren würde. Aber wie sich herausstellte, passierte auf der ganzen Strecke durch Europa nie mehr etwas

Ähnliches wie in Frankfurt. Aber wir hatten unsere Lektion gelernt, also ließen wir in der Nacht an einem öffentlichen Anlegeplatz immer den Anker fallen.

Obwohl wir das zu diesem Zeitpunkt noch nicht wussten, war der nächste Schleusenabschnitt von ganz besonderer Bedeutung für uns. Wir würden ihn sehr gut kennen lernen, und *Outward Leg* würde ihn in den kommenden drei Monaten drei Mal zurücklegen.

Der nächste Halt nach Schweinfurt war Hassfurt; es gibt dort einen öffentlichen Anlegeplatz mit einem großen Parkverbotsschild. Wir nahmen an, dass bei dem kalten Wetter sowieso keine Beamten unterwegs waren, um das Parkverbot zu kontrollieren, also machten wir lässig fest. Es war ein attraktiver Liegeplatz, vor einem kleinen Platz und etwa achthundert Meter vom Stadtzentrum entfernt. Dort versuchten wir, einen neuen Brenner für meinen Kabinenofen zu finden, der wieder einmal die Achterkajüte mit einer schwarzen Rauchwolke beglückt hatte. Aber wir konnten keine Ersatzteile für Petroleumöfen finden. Alles war auf Elektroheizungen ausgerichtet, außer ein paar Holzöfen, aber die waren viel zu groß und schwer für das Schiff und kosteten auch noch 300 DM. Ich musste jeden Pfennig für den Weg an die Donau sparen, also kroch ich wieder in meine kalte Kabine.

Einundzwanzig Meilen oberhalb von Hassfurt liegt die wunderschöne Stadt Bamberg. Dort machten wir für die Nacht an einem Steg unter der Kettenbrücke fest, einer der beiden Brücken der Stadt. Dann machten wir einen Landgang. Es war ein kalter, aber trockener Abend, und alle Geschäfte waren schon für Weihnachten dekoriert, es waren nur noch drei Wochen bis dahin. Vor vielen Häusern sah man herausgeputzte Weihnachtsbäume und dank der Erfindung von Thomas Edison auch beleuchtete Nikoläuse, Elfen und andere Sinnbilder der teutonischen Vergangenheit.

Die Crew und ich liefen über die Brücke zum Marktplatz. Und dort stand, über fünfhundert Meilen von der See entfernt, ein Denkmal von Poseidon. Ich starrte es an, glaubte meinen Augen nicht, aber es gab keinen Zweifel: dort stand der Gott der See mit seinem Dreizack, in Bronze gegossen, so nackt, wie er geboren wurde. Er passte so gut an diesen Ort wie ich in die Generalversammlung einer Seifenfabrik.

»Das zeigt es wieder einmal«, sagte ich zu Terry, dessen Nase von der Kälte rot angelaufen war, »wir sind überall!«

Natürlich machte ich mir meine Gedanken darüber. War dieses Denkmal, in jeder Himmelsrichtung so weit vom Ozean entfernt, wieder so ein Vorzeichen? Ein gutes oder ein schlechtes? Ich entschied mich für die Version, dass mir König Neptun damit zu verstehen geben wollte, dass ich mich hier in der Mitte des Kontinents nicht wie ein Fisch auf dem Trockenen fühlen sollte. Ich redete mir ein, dass der alte Kerl mir den Weg nach Hause zeigen wollte, zurück zur See. Aber er zeigte nicht nach Norden, auf den Weg, den wir gekommen waren. Dann fanden wir ein McDonalds mit all seinem internationalen Flair. Dort vergaßen wir Poseidon und verschlangen das erste Essen an Land, seit wir in Deutschland waren.

Am nächsten Morgen war der Nebel so dick wie eine Steppdecke. Drei Stunden mussten wir warten, bis er sich einigermaßen gelichtet hatte und wir uns an die erste Schleuse hinter Bamberg herantasten konnten. Ein paar Kilometer flussaufwärts verließen wir den Main und fuhren dem folgend, was das Schild besagte, in den Rhein-Main-Donau-Kanal ein. Wir jubelten, wir hatten endlich Gewissheit, dass der Kanal existierte. Im Kanal gab es fast keine Strömung, der Kanal war breit und das Steuern einfach. Wir waren richtig fröhlich auf unserem Weg nach Nürnberg!

Nach den großen Schleusen im Main waren die im Kanal geradezu gigantisch! Der Anblick der ersten Schleuse bei Erlangen war unglaublich. Sie war sicher 25 Meter breit und 200 Meter lang und erweckte Erinnerungen an den Panamakanal in mir.

Verglichen mit dem Main und seinen vielen Windungen, ist der RMD-Kanal geradlinig und langweilig. Die Ufer bestehen aus Betonmauern und grasbewachsenen Dämmen, hinter denen die Landschaft und die Dörfer verborgen bleiben. Manchmal kreuzt der etwa siebzig Meter breite Kanal das alte Flussbett auf Aquädukten, und einmal wird er von einer Autobahnbrücke überspannt.

Mit guten sechs Knoten tuckerten wir mit ausreichender Drehzahl voran, vorbei am Nürnberger Yachtklub bei Gebersdorf. Dort, zwischen ein paar Motorbooten, lag ein einsames Segelschiff auf dem Ufer. Alles war für die Überwinterung eingepackt.

Wir machten keinen Halt in Gebersdorf, denn wir waren zu aufgeregt. Wir wollten wissen, ob der Kanal fertig gestellt war und ob wir mit *Outward Leg* auf einfache Art in die Donau gelangen konnten.

Aber siebenundvierzig Meilen hinter der Einfahrt in den RMD-Kanal, direkt nach den leeren Docks von Nürnberg, stand ein riesiges Schleusentor, nagelneu, wie es aussah, tonnenschwer und absolut unbeweglich. Es stand zwischen einer Mülldeponie auf der einen und einem Autofriedhof auf der anderen Seite. Die Luft war voller Staub und Asche von der Müllkippe, und der Autofriedhof sah aus wie ein Haufen vergangener Träume. Der Himmel war pechschwarz; es würde Schnee geben.

Vorne an dem schwarzen Schleusentor bei km 73 war ein großes Schild: Einfahrt verboten – keine Weiterfahrt.

Ich nahm Gas weg und legte *Outward Leg* quer vor das Schleusentor. Ich starrte das Schild eine ganze Minute lang an, dann murmelte ich: »Das werden wir ja sehen!« Meine Rippen klapperten immer noch, als ich meinen Oberkörper bewegte.

Wir machten das Schiff unterhalb des Schleusentors am Ufer fest. Ich stolperte an Land, und Terry half mir durch den dicken Schlamm auf den Damm hinauf. Gerade als ich in das trockene Kanalbett schaute, fing es an zu schneien. Viele Maschinen standen da unten, Fahrzeuge und stationäre Anlagen. Der Kanalboden aus Beton war halbfertig, fast so weit, wie ich sehen konnte. Dahinter lag ein Schlammsee, durch den Bagger und Raupen krochen.

»Und was machen wir nun?«, wollte Terry wissen.

Ich dachte eine Weile nach, ich hatte keine Ahnung, was ich machen könnte. »Wir vertrauen auf Gott und halten unser Pulver trocken!«

Wir rutschten wieder den Schlammhaufen hinunter und holten meinen Krückstock, den ich voller Frust in die Richtung von Poseidon in Bamberg geworfen hatte.

8 Beigedreht

V or langer Zeit hatte ich schon gelernt: Wenn das Vorankommen unmöglich ist, dann soll man es sich so bequem wie möglich machen
und an der Sache dran bleiben. Auf See nennt man das »Beidrehen«.
Wenn das Wetter sich bessert, kann man weiter segeln.

Leise schlich Outward Leg auf dem Rhein-Main-Donau-Kanal zurück. Wir erkundeten die Docks in Nürnberg, um zu sehen, ob wir dort
bleiben könnten, um nach einer Lösung zu suchen. Aber der Hafen liegt
viele Kilometer außerhalb der Stadt, weit entfernt von jeder menschlichen Ansiedlung, und er war so attraktiv wie Hole Haven in Essex oder
das Smith's Feuerschiff an einem kalten Tag im März.

Der Nürnberger Yachtklub lag zumindest in der Nähe von Häusern,
und wo es Häuser gibt, findet man normalerweise auch Läden. Es gab
dort auch eine Telefonkabine und eine Haltestelle: Essen und Telefon
sind immer wichtig.

Im Dezember war die Atmosphäre im Kanal trostlos, auf der einen
Seite führte die Autobahn mit den röhrenden Lastwagen vorbei und
auf der anderen Seite erstreckten sich Fabriken, so weit das Auge
reichte. Weiter hinten lag die Stadt Nürnberg, grau und düster. Es gab
auch keine Hügel, die den Wind brachen, der kalt und feucht über die
Ebene daher wehte und schwarze schneebeladene Wolken vor sich her
schob. Ich gab dem Ort den Namen »Klein Sibirien«. Das war vielleicht
etwas unfair, aber was ist schon fair, wenn man sich kalt, müde und
frustriert fühlt.

Das Nürnberger Hafenbecken lag direkt neben dem Kanal, es war
rechteckig und die Einfahrt zehn Meter breit. Die Tiefe im Becken betrug
drei Meter und nahm gegen die im Süden liegenden hölzernen
Schwimmstege hin auf zwei Meter ab. Es gab ein Klubhaus aus Ziegel-
steinen, eine öffentliche Telefonkabine, einen Wasserhahn und heiße
Duschen (!) im Haus, wie wir nur wenige Minuten nach dem Anlegen
herausfanden –, herrlich!

Das Hafenbecken war etwa fünf Kilometer vom Zentrum Nürnbergs entfernt, und alle zwanzig Minuten fuhr bei der nahe liegenden Brücke ein Bus. Herr und Frau Biegler waren für das Klubhaus zuständig, und sie kamen beide zu uns herunter an den Steg, um uns zu begrüßen. Es war der 4. Dezember. Ich hatte vorher geplant, von hier aus in drei Wochen die Donau zu erreichen, die nur etwa einhundert Kilometer Luftlinie im Süden lag. Ich hatte vorgehabt, dann dort auf den Winterfrost zu warten, der bis etwa Ende Februar anhalten würde. Zwischen Weihnachten und Ende Februar würden wir *Outward Leg* ohnehin nicht bewegen können.

Nachdem wir das Schiff festgemacht hatten, nahm ich den Bus nach Nürnberg hinein, um den Ludwigskanal zu suchen. Ich fand ihn auch – zugeschüttet unter einer sechsspurigen Autobahn, tot wie ein Sargnagel. Er war 1944 von den Bomben der Amerikaner und der Briten zerstört worden. Scheinbar hatten die Nazis auf ihm Kriegsmaterial vom südlichen Bayern nach Norden transportiert. »Die Kerle haben damals ja nicht wissen können, dass *Outward Leg* einmal hier durchkommen würde«, sagte ich zu Terry. Es war spaßhaft gemeint, aber es kam mir gar nicht komisch vor.

Jetzt lag der Ludwigskanal also unter der Autobahn begraben, aber wir hätten ihn sowieso nicht benutzen können, wie ich später heraus fand, als ich eine noch existierende alte Schleuse im Süden der Stadt besuchte. Der Kanal war nur für Schiffe bis drei Meter Breite befahrbar gewesen, und eine der letzten vorhandenen Brücken hatte eine Durchfahrtshöhe von auch nur drei Metern. Wir wären noch nicht einmal auf einem Schwimmer hindurch gekommen.

Ich fand heraus, dass damals in der Mitte des neunzehnten Jahrhunderts dreitausend Arbeiter drei Jahre lang daran gearbeitet hatten, am Kanalbett, den Schleusen und den Brücken, ohne Maschinen, nur mit Pferdekarren und primitiven Kränen. Jetzt, so sagte man, würde es mit modernstem Gerät und den Vorteilen der Hochtechnologie zwei Jahrzehnte und noch weitere acht Jahre dauern, um einen Kanal der gleichen Länge hinzukriegen.

Nachdem ich mich versichert hatte, dass es im Nürnberger Hauptbahnhof guten echten englischen Tee und auch englische Zeitungen gab, fuhren wir wieder zurück nach Gebersdorf, um einen Plan für den Weg von Nürnberg nach Regensburg auszuarbeiten. Wir mussten über die Autobahn, die dort am Kanal vorbei lief! Wie ein verkrüppelter Spion hoppelte ich hin und maß mit meinem Krückstock in dem vorbeiröhrenden Verkehr und bei leichtem Schneefall die Breite aus. Bei den Auffahrten war die Autobahn am schmalsten, nur etwa zehn Meter, *Outward Leg* ist genau 8,50 m breit, das bedeutete, dass es möglich wäre, sie über die Autobahn zu transportieren!

An diesem Abend besuchte uns Peter Brunner, der Präsident des Yachtklubs. Er war ein gesetzter Mann in den Sechzigern mit einer sehr interessanten Vergangenheit, wie sich herausstellte. Er war im Zweiten Weltkrieg in Griechenland in britische Gefangenschaft geraten. Wir mochten uns nicht gerade, aber wir respektierten uns und diskutierten das Transportproblem.

Mit Martins Hilfe hatte ich eine Zeichnung von *Outward Leg* angefertigt; und wir hatten die Belastungen beim Kranen und beim Transport auf einem Tieflader abgeschätzt. Wir zogen einen Speditionsunternehmer zurate, aber er spottete nur über unseren Plan. Für die Autobahnbehörde, das Autobahnamt, war unsere Zeichnung auf einem Blatt Papier nicht ausreichend, sie wollten eine detaillierte Zeichnung des gesamten Schiffes, eine Stückliste mit Gewichtsangaben und eine Beschreibung aller beim Bau verwendeten Materialien – in vierfacher Ausfertigung. Ebenfalls musste alles lose Material, das vor dem Transport abgenommen werden konnte, mit Gewicht angegeben sein, jeder Block, jeder Schäkel, jede Leine, jede Konservendose. Bei einem Ozeanschiff gibt es etwa zweitausend solcher Sachen, wir brauchten die ganze Nacht für die Liste. Als wir sie nach bestem Wissen und Gewissen fertig hatten, wollte ich noch den Namen meiner Großmutter hinzufügen, aber die Crew riet mir davon ab. Dafür schrieb ich meine drei Holzbeine auf und unterzeichnete.

Am nächsten Tag kam der Spediteur, fragte nach den Spezifikationen und nahm sie mit. Einen Tag später war er wieder da, ich hatte nur das Original unterschrieben, aber meine Unterschrift musste auch auf den drei Kopien sein. So ging es drei Wochen lang weiter, jedes Mal, wenn es eine Änderung an der Liste gab, musste ich vier Mal unterschreiben, und die Sache fing von vorne an. Es wurde mir bald klar, dass irgendwo an Land etwas Böses am Werk war. Am 9. Dezember kam auch heraus, wo es war – es war im Autobahnamt. Sie wollten einen Gegenwert von DM 3000.– für das Ab- und Anmontieren von Verkehrsschildern und Geld für eine Polizeieskorte, neben den eigentlichen

Transportkosten, versteht sich. Ich wusste zwar, dass es nicht notwendig war, Verkehrsschilder abzumontieren, aber ich stimmte erst einmal zu. Das Geld hatte ich auch nicht, aber erst einmal die Genehmigung, dachte ich, dann würde ich den Zaster schon irgendwie auftreiben oder mich gegen die Gebühr zur Wehr setzen.

Am 10. Dezember kam die Antwort vom Autobahnamt in Form eines Schreibens. Ein gewisser Herr Schmidt (*Name v. d. Redaktion geändert*) sagte laut und deutlich: NEIN! Wie mir der Spediteur erzählte, war Herr Schmidt absolut unbeugsam, er hätte in seinem warmen Büro herumgetobt und kategorisch erklärt, dass *Outward Leg* für einen Autobahntransport zu breit sei. Er hätte auch ein paar sehr persönliche Bemerkungen über meine Person losgelassen.

Ich behielt die Fassung und änderte meine Taktik. Ich wendete mich an die in Deutschland stationierte US-Armee, genauer gesagt, an ihr Pressebüro. Wie sich herausstellte, hätte ich genau so gut Colonel Gaddafi um Hilfe bitten können. Sicher, man hieß mich willkommen, sicher, man hörte mir zu, sicher, man schickte mich von einem Büro zum nächsten, aber General Saliskovila war verreist– aber bevor ich aus dem Büro von Mr. Maloney hinaus hoppelte, versprach er mir eine neue amerikanische Flagge für *Outward Leg*. Ich war so zornig, ich sagte, dass ich sie bezahlen würde – zum Glück kam sie niemals an.

Am 15. Dezember war es bitter kalt. Mein Ofen leckte immer noch, und das Autobahnamt, für jeden deutschen Autofahrer nur einen Zentimeter unterhalb von Gottes Thron, blieb absolut hartnäckig bei seiner Absage. NEIN! NEIN! NEIN! war alles, was es von sich gab. Jetzt standen sich der Kelte und der Teutone Auge in Auge gegenüber.

Am 20. Dezember bildete sich Eis auf dem Wasser im Hafen. Es war nur einen Zentimeter dick und verschwand wieder, aber die Gefahr war definitiv vorhanden.

Im Gegensatz zu den meisten anderen Stoffen dehnt sich Wasser beim Gefrieren aus, wie das Eis selbst, wenn es kälter wird. Das ist ein Naturgesetz. Außerdem lässt es jeden Seemann erschauern, dessen Schiff in Gefahr ist, einzufrieren. Die Ausdehnung des Eises um den Rumpf herum kann diesen eindrücken, einfach so, dem Schiff großen Schaden zufügen und für den Seemann unter Umständen tödlich sein. Das ist ein Grund dafür, dass Yachtleute ihre Schiffe bei Eisgefahr aus dem Wasser nehmen, wenn sie können.

»Warum legen wir das Schiff nicht hier in Gebersdorf an Land?«, fragte Martin. Wie jeder echte Seemann machte er sich Sorgen um die Sicherheit des Schiffes.

»Nein, wenn wir das Schiff an Land bringen, dann warten wir wie alle anderen den Winter ab, wie brave kleine Kinder. Wir müssen am Ball bleiben, falls das Autobahnamt doch noch seine verdammte Meinung ändert, und dann wollen wir mobil sein. Wenn nötig, müssen wir uns vor der Eisgefahr zurückziehen.« Das war neu für die Crew, das Wort »Rückzug« hatten sie von mir vorher nie gehört.

»Es ist folgendermaßen«, sagte ich, als wir uns um den rauchenden Ofen versammelten, »ich lernte vor langer Zeit das Gesetz des Dschungels.«

Sie sahen mich fragend an.

»Wenn du auf ein wildes Tier triffst, dann läufst du nicht einfach fluchtartig weg; nein, du starrst ihm direkt in die Augen und gehst langsam rückwärts, schlägst mit einem Stock auf den Boden und machst so viel Lärm wie möglich.«

»Was hat das mit dem Schlamassel zu tun, in dem wir sitzen?«, fragte Terry.

»Die Bürokratie benimmt sich genau wie ein wildes Tier. Zuerst knurrt sie, will dich warnen und wegjagen, dann brüllt sie und beobachtet dich, und dann greift sie an, wenn du dich auf ihrem Trampelpfad befindest. Also ziehen wir uns langsam rückwärts aus der Eisgefahr zurück und machen dabei so viel Radau wie möglich.«

»Aber die werden uns niemals einen Transport nach Regensburg erlauben«, knurrte Martin.

»Zum Teufel mit Regensburg«, sagte ich, »ich will zur Donau, und dahin gibt es viele Wege!«

»Was?« Beide schauten dumm aus der Wäsche.

Ich strich unsere inzwischen vergammelte Karte von Nordbayern glatt und zeigte mit dem Finger auf die Straße von Nürnberg nach Ingolstadt. »So geht's vielleicht«, sagte ich hoffnungsvoll, »holt nicht nur uns aus der Scheiße raus, sondern auch die andern!«

»Das wilde Tier wird dich vielleicht nicht auf seinen Pfad lassen, den es bewacht, aber wenn du genug Radau machst, kannst du vielleicht einen Bogen machen, und es lässt dich in Ruhe.«

»Und warum?«

»Weil es so seinen Stolz bewahren kann.«

»Was ist mit deinem Stolz?«, fragte Martin.

»Stolz ist nicht so wichtig, wenn du dein Ziel erreichen willst. Erst durchkommen und dann stolz sein, wenn du willst.«

So warteten wir also, während es immer kälter wurde, aber wir waren nicht untätig. An einem Schiff gibt es immer etwas zu arbeiten, und außerdem mussten wir etwas zum Essen haben. Im dicker werdenden Regen hoppelte ich zwischen dem Schiff und Herrn Bieglers Telefon hin und her. Ich redete mit vielen Leuten in einem Dutzend Länder. Ich versuchte Mittel aufzutreiben, um das Schiff mit einem Hubschrauber über das Hindernis hinwegzufliegen, und nahm gleichzeitig Kontakt mit deutschen, britischen und amerikanischen Behörden auf, um Druck auf das Autobahnamt auszuüben. Irgendwie musste es doch möglich sein, dass sie uns den Straßentransport genehmigen würden. Ich hätte meine Seele verpfändet, nur um Herrn Schmidt zu schlagen.

In der kalten Achterkajüte dachte ich lange darüber nach, wie man eine so breite und flache Last wie einen Trimaran unter einen Helikopter hängen könnte. Die Transportfachleute der US-Armee sagten, es wäre unmöglich, der Trimaran hätte selbst bei geringer Geschwindigkeit die Tendenz, aufwärts zu fliegen. Es bestände dann die Gefahr einer Kollision mit dem Hubschrauber. Außerdem würde die von den Rotorblättern nach unten gepresste Luft vom Deck reflektiert werden und einen unzulässigen Zug auf die Aufhängetrossen ausüben. »Wie wäre es«, fragte ich am Ende, »wenn wir das Schiff senkrecht hängen, mit dem Bug nach oben?« Das gab ihnen zu denken, aber dann kamen sie mit der Ausrede, dass die US-Armee keine privaten Transporte mehr durchführen dürfte, sie hatten vor Kurzem einen Trafo in irgendeinen Garten fallen lassen.

Die erste öffentliche Breitseite gegen das Autobahnamt wurde über die Nürnberger Mittwochszeitung abgefeuert. Sie schrieben eine Reportage über mein Vorhaben und, wichtiger, über meine Motivation. Es war die erste Salve einer Kampagne, die gesamte öffentliche Meinung in Westdeutschland auf mich aufmerksam zu machen. Dabei hatte ich gewisse Vorteile: Ich war kein Autofahrer, wie die meisten Deutschen. Es war nur allzu menschlich, dass viele die Straßenverwaltungsbehörden hassten, zumindest unterschwellig. Ich nutzte den allgemeinen Ärger über gesperrte Straßen, Baustellen, Staus und teure Parkplätze für meine

Zwecke, zum Vorteil von *Outward Leg*. Ich wollte Herrn Schmidt Feuer unterm Hintern machen.

Die dritte Woche im Dezember war neblig und viel kälter, es war auch die Weihnachtswoche. Aber wir litten nicht sehr. Deutsche Freunde halfen uns mir ihrer Gastfreundschaft, und Frau Biegler nahm uns mit hinauf zur Burg in Nürnberg, um die Lampionprozession der Kinder anzusehen. Im Schatten der alten Kaiserburg tranken wir Glühwein und schauten in die strahlenden Gesichter der Kinder im Kerzenschein. Ich träumte davon, das Schiff direkt über die Burg zu fliegen, und über Herrn Schmidts Büro, da hätten die Kinder gestaunt.

Karl Svoboda, der Hafenmeister im Nürnberger Yachtbassin, tauchte mit einem elektrischen Heizofen und einem langen Kabel auf. Das war ein fantastisches Weihnachtsgeschenk, ich werde es nie vergessen. Einige Mitglieder vom Yachtclub besuchten uns, sie brachten Kuchen und andere feine Sachen mit. Einer davon, schon etwas angeheitert, meinte, dass ich ein Problem für Deutschland sei. Warum hätte mich die deutsche Kriegsmarine eigentlich nur dreimal versenkt statt viermal. Ich hielt die Klappe.

»Wenn einer sagt, dass du ein Problem bist, dann weißt du, dass du es richtig machst«, sagte ich später zur Crew.

Aber viele, viele andere Deutsche hießen uns willkommen und halfen uns auf jede nur erdenkliche Art. Es steht außer Zweifel, dass die Bayern sympathische, liebe und großzügige Menschen sind, zumindest die, die wir trafen. Ohne ihre Hilfe wäre unser Aufenthalt tausend Mal unangenehmer gewesen, wenn nicht gar unmöglich. Wir fanden, dass sich die älteren Deutschen nur sehr zögernd über das Dritte Reich äußerten, die jungen sprachen sehr viel offener über den Krieg. Das zeigt, dass der Konflikt zwischen den Generationen in Deutschland tiefer ist als in andern Ländern, zu meiner Überraschung noch tiefer als in den USA.

Ich fand die Deutschen in jeder Altersklasse ausgesprochen vertrauenswürdig. Wenn ein Mann (oder eine Frau) sein (ihr) Wort gegeben hatte, dann stand er (oder sie) auch dafür ein, egal was passierte. Aber das führt auch zu einer gewissen Unflexibilität in den Ansichten, gewollt oder ungewollt. Für einen Kelten, der oft leicht und fröhlich von einer Meinung zur nächsten springt, ist das manchmal ein wenig schwierig.

Aber die Hartnäckigkeit der Deutschen war eine Eigenschaft, die ich an ihnen bewunderte, obwohl sie manchmal zornige Aufwallungen in mir wach rief. Ich entschied mich dafür, diese angeborene Beharrlichkeit auf einer einmal festgesetzten Entscheidung für meine Zwecke auszunutzen, gegen das bayerische Autobahnamt. Alles, was ich tun musste, war, die Zügel der Bürokraten in die Hände zu bekommen und sie etwas umzulenken. Dadurch müsste es dann zu einem Zusammenstoß der Behörden kommen. Und wir könnten diese internen Konflikte benutzen, um hinüber zur Donau zu kommen, wir müssten nur am Ball bleiben – oder aber wir würden zwischen den Fronten aufgerieben. Manfred Peter, ein Journalist und eine der menschlichsten Personen, die ich je getroffen hatte, gab mir die Zügel in die Hand, nach denen ich gegrapscht hatte.

Man könnte ein ganzes Buch über Manfreds Engagement zu Gunsten von *Outward Leg* schreiben, seine Bemühungen und den Ärger, den er sich einhandelte. Er zerstörte meine alten Vorurteile über Deutschland, er verwandelte sie in Staub. Er öffnete mir viele Türen, aber das Wichtigste für mich war, dass er meiner keltischen Seele die Deutschen zeigte, wie ich sie vorher nie gesehen hatte. Dafür möchte ich ihm aus ganzem Herzen danken.

Am 31. Dezember war die Eisdecke im Nürnberger Hafenbassin auf zwei Zentimeter angewachsen. Ab und zu ließen wir die Maschine laufen und bewegten das Schiff sanft vor und zurück, um eisfrei zu bleiben.

Der erste Januar war der Beginn unseres langsamen und schmerzhaften Rückzugs, der kälteste Winter seit zwei Generationen kam heran. Die Temperaturen wurden arktisch, und die Eisdecke wurde Zentimeter um Zentimeter dicker.

In den nächsten zwei Wochen schlug ich mich durch ein bürokratisches Spinnennetz hindurch, das alles, was ich vorher erlebt hatte, wie ein Kinderspiel erscheinen ließ. Mit der Zeit lernte ich diese bürokratische Organisation kennen, und die Personen, die sich hinter ihr versteckten.

Es war eine Zeit hoffnungsloser Verwirrung und der Bitterkeit über gewisse Beamte, die wiederum darüber verbittert waren, dass ich sie ins Scheinwerferlicht der Öffentlichkeit gezerrt und sie entblößt hatte. Am Ende versuchten sie *Outward Leg* in eine, wie sie dachten, ausweglose Situation zu treiben, ihre Existenz infrage zu stellen, wie wir noch sehen werden.

An einem bitterkalten Morgen legten wir in Gebersdorf ab, im Morgenlicht des 30. Dezember. Frau Biegler kam herunter und winkte.

Knurrend schob ich Tschaikowskys Ouvertüre in Es-Dur in den Kassettenspieler, um an einen anderen Rückzug zu erinnern. Nur – wir würden zurückkommen!

»Ich bring' sie hinüber, und wenn ich sie in Stücke sägen und in Koffer packen muss!«, sagte ich zu mir selbst.

9 Festgefahren

Der Höhenunterschied des Mains zwischen Nürnberg und Frankfurt ist beträchtlich. Ich wollte langsam den Fluss hinunter fahren, um unsere Höhe über dem Meeresspiegel und damit die Eisgefahr zu verringern. Mein erster Halt sollte Bamberg sein, denn ich erinnerte mich an den Steg in der Stadt. Wenn wir eine längere Pause einlegen mussten, dann gab es dort bequeme Einkaufsmöglichkeiten in der Nähe des Schiffes.

Einen ganzen Tag lang fuhren wir bei kaltem Wind und Regen flussabwärts, an den sechs Schleusen hatte sich bereits Eis an den Schleusentoren festgesetzt, und manchmal gab es schon einen Treibeisstau weit vor der Schleuse. Wir ließen die Maschine langsam laufen und schoben die dickeren Eisbrocken mit langen Stangen weg. *Outward Leg* schaffte eine Schleuse nach der anderen, die Schleusenwärter warfen uns von ihrem warmen Arbeitsplatz hinter den Scheiben mitleidige Blicke zu.

Endlich, nach einem harten arbeitsreichen Tag, kamen wir bei der Kettenbrücke in Bamberg an. Es war sechs Uhr, und es wurde bereits dunkel. Horst Besler erwartete uns. Wir waren ihm von Karl Svoboda, dem Hafenmeister in Nürnberg, empfohlen worden. Horst war Lokführer von Beruf, ein großer und offensichtlich starker Mann mit einem glatt rasierten gutmütigen roten Gesicht. Er war so um die vierzig.

Als Antwort auf die Willkommensrufe von Horst kletterte ich an Land und gab ihm die Hand. Dann versuchte ich über den Brust hohen Zaun zwischen dem Steg und der Straße zu klettern, wo Horst stand. Das war nicht ganz einfach für mich, und meine Rippen schmerzten immer noch. Plötzlich beugte sich Horst herüber, schnappte mich unter den Armen und drückte mich – ich sah Sterne. Dann hob er mich über den Eisenzaun und fluchte dabei wie ein Rohrspatz, aber ich konnte ihn nicht verstehen, denn er fluchte in Deutsch. Dann stellte er mich auf mein echtes und mein falsches Bein ab. Aber bei der Heberei fühlte ich, wie sich meine Rippen mit einem Klack in die richtige Position einrasteten, ich hatte plötzlich keine Schmerzen mehr beim Durchatmen. Es war das erste Mal seit dem Krankenhaus in Amsterdam vor zwei Monaten. Als ich das Horst mit Zeichensprache und meinem primitiven Deutsch erklärte, lachte er sich halb tot, und meine Rippentherapie war beendet.

Horst bestand darauf, dass wir beim ersten Morgenlicht durch das dünne Eis einen Kilometer oder so flussabwärts fahren sollten, zur Einmündung der Regnitz in den RMD-Kanal. Dort war die Niederlassung der Bamberger Sektion der DLRG, der Deutschen Lebens-Rettungs-Gesellschaft. Solche Sektionen gibt es überall in Deutschland, die DLRG rettet nicht nur Leben, sondern fördert auch den Wassersport. An Sylvester feierten sie eine Party in ihrem Klubhaus, und wir waren eingeladen.

Martin war zu einem Freund nach Nürnberg gefahren; ich war an Bord geblieben und fuhr das Schiff am nächsten Tag mit Terry zwei Kilometer weiter zur Regnitz hinunter. Wir brauchten einige Zeit, denn wir mussten das inzwischen vier Zentimeter dicke Eis brechen, um dorthin zu kommen. Dort fanden wir heraus, dass die Regnitz selbst nicht zugefroren war. Es gab eine Fabrik weiter oben des DLRG-Pontons, die ihr Kühlwasser in den Fluss abließ.

Am Abend nahmen Terry und ich an der Party teil. Neben uns beiden waren noch sechs weitere Erwachsene da. Einer von ihnen war ein junger bayerischer Panzergrenadier auf Urlaub, der ein riesiges Kofferradio mitgebracht hatte. Keiner der Erwachsenen sprach Englisch, aber mit den sechs Kindern konnte ich mich verständigen. Das hatte zwangsläufig zur Folge, dass Terry und ich mit den Kindern feierten.

Zum Trinken gab es Coca Cola und Bier – literweise Bier. Die Erwachsenen tanzten, von Rock and Roll bis Walzer. Um Mitternacht ging überall um das Clubhaus herum das Feuerwerk los, hinter dem jetzt vollkommen zugefrorenen Rhein-Main-Donau-Kanal und der eisfreien Regnitz. Überall schossen Raketen in den Himmel und Böller krachten. Terry rutschte das durch Schnee schlüpfrige Ufer zu *Outward Leg* hinunter, holte unsere Signalpistole und zwei Ladungen. Wir schossen sie für die DLRG in die Luft, aber nur eine der beiden weißen Fallschirmraketen funktionierte, die andere fiel wie eine lahme Lammpfote aus dem Lauf. Ich fragte mich wieder, ob das ein Vorzeichen wäre, aber ich rang mich zu der Erkenntnis durch, dass es Zeit wäre, unsere Munition zu ersetzen.

Die Mutter von Horst war auch bei der Party, sie war einundachtzig und sah interessant aus. Was für Geschichten hätte sie mir erzählen können, sie musste eine Menge Veränderungen in ihrem Leben gesehen haben. Aber mein Deutsch reichte für eine Unterhaltung mit ihr nicht aus. Ich fasste den guten Vorsatz, es bald einmal zu verbessern.

Ich möchte meine Leser nicht mit den komplexen Verhandlungen während der nächsten zwei Wochen langweilen, meine Einträge im Logbuch sprechen für sich.

1. Januar
Martin ca. 9.00 Uhr aus Nürnberg zurück. Dicker Schnee auf den Bäumen ringsum und am Ufer der Regnitz, aber Fluss immer noch eisfrei. Wollte wieder an meinen bevorzugten Liegeplatz bei der Kettenbrücke zurück, aber wir hatten Besuch und wurden aufgehalten. Es wurde bereits um 16.30 Uhr dunkel – zu spät für die Fahrt. Wir entschieden, bis morgen zu warten. Als unsere Besucher (die Überlebenden der letzten Nacht) von Bord gingen, schenkte ich Horst Besler unsere walisische Flagge, die wir von San Diego bis London geführt hatten. Freute sich riesig, großartiges Souvenir für den Klub. Am Abend las ich und hörte Radio, draußen schneite es leicht. Die Außentemperatur um Mitternacht: -25°C (!). Musste meinen Ofen alle halbe Stunde aufpumpen, aber er hielt die Kabine warm. Schaltete ihn um Mitternacht aus, sparte Petroleum. Temperatur um 8 Uhr morgens in der Kabine: 6°C.

2. Januar
Horst brachte frühmorgens Milch und Brot. Er will unseren Fall heute mit dem Bürgermeister besprechen. Wir zogen um 10.00 Uhr zur Kettenbrücke um, leichter Schneesturm. Ein Frachtschiff fuhr stromaufwärts und brach bequemerweise das Eis für uns. Das Treibeis schien sich vor der Löwenbrücke zu stauen, am Anfang des Mains. Wir bauten hinteren Cockpitschutz auf, Satnav-Antenne funktionierte nicht, anscheinend Korrosion. Ärgerlich, neue Antenne kostet 350 Dollar und Garantie für die alte ist abgelaufen. Martin rief um 10.30 Uhr Michael von Tülff an. (Mike war ein guter Freund von Manfred Peter, ein erfahrener Segler und Mitglied im Universitätsyachtklub von Erlangen). Keine Nachrichten. Er war gestern von Nürnberg aus zu uns gekommen, aber wir waren

nicht an Bord gewesen, und keiner wusste, wo wir waren. Er ist diese Woche geschäftlich in Holland, wir hoffen, dass er dann wieder kommt. Das bedeutet, dass unsere Verbindungen nach USA und England so lange unterbrochen sind, denn Mike nimmt alle Nachrichten für uns entgegen, wenn wir nicht erreichbar sind.

3. Januar

Letzte Nacht Abendessen bei Horst Besler. Schweinebraten, Sauerkraut und Klöße. Guinness und Weißbier für Martin und Terry, Weißwein (ein wenig) für mich. Crew ging in die Sauna und duschte. Machte nach Rückkehr zum Schiff Heizofen an. Außentemperatur -22°C, in der Kabine 17°C. Ging in die Koje. Herr Kempf war auch bei Horst eingeladen, er ist für den Bamberger Straßenbau zuständig. Er wird versuchen, mit Herrn Schmidt zu reden, vielleicht dürfen wir die Standspur der Autobahn nach Regensburg benutzen. Hat aber wenig Hoffnung. Ich werde langsam müde von der Sache, der Rückzug fällt mir schon leichter. Winterfahrten mit dem Schiff sind nicht schön – kosten nur Zeit und Geld. Warmhalten ist alles. Der Heizofen ist große Scheiße. Am Morgen lief Petroleum in die Bodenwanne und rauchte drei Stunden lang, Kabine voller Dunst, alles schmutzig. Terry geht einkaufen. Wir warten auf einen Meinungsumschwung im Herzen des verdammten Herrn Schmidt Am Abend bei Eltern von Mathias eingeladen – kalte Platten und Bier, Radieschen und so. Bei Rückkehr Temperatur in Kabine 4°C. Heize auf 16°C.

4. Januar

Horst brachte Aluminium und zwanzig Liter Petroleum (kostet in Deutschland 1,25 Dollar pro Liter). Ich schrieb an Euan Cameron (Lektor beim Bodley Head Verlag), Abner Stein (mein Londoner Agent), Richard Curtis (mein Agent in New York) und Peter Drew (Vorsitzender des World Trade Centers in London). Will mit dem Schiff nach Frankfurt. Sollte dort wärmer sein, Elektrizität im Westhafen, wie man sagt. Fühlte mich am Morgen ziemlich krank, machte wenig. Vielleicht der Rauch vom Ofen? Hatte vergessen: Mike von Tülff und Manfred waren gestern an Bord. Pressekampagne läuft gut. Radioreporter heute an Bord. Ebenfalls Doktor Schmidt und Alexander, dickes Kind vom Klub und Angie, usw. Am Abend Party bei Hildegard Hofmann, die übliche Gruppe. Ging gegen 00.30 Uhr nach einem Glas Champagner auf Hildegards Geburtstag. Sehr kalt. Kanal überfroren. Heize ganze Nacht.

5. Januar

Starke Kopfschmerzen – Ofenrauch und Bier. Hatte aber nur zwei Flaschen. Gute kalte Luft draußen, alles klar nach fünf Minuten. Horst und Hildegard kamen, Doktor Schmidt und die übliche Gruppe, brachten englische Zeitungen, *Guardian* und *Express*. Fuhren bei fünf Zentimeter dickem Eis 50 km bis Schweinfurt. Zum Glück überholte uns ein Frachter vor der ersten Schleuse, und wir konnten den ganzen Weg hinterher fahren. Sehr kalt, Fluss dampft, schlechte Sicht. Bäume wie Korallen aus Eis. Harte Zeit für Moorhühner, Enten und Schwäne. Kamen in der Dunkelheit um 17.15 Uhr nach Schweinfurt. Machten müde bei Schleuse gegenüber der Stadt fest. Wollen hier die Ereignisse abwarten. Frau Biegler hatte einen Anruf aus den USA, weiß nicht, wer es war. Werde später versuchen, Charles Groesbeek anzurufen (Arktisforscher und Freund in Colorado, der versuchen wollte, eine Filmgesellschaft zu finden, die den Helikoptertransport finanzieren würde – es kam nichts dabei heraus). Adidas zeigte ein wenig Interesse. Bin jetzt zu müde vom Denken. Nervenstrapazierendes Knirschen von Eis am Rumpf, schlägt manchmal an der Schraube an … aber wir liegen heute fünfzig Meter tiefer über dem Meeresspiegel als gestern in Bamberg.

6. Januar

Sehr kalte Nacht, habe Kabinentür und Zugang zum Motorraum offen gelassen und das Fenster in der Achterkajüte einen Spalt breit – brauche mehr Sauerstoff. Die Nacht war ein wenig besser. Ein Reporter von der lokalen Zeitung kam am Morgen, gab ihm alle Informationen zum Fall Schmidt, sollte morgen in der Zeitung stehen. Später kam Manfred mit seiner Frau und einem Freund vorbei, und ich lud alle ins Brauhaus zum Essen ein. Schöner Nachmittag. Bei Rückkehr ist das Schiff einen Zentimeter dick mit Eis überkrustet, lasse Maschine laufen. Wetterbericht sagt -28°C heute Nacht, dann soll es wärmer werden. Wir sind auf dem Rückzug, aber wir machen Radau. Die Meinung der Leute hier ist, dass die Bürokraten nachgeben werden. Bin nicht davon überzeugt. Ich sagte Manfred, ich würde den Deal mit Adidas machen, wenn es mir hilft, nach Regensburg zu kommen. Würde dann in den nächsten drei Jahren Reklame für ihre ausgezeichneten Bootsschuhe machen. Werden Resultat abwarten. Werde Groesbeek morgen anrufen. Bitterkalter Abend, alles zugefroren. Kältester Winter in Italien und Jugoslawien seit 1939. Kälteste Nacht hier seit fünf Jahren. Morgen werde ich neue Kontakte in Schweinfurt knüpfen – wir werden sehen. Keine Zeitung, ruhiger Abend, Shakespeare.

7. Januar

Höllische Nacht, musste alle halbe Stunde Heizofen pumpen, hielt die Temperatur bei 16°C, mit allen Türen offen, keine Kopfschmerzen. Sehr kalt draußen, Fernsehcrew aus Nürnberg kam um 10.00 Uhr, und ich sprach meine Hälfte des Dialogs mit Herrn Schmidt in die Kamera. Sie waren ziemlich auf unserer Seite und luden uns zum Mittagessen ins Brauhaus ein, wo wir schon gestern waren. Hatte Lamm, sehr gut. Horst kam ziemlich aufgeregt, aß mit uns. Zeitungen kommen morgen, Fernsehen bringt die Sache Mittwoch. Werden bis dahin hier bleiben, falls Herr Schmidt seine Meinung ändert. Falls ja, werden wir langsam wieder nach Bamberg fahren, wenn das Eis zurück geht, andernfalls den Fluss hinab nach Kitzingen oder Würzburg. Fotograf der Lokalzeitung brachte uns Abzüge von mir und der Crew. Gab ein Autogramm für den Polizeichef (!). Suche nach einem Ofen für Briketts.

8. Januar

Fahren mit der Maschine alle vier Stunden vor und zurück, wollen einen Einschluss ins Eis verhindern. Temperatur in der Nacht wieder -25°C. Neue Artikel in der Lokalpresse, viele Zuschauer auf der Brücke und am Kai (wir liegen jetzt unter Maxbrücke wegen dem Schneefall). Versuchen warm und trocken zu bleiben. Probierte das Wetterfax und bekam schwaches Signal aus Paris: Wir liegen in einem festsitzenden Tief, das von stationären Hochs über dem Atlantik, Russland und Skandinavien umklammert wird. Hoffe, es bewegt sich in den nächsten Tagen. Das Eis ist zweieinhalb Zentimeter dick. Zogen unsere Schwerwetterleine um das Schiff herum (wir dachten, dass die Leine das Eis vom Schiff weghalten würde, funktionierte aber nur bei dünnem Eis). Gaben DM 100.– für Lebensmittel aus. Scheußlicher Tag, wir wissen, dass wir gefangen sind. Der einzige Lichtblick ist, dass die Autobahnleute ihre Entscheidung unter dem Druck der öffentlichen Meinung doch noch ändern könnten, irgendwann diese Woche.

9. Januar
Schlechte Nacht, schlief mit Prothese, weil ich ab und zu die Maschine laufen ließ. Um 03.00 Uhr Temperatur -26°C. Jerry kam und half Martin, Kerosin zu holen. Um 10 Uhr fingen wir an, Eis zu brechen. Methode: erst ein Loch am Heck frei machen, dann unter Maschine rückwärts, danach um das Schiff herum hacken. Da wir keine Hacke haben, verwenden wir meine alte Krücke, funktioniert gut. Schlechte Nacht, denke über unsere Möglichkeiten und den schlimmsten Fall nach. US-Armee hilft vielleicht mit einem Kran, das Schiff an Land zu hieven. Werde noch abwarten, aber die Situation nach London berichten. Eine Menge Leute an Bord, Leute vom hiesigen Yachtklub, von der Schifffahrtsbehörde, der Polizei usw. Schickte Bilder der Lokalpresse und Artikel per Expressbrief an Abner Stein. Gab ihm einstweilen die Frankfurter Adresse an. Lokalpresse brachte unsere Geschichte. Frage Manfred, ob er Kontakt mit der Redaktion der *Yacht* aufnehmen kann. Martin spricht über einen Journalisten hier mit der *Bild-Zeitung*. Hoffe auf Unterstützung von *Bild* oder Adidas. In der Zwischenzeit müssen wir das Schiff frei halten. Ein Karton mit Kleidern von Adidas kam an, aber kein Wort über Geld oder Unterstützung beim Transport. Schreibe einen Dankesbrief und sage, dass ich die Sachen nächstes Jahr in Japan tragen werde, es wäre schade, dass wir sie leider nicht bei unserem Fernsehauftritt im Mainz anziehen könnten. Ein Wink mit dem Zaunpfahl auf die (nicht existierende) Konkurrenz und die versprochenen 10.000 Mark für den Transport.

10. Januar
Eisdicke jetzt acht Zentimeter einen Meter neben dem Schiff an Steuerbord und drei Meter vor und hinter dem Schiff. Eisbrechen mit Stangen. Organisieren Gasöfen. Die *Yacht* schickt Herrn Bart, um mich zu interviewen. Ich bitte ihn um Schützenhilfe. Hoffe auf eine baldige Entscheidung. Schrieb gestern an Claire Francis und bat um Verbreitung von Fotos an die englische Yachtpresse, mit einer Kopie an Peter Drew. Lokaler Pressefotograf machte Bilder von uns beim Eisbrechen, sollen morgen in der Zeitung sein. Machte Kopien vom Schreiben des Autobahnamts. Will eine Pressemitteilung an alle Zeitungen in Deutschland

schicken. Hoffe, die englische Presse greift die Geschichte auf. Halten ein Meeting an Bord ab und spielen den Ernstfall durch, besonders wenn es Treibeis geben sollte (jedes Fahrzeug auf dem Fluss wird von den flussabwärts kommenden Eismassen erdrückt). Denke, wir könnten in einer Schleusenkammer Schutz suchen.

11. Januar

Horden von Menschen auf dem Schiff, jede Menge Helfer. Sie erweitern unseren Freiraum im Eis auf drei Meter um das Schiff herum und packen Strohballen als Fender dazwischen. Die Gasöfen machen das Leben an Bord wieder lebenswert. Bekommen auch elektrisches Licht. Martin kriegt Darmgrippe, Arzt kommt und versorgt ihn. Viel öffentliches Interesse, ein ermüdender Tag. Aber wir liegen jetzt sicherer. Schifffahrtsamt sagt, wir müssen aus dem Wasser, wenn es Treibeis gibt. Vielleicht. Trafen Vorkehrungen mit der US-Armee in Kitzingen, wegen Kran und so. Schrieb Brief an Abner Stein mit Kopie an Peter Drew, werde am Montag zur Post gehen.

13. Januar

Wieder ein arbeitsreicher Tag mit Eisbrechen. Leute fangen an, auf dem Eis herumzuspazieren, es ist der kälteste Winter seit 1971. Wir haben halt Glück. Eine Gruppe der deutsch-amerikanischen Friendship Society kam vorbei und bot Hilfe an, viele Leute wünschten uns Glück. Ich blieb während dem Trubel am liebsten in der Kabine, das alles machte mich sehr müde. Am Abend gingen wir alle zu Missie, aßen Suppe und ich nahm ein heißes Bad. Missie ist die deutsch-amerikanische Frau eines Deutschen, Erwin, sehr ruhig. Dafür war seine Frau quirlig, und wir lachten über die lustigen Fehler, die sich beim Erzählen ihrer amüsanten Geschichten in ihr Englisch einschlichen. Aber sie ist sehr feminin, sehr liebenswürdig und großzügig, obwohl die beiden nicht gerade üppig leben. Zurück an Bord 22.30 Uhr, wieder Eisbrechen. Timmie, ein Ex-GI aus Minnesota brachte einen elektrischen Radiator, bestimmt einmeterfünfzig lang, der endlich das Heizungsproblem löste. Das erste Mal in diesem Winter war die Kabine mollig warm und trocknete aus.

14. Januar

Das Fernsehen kam um 8.00 Uhr, um uns beim Eisbrechen aufzunehmen. Jerry organisierte im Schlachthof noch mehr Strohballen für die Backbordseite. Stroh wird heute Abend gebracht – nein, es kam an, als ich am Schreiben war. Wir haben jetzt viele Helfer, ich bin ihnen dankbar. Ich tröste mich mit dem Gedanken, dass wir die erste Hälfte des Januars schon hinter uns haben, aber es gibt noch keine Anzeichen dafür, dass die Kälte nachlässt. Ganz Europa scheint eingefroren zu sein. Es hat vielleicht etwas mit den Sonnenflecken zu tun, denn dieser kalte Zyklus scheint sich alle 21 oder 22 Jahre zu wiederholen. Martin entdeckte, dass die flexible Einfassung des Saildrives einen Riss hat. Schicke ein Telegramm an Dieter (Dieter Landgraf, Journalist der Schweinfurter Lokalpresse) und bitte ihn, eine neue Einfassung bei Yanmar zu organisieren. Wir überdenken die Alternativen: Provisorisch flicken oder ausbauen und zur Reparatur schicken. Essen Hühnchen an Bord (selten). Gehen um 10.30 Uhr in die Kojen.

15. Januar

08.30 Uhr Eisbrechen, Eisdicke hat in der Nacht um zwei Zentimeter zugenommen. Versuchten, es mit dem Außenborder vom Beiboot zu zerhacken. Elektrische Heizung macht Schiff angenehm warm. Warten auf Dieter mit Nachrichten. Terry musste einen neuen Kessel kaufen, beim alten war der Griff abgebrochen. Bei dieser Kälte splittern und brechen viele Sachen. Ein alter Mann brachte uns Tee und eine Broschüre über Schweinfurt, er wünschte uns eine gute Reise. Eine Gruppe behinderter Kinder kam vorbei, aber wir waren wieder beim Eisbrechen (später machte ich mit diesen Kindern eine Vergnügungsfahrt durch Schweinfurt). Am Mittag war die Temperatur auf -1,5°C angestiegen, hoffentlich wird es langsam tauen! Langsam arbeiten bedeutet weniger Hetze und weniger Gefahr. Keine Nachricht von Charles Groesbeek. Vielleicht hatten wir auf das falsche Pferd gesetzt, aber anrufen hätte er können, ich hatte ihm Manfreds Telefonnummer gegeben. Zwei Spaziergänger am Ufer wünschten uns Glück, unsere Moral hob sich.

16. Januar

Eisbrechen. Dann nach Mainz mit Jerry (Fahrer) und Terry. Jerry ist auf einem Auge fast blind. Zehnminutenshow beim Fernsehen. Es scheint, dass danach viele Leute angerufen haben, uns Unterkunft und einen Hubschrauber angeboten haben. Produzent geht morgen nach Bonn, deutsche Polizei hat Hubschrauber angeboten. Mittagessen in kleiner verräucherter Kneipe mit alten Fernsehscheinwerfern. Am Abend über die Autobahn zurück nach Schweinfurt für chinesisches Abendessen. Zurück zum Schiff und in die Kojen. Warten auf morgen, das Eis ist oben ein wenig feucht, was hoffentlich langsames Tauen bedeutet.

17. Januar

Morgens Eisbrechen mit Beiboot. Wir sitzen hier fest, warten auf die neue Getriebedichtung. Schullehrer will, dass ich eine »Show« mache, aber ich sprach gestern schon mit Dieter über einen Diavortrag für alle Schulen in der Stadt, er will etwas organisieren. Viele Spaziergänger auf Kai und Brücke ab 8.00 Uhr. Temperatur -5°C. Schrieb an Richard Curtis und Abner Stein, erzählte von meinem Fernsehauftritt, vielleicht können sie die deutschen Rechte an meinen Büchern verkaufen. Mache mir Gedanken, warum keine Post ankommt. Martin erklärt seinen Missmut von vor ein paar Tagen, war nicht nötig, aber weniger Spannungen an Bord. Muss anfangen über die Eisgefahr zu schreiben. Amerikanische Soldaten aus Puerto Rico am Abend an Bord, versprechen alle Geräte der US-Armee zur Verfügung zu stellen. Wir brauchen aber keine Geräte, wir brauchen eine Erlaubnis für den Transport. Das Fernsehen gab mir DM 500. Es war mein erstes Fernsehinterview in Europa – hoffentlich nicht das letzte. Abzüglich der Unkosten verdienten wir DM 400,–. Manfred sagte, man hätte ein Spendenkonto für den Helikoptertransport eingerichtet, Überschuss ginge an die Karlheinz-Böhm-Stiftung für Äthiopien. Hätte lieber, dass es den Behinderten zugute kommt. Manfred erzählt, dass der Sprecher der Autobahnbehörde im Fernsehen gestern vom »armen Herrn Jones« gesprochen hätte. Wir werden sehen! Schrieb eine Notiz an Ray Kennedy in New York (Reporter bei *Sports Illustrated*).

18. Januar

Eisbrechen, wieder kälter, -10°C. Ging am Morgen zur Post, nur ein kleines Ziegelhäuschen. Keine Briefe für mich, aber einen für Terry, Adresse funktioniert also. Rief Stein an, außer Haus. Dann Euan und andere, alle außer Haus. Zurück zum Schiff. Amerikanisches Fernsehen (ABC) will »Helikopter-Transport« filmen. Sagte Dieter, wenn sie schon filmen wollten, sollten sie es auch möglich machen. Abendessen bei Ernst. Er ist

Künstler, Maler. Schöne Stücke, die Bilder in seiner Wohnung erinnern an die Dörfer ringsum. Hühnchen mit Reis, ich trank Tee dazu, keinen Wein. Zurück zum Schiff um 22.30 Uhr. Repräsentant von ABC in Deutschland heißt Jumberg und lebt in Frankfurt. Der Fuß meiner Prothese wackelt, Klebstoff hält nicht mehr. Werde morgen eine Schraube hineindrehen. Zwei Jungs machten ein Interview mit mir, für ihre Schülerzeitung. Einer fragte: »Was sind Ihre Hobbys?« – »Tanzen«, erwiderte ich. Noch nicht mal der Anflug eines Lächelns. Die ganze Zeit bleiben sie stehen und machten sogar eine Verbeugung, bevor sie gingen. Der Jüngere war farblos, aber hübsch. Der Ältere war fürchterlich, sprach zu laut und war unproportioniert.

19. Januar
Eisbrechen. Mittags -3°C. Viele Leute an Bord, Horst aus Bamberg, Mike von Tülff und Manfred. Geschäftiger Tag.

20. Januar
Ein Mann aus Nürnberg brachte uns 40 Liter Diesel. Eine Dame schenkte uns 70 Mark, ein Kind gab uns 1 Mark und sagte, das wäre alles, was im Sparschwein gewesen wäre. Mittagessen mit örtlichem Segelverein – waren wie die Erlanger Gruppe, sie machen Gruppencharter. Gutes Cordon Bleu im »Wilden Mann«, Salat und Kaffee. Karl Svoboda kam mit seiner Frau, wir sind nach Nürnberg in sein Haus eingeladen. Viel Aufsehen durch das Fernsehen. Aber all der Rummel bewegt das Schiff nicht. Ich schrieb an Peter Drew, sagte, dass ich Darlehen am Monatsende zurückzahlen wolle. Fragte bei verschiedenen Leuten nach, wann sie meine Artikel veröffentlichen würden.

21. Januar
Es fängt richtig an zu tauen, Temperatur jetzt +5°C. Tief kommt vom Atlantik und bringt wärmere Luft. Keine Nachricht von Manfred, keine Post. Putzte meine Dias für den Vortrag. Am Abend zu Missie zum Baden und Abendessen. Koje um 22.30 Uhr.

22. Januar
Es taut weiter, Temperatur +7°C. Ernst mischt für uns Farbe zum Ausbessern, sehr gut. Jürgen organisiert Bootshakenspitzen, wir besorgen

Stiele. Keine Nachricht aus Nürnberg, Mike schickt Zeitungen aus England. Am Abend zu Missies Mutter, Großmutter zweiundsiebzig, aber stark wie ein Ochse. Missie aufgedreht wie immer. Eintopf mit Fleisch, sehr gut, macht satt. Tee für mich, Bier für die Jungs. Vater übersetzt für mich, war drei Jahre in Australien. Mutter seit dreißig Jahren aus USA zurück, spricht mit amerikanischem Akzent. An Bord 22.30 Uhr, Regen, starkes Tauwetter, ein wenig Strömung.

23. Januar
Tauwetter hält an, aber Fluss immer noch überfroren. Keine Post. Neue Dichtung für Getriebe kam an und Martin baute sie ein. Arbeitete auch am Satnav-Anschluss, aber wir liegen unter der Brücke und können nicht testen. Am Abend in eine Kirche für Diavortrag. Ging gut, die Deutschen lachten. Beim Hinausgehen leichter Schneefall. Gingen alle in ein Gasthaus, Schweinemedaillons auf Toast und Tee. Bei Rückkehr zum Schiff Risse im Eis am anderen Ufer, die Schleusenbarrieren sind zum schnellen Abfluss gesenkt. Stelle Wecker auf 4.00 Uhr. Terry und Martin schlafen tief nach hartem Tag. Aber Eis beim Schiff hielt die ganze Nacht.

24. Januar
Keine Änderungen, aber es taut schnell. Temperatur jetzt 1°C. Warmfront soll Freitag oder Samstag kommen. Gruppe von Schulkindern brachte Essen und Gebäck, viele sprachen Englisch und einige der Jungen hatten Ohrringe. Lud sie auf eine Fahrt zur nächsten Schleuse ein, wenn der Fluss frei sein würde. Ich denke, das wird der Crew keine Freude machen, aber es muss sein. Schiff wird überfüllt sein. Wenig Nachrichten von Manfred Peter, aber sie versuchen es mit einem anderen Spediteur. Ich denke, sie machen alles was sie können, jedes Bisschen hilft. Haben DM 260,– auf Spendenkonto für Transport, gestern waren es erst DM 10,–. Ernst brachte Ausbesserungsfarbe für DM 15,–. Bootshaken kamen an, und Martin holte sie mit Jürgen ab.

25. Januar
Eisbrecher kommt und macht eine Gasse zwischen uns und der Schleuse frei. Wir haben Glück gehabt, nur kleine Schäden oberhalb der Wasserlinie. Machen Schiff für das Ablegen morgen klar. Stroh jetzt locker, holen Schleppleine an Bord. Örtliches Kaufhaus spendiert

Mittagessen und druckt 1000 Lebensläufe mit unserer Karte vom Nordatlantik im Hintergrund. Viele Leute, Gruppen von Schulkindern an Bord, die üblichen Mitläufer und Herumsteher auch. Schicke Nachricht an Manfred, dass wir in die Schleuse gehen. Koch vom Kaufhaus arrangiert eine kleine Pressekonferenz. Gemäß den Aussagen eines Kanalangestellten sind die Schleusen auf der Donau oberhalb von Regensburg dreizehn Meter breit – wir müssen damit nur einmal an den Kran – vom Tieflader ins Wasser. Keine Briefe, auch nicht aus USA und UK. Setze meine Hoffnung auf das Spendenkonto, denke wir brauchen DM 4000,– für den Transport. Wenn wir erst Ungarn erreichen, sind die Lebenshaltungskosten niedrig. Party in Missies Dorf in einem griechischen Restaurant. Schweinefleisch und süßer Rotwein, vernebelte mein Gehirn. Zwölf Leute auf der Party.

26. Januar
Um 09.00 Uhr mit Brummschädel aus der Koje. Nach Hassfurt mit lokalem Reporter an Bord. Leute auf dem Schiff bis in die Dunkelheit.

27. Januar
Aufstehen 07.00 Uhr, zur Schleuse. Warten dort im grauen Nebel und Schnee auf Horst Besler. Dann herrlicher Sonnenschein. Alle Schleusenwärter kennen uns und winkten hinter den Fenstern. Dickes Eis am Untertor, aber keine Schäden. Horst kam um 14.00 Uhr, aufgeregt. Ließ ihn bis Gaustadt ans Ruder. Wurden in Gaustadt vom Chef der DLRG erwartet, ehemalige deutsche Marine, mit Familie. Redete viel über Kameradschaft unter Seeleuten, usw. Dann Bier im Klubhaus, danach zu Horst nach Hause. Tee für mich, Sauna für die Crew. Müde, aber hielt bis 22.30 Uhr durch. Wieder sehr kalt, Frost. Drehte Gasofen ab und wachte mit Wollmütze im Schlafsack unter zwei Decken vor Kälte auf. Drehte um 07.00 Uhr Gas wieder an. Horst brachte Trinkwasser vom Haus herunter. Fuhren in die Stadt und aßen dort zu Mittag. Viele US-Soldaten.

28. Januar
Zur Post. Versuchte Abner Stein anzurufen, erst besetzt, dann keine Antwort. Sehr kalter Wind. Gut wieder in Bamberg zu sein, die Brücke ist interessant und wir liegen bequem.

29. Januar 1985
Fuhren mit der Crew und Horst mit dem Auto nach Schweinfurt. Empfang beim Oberbürgermeister im Rathaus, Gebäude aus dem Mittelalter am Marktplatz. Fisch und Pommes im Ratskeller, sehr altes Gemäuer und Deckenbögen. Jerry und Dieter kamen mit, Horst natürlich auch. Weißwein machte mich schläfrig. Zurück zu Horst für kalte Platten und Käse. Schwatzen bis 22.30 Uhr, dann zurück an Bord. Temperatur in der Nacht -5°C.

30. Januar
Schiff zur Kettenbrücke. Schickte Scheck an Peter Drews mit Dankesnotiz. Ganze Nacht Zahnschmerzen.

31. Januar
Fühle eine Erkältung kommen, Husten und kein Appetit, starke Kopfschmerzen, usw. Rief Abner an. Fing an zu schwitzen. Schrieb an vier Zeitschriften, um Kontakte herzustellen.

1. Februar
Werde 02.00 Uhr wach, schwach aber besser. Aß ein wenig Brot und Butter, trank Tee. Schlief danach besser. Bin ziemlich deprimiert, wie lange soll das so weitergehen?

2. Februar
Am Mittag aus der Koje, leicht besser, aber Gliederschmerzen. Wetter wärmer. Willis Haus ist wie ein Schiff mit vier Decks. Strickleitern und Sprossentreppen. Bilder und Zertifikate aus seinen zwei Jahren als Heizer bei der Kriegsmarine. Modell der *Bismarck* auf Bücherbord. Diese Leute essen sehr viel und schütten das Bier einfach runter. Das macht sie unförmig, manche junge Mädchen sehen schon mit sechzehn so aus. Nehmen sogar ihre Fressorgien in den Ferien auf Film auf und das Weintrinken. Crew scheint nicht zu bemerken, dass ich krank bin, in meiner Jugend war Kranksein verpönt. Letzte Nacht zischten sie in eine Disco ab und ließen mich bei Willi zurück. Terry war nachher auf dem Schiff, als Horst mich zurückbrachte, aber Martin war verschwunden.

3.–6. Februar
Ziemlich krank mit Bronchitis, muss im Bett bleiben, trotzdem mit Horst zur Post. Abner geht nicht ans Telefon. Horst brachte Erlaubnis von Wasserschutzpolizei, zur Kettenbrücke zu gehen, wenn wir wollen. Wir liegen also noch nicht ganz fest.

7. Februar
Schlief besser, aber viel Husten. 10.00 Uhr mit Schiff zur Kettenbrücke. Terry und ich gingen zur Post, nichts. Ich vergaß, gestern schickte mir das World Trade Centre eine Kontaktadresse in Bulgarien. Unter der Kettenbrücke guter Liegeplatz.

8. Februar
Starke Kopfschmerzen, ruhe mich aus. Am Abend kommen Zeitungen, keine Post. Martin geht nach Nürnberg und versucht, Stahlträger aufzutreiben. Dichter Schnee, sehr kalt. Kapitän der Wasserschutzpolizei sehr freundlich.

9. Februar
Am Morgen dicker Schnee. Wir bleiben unter Kettenbrücke, Martin hat Stahlträger aufgestöbert. Später zur Faschingsparty beim DLRG, alle mit bemalten Gesichtern und lustigen Hüten. War noch nicht fit dafür. Hielt mich an die jungen Leute, die Frauen mit ihren Flirtversuchen waren mir zu anstrengend.

10. Februar
Waren bis Nachmittag in Gaustadt, Herr Neckermann aus Würzburg, Chef der DLRG kam mit Frau an Bord, konnte kaum mit ihm reden. Erkältung immer noch schlimm. Ruhige Nacht, starker Schneefall.

11. Februar
Wasser wieder mit Eis bedeckt, 2 cm dick. Brachen es am Nachmittag auf. Kotzt mich an, wir machen nichts als warten, warten.

12. Februar
Sitzen in 2,5 cm dickem Eis fest, fahren uns mit Maschine frei. Das Eis ärgert mich, es bedeutet weitere Verspätungen auf dem Weg zur Donau.

Keine Nachrichten von Manfred. Die Jungs gingen zum Essen, ich blieb an Bord, will meine Ruhe. Probierte Petroleumofen – geht jetzt besser.

13. Februar

Wir fuhren gestern Nachmittag zurück zur DLRG in Gaustadt. Jetzt sitze ich wirklich fest, denn der Schnee ist so hoch, dass ich an Land nicht mehr laufen kann. Hänge von anderen Leuten ab, vornehmlich Horst. Geht mir gegen den Strich. Temperatur runter auf -20°C. Petroleumofen wieder hinüber, muss alle halbe Stunde pumpen. Keine Reparaturmöglichkeit hier. Zu Horst zum Baden, ein wenig besser. Dann in eine Halle in Bamberg für einen Diavortrag. Es kamen etwa 120 Leute, einige aus Schweinfurt, etwa 60 bezahlten, etwa DM 220,– alles zusammen. Vortrag war lasch und Publikum ruhig und gelangweilt. Habe starke Schmerzen beim Husten. War in Versuchung, in Horsts Haus zu schlafen, aber Großmutter fiel hin und ich schlief an Bord. Sehr kalt.

14. Februar

Schrieb Brief an Verlag The Bodley Head, Abner Stein, Richard Curtis. Brauche mehr Unterstützung. Stelle mich auf weitere 10 Tage in Bamberg ein. Ist dort besser als in Gaustadt, kann wenigstens an Land, zum Einkaufen und so. Martin arbeitet im Haus von Horst, und Terry sucht Material zusammen. Martin macht Bücherbrett für Kabine in Vorschiff und Türen für Schapps. Gibt ihm Beschäftigung an Land.

Am 21. Februar flog ich nach London um in der Terry Wogan Show aufzutreten und mein Anliegen in England publik zu machen. Wogan stellte die ganze Sache als einen Witz dar, aber ich setzte mich zur Wehr.

Ich blieb 10 Tage im St. Katherine's Dock. Das World Trade Centre stellte mir ein Appartement zur Verfügung, und ich kurierte meine Krankheit aus. Am 3. März kam ich nach Bamberg zurück. Am Tag danach sagte mir Martin, dass man ihm einen Job als Skipper angeboten hatte, die Überführung eines Charterschiffs in die Karibik. Er müsse *Outward Leg* schon in ein paar Tagen verlassen. Natürlich wollte ich niemanden in seinen Aktivitäten behindern, also sagte ich okay. Er ging drei Tage später. Am gleichen Tag bekam ich eine Nachricht, dass wir die Genehmigung hätten, *Outward Leg* am 20. März zu transportieren, aber keinen Tag früher oder später. Am 16. März müssten wir aus dem

Wasser. Terry, Horst und eine Gruppe von Freunden halfen, das Schiff reisefertig zu machen. Neben den Eisenträgern luden wir noch hölzerne Balken auf und stellten uns auf die bevorstehende Prüfung ein. Es war im Moment nicht mehr so kalt, das Eis auf dem Rhein-Main-Donau-Kanal wurde aber nur langsam dünner. Es war der 10. März, wir mussten jetzt nur noch hoffen, dass es bis zum 15. März schmelzen würde.

Aber das tat es nicht, und es gab auch keine Anzeichen dafür, dass es das bald tun würde. Wir hatten nur noch neun Tage, um das an manchen Stellen sehr dicke Eis zu brechen und die 60 km zurückzulegen. Andernfalls müsste ich umkehren und über Gibraltar segeln, und dann die Donau hinauf, wenn ich nach Regensburg wollte. Dann könnte ich über die Autobahn hoppeln, wie ich es mir geschworen hatte in dem Fall, dass man uns die Genehmigung verweigern würde, von Regensburg bis in Herrn Schmidts Büro hinein.

Teil 2: Hindurch

»Die Minimaltiefe (der Donau) zwischen Passau und Wien beträgt 1,30 m bei Niedrigwasser, außer an den Stromschnellen, wo sie 1,00 m beträgt ...

Das Eiserne Tor, zehn Kilometer unterhalb von Orsova, ist etwa 1,6 km lang und ist nicht wegen der langsam zum Ufer abfallenden Hügel so benannt, sondern wegen der Anzahl der unter Wasser liegenden Klippen und Felsen ...

Die Breite der Donau zwischen Wien und dem Eisernen Tor schwankt zwischen 600 m und 1800 m ...

Die mittlere Stromgeschwindigkeit zwischen Wien und dem Eisernen Tor beträgt 2–3 Knoten, aber bis zu 8 Knoten an Engstellen bei Hochwasser ...«

Aus: *The Black Sea Pilot, 1969*, British Hydrographic Department, Ministry of Defence.

»Der Minister für Auswärtige Angelegenheiten und Commonwealth Ihrer Königlichen Majestät erbittet und fordert, dem Inhaber dieses Passes freien Durchgang zu gewähren, ihn weder aufzuhalten noch zu behindern, und ihm jedwede Unterstützung und Schutz zu gewähren, falls die Umstände dies erfordern.«

Text auf der Innenseite des britischen Reisepass Nr. C 158972D, ausgestellt vom Britischen Konsulat in Wien am 15. April 1985.

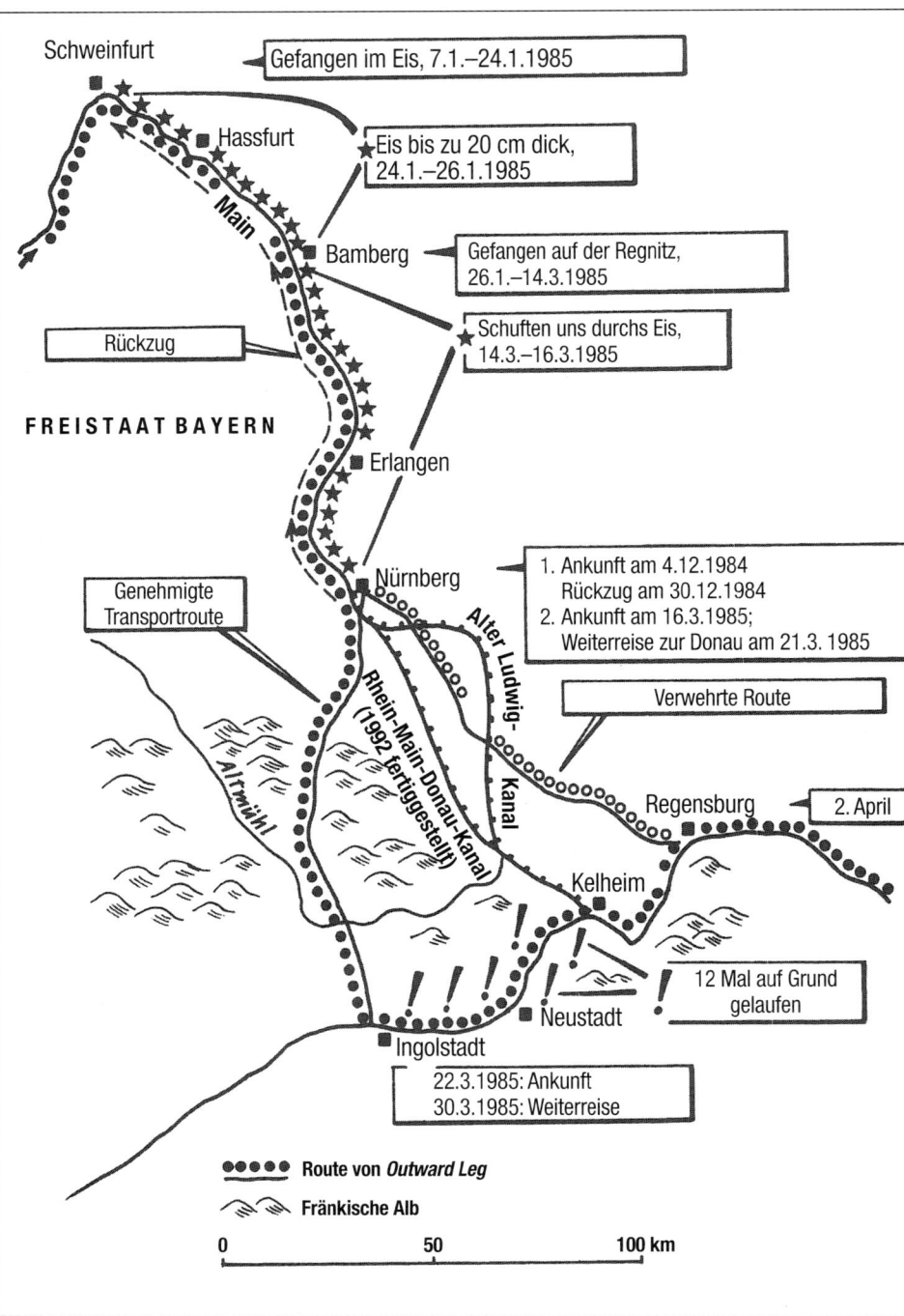

Schweinfurt

Gefangen im Eis, 7.1.–24.1.1985

Hassfurt

Eis bis zu 20 cm dick,
24.1.–26.1.1985

Main

Bamberg

Gefangen auf der Regnitz,
26.1.–14.3.1985

Rückzug

Schuften uns durchs Eis,
14.3.–16.3.1985

FREISTAAT BAYERN

Erlangen

Nürnberg

Genehmigte
Transportroute

1. Ankunft am 4.12.1984
   Rückzug am 30.12.1984
2. Ankunft am 16.3.1985;
   Weiterreise zur Donau am 21.3. 1985

Alter Ludwig-Kanal

Verwehrte Route

Rhein-Main-Donau-Kanal
(1992 fertiggestellt)

Altmühl

Regensburg

2. April

Kelheim

12 Mal auf Grund
gelaufen

Neustadt

Ingolstadt

22.3.1985: Ankunft
30.3.1985: Weiterreise

●●●●● Route von *Outward Leg*

〜〜 Fränkische Alb

0   50   100 km

10 Nichts wie weg!

In den nächsten drei Tagen schulte ich eine zusammengewürfelte Mannschaft im Eisbrechen und im richtigen Festmachen des Schiffes. Das einzige Originalmitglied meiner Crew, Terry, wollte nach New York zurück, aber ich bat ihn, wenigstens bis zu den Docks in Nürnberg auf *Outward Leg* zu bleiben, – wenn wir jemals dort hin kommen würden. Da sein Flug nach New York davon abhing, blieb er bei uns.

Nach außen hin sah es so aus, als ob Terry auf die wilden Gerüchte gehört hätte, dass die Donau jetzt ebenfalls zu frieren drohte. Ich dachte eher, dass es die Frühlingsgefühle wären, die einen jungen Mann zu neuen Abenteuern antrieben. Aber ich muss Terry Gerechtigkeit widerfahren lassen, so lange er auf *Outward Leg* blieb, gab er sich alle Mühe, die Sache des Schiffs zu unterstützen. Vielleicht war er nicht mehr ganz mit dem Herzen dabei, weil Martin nicht mehr da war, der bis zu einem gewissen Grad der »Techniker«, der »Experte«, gewesen war. Und nachdem er auf so engem Raum wie einem Segelschiff mit einer »Koryphäe« gelebt hatte, wer wäre da nicht entmutigt bei deren Verschwinden? Ich sagte Terry, dass im Moment etwa eine Million Yachten irgendwo herumschwammen, die irgendwie zurecht kamen, auch ohne einen technischen Experten an Bord. Wenn die das schafften, dann wir auch.

»Ja, aber sie stehen nicht vor einer Bergkette mit zugefrorenen Flüssen auf beiden Seiten, 600 Meilen insgesamt, mit der Ungewissheit, ob der Trimaran auf einem Tieflader richtig gesichert werden kann, und einer großen Chance, dass der Laster auf den eisglatten Straßen ins Rutschen kommt ...«

»Und«, fügte ich hinzu, »einem dickköpfigen alten Knacker an Bord, der sich gegen jedes »Nein« auflehnt!«

»Oh, du kommst schon zurecht, Tristan, aber ab Nürnberg ohne mich. Mit einem gescheiterten Unternehmen will ich nichts zu tun haben, und das Risiko ist mir zu groß.«

Das war es also, und darin lag sein Scheitern, aber ich konnte ihn verstehen. Das einzige wirkliche Scheitern liegt in uns selbst, im Verlust an Selbstvertrauen oder an Glauben, einen Traum verwirklichen zu können.

Am 14. März wurde uns klar, dass die nächsten zwei Tage keine besseren Bedingungen bringen würden. Wir mussten am 16. März in Nürnberg sein. Mit Horst und einer Gruppe jüngerer Helfer an Bord, deren Namen ich leider vergessen habe, starteten wir auf dem RMD-Kanal in Richtung Erlangen. Meine Mannschaft aus vier Männern brach das Eis mit den Stahlspitzen der Stangen. Einer stand auf jedem Bug, einer war Reserve. In der Kombüse bereiteten wir pausenlos heiße Getränke zu, den ganzen Weg nach Erlangen, 45 Kilometer. Nach außen hin sah es aus, als würden wir das jeden Tag machen, eine stinknormale Sache, aber mit jeder Schleuse, die uns nach oben brachte, wurde das Eis dicker. Als wir Forchheim erreichten, auf halbem Weg zwischen Bamberg und Nürnberg, bildete das Eis eine richtig dicke und feste Masse, von einem Ufer zum anderen. Selbst große Schiffe waren darin solide eingefroren.

Unsere Methode bestand darin, dass die drei Männer auf den drei Bugs auf dem glatten Deck so schnell wie möglich nach achtern rannten und so das Schiff vorne hoch brachten. Ich schob dann die Bugs auf das durch die Stangen gesplitterte Eis hinauf, indem ich mit der Maschine Vollgas gab und das Eis mit den Rümpfen hinunter drückte. Mit dieser Methode bahnten wir uns einen Weg durchs Eis – von Forchheim bis Erlangen. Dort wurden die bereit liegenden Stahlträger von einem sehr verwundert aussehenden Kranführer beim Kraftwerk an Bord gehievt.

Während wir uns mühsam voran arbeiteten, Meter um Meter in Richtung Nürnbergerhafen, liefen *Spaziergänger und Schlittschuhläufer auf dem Eis* in unserer Nähe und riefen uns Ermutigungen zu. Es waren die härtesten zwanzig Kilometer, die eine Hochseeyacht je zurückgelegt hat.

Wir arbeiteten den ganzen Tag hindurch, und das Lokalradio sendete Reportagen über unseren Fortschritt. Am Ufer stauten sich lange Reihen von Autos, und die Leute hinter den Scheiben winkten uns zu. Manche stiegen sogar aus und winkten mit behandschuhten Händen. In Erlangen fielen wir wie tot in die Kojen und schliefen trotz der Kälte. Am nächsten

Tag waren wir noch vor Einbruch der Dämmerung auf den Beinen, die Eiswüste um uns herum schimmerte ganz silbrig.

Nach acht Stunden Kampf, in den wir vom Erlanger Kraftwerk bis Nürnberg 6 Meilen zurückgelegt hatten, kamen wir endlich im Hafenbecken in Gebersdorf an, es wurde schon dunkel. Frau Biegler, treu wie immer, winkte uns zu, als sie uns kommen sah. Voraus war sehr dickes Eis, überall sah man festgefrorene Lastkähne, und die zur Untätigkeit verurteilten Crews winkten und riefen herüber. Wir hatten vorher versucht, uns von Autos, die die DLRG geschickt hatte, treideln zu lassen, aber das hatte nicht funktioniert. Die beiden Nylonleinen waren gerissen und durch die Luft gezischt, eine Gefahr für alle Köpfe in Reichweite. Ich hatte mich dann an die alte Seemannsregel für Schiffe erinnert, die noch mit eigener Kraft vorankommen können: Wenn in Zweifel oder in Gefahr – nimm nur keine Hilfe von draußen an, solange du's vermeiden kannst.

Der letzte Kilometer bis zum Nürnberger Hafen war der schwerste und langsamste. Wir schafften pro Stunde nur etwa einhundert Meter. Das zur Seite gedrückte Eis fror hinter unserem Heck wieder zusammen. Vom Ufer aus muss das ausgesehen haben, als wären wir schon seit Wochen im Kanal eingefroren. Wir arbeiteten auch in der Nacht, im gespenstischen Schein der Dockbeleuchtung. Ich blieb für 29 Stunden am Rad und am Gashebel, mit gefrierendem Atem zwang ich Yannie nach vorn und nach achtern, vielleicht einhundert Mal in der Stunde. Die Hilfsmannschaft, jetzt Experten im Eisbrechen, wechselte sich alle Viertelstunde ab, um sich unter Deck aufzuwärmen und ihre Hände und Füße aufzutauen. So ging es die ganze Nacht hindurch, während die Temperatur auf -30°C herunter ging. Trotz der bitteren Kälte kamen immer wieder Autos an das rutschige Ufer und sorgten mit ihren Scheinwerfern für Licht. Die Leute in den Autos riefen mit dünnen Stimmen durch den einsetzenden Nebel herüber. Horst verließ uns um zwei Uhr nachts, er musste seinen Zug nach Frankfurt nehmen!

Am 16. März machten wir *Outward Leg* um neun Uhr morgens fest, gerade mal zwei Stunden vor dem festgesetzten Termin für das Kranen. Wir lagen im Schnee an Ort und Stelle, ganz wie es der knallharte Erlass der bayerischen Autobahnbehörde vorgeschrieben hatte. Sie hatten geglaubt, sie könnten uns mit der Festsetzung des Transporttermins vor eine unlösbare Aufgabe stellen – sie hatten sich getäuscht!

Outward Leg war inzwischen in Nordbayern eine legendäre Heldin –
und in ganz Westdeutschland. Die Deutschen, die genug bittere Erfahrungen gemacht haben, erkennen Kämpfernaturen, wenn sie eine zu
Gesicht bekommen, und wussten, dass *Outward Leg* eine war. Viele
Menschen blickten auf unsere müden Köpfe herab, als wir den Transportarbeitern halfen, die Stahlträger unter den Flügeldecks festzumachen. Die Träger alleine wogen etwa zwei Tonnen, zusammen fast so
viel wie das Schiff. Aber irgendwie schafften wir es, sie zu befestigen.

Als der Kran das Gewicht an den Trägern aufnahm und *Outward
Leg* ein paar Zentimeter aus dem eisigen Wasser herauskam, kletterte
ich die steile Leiter zum Kai hinauf, bis nach oben. Ein Dutzend Arme
wollten mir helfen, aber ich winkte sie weg. Sie hielten Abstand, während ich irgendwie über die eisige Kante des Kais krabbelte und mich
auf meine Krücke stützte. Der Kranmotor hinter mir fing an zu brummen, und ich wusste, dass *Outward Leg* außer Gefahr sein würde, wenn
sie nur noch die nächsten vier Tage und Nächte durchhielte.

Die Leute um mich herum traten zurück und beobachten gebannt,
wie *Outward Leg* aus dem Wasser kam. Ihre Aufmerksamkeit schien dabei zwischen dem Schiff und meiner Person hin und her zu schwanken.
Ich versuchte auszudrücken, was *Outward Leg* sagen wollte, als sie immer weiter aus dem Eis kam und in der Luft schwebte: »Scheiß auf den
Rhein!« Ich sah mir ihre zerkratzten Bugs und ihre zerstörten »Kühlrohre«
an, die Schrammen an den Rümpfen, die Furchen vom Zersplittern des
Eises, die über sechzig verdammte Kilometer entstanden waren. Ich wusste, dass ich sie richtig verstanden hatte.

Der Chef des Nürnberger Hafens wurde mir vorgestellt, als *Outward
Leg* aus dem Wasser heraus war. »Kapitän Jones«, sagte er. »Das ist das
zäheste Schiff, das ich in fünfunddreißig Jahren gesehen habe. Kein anderes Flussschiff hätte das geschafft, was sie gemacht haben, noch nicht
einmal eines aus deutschem Stahl!« Er sprach gutes Englisch, und ich
konnte ihn genau verstehen.

Ich wusste, was er damit sagen wollte. Auf den ersten Blick sieht *Outward Leg* zerbrechlich und empfindlich aus, aber im Herzen und in ihrer
Widerstandskraft ist sie viel stärker als jeder lebende Mensch. Und sie
hatte es bewiesen.

In Schweinfurt, als sich meine Aktivitäten auf das Austricksen der
scheinbar unerbittlichen und allmächtigen Bürokratie konzentriert hat-

ten, hatten sich andere Leute mit dem Problem beschäftigt, wie man *Outward Leg* an Land und später auf dem Transporter abstützen sollte. Sie hatten sogar den Computer der Universität mit dem Problem gefüttert. Aufgrund vieler Berechnungen fanden sie (und er) heraus: a) dass es sehr problematisch, b) sehr riskant und c) fast unmöglich ohne die Anwesenheit von diplomierten Bauingenieuren sein würde. In einem Moment, in dem ich mit anderen Dingen beschäftigt gewesen war, hatten die Knöpfchendrücker in ihrer Fantasiewelt die Regie übernommen, ohne dass ich etwas davon gemerkt hatte, mit ihrem Fachjargon und ihrer Überheblichkeit in technischen Dingen. Jetzt war jedoch die Realität am Zug: Während das Schiff am Kran in der Luft hing, musste in zehn Minuten eine Lösung her. Ich hoppelte und schlitterte auf dem Hafengelände herum und zu den nahe liegenden Bahngeleisen. Als ich ein Lagerhaus sah, fand ich hinter dem offenen Tor eine realitätsnahe Lösung. Dort lagen etwa dreihundert Gabelstaplerpaletten aus Holz, wie man sie für den Warenversand in Containern verwendet. Ich beschlagnahmte zweiunddreißig davon für sechs Tage.

Mein Deutsch hatte sich inzwischen ein wenig verbessert. Neben einem halben Dutzend Flüchen hatte ich inzwischen etwa 30 Wörter gelernt, wie man Ausrüstung verlädt und Leinen sichert. Ich benutzte sie alle. Minuten später saßen vier Palettenstapel, alle acht Lagen hoch, unter dem Kran. In der nächsten Minute wurde *Outward Leg* vom Kran abgesetzt, so dass die Flügeldecks auf den Palettenstapeln ruhten. Und so stand sie sicher und stabil wie der Westminster-Palast.

Später gab ich mit Dank den vier Zentimeter dicken Stapel an Berechnungen zurück, den der Universitätscomputer ausgespuckt hatte. Ich hätte ihn als Toilettenpapier verwenden können, aber auf einem Trimaran muss man Gewicht sparen. Wir wollten rank und schlank bleiben.

Sobald *Outward Leg* sicher an Land saß, etwa 530 Meter über dem Meeresspiegel, sozusagen im Herzen von Europa, wenn man die Distanz von den umliegenden Ozeanen berücksichtigt, nahm Terry Abschied. Ich war traurig darüber. Für einen Neuling an Bord hatte er sich vielversprechend herausgemacht, und in den trostlosen Wochen des Wartens, als wir im Eis festgefroren waren, hatten sein ruhiges Wesen, seine gute Laune und seine Geduld das ansonsten düstere Vorhaben belebt.

In den nachfolgenden vier Tagen und Nächten arbeitete ich beim Schein der elektrischen Hafenlampen an der Ausbesserung der Schäden an den drei Rümpfen. Der Gelcoat war überall an den sechs Wasserlinien abgescheuert, und an manchen Stellen waren die Eiskristalle und Eissplitter durch die äußere Membran bis in das Laminat eingedrungen, so dass Wasser in den Polystyrol-Schaum zwischen den Membranen gelangt war.

Für die Nicht-Techniker unter uns heißt das, dass die Sandwichkonstruktion auf einer Seite des Sandwichs Löcher hatte, der Belag sich vollgesaugt hatte und das Sandwich wässrig und schwer machte.

Das einzige Reparaturmaterial, das ich auftreiben konnte, war Plastikfüller für Autokarosserien, die Deutschen nennen ihn Spachtel. Zuerst versuchte ich, unter eine Plastikplane den Sandwichschaum mit einem Föhn zu trocknen, während der Wind pfiff, der Schnee herumwirbelte und meine Ohren vor Kälte ohne Gefühl waren. Das Austrocknen dauerte zwei kostbare Tage und Nächte, und das Auftragen des Spachtels, das ich sehr großzügig vornahm, die restlichen vier Tage bis zum festgesetzten Termin für den Transport.

Wie Sam Johnson einmal schrieb: »Wenn du dich langweilst, sollst du nicht alleine sein, – wenn du alleine bist, sollst du dich beschäftigen.« Ich war zwar alleine, aber ich war zu beschäftigt, überhaupt daran zu denken. Es fiel mir nur auf, als ich die leere Vorschiffkabine sah. Die erste Beschäftigung meiner neuen Mannschaft, wer immer das sein würde, würde eine Generalreinigung sein, denn die Wartezeit von drei Monaten mit zwei Männern in der engen Umgebung war der Kabine anzusehen.

Am zweiten Tag im Nürnberger Hafen tauchte ein deutscher Segler auf. Er war ein ortsansässiger Geschäftsmann, hatte aber viel Segelerfahrung im Mittelmeer und in der Nordsee. Er hieß Peter Steinhäuser. Und er war wieder so ein Engel, die Gott für bestimmte Situationen in Reserve hält, um gestrandeten Seeleuten zu Hilfe zu kommen. Peter nahm mich und *Outward Leg* unter seine großen Fittiche und fing an, in seiner Freizeit mitzuarbeiten.

Am dritten Tag rief er seinen Freund an, der ein bekannter Einhandsegler war, Wolfgang Quix. »Ich habe den richtigen Kumpel für dich«, sagte Peter, »er hilft gerade Wolfgang, sein Schiff zu bauen. Wenn der ihn entbehren kann, wird er ihn herschicken.«

»Wolfgang sollte ihn besser jetzt entbehren können, wir werden morgen Nacht transportiert.«

Der versprochene neue Kumpel tauchte am Vormittag des nächsten Tages auf, am 21. März. Ich war gerade dabei, die zerrissenen Stücke der »Kühlrohre« aus dem Kiel zu klopfen. Plötzlich hörte ich durch den jaulenden Wind eine Stimme, es war eine junge Stimme, sehr höflich, sehr ruhig.

»Guten Tag«, sagte sie, »mein Name ist Thomas Ettenhofer.«

»Morgen«, sagte ich etwas flach. Vor dem Mittagessen ist nicht meine beste Tageszeit, und es waren schon viele Neugierige vorbeigekommen.

»Wolfgang Quix hat mich geschickt«, sagte die Stimme.

Ich kletterte unter dem Schiff heraus in den fallenden Schnee. Als ich die Figur vor mir betrachtete, dachte ich, jemand würde mir einen Streich spielen. Er war klein, dünn, offensichtlich sehr jung und trug eine riesige Brille. Aber was mich am meisten verblüffte, war sein Haar, es kam aus seinem Kopf heraus wie aus einer Rosshaarmatratze – und es war feuerrot. Aber wenn Not am Mann ist, sollte man Menschen nicht nach ihrem Aussehen beurteilen, sondern nach dem, was sie sagen.

»Wolfgang sagte, ich solle für Sie arbeiten.«

»Ja, ich brauche eine Hand«, sagte ich etwas zweifelnd.

»Was kann ich tun?« Er sah verwirrt und nervös aus.

Das war es! In diesem Moment hatte ich einen neuen Matrosen, diese Worte hatte ich auf *Outward Leg* seit Wochen nicht mehr gehört. Vielleicht hatte sie jemand ausgesprochen, aber gehört hatte ich sie nicht.

»Geh' hinauf und mach' die Pantry sauber, die Küche«, sagte ich und machte scheuernde Bewegungen mit den Händen, »und mach' Tee, wenn du schon dabei bist«, ich machte eine Geste, als würde ich aus einer Tasse trinken.

Mein neuer Mann bückte seine dünnen Knochen, hob seinen Rucksack und seine Bettrolle auf. Dann starrte er auf das Schiff und suchte mit den Augen verwirrt nach der Leiter.

»Und lass' dir verdammt noch Mal die Haare schneiden, sobald es geht«, sagte ich in Englisch.

Er schaute mich verwirrt an, ich machte eine Schere mit den Fingern und fuhr mit meinen dreckigen Händen über meinen kalten Kopf. Da verstand er endlich und fing an zu lachen. Auf *Outward Leg* war es das erste Gelächter seit Wochen. Ich hatte das Gefühl, dass wir beide die Donau bezwingen würden, und alles andere, das uns auf unserem Weg zum

Ozean aufhalten wollte. Jetzt konnte ich mich über Thomas in Deutsch verständigen, ich stand den nicht Englisch sprechenden Leuten nicht mehr hilflos wie ein Kind gegenüber. Das Niveau meiner bislang beschränkten Unterhaltungen würde sich bessern. Thomas könnte mir erklären, was die Leute meinten, was sie von uns hielten, mit ihnen sprechen und übersetzen. Denn bis zur tschechoslowakischen Grenze wird an der ganzen Donau Deutsch gesprochen.

Als Thomas die Leiter hinaufkletterte, bemerkte ich, wie leicht seine Bewegungen waren, *Outward Leg* schien unter seinen Fußtritten zu schnurren. Später fand ich heraus, dass Thomas bisher nur Jollen gesegelt hatte, aber erfolgreich. Er war auch ein erfahrener Skifahrer und trotz seines Aussehens sehr kräftig. Und er war loyal bis zur letzten Faser seiner deutschen Abstammung. Thomas Ettenhofer war ein Blauwassersegler, bevor er überhaupt je das Deck einer Hochseeyacht betreten hatte.

Nach unserem Kampf gegen den Rhein und gegen das Eis war der eigentliche Transport von *Outward Leg* zur Bundeswehrkaserne an der Donau, fünf Kilometer unterhalb von Ingolstadt wenig aufregend. Es war ganz einfach und simpel, wie ich schon vor drei Monaten erklärt hatte, als ich an die Tore der deutschen Autobahnbehörden getrommelt hatte. Die einzige Gefahr war, dass der Laster mit *Outward Leg* bei den schlechten Straßenverhältnissen abrutschen könnte. Aber der ausgezeichnete Fahrer der VRS-Spedition rutschte nicht, es gab überhaupt keinen Zwischenfall. Wir hatten die beiden Balken, die wir aus Bamberg mitgebracht hatten, quer über das Bett des Tiefladers gelegt und Paletten aus dem Nürnberger Dock darauf gestapelt. Auf ihrem Kiel und den vier Unterstützungspunkten unter den Flügeldecks, saß *Outward Leg* federleicht oben drauf.

Die Nürnberger Polizei eskortierte uns kostenlos bis nach Weißenburg, das auf halbem Weg nach Ingolstadt liegt. Dort gab es so dichten Nebel, dass das Fahren mit unserer breiten Last gefährlich wurde, und wir warteten ab, bis der Nebel sich lichtete, was erst am Morgen des 21. März der Fall war. Die Polizeieskorte aus Ingolstadt kam mit Verspätung an, das heißt, sie kamen überhaupt nicht. Sie gaben unserem Fahrer über Funk durch, dass sie durch den Nebel aufgehalten worden wären. Also fuhren wir ohne sie los, ich dachte, das wäre sehr untypisch für die

Deutschen, aber typisch für den bayerischen Elan. Wir kamen am späten Vormittag bei der Bundeswehr an.

Wir wurden durch Offiziere empfangen, die schon auf uns zu warten schienen und uns freundlich begrüßten. Sie standen unter dem Kommando eines großen höflichen Oberst, der in seinem grauen Uniformmantel ernst aber sehr kompetent aussah. Ich stieg aus Manfreds Auto aus, in dem wir hinter dem Tieflader her gefahren waren und von dem aus ich mein Schiff über die ganzen 150 Kilometer beobachtet hatte. Der Oberst gab mir die Hand, dann starrte er *Outward Leg* an, und ich dankte Gott, dass Thomas sich den Kopf hatte scheren lassen.

Ich blickte in das Wasser der Donau hinunter, acht Meter unterhalb meines Standorts. In dem Hafenbassin der Bundeswehr war das Wasser ruhig, ich konnte sehen, wie an vielen Stellen Sandbänke an der Oberfläche hervor kamen. Dann wanderten meine Augen weiter hinüber, über das Hafenbecken hinweg. Ich sah dort nur eine Masse aus bewegtem Wasser, die sich in der Ferne verlor. An ihrer Oberfläche waren weiße Kämme. Ich wurde noch bleicher, als ich schon war.

Der Oberst beendete seine Besichtigung meiner *Outward Leg*, die oben auf dem Tieflader saß. »Sie sagten, ihr Tiefgang sei einmeterfünfzig und ihre maximale Geschwindigkeit wäre sieben Knoten?«, fragte er herrisch.

Ich nickte mit dem Kopf, er sprach das beste Englisch, das ich je von einem Deutschen gehört hatte.

Der Oberst lächelte, dann sagte er: »Drehen Sie um und gehen Sie nach Hause, mein Freund. Vergessen Sie die Donau! Sehen sie selbst …« Er zeigte mit dem Kinn auf das leuchtende weiße Wildwasser hinter dem Hafen.

Ich zeigte hinauf auf mein zerkratztes Schiff auf dem Tieflader. Der Oberst drehte sich um sah mit mir zusammen hinauf. Wie es mir schien, hörte *Outward Leg* aufmerksam zu.

»Herr Oberst, sie ist unser Zuhause, und ihr Zuhause ist die See.« Ich drehte mich um und zeigte mit meinem Stock auf den wilden Fluss, der in einiger Entfernung zu sehen war. »Und zur See geht es da entlang!«

Der Oberst lachte und klopfte mir auf die Schulter. »Wir helfen, so gut wir können«, sagte er leise, »aber wir können nicht versprechen, dass wir sie durchbringen.«

Ich schaute wieder zu *Outward Leg* hinauf. Ihre Flaggen hingen steif wie Bretter herab, sie waren hart gefroren. Das Rigg, die Wanten und die Drähte der Seereling, alles sauber aufgeschossen und befestigt, waren mit Reif überzogen und glänzten matt. Sie sah plötzlich aus, als wäre sie von einem riesigen Weihnachtsbaum gefallen. Aber sie blickte trotzdem stolz und erwartungsvoll – wie ein Weltklasseboxer zwischen den Runden eines höllischen Kampfes.

Minuten später wurde sie mithilfe der Stahlträger sanft ins Wasser der Donau hinab gelassen. Ich hatte das erwartet: sie saß prompt auf einer Schlammbank auf, das Wasser war um vier Zentimeter zu flach. Es war der einzige Platz, an dem wir sie einwassern konnten, überall sonst war das Ufer unbefestigt und weich, bis zum eigentlichen Flussbett hin. Alle Leute, die Soldaten, der Tiefladerfahrer, die versammelte Presse, ja sogar Thomas, starrten ungläubig und fasziniert auf das Schiff, als wenn sie nicht begreifen könnten, dass ein Schiff mit einmeterfünfzig Tiefgang nicht in einer Wassertiefe von einmetersechsundvierzig schwimmen kann. Es herrschte absolute Stille.

Ich drehte mich zum Oberst um, der an meiner Seite stand. »Eure verdammte Kriegsmarine hat mich dreimal versenkt, ich denke, ich werde verrückt bei dem Gedanken, dass mich eure Armee jetzt aufs Trockene gesetzt hat.«

Der Oberst zuckte zuerst ein wenig, dann fing er an so zu lachen, dass ihm fast die Knöpfe von seiner Uniform sprangen. Die Spannung war gebrochen, diese unheimliche Stille, und bald darauf lachte die gesamte Bundeswehrbasis, alle waren jetzt auf *Outward Legs* Seite – bis zum bitteren Ende, wie es schien.

Ein Seemann muss manchmal auch ein wenig frech sein.

11 Rank und schlank

Wir fanden sehr schnell heraus, warum *Outward Leg* auf dem Boden des Hafenbassins aufsaß. Durch die Stahlträger, die immer noch unter den Flügeldecks festgezurrt waren, hatte sie zwei Tonnen Übergewicht. Das hatten wir in der Aufregung total vergessen, aber das war verständlich genug. Minuten später kletterte ich die Leiter hinunter an Deck. Das Wasser der Donau, das um die Rümpfe herum blubberte, schien mir die Kraft von 10 Männern und die Gelenkigkeit eines Kapuzineraffen zu verleihen. Auf den Fersen folgte mir eine Gruppe wurst- und biergenährter junger Bayern und Thomas. Bevor ich noch sagen konnte: »Schweinsbraten mit gedünsteten Waldpilzen« (eines meiner bayerischen Lieblingsgerichte), waren die zwei Stahlträger losgemacht. Aber unser Schiff schwamm immer noch nicht auf, sie saß da wie ein Kind, dem man auf die Finger geklopft hatte, sie schmollte. Thomas sah mich durch seine Brille an, sein Gesichtsausdruck sagte: »Und was machen wir jetzt, Käpt'n?« Nur ein deutsches Gesicht kann wortlos eine solche Frage ausdrücken und dabei immer noch respektvoll bleiben.

»Wir schicken diesen Haufen bierbäuchiger Bayern wieder nach oben, die wiegen soviel wie die Träger!« Er verstand zwar nicht meine Worte, aber meine Geste zur Leiter hinüber. Der schwere Haufen kletterte schwerfällig, einer nach dem anderen, mit ihren genagelten Militärstiefeln nach oben auf den Kai. Sobald der letzte sein Gewicht auf die Leiter verlagert hatte, sprang *Outward Leg* wie der bekannte Korken nach oben, es gab ein paar Blasen und sie schwamm. Ich sollte besser sagen »fast«, denn ich konnte fühlen, dass der Kiel ab und zu auf dem steinigen Boden aufsetzte.

Ich ging nach unten und zeigte Thomas, wie man die Kühlwasserhähne der Maschine öffnet, das war in einer Minute erledigt. Ich drückte auf den Anlasser, und unser zuverlässiger Yannie erwachte zum Leben. Und das nach fünf Tagen in eisigen Temperaturen.

Ich ging langsam auf »rückwärts«, und Thomas nahm die Leinen aus den Händen der Soldaten. Ganz vorsichtig brachte ich *Outward Leg* mit dem Heck durch das Hafenbecken zur Ausfahrt hin. Ich sagte Thomas, er solle die Anker – beide Anker – bereit legen. Sobald wir die Ausfahrt erreicht hatten, schnappte dieses Monster von Donau nach *Outward Leg*, als wäre sie ein Papierschiffchen. Das Monster riss sie einfach seitlich flussabwärts und knallte sie auf die nächste Kieselbank. Mit einem gewaltigen Ruck lief sie auf. Jetzt wussten wir, dass wir auf der oberen Donau waren und dass die Strömung hier bösartig, wild und unberechenbar war. Sie hatte unser Schiff gepackt, überall, an jedem Punkt der drei Rümpfe, wie ein gigantischer Krake – ich hatte seine brutalen schleimigen Fangarme gespürt – und hatte uns einfach auf das nächste Hindernis geknallt, um unseren Fortschritt aufzuhalten. Das alles war so schnell passiert, dass Thomas keine Zeit hatte, einen Anker fallen zu lassen, geschweige denn zwei. Innerhalb von fünf Sekunden saßen wir seitwärts auf den Kieseln.

Wir erholten uns von dem Schock unseres ersten Zusammentreffens mit der Donau. Es kam mir vor, als hätte man mich in ein eiskaltes Bad geworfen. Dann versuchte ich, *Outward Leg* von der Kieselbank herunter zu bekommen, in die Strömung hinein, mit der Maschine, den Ankern, mit allem. Hier zeigte sich, dass Thomas absolut keine Angst hatte; es zeigte sich wieder einmal, wie sehr man sich vom Äußeren eines Menschen täuschen lassen kann. Er war ein kleiner zäher Bursche, wie er bewies. Er saß unverzagt im Beiboot, das im weißen Wasser herum sprang und versuchte, die schweren Anker auszubringen. Dreimal ließ er sie fallen, und dreimal holte er sie wieder herauf, bevor die Motorbarkasse der Bundeswehr um die Ecke gerauscht kam und uns eine dicke Schleppleine übergab. Die Soldaten wollten uns mit dem Bug voraus von der Kieselbank herunter ziehen, aber ich beschwor sie, indem ich gegen den jaulenden Wind rief, uns mit der Backbordseite achteraus stromaufwärts zu ziehen. Wir waren mit dem Steuerbordbug aufgelaufen, und wir mussten genau in der Gegenrichtung wieder herunter.

Sobald wir frei waren, wurde uns klar, dass unser kleiner Yannie nicht mit diesem Wildwasser fertig werden würde. Wir kamen selbst bei Vollgas keinen Zentimeter voran. Ingolstadt lag fünf Kilometer flussaufwärts, und wir mussten dorthin, um unsere Reise über die sechzig oder so Kilometer nach Regensburg sorgfältig zu planen. Wir wussten, dass der Fluss ab dort gezähmt war, bis hin nach Wien und darüber hinaus.

Nachdem wir die Schleppleine sorgfältig und mühselig an unseren Bugs angeschlagen hatten, zog uns die Bundeswehrbarkasse mit ihren dreihundert PS die ganze Strecke bis nach Ingolstadt, wir brauchten über drei Stunden, das war eine Geschwindigkeit von 1,5 km/h über Grund.

Als wir mühsam hinter der Bundeswehrbarkasse hingen und die dicke Schlepptrosse knarrte und stöhnte, wünschte ich, wir hätten direkt in Ingolstadt eingewassert, damit ich nicht die Schwierigkeiten sehen musste, die wir zu überwinden haben würden. Später war ich dankbar, dass ich sie kennen gelernt hatte.

Die unmarkierte Fahrrinne war eng – manchmal schmaler als unser Schiff breit war, die Böden der Ausleger schrammten dann über die Kieselsteine auf beiden Seiten. Die Strömung in diesen Engstellen war reißendes braunes Wasser und sah aus wie der riesige Ableger eines glitzernden Menschentransportbandes auf einem Flughafen. Es lief nur viel schneller und lief manchmal mit siebzehn Knoten durchs Wasser gegen uns an. Auch in den breiteren Stellen fiel die Strömung selten unter zehn Knoten. Ich denke, bis Ingolstadt sprach ich kein einziges Wort mit Thomas, ich war viel zu beschäftigt, das Schiff in den reißenden Wirbeln auf Kurs zu halten und mir gleichzeitig jede Stelle und jede Landmarke einzuprägen, einfach alles, was der Navigation hilfreich sein würde, wenn wir später wieder den Fluss hinab mussten. Ich versuchte, mir nicht nur alles zu merken, ich wollte alles in meine Gehirnwindungen einritzen, jeden Baum, jeden Zaun, jeden Busch, jedes Haus, jeden Telegrafenmast. Immer wieder schaute ich achteraus. Ich sah so intensiv auf die Ufer und den Fluss, dass ich mich auch heute noch an die Einzelheiten erinnern kann. Wenn das Leben davon abhängt, kann man unglaublich scharf denken. Ich war so konzentriert auf das Erfassen und Abspeichern unserer Umgebung und die Konsequenzen für unsere kommende Fahrt flussabwärts, dass ich dabei die Kälte ganz vergaß. Als wir Ingolstadt erreichten, hatte ich kein Gefühl mehr in Händen und Füßen. Wäre ich nur ein paar Minuten länger in der Kälte geblieben, hätte ich mir mit Sicherheit Frostbeulen eingehandelt, meine Finger waren schon blau.

Auf dem letzten Stück unterhalb von Ingolstadt mussten wir unter einer Eisenbahnbrücke hindurch. Der Fluss ist dort nur 30 Meter breit und die Fahrrinne etwa zehn Meter. Schokoladenfarbenes Wasser schoss wie ein Wasserfall zwischen den Brückenpfeilern hindurch, mit nicht weniger als zwanzig Knoten. Selbst mit den dreihundert PS der Bundeswehrbarkasse und unserem Yannie kamen wir komplett zum Stillstand. *Outward Leg* hing minutenlang unter der Brücke fest. Es ging nur weiter, indem ich nach der Seite ausscherte, der Backbordschwimmer schrammte über glücklicherweise glatten Fels. Dort am Rand lief die Strömung nur mit achtzehn Knoten, und wir kamen Zentimeter um Zentimeter weiter.

So, wie Soldaten nun einmal sind, winkte uns die Bundeswehr in Ingolstadt freundlich »auf Wiedersehen« zu und bat uns, die Schlepptrosse loszuwerfen. Die Strömung packte uns sofort und schob uns flussabwärts, obwohl Yannie mit voller Drehzahl lief. Blitzschnell waren wir fünfhundert Meter weiter unten, ich konnte *Outward Leg* gerade noch abfangen und den Bug flussaufwärts halten. Ich steuerte auf das Ufer zu, wir saßen sofort auf. Thomas sprang mit einer Leine an Land und machte an einem dicken Baum am Ufer fest. Jetzt war unser Schiff erst einmal in Sicherheit, und ich konnte mich umsehen.

Das erste was ich bemerkte, war eine Tafel neben unserem Baum, 2457 stand darauf. Ich fing an zu rechnen; 2457 geteilt durch 1,8 gibt 1365. Eintausenddreihundertfünfundsechzig Seemeilen Donau lagen vor uns oder besser zwischen uns und dem Schwarzen Meer. Ich schaute in das vorbeirauschende Wasser neben dem Schiff, es begann wieder zu schneien. Durch die Schneeflocken hindurch konnte ich sehen, dass der Fluss nur dreißig Meter breit war. Ich wusste aus dem Handbuch für das Schwarze Meer, einschließlich der Donau, dass der Fluss bei Hochwasser an manchen Stellen dreißig Meilen breit sein sollte. Ich versuchte, mir vorzustellen, wo das viele Wasser herkommen sollte, um die dreißig Meilen auszufüllen – der Gedanke verwirrte mich. Ich wendete mich einfacheren Dingen zu. »Jetzt machen wir das Schiff sauber«, sagte ich zu Thomas, der ebenfalls ins Wasser gestarrt hatte und sich seine eigenen Gedanken zu machen schien.

Wie ich schon sagte, »rank und schlank« war unsere Devise auf *Outward Leg*. Das erste, was wir herausholten und wegwarfen, waren die Teppiche auf dem Kabinenboden, denn nach dem Getrampel von Hunderten von Winterschuhen der Besucher stanken sie zum Himmel. Danach kamen die Bücherbretter im Vorschiff an die Reihe. Bücherbretter ziehen Bücher an, und Bücher wiegen einiges. Wir hatten bereits alle notwendige Literatur an Bord, Shakespeare, das Oxford-Buch der Gedichte, die Bände des Admirality Pilot für das Schwarze Meer, das Östliche Mittelmeer, das Rote Meer, den Indischen Ozean und die Straße von Malakka. Sie waren in der Achterkajüte verstaut, wo sie hingehörten. Dort waren auch das Handbuch für die Yanmar-Maschine und die anderen Handbücher. Jeder im Vorschiff konnte sie jederzeit borgen, im Vorschiff brauchte man keine Bücherbretter. Außerdem hatte die alte Crew meine Bilder abgehängt, und jetzt waren sie angeschimmelt. Also machten wir sie sauber und hängten sie wieder auf. Auch die Türen des Kleiderschapps wurden abmontiert, bevor die Klamotten anfingen zu schimmeln.

Anstelle der Teppiche legte Thomas blauen Kunststoffbelag aus, ein Material, wie man es auf Flughäfen oder bei Kaufhausböden findet. Es war viel leichter als Teppich und einfacher sauber zu halten.

Bereits in Nürnberg hatten wir bemerkt, dass die Membrane der Bilgepumpe durch das Eis gerissen war. In Europa eine Ersatzmembran für die amerikanische Pumpe zu finden, war hoffnungslos. Es würde Wochen dauern, bis sie von den USA herüberkommen würde, und dann auch noch der Zoll! Es war einfacher und billiger, eine neue Pumpe einzubauen. Wir installierten sie so, dass ich vom Boden der Achterkajüte aus pumpen konnte, hinter der Niedergangsleiter. Wir montierten sie hinter einer Verkleidung, die man im Notfall mit einem Handgriff wegnehmen konnte. Vorher war sie in einer blöden Ecke gewesen und man hatte Mühe gehabt, an sie heran zu kommen. Bilgepumpen sind auf einem Schiff viel wichtiger als Bücherbretter.

Während der Woche, in der wir in Ingolstadt warteten, machte sich Thomas über das Schiff her, er putzte jede Ecke, jeden Winkel trocken, und machte sich mit jedem Rohr und jedem Kabelstrang vertraut. Er fand auch das Bündel von Blöcken und Schäkeln für unser Rigg, das in der feuchten Bilge im Maschinenraum lag. Es war so eine Art Frühjahrsputz nach den drei Monaten Rumgammeln im Eis. Es war auch zum Teil meine Schuld, ich hatte mich in dieser Zeit zu wenig um das Schiff gekümmert. In einem solchen Fall ist ein guter Bootsmann absolut notwendig, er erledigt diese Sachen, wenn der Skipper andere Dinge um die Ohren hat. Sich gleichzeitig um das Boot und um die Überwindung von Hindernissen zu kümmern, ist nicht möglich. Sonst verliert man seine Zielgerichtetheit und den Sinn für das Wesentliche, die manchmal zu genialen Eingebungen führen. Aber für Skipper wie Bootsmann ist es gefährlich, den Boden oder das Boot unter den Füßen zu ignorieren. Denn dann hat man letztendlich kein Boot mehr, und die Reise scheitert.

Langsam fand unser Schiff zu seinem ehemaligen Zustand zurück, es wurde jede Stunde leichter und ranker. Ich überdachte unsere Situation. Alle Rechnungen für den Transport waren bezahlt, einschließlich des Krans, der Holzbalken und der Arbeitsstunden der Männer im Nürnberger Hafen und unterwegs. 4000 Dollar insgesamt! Dabei waren die Heizkosten für das Schiff und die Verpflegung für mich und die Crew nicht berücksichtigt, auch nicht die Kosten für die vielen teuren Telefongespräche und die Fahrtkosten. Glücklicherweise hatten uns unsere guten Freunde und die Besucher unterstützt, aber ich hatte mehr als 5000 Dollar ausgegeben. Auf dem kleinen Spendenkonto waren mehr als dreihundert Dollar zusammengekommen, was unserer Verpflegungskasse enorm geholfen hatte. Trotz meiner Bronchitis hatte ich ein paar Vorträge gehalten, um ein wenig Geld für den Transport zusammen zu kriegen. Auf meine Bitte hin, es war das erste Mal, dass ich andere Leute um Geld angehalten hatte, hatten mir zwei Institutionen geholfen, das World Trade Centre in London mit einem kurzfristigen Kredit, und von einer anderen Quelle kamen 2000 Dollar, aber wie vereinbart, soll diese Quelle ungenannt bleiben. Aber ich kann sagen, dass diese Quelle weder deutsch, noch amerikanisch noch englisch war.

Der größte Teil meiner Arbeit, mit der ich mich in dieser harten Zeit abgemüht hatte, war umsonst gewesen. Jemand in London, der auch nicht namentlich genannt werden soll, hatte mir angeboten, meine Artikel bei der Presse unterzubringen, aber als ich heraus fand, dass er nichts unternommen hatte, war es zu spät, ich konnte kein Einkommen mehr daraus erwarten. Jetzt, am Anfang unseres Donautörns und noch fehlenden 50.000 Seemeilen zur Beendigung der Weltumrundung vor mir, hatte ich exakt 420 Dollar auf der Hand und musste noch 1000 Dollar Schulden für meine medizinische Behandlung in Amsterdam an das World Trade Centre zurückzahlen.

Natürlich war es jetzt oberstes Ziel, irgendwohin zu kommen, wo die Lebenshaltungskosten niedriger sein würden als in Westdeutschland. Dieses Irgendwo war Ungarn, das wusste ich. Wenn ich erst einmal in diesem Land wäre, könnte ich mir auf meinem Weg die Donau hinab Zeit lassen. Dann würde ich meine Einkünfte zusammen kommen lassen, bis genug vorhanden war, um das Mittelmeer zu erreichen – und danach vielleicht sogar Singapur.

Neben dem Geld sollte jeder Reisende die Wetterbedingungen berücksichtigen, besonders auf einem Segelschiff. Was mit *Outward Leg* passiert war, war ein klassisches Beispiel dafür, wie unvorhersehbare Zwischenfälle einen Reiseplan über den Haufen werfen können, was wiederum weitere Verzögerungen auf der gesamten Route nachzieht. Hätte ich nicht durch meinen Krankenhausaufenthalt in Amsterdam den Rhein zwei Wochen verspätet in Angriff genommen hatte, wären wir, trotz Herrn Schmidts Hartnäckigkeit, vielleicht doch noch vor dem Winter über die Lücke hinweg gekommen und in die Donau. Vielleicht hätten wir es dann bis Ungarn geschafft und hätten die Kälte dort abwettern können, in einem relativ billigen Land. Dann hätten wir vielleicht im März das Mittelmeer erreicht, gemäß meinem Originalplan, hätten dann Kurs auf Suez angelegt und Ende April wären wir im Roten Meer gewesen.

Die Monsunwinde im Indischen Ozean ändern im April ihre Richtung von Nordost (Gegenwind für *Outward Leg*) auf Südwest (raumer Wind für *Outward Leg*), und wehen dann mittel bis stark, herrlich für eine Reise nach Singapur, das ich Ende Juni zu erreichen gehofft hatte.

Jetzt musste ich erst einmal meinen beschädigten Rumpf und die »Kühlrohre« für den Wasserballast reparieren, bevor ich das Rote Meer in Angriff nehmen konnte. Neben Zeit würde das auch wieder Geld kosten. Mit meinen 420 Dollar auf der Hand und 1000 Dollar Schulden war daran im Moment nicht zu denken. Erst musste ich einmal die vor uns liegende Strecke finanzieren, wir brauchten Diesel und Essen, dann musste ich die Schulden zurückzahlen, und dann erst könnte ich das Schiff reparieren. Jede Hoffnung, den Indischen Ozean in diesem Jahr noch zu erreichen, war daher sinnlos. Aus den zwei Wochen in Amsterdam hatte sich eine Verzögerung von einem ganzen Jahr entwickelt.

Es hat was mit der Markov-Kette zu tun, die alle Reisenden sicherlich kennen. Doch für Nichtreisende möchte ich diese folgendermaßen definieren: Eine Markov-Kette ist ein spezieller stochastischer Prozess, bei dem zu jedem Zeitpunkt die Wahrscheinlichkeiten aller zukünftigen Zustände nur vom momentanen Zustand abhängen.

Wir waren erneut in der Falle, und es lag an uns, wieder heraus zu kommen. Wir konnten nicht zurück, und wir konnten nicht hier bleiben. Wir konnten nur nach vorn, unter Gefahr weiter. Wir hatten gar keine Wahl: also weiter!

Aber es gibt immer auch eine positive Seite in jeder Situation, wenn man nur genau hin schaut. Die Begleitumstände, Zeit, Geld und Wetter bedeuteten in unserem Fall, dass wir uns bei der Fahrt die Donau hinab Zeit lassen konnten. Für jeden Reisenden mit Entdeckerinstinkt war das pures Gold. Der einzige Weg, eine Verzögerung auszunutzen ist, sich zurückzulehnen und sie zu genießen.

Mitten in unserer Putzarbeit an und in *Outward Leg* kam eine Einladung von einer Marinekameradschaft aus der Region, aber sie galt nur mir. Offensichtlich wollte man Thomas nicht dabei haben. Er war ein junger Deutscher und es gab anscheinend wenig Gemeinsamkeiten mit ihm, sie sagten das auch offen. Aber ich bestand darauf, dass Thomas mich begleitete. Zum Glück hatten sie niemand, der Englisch sprach, und ich brauchte Thomas als Übersetzer, also willigten sie ein. Ihr Klub war in einem modernen Gebäude untergebracht, und es waren alles ehemalige Kriegsmarineleute, wie sie sagten, meist U-Boot-Veteranen aus dem Zweiten Weltkrieg. Sie waren alle ein wenig dick geworden, schwere Männer in den sechziger und siebziger Jahren. Die meisten trugen stolz ihre auf Hochglanz polierten Orden und Auszeichnungen an ihren besten Anzügen, ich trug mein New Yorker Bein, alte Cordhosen und meine Kappe mit dem Marineabzeichen, siebzehn Jahre alt und wettergegerbt.

Zuerst war die Unterhaltung belanglos, und wir sprachen über die Unterschiede im Unterdeck der deutschen und britischen Schiffe. Das war ganz interessant und stellenweise sogar lustig. Aber nachdem die alten Herren einige Biere hinunter geschüttet hatten, wurden ein paar davon arrogant und überheblich. Sie kamen mit Namen und Daten von Schiffen daher, die sie in glorreichen Tagen versenkt hatten. Für Thomas, der die verletzenden Worte der Männer für mich übersetzte, waren das nur Namen und Daten, alles lange her, die jedoch schlagartig Erinnerungen an das Sterben junger Matrosen in eiskaltem Wasser in mir wachriefen, manche Freunde, manche Feinde. Als das Essen zu Ende war, hatte ich genug. Es gab eine Pause, und die alten Männer schauten mich an. Ich wollte keine noch so geringe Gefühlsbewegung erkennen lassen, und ich sagte zu Thomas, der mir später sagte, dass er meine Worte exakt übersetzt hatte: »Ich denke, dass alte Männer, die mit Orden herumlaufen und den Krieg verherrlichen, nur ihrer eigenen verlorenen Jugend nachtrauern. Es ist eine Entschuldigung, um sich der Tapferkeit zu rühmen, die man als Jugendlicher noch besaß. Doch der richtige Weg, die Jugend hochleben zu lassen wäre, zu erzählen, wie es wirklich war, wie entsetzlich der Krieg ist, wie blöde wir alle waren, daran teilzunehmen. Wir konnten zwar meist nicht anders, und wir können uns auch bei der heutigen Jugend nicht dafür entschuldigen, aber wir sollten sie um Verzeihung bitten, dass wir es überhaupt zugelassen haben.«

Das war's. Sobald Thomas mit der Übersetzung fertig war, herrschte Stille, dann gab es ein Raunen in der Luft um den Tisch herum. Die alten Männer starrten mich mit eiskalten frostigen Augen an, einer wie der andere. Wie ein Mann standen sie auf und geleiteten mich schweigend zur Tür, überaus höflich. Ich gab dem Sekretär, der uns hinausführte, unser altes Bücherbrett als Erinnerung an *Outward Leg*. Ich rammte mir meine Kappe auf den Kopf und marschierte stolz erhobenen Hauptes hinaus. In diesem Moment tat noch nicht einmal mein Bein weh.

»Die sind verärgert«, sagte Thomas, als wir uns zurück aufs Schiff verholten.

»Geschieht ihnen recht«, antwortete ich.

Eine Regel für Reisende ist: »Man soll nie die Mutter des Krokodils erschießen, bevor man den Fluss überquert hat.« Damals in Nürnberg, als man mir erklärt hatte, dass es schade sei, dass mich die Kriegsmarine nicht viermal versenkt hatte, war ich noch ruhig geblieben. Ich hatte meinen Rubikon noch nicht überschritten. Aber jetzt und hier war ich über den Berg, ich stand mit dem Rücken zur Wand und hatte außerdem nichts zu verlieren. Die Bundeswehr und die neue Generation der Deutschen waren ohnehin auf meiner Seite.

Ich war stolz auf mich. Nach und nach warfen *Outward Leg* und ich die ganze Scheiße dieser verkorksten drei Monate über Bord. Wir hatten schließlich viel wichtigere Dinge zu tun, wir mussten uns mit der Donau befassen.

An Bord setzten wir jetzt einen bayerischen blauweiß-karierten Stander für Thomas, die rote Flagge der britischen Handelsmarine und den roten Drachen der Kelten. Am Heck flatterte unsere amerikanische Nationale. Wir waren bereit für die Donau, wo immer sie uns hinschieben würde.

12 Die Todesfalle

D er Empfang beim Bürgermeister für das erste Seeschiff, das seine schöne Stadt besuchte, fand nicht wie vorgesehen im Rathaus statt, sondern an einer Wurstbude beim Marktplatz – im strömenden Regen.

Weder mir noch Thomas machte das etwas aus. Erstens sahen wir nach den Arbeiten am Schiff etwas abgerissen aus, unser Ölzeug war ziemlich dreckig, und zweitens erwartete ich von dem Regen einen höheren Wasserstand für unsere bevorstehende Reise aus der Umklammerung von Ingolstadt hinaus.

Wir kauten an aufgeweichten belegten Wurstbrötchen, zusammen mit dem Bürgermeister, einem freundlichen Mann, der gut in seine Rolle zu passen schien. Ich blickte mit einem Auge zum Himmel hinauf und auf das Regenwasser, das vom Dach des nahen Rathauses herabströmte. Ich denke, ich hatte ein dummes Grinsen auf meinem Gesicht, als ich immer mehr Wolken von Süden her ins Donautal hereinrollen sah.

Thomas stellte sich als guter und gewissenhafter Übersetzer heraus. Wir standen alle still an der Wurstbude, Thomas, der Bürgermeister und ein paar seiner Gefolgsleute und ich. Dann sagte ich: »Hoffe, der verdammte Mist hält an, gefällt mir!« Thomas übersetzte das wortwörtlich den anderen, wobei er »verdammt« (bloody) wohl mit »blutig« übersetzte. Der Bürgermeister schaute mich verwundert an, dann ließ er über Thomas fragen: »Sie mögen Wurst, Herr Kapitän?« Sehr förmlich, die Deutschen.

Ich wachte auf: »Ich liebe Wurst!«, sagte ich auf Deutsch. In Wirklichkeit kann ich das Zeug nicht ausstehen, aber es fielen mir keine anderen deutschen Worte ein.

»Nehmen Sie noch ein Brötchen«, bot der Bürgermeister an, »der Stand macht in fünf Minuten zu. Probieren Sie die Blutwurst.«

»Nein danke, wir haben schon auf dem Schiff gegessen.« Das stimmte zwar nicht, aber ich wollte sein Angebot nicht annehmen.

111

»Aber die Wurst, die Sie gerade essen, ist keine Blutwurst!«, er war hartnäckig.

»Hat auch nicht so geschmeckt.«

»Aber Thomas hat gesagt, sie lieben viel Blut, viel Blutwurst!«

»Mein Gott«, dachte ich, »mein lieber Gott.« Ich lächelte ablehnend und nahm mir vor, Thomas so bald wie möglich beizubringen, dass er in Zukunft nicht so verdammt teutonisch sein sollte.

Nicht alle Leute bei der Marinekameradschaft waren verbohrt, einige organisierten eine Leiter von der Freiwilligen Feuerwehr für mich, damit ich vom vereisten Ufer aus besser auf das Schiff kam. Einige waren freundlich, aber distanziert, zwei waren ausgesprochen hilfsbereit. Sie kamen jeden Morgen mit dem Auto, bei Regen oder Schnee, um uns beim Einkaufen zu helfen. Sie schenkten mir einen Aufkleber ihres Clubs, den ich immer noch an Bord habe. Ich war den beiden wirklich dankbar.

Während der Woche hatten wir *Outward Leg* auf die zu erwartenden Gefahren vorbereitet. Manfred Peter hatte Hilfe für uns organisiert, hauptsächlich von der DLRG in Bamberg. Er hatte unseren Abreisetermin auch an die Medien weitergegeben. Ich hatte ihn am Telefon bremsen wollen. Unsere gefährliche Abreise lief Gefahr, zur Zirkusveranstaltung zu werden. Das Allerletzte, was ein Skipper braucht, wenn er in einen Strom von fünfzehn Knoten hineinläuft, mit oder gegen ihn, ist eine Versammlung von Amateuren, die egal wie höflich oder bereitwillig das Geschehen kommentieren. Außerdem lagen Welten zwischen dem ruhig dahin fließenden Main und der wilden oberen Donau.

Aber Manfred sagte mir, und damit hatte er in gewissem Maß recht, dass mir viele Deutsche sehr geholfen hätten und dass ich der Öffentlichkeit etwas schuldete. Also willigte ich ein. Als ich nach dem Telefonat aus der Zelle herauskam, sah ich wieder auf das reißende flache Wasser, die Millionen Tonnen davon, die sich unter der Ingolstädter Eisenbahnbrücke hindurchzwängten, und auf das schäumende Stück weiter unten.

Der Regen hielt nicht an, er verwandelte sich in Schnee, und die Temperaturen sanken unter den Nullpunkt. Alles fror erneut ein, von den Alpen bis zum Mittelmeer. Der Wasserspiegel der Donau sank wieder, und wir wussten, dass wir auf den sechzig Kilometern nach Regensburg wieder ankratzen und aufsitzen würden. Wir erleichterten noch einmal unser Schiff und schickten das ausgeladene Material – zweihundert

Seekarten, die Segel, Taue, den Mast und den Baum – mit einem Last-wagen voraus, den ein paar liebe Kerle von der Marinekameradschaft zur Verfügung gestellt hatten. Es brachte die Rümpfe von *Outward Leg* fast zwei Zentimeter weiter aus dem Wasser heraus. Wie sich herausstell-te, waren das zwei sehr wichtige Zentimeter gewesen. Ich legte den 29. März als Abreisetermin fest.

Einer der Nachteile bei der Abreise, zu der man Gäste eingeladen hat, ist der, dass man nicht im günstigsten Moment losfahren kann. Man muss warten und zusehen, wie sich die Bedingungen verschlechtern und besondere Vorteile entschwinden, während die Ankunft der Besucher abgewartet werden muss.

Als wir das Schiff ausräumten, erklärte ich Thomas die Grundphilo-sophie von *rank und schlank*. »Setze den kleinsten möglichen Zeitrah-men an, komme mit der geringsten Anzahl von Leuten aus. Lege ab, wenn es *dir* passt, fahre, wie es *dir* passt, und beachte nichts, was vom Land her kommt.« Aber die ganze Zeit, in der ich meinen Vortrag hielt, war ich genau in der Situation, gegen die ich mich aussprach und die ich vermeiden wollte.

Am Tag vor dem Ablegen hatten wir etwa eine halbe Tonne Material aus dem Schiff geladen und nach Kelheim voraus geschickt, wo es sicher gelagert wurde.

»Meinst du, wir haben genug herausgenommen?«, fragte Thomas.

»Keine Ahnung«, ein realistischer Skipper gibt es zu, wenn er etwas nicht weiß.

»Was, wenn es nicht genug ist?«

»Dann laden wir eben noch mehr aus, wenn es notwendig wird, bis sie leicht genug ist und wieder schwimmt.«

»Aber was können wir noch rausnehmen?«

»Mal sehen, die Seereling, das Bettzeug, die Spibäume, die Kombü-sensachen, die Anker, die Bücher, die Klamotten, den Ofen, die Maschi-ne…«

»Die Maschine?«

»Na klar, Thomas, ich reiße selbst das verdammte Deck heraus, wenn ich muss. Das Schiff kommt hier weg und aus Deutschland heraus, wir müssen in ein billiges Land, wo wir abwarten können, und wenn wir es an Land ziehen müssen, um den verdammten Kiel abzuschlagen.«

»Dann bring' ich jetzt noch das Petroleum zum Laster, huh?«

»Ja, okay, schön, aber schnell, Thomas.«

Am Morgen des 29. März waren zur angesetzten Zeit, um 9.00 Uhr, keine Leute da, nur ein paar Schaulustige am Ufer. Der Nebel in den Bergen des Jura hatte lange Staus verursacht. Ich sagte zu Thomas: »Es ist nicht so, dass die Pläne von Menschen und Mäusen manchmal daneben gehen, es sind die blöden Leute, die das Wetter nicht einkalkuliert haben.«

Aber gegen zehn Uhr trudelten Leute in Autos und Kleinbussen ein, die Paparazzi und die Fernsehleute in ihren gelben Bussen, die DLRG in gelben Rettungswagen und gelben Regenjacken. Zuschauer kamen dutzendweise, bald würden es hundert sein. Ich kam mir vor wie ein Sklave bei einer Gladiatorshow in der Arena des römischen Kolosseums. Thomas nahm die Festmacherleinen bis auf zwei weg (vorher waren es sechs gewesen). Ich brachte ihm sein erstes englisches Lied bei: »Wo ist der Tiger?« Aus den Augenwinkeln heraus sah ich, wie die DLRG nicht nur *zwei* Schlauchboote auslud, sondern *vier*. Wichtig aussehende Männer in gelben Jacken rannten mit Funkgeräten in der Hand herum, sprachen hinein, hielten sie ans Ohr, gespielt oder echt.

Eine ältere Dame brachte uns dankenswerterweise Frühstück ans Schiff – Wurstbrötchen und Kaffee. Ich fühlte mich wie bei der Henkersmahlzeit, kurz vorm Galgen. Einer am Ufer warf ein riesiges Kofferradio an – Hard Rock plärrte herüber. »Sag' ihm, er soll das Ding leiser drehen, Thomas, wir haben noch genug Rocks (Steine) vor uns.«

Mein Plan war einfach und simpel. *Outward Leg* war flussaufwärts festgemacht. Ich hatte schon einen Anker über das Heck ausgelegt, und wir hingen außerdem mit einer sehr starken Vorleine an unserem Baum. Ich dachte, beim Gasgeben würde unsere Vorleine locker werden, und nach dem Losmachen an der Vorschiffklampe würde ich den Bug in den Strom hinaus steuern. Die Strömung am Ruder würde das Schiff sanft hinausdrehen, und wir kämen vom Ufer frei. Wären wie erst einmal von den Gefahren am Ufer weg, würde ich das Schiff mit der Maschine drehen. Dann würden wir die ehemalige Vorleine achtern an Steuerbord festmachen. Der Anker würde das Schiff vom Ufer fernhalten, und der Bug würde flussabwärts zeigen. Erst dann würden wir den Anker einholen, die Achterleine loswerfen und mit der Maschine den engen Spalt unter der Eisenbahnbrücke ansteuern, durch den die wütenden Wassermassen aus den Alpen hindurchschossen.

Man muss berücksichtigen, dass diese Brücke nur etwa dreihundert Meter weiter flussabwärts war, die Durchfahrt nur zehn Meter breit, und die Strömung zwischen den Pfeilern mit *zwanzig* Knoten lief. Es war etwa so, als wenn man verkehrt herum auf einem riesigen schwerfälligen Kampfelefanten säße mit der Aufgabe, ihn durch den feindlichen Torbogen hindurch zu bringen, der nur um Zentimeter breiter und höher als der Elefant selbst war.

Ein Schlauchboot der Bundeswehr tauchte auf, mit einem 60-PS-Außenborder. Leider hatte es Probleme, die Luft zu halten, und zog sich ans Ufer zurück. Das war das erste unvorhergesehene Ereignis. Das zweite war, dass eines der vier DLRG-Schlauchboote an *Outward Leg* längsseits kam, anstatt draußen im Fluss zu bleiben, genau in dem Moment, als wir die Heckleine losmachten und die lange Leine zum Baum fierten. Aber jetzt war der Plan in Aktion, in einer starken Strömung liegt man entweder fest, oder man muss Fahrt machen, wenn man das Manöver einmal eingeleitet hat, gibt es kein Zurück mehr. Ich brüllte das DLRG-Schlauchboot an, es solle abhauen: Ich hatte Angst, dass das Schiff beim Wenden an das Ufer gedrückt würde und das Schlauchboot dann zwischen uns und die Felsen geraten könnte und die Insassen verletzt oder getötet würden. Die Leute im Schlauchboot waren in Gefahr, zudem hatten sie scheinbar Probleme, ihren Außenborder wieder zu starten. Aber meine volle Aufmerksamkeit war im Moment auf Peter Steinhäuser und Horst Besler gerichtet, die unsere Ankerleine in der Hand hatten. Thomas war an der Bugleine, und am Ufer machte eine Horde übereinander stolpernder Helfer unsere Leine am Baum los. Außerdem musste ich noch die Strömung im Auge behalten und unseren Abstand vom Ufer. Ohne auf das DLRG-Schlauchboot zu schauen, rief ich Thomas zu, es loszuwerfen, es sollte weg aus der Gefahr an der Seite von *Outward Leg*. Thomas machte das, ohne zu zögern, das Schlauchboot trieb ohne Antrieb, aber in relativer Sicherheit flussabwärts.

In den nächsten Sekunden überstürzten sich die Ereignisse. Ich habe Mühe, mich an die exakte Reihenfolge zu erinnern. Ich weiß noch, dass die Leute an der Vorleine diese losließen, anstatt sie nur zu fieren, dass Peter und Horst die Situation erkannten und an der Ankerleine hievten. Wie durch ein Wunder brachten sie den schweren Bruce mit einem Schlag an Bord, als *Outward Leg* von der Strömung getrieben über ihn hinweg lief. Thomas behielt nicht nur die Übersicht, er brachte auch unsere Vorleine an Bord. Meine Augen waren auf das Wasser und den Spalt zwischen *Outward Leg* und dem felsigen Ufer gerichtet. Aber der Bug zeigte immer noch flussaufwärts. Ich ließ die Maschine mit voller Kraft rückwärts laufen. Wir schossen mit dem Heck voraus auf den Spalt zwischen den Brückenpfeilern zu, es sah nach einer totalen Katastrophe und nach Schiffbruch aus.

Ich riss das Rad hart nach Backbord und bekam Ruderwirkung. *Outward Leg* schwang schneller um ihre eigene Achse, als ich es schreiben kann. Die Strömung schoss unter ihren Flügeldecks hindurch und zerrte an ihren drei Rümpfen, den ganzen sechsunddreißig Metern ihrer Wasserlinien. Sie drehte sich blitzschnell herum, die Strömung drückte sie mit guten fünfzehn Knoten seitwärts in einen Strudel und direkt auf die nächste Kieselbank hinauf. Sie kam mit einem Knall zum Stillstand, dass mir die Zähne klapperten, auch die, welche man mir schon längst gezogen hatte. Alles ging so schnell, dass Peter und Horst immer noch auf dem Achterdeck standen und Thomas noch auf dem Vorschiff. Und das DLRG-Schlauchboot ... ich rief zu Thomas nach vorne. Er raste auf die Backbordseite und brüllte etwas auf Deutsch. Plötzlich kamen zwei Körper an die Oberfläche, zusammen mit Teilen von Rettungsgerät aus dem Schlauchboot. Zum Glück, und Gott sei Dank, waren die zwei Körper noch lebendig und unverletzt, wie sich herausstellte. Die beiden großen Männer hielten sich an der Seite von *Outward Leg*, die durch die Strömung mit Schlagseite im Wasser hing, fest und kletterten aufs Deck. Sie waren beide ziemlich geschockt, aber wir sahen alle ziemlich verwirrt aus, um es gelinde auszudrücken. Thomas sah mich fragend durch seine nassen Brillengläser an.

»Da bleiben!«, brüllte ich die DLRG-Leute an, die vor Nässe triefend auf dem Backbordschwimmer standen, ich wedelte mit den Armen, damit sie mich genau verstehen sollten, Thomas übersetzte. Die beiden standen blass, frierend und vor Schreck stocksteif.

Ich schüttelte mich. »Thomas«, sagte ich im Befehlston, so gut ich das beim Geräusch unserer immer noch laufenden Maschine hinbrachte, »Thomas, geh' runter und mach' eine Kanne Tee!«

Die Rückkehr zu gewohnten Tätigkeiten bringt bei Panik und Schock die Dinge wieder ins Gleichgewicht. Das erste, um was ich Thomas damals in Nürnberg bei seiner Ankunft bat, war Tee zu machen, eine Minute, nachdem er sich vorgestellt hatte. Teekochen gehörte also jetzt zu einer seinen gewohnten Tätigkeiten. »Und vergiss' nicht den extra Löffel für die Kanne!«

»Jawohl, Herr Kapitän«, sagte er und verschwand unter Deck. Horst und Peter (der Englisch sehr gut verstand) übersetzte den anderen, was ich gesagt hatte. Die beiden DLRG-Leute starrten mich entgeistert an. Ich wollte noch einen draufsatteln.

»Und Thomas – leg' eine Kassette ein! Wir brauchen Aufmunterung!«
Die ganze Zeit wurde das Schiff hin und her geschüttelt, der Kiel knirschte auf den losen Kieseln der Bank. Ich sah jetzt, dass wir auf einem kleinen herausstehenden Ausläufer saßen, es würde nicht schwer sein, sie frei zu bekommen.

Thomas war inzwischen in der Achterkajüte beim Kassettengerät. Seine Stimme tönte herauf:

»Was für Musik, Käpt'n?«

»Die Bagpipes natürlich!«

Sein Kopf kam aus dem Niedergang heraus ins Tageslicht. Sein Gesicht war ein einziges Fragezeichen. »Bagpipes«, wiederholte ich und bewegte meine Arme wie Entenflügel auf und ab, dabei quiekte ich. Ich war nicht ganz bei der Sache, schließlich saßen wir auf der Ecke der Kieselbank in einer Strömung von fünfzehn Knoten.

Das Gesicht von Thomas hellte sich auf. »Oh, ja, der Dudelsack!«, rief er, eine Minute später dröhnten die Töne von »Lochaber Gathering« über's Schiff, gespielt von Donald McPherson. Sie zogen über die Wellen der vorbeirauschenden Donau hinweg.

Nach drei oder vier Minuten, in denen ich versuchte, unsere Situation zu beurteilen, war der Tee fertig. Ich gab jedem eine Tasse des dampfenden Gebräus weiter, zuerst unseren zwei frierenden DLRG-Leuten. Sie wollten ins Cockpit kommen, aber ich winkte ihnen zu, an Ort und Stelle zu bleiben. Peter und Horst sahen aus, als würden sie mich für herzlos halten, aber ich wusste genau, warum ich sie nicht ins Cockpit ließ. Es wurde von selbst klar, als wir unseren Tee ausgetrunken hatten.

Ein anderes DLRG-Schlauchboot kam heran, und ich gab den beiden nassen Gesellen zu verstehen, dass sie einsteigen sollten. Sobald sie den Steuerbordschwimmer, der vier Meter von der Kiellinie entfernt war und in der Luft hing, von ihrem Gewicht entlasteten, ging der Backbordschwimmer durch die nun fehlende Hebelwirkung ein ganz klein wenig nach unten, der Kiel kam frei und *Outward Leg* schoss stromabwärts.

Der Kapitän war auf alles gefasst, die Crew ebenfalls, die Flaggen und Wimpel knatterten im Wind und im Inneren spielte McPherson auf seinem Dudelsack, dass es ganz Ingolstadt hören konnte. Wie in einer Lawine aus Wasser schoss *Outward Leg* auf die Engstelle zu, mit einer Geschwindigkeit zwischen achtzehn und einundzwanzig Knoten über Grund, jeder Mensch mit gesundem Menschenverstand musste annehmen, dass wir unausweichlich in der Todesfalle saßen.

13 Großartige Schluchten

Ich weiß nicht mehr, was ich dachte, als *Outward Leg* auf die schäumende Engstelle unter der Eisenbahnbrücke von Ingolstadt zu gerissen wurde, obwohl mir andere, ähnliche Situationen sehr gut im Gedächtnis geblieben sind. Zum Beispiel, wie ich damals vor zehn Jahren die kleine *Sea Dart* den rauschenden Parana in Südamerika hinunter steuerte, oder als in der Arktis der Eisberg neben *Cresswell* kenterte. Ich glaube, vor meinem geistigen Auge sah ich mich in den vielen Stürmen, die ich draußen im Atlantik abgewettert und überlebt hatte, oder in einer der zahlreichen Situationen, bei denen ich in Lebensgefahr geschwebt hatte. Wäre ich nicht ich, würde ich behaupten, dass all die schönen Dinge meines Lebens, die Poesie, die Musik, und die vielen lieben Menschen, mit denen ich zusammengetroffen war, in meinem Kopf aufgetaucht wären. Ich könnte schreiben, dass ich an England gedacht hätte, an die Schönheit meiner Heimat, aber dem war nicht so. Mit Sicherheit weiß ich nur, dass ich, als ich das Schiff in dieser furchtbaren Strömung zu halten versuchte, dachte: »Hoffentlich mache ich mir nicht in die Hosen!«

Ich weiß auch noch genau, wonach ich Ausschau hielt, auf was ich aufpasste. Es gab da so einen bestimmten Nietnagel an der Brücke, der mir bei der Fahrt hinauf nach Ingolstadt aufgefallen war, eine Woche zuvor, im Schlepp der Bundeswehr. Er saß genau in der Mitte der Brücke in der engen Durchfahrt, die so schmal wie ein Ackerweg war. Es gab Hunderte oder gar Tausende solcher Nietnägel an der Eisenkonstruktion der Brücke, aber dieser eine war anders. Er war dunkler als der Rest, und es lief ein Roststreifen von ihm nach unten, wie ein Blutrinnsal. Manche Leute werden vielleicht darüber die Nase rümpfen, aber wenn das eigene Leben davon abhängt, kann man auch ein einzelnes Haar auf dem Kopf von den anderen unterscheiden. So war es mit diesem Nietnagel. In den wenigen Sekunden, in denen wir flussabwärts gerissen wurden, sah ich nur ihn, sonst nichts. Der Nietnagel führte nicht nur durch die Eisenkonstruktion der Brücke, sondern auch durch meine Augen. Ich sah weder die Zuschauermenge am Ufer der Donau, noch die Fernsehkameras, noch die Autos und auch nicht das fahle Sonnenlicht. Auch nicht das gekenterte Schlauchboot der DLRG voraus, sah weder Horst noch Peter noch Thomas an Bord, die unsere Fahrt mit aufgerissenen Augen verfolgten. Ich sah nur diesen verdammten Nietnagel und hielt direkt auf das Scheißding zu. *Wenn in Zweifel oder in Gefahr – ziel' auf den Sauhund, halt' auf ihn zu!*

Ich erinnere mich auch noch sehr gut an die Geräusche. Da war einmal das Gurgeln der trügerischen Donau, als sie uns scheinbar unausweichlich auf die Katastrophe zuschob, dann das Schnurren unseres Yannie unter meinen Füßen und darüber das Dudelsackgepfeife von Mr. McPherson mit der Melodie »Lament for the old Sword« (Lamento für das alte Schwert). Wenn es überhaupt eine Musik gibt, die das Sterben einfacher macht, dann war es diese hier: prächtig, herzerweichend, so gälisch wie die verlorene Hoffnung, so keltisch wie ein zerrissener Traum.

Dann waren wir unter der Brücke, ritten auf einer sich brechenden Masse aufgeschwollener Flüssigkeit, die mehr wie rostiges Blut aussah als Wasser. Im nächsten Moment schob sich der dunkle Schatten der Brücke über uns hinweg. Der Steuerbordschwimmer schrammte über den bereits bekannten Felsen, und plötzlich waren wir wieder im hellen Tageslicht. Wir waren hindurch, draußen im breiteren Fahrwasser, ganze zwölf Meter breit. Die fühlbare Erleichterung an Bord war ungeheuer, ich denke, ich hätte das Rad eine Sekunde lang loslassen können, die Erleichterung aller hätte das Schiff von alleine weiter gesteuert. Aber natürlich behielt ich die Hände am Ruder und fror im nassen Schweiß unter meinen drei Pullovern.

Bei dieser Strömung gab es kein Anhalten, ich konnte nur versuchen, das Schiff in einem gewissen Abstand zu den blank liegenden Felsen am Ufer und den Bug in der Mitte des schäumenden, kochenden, dahinschießenden Wassers der Fahrrinne zu halten. Das Flussbett der oberen Donau besteht größtenteils aus Kies, aber oft stehen große glatte Felsen aus dem Wasser heraus, damit die Sache nicht langweilig wird. Da die Kiesbänke durch die starke Strömung ständig ihre Position verändern, verändert sich auch die Fahrrinne im Sommer bei schönem Wetter und Trockenheit Monat für Monat, in den anderen Jahreszeiten ändert sie sich von Tag zu Tag. Der Kapitän der Bundeswehrbarkasse hatte mir vorher gesagt: »Die Fahrrinne kann nicht markiert werden, wir können sie auch nicht irgendwie unter Kontrolle bringen, selbst wenn wir ein neues Flussbett graben würden, wäre es das Gleiche, denn es gibt nur Kiesel überall. Wir können auch keinen Kanal graben, die Kiesel geben keinen sicheren Halt. Wir können nur darin spielen wie Kinder im Sandkasten. Wenn wir heute ein Ufer befestigen, wird es am nächsten Tag vom Fluss ausgewaschen. Das Tal der Donau hier ist Teil eines ehemaligen Meeres, das schon existierte, bevor die Donau bei der Weltenburger Enge durchbrach.«

Das hatte mir damals zu denken gegeben, ich hatte einen Kiesel am Ufer aufgehoben; er war klein, rund und glatt, nicht größer als der Fingernagel eines Mannes. Und doch hatte er die Jahrhunderte langen Anstrengungen der Menschen zunichte gemacht, selbst jetzt noch, im Zeitalter der Hochtechnologie.

Jetzt, unterhalb der Brücke, zeigte die DLRG ihren Eifer, aber es kam nicht viel dabei heraus, obwohl es nicht an ihnen lag. Sie hatten vier Boote zu Wasser gelassen, die sie vom Main mitgebracht hatten. Es waren allesamt Schlauchboote mit 25-PS-Außenbordern. Jedes Boot war mit vier Mann besetzt, außer dem einen, das gekentert war, das hatte nur zwei an Bord gehabt, wenn ich mich richtig erinnere. Aber bei der Größe der Männer kann man auch von vier Mann ausgehen. In der Hektik beim Ablegen hatte auch noch ein zweites Boot Probleme mit dem Motor bekommen und trieb jetzt ziemlich hilflos vor uns her flussabwärts. Zwei der Männer winkten, die beiden anderen fummelten am Außenborder herum, der anscheinend abgesoffen war. Ich hielt vorsichtig auf sie zu, und als wir mit zwölf Knoten über Grund an ihnen vorbei kamen, schaltete ich die Maschine auf Leerlauf. Thomas war ihnen eine Leine zu. Blitzschnell wurden sie durch die Strömung an *Outward Leg* gedrückt, und wir gaben ihnen eine trockene Zündkerze.

Währenddessen hingen die überlebenden zwei Schlauchboote etwa einen halben Kilometer flussabwärts und loteten mit langen Stangen die Tiefe aus. In einer Momentaufnahme, auf einer Fotografie, hätte die Szene ausgesehen wie eine Vergnügungsfahrt durch eine schöne Flusslandschaft, nur bewegte sich die Plattform, von der aus man fotografiert hätte, mit fünfzehn Knoten flussabwärts, das sind immerhin siebenundzwanzig Kilometer pro Stunde. Außerdem war die Wassertiefe unbekannt, es war wie der Blindflug eines Blinden, obwohl wir mit langen

Stangen nach unten stocherten. Die Strömung schob uns unaufhaltsam weiter, es war ihr ganz egal, wie tief es war und welche Hindernisse unter Wasser lauerten.

Es ist ohnehin unmöglich, von einem Schlauchboot aus, das mit mehr als fünf Knoten über Grund läuft, die Tiefe eines Kieselbetts zu messen. Es ist gegen alle Regeln der hydrografischen Vermessung. Man kann das weder mit Stangen noch mit dem Handlot bewerkstelligen, selbst herkömmliche Echolote liefern nur ungenaue Messungen. In der starken Strömung sind die Kiesel ständig in Bewegung, sie rollen übereinander hinweg wie Haselnüsse in einer Waschmaschine. Wie soll man da Wasser und Kiesel unterscheiden? Aber ich übte keine Kritik an den Leuten der DLRG, sie waren freiwillig hierher gekommen, um zu helfen, sie gaben ihren vollen Einsatz, sie meinten es gut, und sie arbeiteten hart unter diesen kalten, nassen und gefährlichen Bedingungen. Es waren mutige Männer mit guten Vorsätzen, sie verdienten meine Anerkennung, obwohl sie ihre Zeit vergeudeten.

Es läuft wieder einmal auf die alte Regel hinaus: »In gefährlichen Situationen nimmt die Gefahr einer Katastrophe proportional mit der Anzahl der beteiligten Personen zu.« Daraus kann man automatisch schließen, dass man, wenn man für ein Unternehmen Hilfe von anderen benötigt, die Anzahl der Leute immer auf einem Minimum halten sollte. Das ist der Glücksbringer der Einhandsegler.

Die obere Donau hat einen ziemlich deutschen Charakter. In diesem Kieselbett liegen Felsen, und zwar verdammt harte Felsen. Einen von ihnen trafen wir, obwohl mein Echolot, das vorausschauend anzeigt, 1,50 m angab. Wir machten mit der Maschine fast keine Fahrt, aber etwa zehn Knoten mit der Strömung. Ein paar Brocken unserer armen »Kühlrohre« trieben achteraus hinter uns her, während *Outward Leg* weiter voran holperte.

Der Fluss wurde breiter, erweiterte sich bis auf einhundert Meter, dafür nahm die Wassertiefe ab. An vielen Stellen waren die Kiesbänke zu sehen, schnell nahmen sie fast die ganze Breite des Flussbetts ein. Um uns herum lagen grüne Felder mit Kühen, die im Regen grasten und tropfende Bäume. Auf einer nahe gelegenen Straße donnerten ungerührt Lastwagen vorbei. Jedem, der weniger als ein paar Meter vom Ufer entfernt war, musste die Gegend ländlich und friedlich vorkommen, nichts deutete dort auf das Drama hin, das sich unten im Flussbett abspielte, nichts auf den Kampf der Männer auf einem ausgewachsenen Segelschiff, nur wenige Meter entfernt.

Das kleine Neustadt liegt fünfundzwanzig Kilometer unterhalb von Ingolstadt. Bevor wir dorthin kamen, wurden wir vier Mal auf Kiesbänke geschoben. Diese Worte klingen harmlos und unschuldig, aber man muss einmal die Geräusche erlebt haben, wenn der Rumpf des Schiffes mit hoher Geschwindigkeit auf eine Kiesbank geschoben wird, es ist so laut wie ein Schnellzug, und es tut einem das Herz weh, wenn die verdammten Kiesel versuchen, dem Schiff die Haut bei lebendigem Leib abzuziehen, und die gewaltige Strömung das Ruder brutal seitwärts drückt wie ein Kinderspielzeug und einem das Rad aus den Händen reißt. Wie zum Teufel ich danach mein Schiff wieder gegen das tobende Wasser von der Bank herunter brachte, war ein Albtraum.

Beim ersten Mal hatte *Outward Leg* zehn Grad Schieflage, und der Steuerbordschwimmer wurde tief in den elenden Kies hinein gerammt. Wir brachten die Ankerleine an Land und machten sie an einem kräftigen Baum fest. Als wir sie dann mithilfe unser eigenen Winschen frei bekommen wollten, schafften wir es nicht. Ein großer Traktor schleifte das Schiff letztendlich über und durch den Kies in das tiefe Wasser weiter unten.

Es war eine flache Bank, eine Kleinigkeit gegen die nächste. Drei unserer stärksten Nylontrossen brachen bei dem Versuch, das Schiff von der Bank zu ziehen. Das Geräusch, als der Traktor anzog, und sich ruckend vorwärts bewegte, die Leinen ächzten und mit einem Knall brachen, klingt immer noch in meinen Ohren. Die Frage, wieso unsere Festmacherklampen diese Belastung aushielten, ist leicht zu beantworten: Sie waren aus ehrlichem britischen rostfreien Stahl gemacht, Brookes and Adams hatten sie spendiert. Alles andere Material wäre bei der brutalen Krafteinwirkung gebrochen. Natürlich scheuchten wir alle aus der Gefahrenzone heraus. Wir waren unerbittlich und stießen wilde Drohungen aus, denn die Gefahr war einfach zu groß. Beim Reißen der Trossen hätte jemand enthauptet werden können!

Vor Neustadt fließt die Donau über eine sehr flache Untiefe hinweg und unter einer Brücke hindurch. Für uns waren das die schlimmsten Hindernisse. Wir donnerten mit zehn Knoten auf die Untiefe auf, selbst mit voll rückwärts laufender Maschine und dem nachschleifenden Heckanker. Der Strom schob uns mehr und mehr in die protestierenden losen

Kiesel hinein. Hätten wir keine Hilfe von außen gehabt, denke ich, und wenn das Schiff das über längere Zeit ausgehalten hätte, wären wir durch den Strom seitwärts über die gesamte Kieselbank geschoben worden, langsam aber unaufhaltsam. Aber weiter unten, gerade neben der Eisenbahnbrücke stand so ein verdammter großer Felsen heraus, und *Outward Leg* trieb direkt auf ihn zu, während die Kiesel unter ihren Rümpfen knirschten. Sie würde unweigerlich an ihm zerbersten.

Wir versuchten alles, um sie auf ihrem schmerzhaften, knirschenden Weg über die Steine aufzuhalten, und es wurde Abend. Hinter der Brücke, unterhalb davon, lag eine herrliche Flusslandschaft. Die im Westen hinter den Bäumen untergehende Sonne warf glühende Strahlen über den Fluss, die aus seinem Wasser heraus zu kommen schienen.

Unter dem Schiff verfestigte sich die Umklammerung der Kiesel, und doch wurde es Stück um Stück auf den Felsen bei der Brücke zu geschoben, bald war er nur noch fünf Meter von uns entfernt. Schwarz, riesig und in der Abendsonne glänzend, wartete er auf uns, wie der Galgen eines Henkers.

Die Bundeswehr war auf meinen Hilferuf hin schnell zur Stelle. »Lieber Herr Oberst, ich brauche dringend Ihre Hilfe, uns bleibt nur noch eine Stunde, um *Outward Leg* zu retten, wir brauchen einen Schlepp, rückwärts bei fünfzehn Knoten Strömung.« Die Barkasse der Bundeswehr mit ihren 300 PS war nach zwanzig Minuten da, man hatte sie mit einem Tieflader hergebracht und eingewassert. Innerhalb von dreißig Minuten hatte sie *Outward Leg* aus ihrer schlimmen Lage befreit, und nach einer Stunde saßen wir sicher auf einer Schlammbank in der Mündung eines Flüsschens, das in der Nähe in die Donau fließt. Thomas und Horst würgten ein paar welke Wurstbrötchen hinunter und schliefen im Sitzen ein. Peter machte sich müde auf den Weg nach Hause.

Der Hauptmann, der die Bundeswehrbarkasse befehligte, war sich nicht sicher, ob *Outward Leg* es von Neustadt aus bis nach Kelheim schaffen könnte. »Ich bin an den Transport von Brückenteilen für Panzer und Lastwagen gewöhnt«, sagte er, »die Pontons werden meistens flussaufwärts geschleppt und dann eingepasst, und die Dinger haben wenig Tiefgang, nur ein paar Zentimeter. Tief gehende Schiffe hatte ich in dieser Strömung noch nie am Haken.« »Vor Ihnen«, erzählte mir der gute Barkassenkapitän mit ernster Stimme, »liegen noch 30 Kilometer mit Kiesbänken, ich wüsste nicht, wo der Fluss tiefer als 1,50 m wäre. Und dann kommt die Weltenburger Enge, wo die Donau ganz schmal wird, die Strömung läuft dort im Durchschnitt mit zwölf Knoten.« Der Hauptmann hatte eine schicke Uniform an, er war effizient und direkt, und sein Englisch war perfekt. Sein Alter schätzte ich auf dreißig. Er kam mir wie ein Mann vor, zu dem man besser freundlich ist, als Gegner würde er bestimmt schnell, unerbittlich und siegreich sein, selbst wenn er dabei sein Leben lassen musste.

»Heute«, sagte er, »ist Samstag. Sie haben uns an unserem freien Wochenende erwischt. Wir fahren jetzt zur Basis zurück und kommen am Montag um 9.00 Uhr wieder, in Ordnung?«

»In Ordnung«, erwiderte ich. Was hätte ich auch sonst sagen können? Man diskutiert nicht mit einem Hauptmann der Bundeswehr, wenn er auf seinem eigenen Deck steht.

Die Barkasse röhrte in einer Wolke aus Dieselqualm flussaufwärts davon. Ich ließ mich auf meine Koje fallen. »Wir werden das schaffen!«, sagte ich zu mir selbst.

Am Sonntag kam ein Spürhund der Lokalpresse an Bord, exakt um sieben Uhr morgens. Er war nervös und aufgeregt. Ich dachte, dass er eher in einen Bierkeller zu passen schien als auf ein Schiff. Er hatte einen schwarzen Regenmantel an und einen Hut auf dem Kopf, sein Gesicht war gerötet. Er hatte stechende eiskalte Augen. Man sah ihm den Hunger nach Sensationen förmlich an.

»Jetzt sitzen Sie fest, die Donau hat Ihr Vorankommen gestoppt ...«, sagte er schadenfroh und mit durchdringender Stimme.

Ich sah ihn eine Minute lang schweigend an.

»Sie müssen hier liegen bleiben bis zum Frühling, wenn das Eis in den Alpen schmilzt«, fuhr er fort, »wie fühlen Sie sich, Herr Jones?«

»Warum redet er mich mit Herr an?«, dachte ich, aber dann sprudelte ich heraus: »Was meinen Sie mit gestoppt? Denken Sie, dass *Outward Leg* auf die verdammten Alpen wartet?«

»Aber Sie liegen ja fest, der Fluss hat Sie gestoppt!«

»Der Fluss hat mich gestoppt, scheiß drauf!«, sagte ich zu ihm. »Wissen Sie denn nicht, dass heute Sonntag ist?« (Es war der 1. April).

Der Zeitungsgeier schaute mich verblüfft an.

»Gentlemen reisen sonntags nie«, informierte ich ihn. »Das tun nur Einbrecher, Prostituierte und Polizisten.« Ich widmete mich wieder meinem Tee. Thomas geleitete den neugierigen Zeitungsmenschen hinaus.

Ungelogen – am nächsten Morgen konnte man in der Zeitung lesen, dass es der Zweck meiner Reise wäre, die Interessen der britischen Gesellschaft zur Einhaltung der Sonntagsruhe zu unterstützen.

Am Montag war die Bundeswehrbarkasse exakt um neun Uhr wieder da. Ich erklärte, was ich für die beste Methode hielt, *Outward Leg* bis hinunter nach Eining zu bringen, wo die Enge beginnt und die starke Strömung einsetzt. Sie sollten *Outward Leg* nicht flussabwärts schleppen, sondern die sintflutartige Rutschbahn hinunterlassen, gerade so, wie man ein Bierfass in den Keller hinunterlässt. Sie akzeptierten.

Zwei unserer kräftigsten Taue, jeweils 90 m lang, wurden von den Hecks der Schwimmer aus an der Barkasse festgemacht. Beide Boote machten gleichzeitig die Festmacher los und kamen in die starke Strömung hinaus. Die Barkasse bremste uns, während ich unsere Maschine langsam voraus laufen ließ.

Die Barkasse ließ ihre 300 PS starke Maschine gegen den Strom laufen und verlangsamte so unsere Fahrt über Grund auf acht Knoten. Auf diese Art zogen die beiden Schiffe durch die bayerische Landschaft; im frühen Morgenlicht sah alles ziemlich harmlos aus, aber die Trossen waren wie Violinsaiten gespannt.

Bei der ersten Kiesbank, auf der wir schon einmal festgesessen hatten, schrieb ich emotionslos ins Logbuch, dass die Bundeswehr 5 Stunden brauchte, um uns runter zu ziehen. Aber einhundert Meter weiter saßen wir wieder auf. Wieder eine Stunde Arbeit, in der ich unseren Kiel jammern und leiden hörte, bis wir frei kamen – aber das endete erneut dreihundert Meter weiter unten. Und so ging es den ganzen Vor- und Nachmittag, insgesamt sechs Mal saßen wir fest.

Dann kam die Schlucht bei Eining in Sicht, aber ich musste mich auf das Kurshalten konzentrieren, konnte nur flüchtig hinsehen. Ich hatte den Eindruck von überhängenden Klippen und herrlichen Farben in der Abendsonne, die alles um uns herum einhüllte. Es lagen ein paar Gasthäuser zu Füßen der steilen Hänge, die Touristensaison schien bereits begonnen zu haben.

Von meinem Standort aus, am Rad von *Outward Leg*, sah die Schlucht noch schöner und lieblicher aus als die Flussstrecke, die wir hinter uns hatten. Es gab schroffe Felsen überall um das Schiff herum, auch unter uns, und die wilde Strömung hatte immer noch unsere Kiele in der

Gewalt, riss gewaltig am Ruder und erzeugte brutale Strudel, die uns auf die Klippen am Ufer zutreiben wollten, aber das Echolot zeigte in der Mitte der Schlucht vierzig Meter an. Die Breite der Schlucht schätzte ich an der engsten Stelle auf ebenfalls 40 Meter, die Strömungsgeschwindigkeit, ebenfalls geschätzt, betrug etwa zwanzig Knoten, wie man an den schnell vorbeiziehenden Klippen am Ufer sehen konnte. Ich war in höchster Alarmbereitschaft.

Als ich noch darüber nachdachte, was wohl der erste Höhlenmensch empfunden haben musste, der mit seinem Einbaum oder Floss zum ersten Mal in diese enge Schlucht mitten im europäischen Kontinent hineingeraten war, waren wir plötzlich, urplötzlich draußen. Der Fluss wurde breiter und überall ringsum waren Wiesen, wie eine Vision des Garten Edens, die Tiefe blieb bei bequemen zivilisierten und angenehmen zwei Metern.

Horst war vollkommen aus dem Häuschen. »Wir sind durch! Wir haben es geschafft!«, brüllte er und packte meine Hand. »Alles gut!« Wir waren durch das Tor ins südöstliche Europa hindurch gekommen.

»Wir sind durch, Horst! Wir haben es geschafft! Der Rest unserer Fahrt bis nach Passau ist ein Kinderspiel!«

Horst verstand zuerst mein Englisch nicht so gut, bis Thomas geduldig übersetzte. »Aber wir beide, Thomas, wir haben danach noch 2220 Kilometer vor uns, wenn wir zum Schwarzen Meer wollen.«

»Hoffentlich sind die nicht so wie die hinter uns liegenden Kilometer!«, sagte Thomas, oder so ähnlich.

»Viele werden einfacher sein …«, sagte ich.

»Gut!«, unterbrach er mich.

»Aber einige vielleicht schlimmer!«

Als wir die erste Schleuse der Donau erreichten, war es bereits spät am Abend. Wir tranken eine Flasche Sekt mit den Männern der Bundeswehr, dann röhrten sie davon und riefen uns aus der Dunkelheit über dem Fluss »Gute Nacht« zu. Sie hatten hart gearbeitet am Heck von *Outward Leg*, hatten sie hin- und hermanövriert, um sie von den Kiesbänken weg zu halten. Es war auch eine Gruppe von deutschen Freunden, lieben Freunden, gekommen, die mit uns den Erfolg feiern wollten. Sie gratulierten uns zur Überwindung der schlimmsten Geländeschwierigkeiten und der schlimmsten menschlichen Schwierigkeiten, die man auf einer Rhein-Donau-Reise antreffen kann. Es waren etwa ein Dutzend kostbarer Freunde dort in Bad Abbach, unter ihnen Manfred Peter, Michael von Tülff und Horst Besler. Es waren die drei herausragenden Personen, die *Outward Leg* geholfen hatten, nicht nur ihren drei Rümpfen, sondern auch ihrer Seele, ihrem Herzen und ihrer Aufgabe.

Es gab auch noch viele andere, aber wenn Mars, Jupiter und Saturn am Nachthimmel stehen, kann nur der Mond sie an Leuchtkraft übertreffen. Und unsere Mondstrahlen kamen aus dem Herzen von *Outward Leg* heraus und hüllten alle ein. In der dunklen Nacht badeten wir in ihrem Glanz, der selbst die dunkle keltische Seele des Skippers erhellte.

Horst kehrte mit den anderen an den Main zurück, auf die andere Seite der Wasserscheide. Thomas und ich gingen zurück aufs Schiff. Thomas fiel erschöpft in seine Koje, er hatte den ganzen Tag wie ein Irrer gearbeitet. Es war die erste Nacht des Jahres, in der es nicht zu kalt war, um im Cockpit zu sitzen.

Ich saß in der Ruhe der windstillen Nacht, die Sterne über mir, und hörte mit Tränen in den Augen Beethovens Pastorale. Die Emotionen überkamen mich, ich redete mit meiner Seele, hörte konzentriert der Musik zu und allem um mich herum. Ich wickelte mich in meine alte Segeljacke ein, lehnte mich im Cockpit zurück und schaute zu den Sternen hinauf, bis ich einschlief. Die Klarheit meiner Gedanken löste sich auf, bis ich Wachen und Träumen nicht mehr unterscheiden konnte, es gab nur noch Frieden in mir.

14 Aufragende Spitzen

Alles Material, das wir zur Entlastung des Schiffes in Ingolstadt ausgeladen hatten, fanden wir sicher im Schleusenhaus von Bad Abbach wieder. Nach meinen zahlreichen Reisen in der Dritten Welt war ich verblüfft: Nichts war ausgeborgt oder gar gestohlen worden, alles war da. Im frühen Morgenlicht schafften Thomas und ich alles wieder an Bord. Zweihundert Seekarten, die Segel, das Rigg, das laufende Gut, die Lebensmittel und das Petroleum für den Kocher in der Kombüse. Im Stillen dankte ich den guten Leuten von der Marinekameradschaft für ihre Hilfe.

Horst kam mit seiner Familie aus Bamberg zurück, er war wieder ganz der Alte, fröhlich wie immer. Ich hatte ihn eingeladen, mit uns nach Passau weiter zu fahren, der letzten Stadt vor der österreichischen Grenze. Mit Horst hatten wir ein Problem an Bord: Thomas war noch nicht an die Arbeiten beim Flussfahren gewöhnt, besonders an das richtige und schnelle Festmachen des Schiffs. Jetzt musste er einiges lernen, zum Beispiel, wie er im Notfall das Schiff alleine am Ufer, einem Ponton oder einem Lastkahn festmachen konnte, und das, bevor wir Passau erreichten und er es ohnehin alleine bewerkstelligen musste. Obwohl Horst immer wieder seine Hilfe anbot, nahm ich sie nicht an, ich ließ ihn keine Leine und keinen Fender anfassen. Das schmeckte Horst gar nicht, aber ich machte ihm klar, dass es unbedingt sein musste, damit Thomas so schnell wie möglich in allen notwendigen Bootsarbeiten fit war. Ich selbst hätte als Gast auf seinem Schiff auch nichts angefasst, wenn ich nicht darum gebeten worden wäre.

Horst war während des kalten Winters in Bamberg überaus hilfsbereit gewesen. Seine Frau und er hatten mir sicher das Leben gerettet, als ich mit der schweren Bronchitis danieder lag. Also erlaubte ich ihm, auf dem Weg nach Passau die Schäkel und Blöcke für das Rigg zu putzen. Hätte er mit den Leinen und Fendern geholfen, wäre das nichts Besonderes gewesen, aber jetzt erinnert mich jede Einzelheit des Riggs und jede

Schraube an ihn. Horst rettete den Einzelteilen sozusagen das Leben, denn wir hatten sie in der Bilge des Maschinenraums gefunden, und sie sahen nach einem Winterbad im Wasser nicht gerade gut aus, die Schrauben waren sogar zusammengerostet und Horst hatte große Mühe gehabt, sie auseinander zu bringen.

Als *Outward Leg* aus Ingolstadt hinaus geschossen war wie eine Rakete – unter Dudelsackmusik – hatte ich bemerkt, wie die Leute in einem »Rettungsboot« weiter weg ihre Hälse verrenkt hatten, um uns anzustarren. Auch die Leute am Ufer hatten das getan, alle hatten das Gewimmer und Gedröhne von Mr. McPherson gehört. Es wurde mir jetzt erst bewusst, dass wir mit der Tonbandkassette eine durchaus wirkungsvolle Sirene an Bord hatten, die wir bei Gefahrenstellen und engen Kurven einsetzen konnten. Es schien, als ob Dudelsackmusik, die ja für das Spielen im Freien konzipiert ist, weit hörbar war. Die Wellenlänge der Töne schien alle anderen Geräusche zu übertönen, sogar den Verkehrslärm und die Güterzüge auf den eisernen Brücken. Ich konnte das genau beobachten, wenn Leute ihre Köpfe drehten, selbst im dichten Verkehrsgewimmel nahmen sie uns wahr. Ich sah sogar, dass sich die Leute auf Frachtkähnen nach uns umdrehten, wenn wir uns ihnen von achtern her näherten, und das trotz dem Lärm ihrer eigenen Maschine. Also benutzten wie von jetzt an Mr. McPherson als Warnsignal für andere Schiffe, wenn wir aus einem Hafen ausliefen oder aus einer Schleuse. Wann immer wir um eine enge Kurve herumkamen – je schneller die Strömung umso enger die Kurve – schoben wir eine Dudelsackkassette ins Gerät und drehten die Lautstärke auf. Wir hatten eine feine Auswahl von Strathspreys (lebhafte Tänze) und Reels (langsame Tänze).

Als sich die riesigen Tore der Schleuse von Bad Abbach für uns öffneten, krochen wir zu den Klängen von »Mrs. McDougall«, einem Highland-Tanz, hinaus, das Schwirren und Dröhnen der Pfeifen der Dudelsäcke erfüllte die Luft und warf Echos von den hohen Schleusenwänden zurück. Die Musik schien sich über ganz Bayern auszubreiten.

Unterhalb der Schleuse lag eine ganze Reihe von Frachtschiffen und wartete auf ihre Beladung, wie es aussah. Hier begann der Frachtverkehr auf der Donau. Die Schiffe stammten aus vielen Nationen: aus Westdeutschland, Österreich, der Tschechoslowakei, aus Ungarn, Jugoslawien, Rumänien und Bulgarien. Außerdem gab es viele blutrote sowjetische Heckflaggen.

Mit meinem geübten Seemannsauge konnte ich die sowjetischen Schiffe leicht ausmachen; ihre Antennenausrüstung hätte jeden Skipper einer Marinefregatte neidisch werden lassen.

Die Strömung lief hier nur mit zwei Knoten. Da es in der etwa drei Kilometer langen Reihe der Schiffe auch kleine Boote gab, entschloss ich mich dazu, die Kassette weiter laufen zu lassen. Irgendwie passte die Musik zu unserem langsamen Vorbeigleiten und dem Flattern unserer Wimpel im Morgenwind.

Als wir näher an die Reihe der festgemachten Schiffe herankamen, sahen wir Leute auf den Decks, und als wir noch näher kamen, bemerkten wir, dass sich fast alle Mannschaften oben versammelt hatten. McPherson spielte in seinem schottischen Highland-Stil »Behind the Bushes« (Hinter den Büschen), und wir zogen langsam vorbei. Wir sahen, dass die Mannschaften meist aus Männern bestanden, aber auf den Schiffen aus dem Ostblock, die viel größere Crews hatten als die aus dem Westen, gab es auch zahlreiche Frauen. Alle Mannschaften winkten und riefen etwas zu *Outward Leg* herüber, doch die sowjetischen Schiffe nicht. Nur von ein paar weiter hinten liegenden Kähnen, die von den anderen nicht zu sehen waren, winkten ein paar Matrosen mit den Händen und ein paar Frauen lächelten scheu. Zwei ungarische Schiffe dippten ihre Flagge zum Salut, als wir das vormachten.

»Sie kennen uns, sie haben das deutsche Fernsehen geschaut«, sagte Thomas.

»Und sehr wahrscheinlich deutsche Telefone abgehört«, bemerkte ich, »schau dir mal diese Antennenanlagen auf den russischen Kähnen an. Mein Gott, die saugen alles im Umkreis von fünfhundert Kilometer auf.«

»Wieso denkst du das?«, fragte Horst.

»Also komm', Horst. Wieso hat ein Kahn, der auf der unteren Donau registriert ist und wahrscheinlich nie auf See hinaus fährt, eine Richtfunkantenne? Nein, gleich mehrere – und schau' dir mal diese großen Schüsseln an! Diese Dinger sind nicht für andere Schiffe gedacht, nein die sind für Flugzeuge ...!«

Das schien richtig zu sein. Die Sowjets hatten damals einen riesigen Horchposten eingerichtet, ganz legal und öffentlich, fünfzig Kilometer hinter der Grenze zwischen Österreich und der Tschechoslowakei, auf der westlichen Seite des Eisernen Vorhangs. Hier konnten sie vom Boden aus das militärisch sensitive Gebiet der westlichen Verteidigung im Steigerwald und um Nürnberg herum abhören. Und sie schienen das ziemlich ungerührt und öffentlich zu machen.

Als *Outward Leg* langsam an der Reihe der Schiffe entlang zog, versuchte ich mir vorzustellen, wie sie wohl in den Augen dieser Mannschaften aussah. Sie war ein wenig verschrammt, ohne Zweifel, aber sauber. Ihr Mast lag an Deck, aber wir hatten die amerikanische Flagge an einer zwei Meter langen Bambusstange gesetzt, und auch die britische und walisische Flagge waren gut erkennbar. Ihr Matrose sah auch ziemlich schiffig aus, er hatte seine Wollmütze bis zu den Ohren über seine kurz geschorenen Haare gezogen. Horst war ein großer, stämmiger Mann und wirkte in seinem gelben Ölzeug und mit seiner baltischen Schiffskappe ziemlich kompetent. Und der Skipper, der nach dem langen Winter vielleicht ein wenig schäbig wirkte, sah zumindest gut gelaunt und zufrieden aus, denn er freute sich über den Empfang, den die Donaukähne seinem Schiff bereiteten. Vielleicht sahen diese Mannschaften ja zum ersten Mal eine Hochseeyacht auf ihrem Fluss.

Um die Mittagszeit zog *Outward Leg* unter langsam laufender Maschine an Regensburg vorbei, die Strömung war jetzt unsere Verbündete. Das war die Stadt, in die wir eigentlich gewollt hatten, als wir im vergangenen Jahr über den Rhein und den Main hergekommen waren. Es war aber auch der Ort, an den ich mir im Falle eines Rückzugs geschworen hatte, zurückzukommen – über die Nordsee, den Ärmelkanal, die Biskaya, Gibraltar, das Mittelmeer, die Ägäis, das Schwarze Meer und die Donau herauf. Ich wäre dann nach Regensburg gekommen, um mein Versprechen an Herrn Schmidt und das deutsche Autobahnamt einzulösen, falls sie unserer Bitte um eine berechtigte Passage nicht nachgegeben hätten. Es wäre ein Umweg von 8500 Seemeilen gewesen, aber dann wäre ich vom Kai in Regensburg die 120 Kilometer nach Nürnberg gelaufen, mit dem Warpanker von *Outward Leg* auf der Schulter, und den hätte ich auf den Schreibtisch in Herrn Schmidts Büro geknallt, wie ich es geschworen hatte.

Ab Regensburg ist die Donau gezähmt, bis nach Wien hin. Man gleitet durch Wälder hindurch, Täler und Äcker – es ist die herrlichste Landschaft, in der ich je in meinem Zigeunerleben gefahren war. Bis hinunter nach Linz, das sind etwa 240 km, ist die Donau schmal, sie windet sich und hat ziemliche Strömung. Aber das Fahrwasser ist gut betonnt, und der müde Skipper kann sehr gut und lässig navigieren. Auf der oberen Donau, wie auch fast auf dem ganzen Fluss, verläuft das Fahrwasser so, dass es die längste Fahrtstrecke ergibt. Doch es wäre reine Dummheit, ja sogar ziemlich gefährlich, bei Kurven verführerische Abkürzungen zu suchen.

Die Blicke der Angler am Ufer zwischen Regensburg und Straubing, unserem Tagesziel, waren voller Erstaunen. Unser kleiner Yannie macht fast keinen Lärm, und bei niedriger Drehzahl kann man sie selbst unten im Schiff nur wahrnehmen, wenn man genau hinhört. Manchmal kamen wir also leise um eine Biegung herum, und ein Angler wurde jäh aus seiner Konzentration aufgeschreckt und starrte verblüfft auf einen ozeangängigen Trimaran in Lebensgröße. Dann zog er meist schnell seine Angel ein, um uns vorbei zu lassen.

In dieser Nacht machten wir in Straubing fest. Wir hängten ein Ankerlicht an die Seereling des Steuerbordschwimmers (der Schiffsverkehr läuft Tag und Nacht) und ließen den Buganker (den Bruce) als Versicherung hinab für den Fall, dass die schweren Bug- und Heckwellen unsere Festmacher zerreißen oder in der Nacht Vandalen vorbeikommen würden. Das wurde ab jetzt zu einer strikten Routine, bis hinab ins Schwarze Meer.

Die Fahrt am nächsten Morgen führte uns nach Deggendorf. Es war eine schöne ruhige Fahrt durch eine zauberhafte Landschaft mit baumbestandenen Hügeln, Schlössern, Kirchtürmen und Bauernhöfen. Im Hintergrund konnte man die Berge sehen. Horst und Thomas waren stolz auf die alten Schlösser und Burgen, aber ich knurrte nur, dass dort Herrn Schmidts Vorfahren ihr Unwesen getrieben hatten, um den Leuten, die ihren rechtmäßigen Geschäften nachgehen wollten, Wegzoll abzuknöpfen.

Am Nachmittag stürmte *Outward Leg* weiter flussabwärts nach Vilshofen, wir waren jetzt eingeübt. Thomas arbeitete ganz selbstbewusst an den Leinen, und die Reise wurde leicht und heiter, obwohl sich die Donau mehr windet, als jeder andere Fluss, den ich je befahren habe. Neben der Donau erscheinen der Amazonas und der Mississippi so schnurgerade wie Landepisten für Flugzeuge. Wir zogen Kilometer um Kilometer dicht an den baumbestandenen Ufern dahin, meist waren es Birken und Erlen, und wurden durch die regelmäßigen Bojen und Schifffahrtszeichen an Land geleitet.

15 Neugierige Sängerknaben

O utward Leg blieb zwei Tage in Passau. Hier ließen wir nicht nur Westdeutschland hinter uns, sondern auch die Überreste des kalten Winters. Alle Erinnerungen daran wurden vom Schiff entfernt, wir standen an einem neuen Anfang, fuhren in ein neues Land.

Thomas gab der Kombüse und der Achterkajüte einen neuen Anstrich, glanzweiß, um die Sonnenstrahlen zwischen den Aprilschauern voll auszunutzen. Dann malte er ein kleines Schild in Deutsch, dass wir uns über jeden Besuch an Bord freuten, aber dass wir auch auf dem Schiff lebten – man möge bitte unsere Privatsphäre respektieren. Der Tumult von Besuchern, die an Bord kamen, war größer als ich es je zuvor erlebt hatte, und das würde auf der auf der ganzen Donau so bleiben.

Obwohl wir das in Passau natürlich noch nicht wissen konnten, kamen auf unserer Donaureise über dreitausend Leute aus sechs Nationen an Bord und ein paar hundert zwängten sich in den nächsten drei Monaten zwischen Passau und Constanta in Rumänien durch unseren Lebensraum unter Deck. Von den dreitausend Besuchern waren vielleicht achthundert in irgendeiner Weise körperbehindert. Und das geschah alles, während wir zweitausend Kilometer unbekanntes Fahrwasser zurücklegten, von dem meistens keine Karten existierten. Auch waren unsere Vorräte durch den zurückliegenden harten Winter ziemlich aufgebraucht.

Wir versuchten, die Besuche auf Tageszeiten zu legen, in denen wir nicht am Schiff arbeiteten, aber das war schwierig. Oft war Thomas über die Maschinen gebeugt, für einen Ölwechsel zum Beispiel, während ich eine Horde Schulkinder durch die enge Passage zwischen Achterkajüte und Vorschiffkabine schleuste. Oder ich schrieb gerade an meinen Agenten oder Verleger, während Thomas mit einem Freund ein paar behinderten Leuten halfen, die steile Treppe des Niedergangs zur Achterkajüte herunter zu kommen.

Es sollte keine Art von Aufschneiderei sein, ich prahlte nicht mit dem, was ich hatte oder mit dem, was ich konnte. Ich zeigte den Leuten nur, was möglich war, was viele von ihnen ebenfalls zu Stande bringen konnten, um ihre Träume Realität werden zu lassen. Darauf kam es mir an. Es war einfach eine Demonstration am lebenden Objekt, – dass ein Einzelner, wenn er sich das in den Kopf gesetzt hatte, in der Lage war, die Macht der starrköpfigen Regierungsbürokraten zu besiegen. Es machte mir Spaß.

Ich hatte in vieler Hinsicht Glück, ich erreichte die körperbehinderten Menschen an der Donau, oft halfen mir auch die Medien dabei. Ich bekam auch Schützenhilfe von den World Trade Centers in Österreich, Ungarn und Jugoslawien. In anderen Ländern verhalfen mir die Regierungen völlig unbeabsichtigt zu Popularität, indem sie versuchten, meine Reise zu stoppen oder zu verzögern. Bei verschiedenen Gelegenheiten gelang es mir, die Behörden so zu manipulieren, dass sie *Outward Leg* in Gebiete hinein ließen, in denen man seit dem Zweiten Weltkrieg keine westlichen Schiffe mehr gesehen hatte. Aber wir behielten immer unsere Unabhängigkeit. In keinem einzigen Fall machten wir einen Kniefall vor den vermeintlich übermächtigen Regierungsbonzen, die später sogar mit Waffengewalt drohten.

Als wir uns in Passau eilig für die Reise nach Wien und weiter vorbereiteten, hatten wir nur den Schimmer einer Ahnung, was vor uns lag. Wir waren sozusagen völlig blauäugig, obwohl wir schon einen Vorgeschmack der Gefahren auf der Donau bekommen hatten. Es gibt keine paradiesischen Zustände auf einer solchen Reise, es hat sie nie gegeben, und es wird sie auch nie geben.

Der westdeutsche Zoll in Passau war tüchtig und zuvorkommend, fast ein Modell an Höflichkeit. Blitzschnell waren unsere Pässe gestempelt und unsere Schiffsdokumente zurückgegeben. Die Beamten machten eine kleine Pause in ihrer Arbeit, kamen zu uns an Bord und wünschten uns eine gute Reise. Einer brachte sogar eine Flasche Schnaps mit. Es war das erste Mal in dreißig Jahren, in denen ich kleine Schiffe durch den Zoll geschleust hatte, dass ein Zollbeamter mir einen ausgab. Normalerweise denken die Zollbeamten, dass es umgekehrt sein sollte, in besonderen Fällen verlangen sie es auch. Aber das hier war schon ein bemerkenswerter Abschied.

In leichtem Regen legten wir in der bildhübschen Stadt Passau ab, die im Nebel zu schweben schien. Die deutschen Touristenprospekte nennen Passau die Drei-Flüsse-Stadt. Für die Reisenden sei erwähnt, dass einer der drei Flüsse der Inn ist, und das ist ein Riese. Ab seiner Einmündung erweitert sich die Donau beträchtlich. Inn, Paar, Isar und Vils bringen das Wasser der nördlichen Alpen in den Fluss ein.

Die Donau wurde immer breiter und das Steuern immer einfacher, ich musste mich nicht mehr so konzentrieren und konnte mich entspannen. Jetzt war der Fluss zeitweise fünfhundert Meter breit, im Durchschnitt etwa dreihundert. Manchmal gab es Engstellen, und die Strömung lief dann mit sechs bis acht Knoten, besonders in engen Kurven.

Die Schleusen auf der oberen Donau sind gewaltig. Komplette Schubverbände passen hinein, und manchmal bestehen diese Verbände aus bis zu zwölf Einzelschiffen, die von einem gemeinsamen »Schuber« angetrieben werden. Der Verband wird nicht geschleppt, sondern geschoben, die Schubschiffe haben dazu zwei gigantische Puffer an ihrem oftmals eckigen Bug.

Einer dieser Schubverbände in der Schleuse von Jochenheim bestand aus acht rumänischen Frachtern, die einen ungewöhnlichen Anblick boten. Die Frachtkähne aus den Ostblockstaaten haben meist keine eigenen Maschinen und können sich nicht aus eigener Kraft vorwärts bewegen, sicherlich ein großer Nachteil für einige Leute in der Mannschaft, würde ich im Rückblick sagen, die sich sonst in der Nacht davonstehlen könnten. Alle Frachtschiffe aus dem Ostblock schienen eine Crew von vier Leuten zu haben, und es war immer eine Frau darunter. Wie ich später herausfand, erledigte sie das Kochen und Waschen für die Männer. Im Gegensatz zu den bulgarischen, tschechischen und den anderen östlichen Schiffen, waren die aus Rumänien und Jugoslawien ziemlich rostig und vergammelt. Aber die rumänischen Kähne in der Jochenstein Schleuse schienen außerdem mit Topfpflanzen auf allen Decks überladen zu sein. Es war, als wenn man an den hängenden Gärten von Babylon vorbeifahren würde. Ich fragte den österreichischen Schleusenwärter, was das für Schiffe seien.

Durch Thomas als Übersetzer sagte er mir, dass Präsident Ceausescu von Rumänien sich auf einer Parteikundgebung über den ungenutzten Platz auf Fabrikhöfen beklagt hatte, auf dem Blumen standen. Ab sofort wäre dieser Raum für das Anpflanzen von Gemüse zu verwenden, um zur Ernährung der Bevölkerung beizutragen. Was für Fabriken galt, galt auch für Frachtkähne. »Aber«, sagte der Schleusenwärter, »jede Pflanze auf den Schiffen wird vom Flottenkommissar registriert und kontrolliert, und jeden Tag wird die Anzahl der Früchte sorgfältig in ein Buch eingetragen und nach Bukarest berichtet.«

Dort, an der österreichischen Grenze, bekamen wir also einen Vorgeschmack auf das, was vor uns lag. Aber diese Pflanzenepisode war im Grunde viel lustiger und einfacher als das, was wir sonst noch erlebten.

Gegenüber von Löwenmühl, kurz vor der Jochensteiner Schleuse und am Beginn der österreichischen Strecke, 2200 Kilometer von der See entfernt, war der österreichische Zoll sogar noch freundlicher und entspannter als der deutsche in Passau. Es gab nur einen jungen, schick angezogenen Beamten. Er schaute noch nicht einmal unsere Pässe an, er winkte uns einfach freundlich in sein Land hinein. Ich wedelte mit den Pässen. »Lasst sie in Wien stempeln«, rief er, »ich habe Mittagspause.«

Als wir durch die kleinen Dörfer Löwenmühl und Kernmühl hindurch glitten, hatten wir viele Zuschauer. Die Leute im nordöstlichen Österreich waren eifrige Zuschauer des deutschen Fernsehens (»Weil ihr eigenes so langweilig ist …«, schmunzelte Thomas). Man kannte *Outward Leg* hier, und jeder hatte sich offensichtlich seine eigene Meinung von unserem Kampf auf der oberen Donau und dem Grund dafür gebildet. Sie riefen und winkten wie wild. Auf der ganzen Strecke nach Linz hinunter hielten Autos an und veranstalteten ein Hupkonzert, wann immer eine Straße in der Nähe war, manchmal sogar Omnibusse. Öfters tuteten sogar Eisenbahnzüge im Vorbeirasen am steilen Ufer des Donautals.

Bald wurde uns klar, dass der Name *Outward Leg* in Westdeutschland und halb Österreich ziemlich bekannt war, hauptsächlich durch den Einsatz von Manfred Peter in Nürnberg. Selbst in den kleinsten Dörfern am Ufer winkte man uns zu, Frauen, Männer und jede Menge Kinder riefen ihren Namen, wenn sie vorbei zog zu der Dudelsackmusik von Mr. McPherson. Es war ein Triumphzug. Ein Schleusenwärter sagte mir, so etwas hätte es auf der Donau seit den Tagen des Kaisers Hadrian nicht gegeben.

Wenn wir in Österreich irgendwo festmachten, brachten uns Leute ohne Ausnahme kleine Geschenke, Essen oder Wein.

Der nächste Halt nach der deutschen Grenze war Obermühl. All die Ortsnamen mit »mühl« am Ende deuten natürlich an, dass dort früher

Wassermühlen standen, angetrieben von der ewig fließenden Donau. Die Landschaft vor Obermühl war herrlich, die schönste die ich je gesehen hatte. Sie machte den Hebriden und den chilenischen Inseln Konkurrenz, einfach wegen ihrer Schönheit und der klaren Luft. Ab und zu regnete es – Aprilwetter –, aber der Dunst um die Kuppen der Hügel ringsum unterstrich nur noch die beeindruckende Landschaft, die sich uns beim ruhigen Flussabwärtsgleiten eröffnete.

Obermühl ist wunderschön. Der Abschied fiel mir schwerer als irgendwo sonst an der Donau. Aber in Wien warteten vielleicht ein paar Einkünfte auf mich, und deshalb liefen wir weiter die Donau hinab, etwa fünfzig Kilometer am Tag. Die Strömung betrug etwa zwei Knoten, und wir hatten die Maschine langsam mitlaufen, gerade so viel, dass man Ruderwirkung hatte. Wir brauchten siebeneinhalb Stunden für die fünfzig Kilometer, die Wartezeit an den Schleusen eingerechnet. Im Durchschnitt brauchten wir eine Stunde pro Schleuse.

Unser nächster Halt war Linz. Nördlich der Stadt wird der Fluss merklich breiter, und das Donautal öffnet sich zu einer weiten Ebene. Es regnete und regnete. Es goss auf der einen Seite von Linz, auf der anderen, in Linz und drum herum. Die Strecke nach Linz war trotzdem sehr schön; Hügel mit blausilbrigen nebelumwobenen Kuppen blickten auf die Donau herab. Manchmal schien die Sonne fahl durch die Wolken über den Hügeln hindurch, und die Blätter der Bäume wurden hellgrün statt grau, die Bäume selbst bekamen einen Heiligenschein aus weichem diffusem Licht. Dann zog wieder eine Wolke vorüber und verdunkelte die Hänge der Hügelkette. Es sah aus, als würden sie uns zum Abschied winken, wenn sie sich hinter unserem Heck in den grauen Dunst zurückzogen und immer kleiner wurden.

Auf dem ganzen Weg die Donau hinab sahen wir viele Vögel, besonders viele wilde und zahme Enten, Lerchen, Amseln, Reiher, und an einsamen Stellen auch Eisvögel, die über ihr Revier blickten. In den hügeligen Abschnitten des Flusses sahen wir manchmal auch Habichte, die majestätisch in der Luft zu stehen schienen.

Die Anlegeplätze der Stadt Linz sind Pontons vor einer steilen Kaimauer. Unter den sehr sicher befestigten Pontons ist das Wasser sehr tief, aber es gibt dort auch eine beachtliche Strömung. Das ist eines der großen Probleme auf der Donau: Die meisten Städte liegen an Stellen, wo das Wasser tief und die Strömung stark ist. Es gibt selten einen Anlegeplatz, an dem die Strömung weniger als drei Knoten beträgt, in Linz waren es fünf. Wie überall mussten wir auf schwimmendes Treibgut aufpassen, Äste, Zweige, Bäume, und alte Ölfässer kamen den Fluss herunter und nahmen unweigerlich Kurs auf *Outward Leg*. Es erwies sich als vorteilhaft, unser 12-Fuß-Dunlop-Beiboot quer vor unseren drei Rümpfen festzumachen, es wirkte einigermaßen als Abweiser für das schwimmende Zeugs in dem steigenden Fluss.

Am 10. April waren wir an einem regnerischen Morgen früh auf den Beinen und auf dem Weg nach Grein. Aber dort regnete es auch, und wir machten nicht fest. Wir fuhren zwanzig Kilometer nach Ybbs und legten dort für die Nacht an. In Grein und in Ybbs gibt es Anlegepontons, wieder mit viel Wassertiefe und beachtlicher Strömung. Man beachte, dass es bei Abwinden, km 2121, eine Schleuse gibt, die auf keiner Karte eingezeichnet war.

Der Steg, an dem wir festmachten, gehört einer privaten Fährgesellschaft, er wird aber nur in der Sommersaison zwischen dem 1. Mai und 30. September benutzt. In diesen Sommermonaten kann man sich mit einem kleinen Schiff auf drei Arten einen Landeplatz sichern: Als erstes kann man an einem Ponton festmachen, so wie wir, aber man muss jederzeit (Tag und Nacht) bereit sein abzulegen, wenn die Fähre in Sicht kommt und muss dann im Fluss draußen warten, bis sie wieder ablegt. Zweitens kann man sich einen alternativen Liegeplatz suchen, weit außerhalb der Stadt und dann mit dem Beiboot einkaufen gehen. Drittens kann man mit einer langen Vorleine am Steg festmachen. Man muss sich gut von der Verankerung und den Stahltrossen des Pontons frei halten, dicken fettigen Dingern, und dann in die Strömung unterhalb des Stegs hängen, wo das Schiff von den am Ruder zerrenden Wirbeln hin und her gerissen wird. Diese Methode ist nur erfolgreich, wenn man einen Warpanker achteraus platziert, der das Schiff einigermaßen an Ort und Stelle hält. Oder man kann noch eine weitere Achterleine zum Land hin ausbringen, die das Schiff fixiert. Aber der Ort, an dem man die Leine an Land festmachen kann, ist weit vom Schiff entfernt und zieht die Vandalen nach der Sperrstunde förmlich an. Bevor sich die Stadtväter an der Donau dazu entschließen, spezielle Stegs für vorbeikommende Yachten bereit zu stellen, ist es immer noch das Beste, in einen nahe gelegenen Yachtclub einzulaufen, jedenfalls in Deutschland und in Österreich. Aber oft sind die Clubs meilenweit von einer Stadt entfernt.

In Ybbs ging ich zum ersten Mal in Österreich an Land. Das sagt etwas über die Schwierigkeiten aus, die ein Behinderter beim Bootfahren hat. Es ist nicht die Navigation, die auf See oder auf einem Fluss Schwierigkeiten macht, sondern es sind die Navigationskünste, die man anwenden muss, um seinen eigenen Körper an Land zu bekommen. Allein auf den Kai hinauf zu kommen, ist manchmal schon ein artistisches Kunststück. In Ybbs goss es in Strömen, und die Nacht war so schwarz wie eine Bibel, aber auf der anderen Seite gab es eine hell erleuchtete Kneipe, nur hundert Meter neben dem Schiff. Ich musste nur über den Kahn zwischen uns und dem Ponton hinüber, dann eineinhalb Meter von dem Kahn auf den Ponton, dann durch dreißig Meter Schlamm und aufgebrochene Betonplatten, dann über siebzig Meter schlüpfriges Kopfsteinpflaster … und dann … gab es nur Getränke in dem Schuppen, der Koch hatte an diesem Abend frei!

Also zurück. Thomas und ich überwanden wieder den Hindernisparcours und kamen an Bord von *Outward Leg*. Wir aßen Doseneintopf und Fertigreis. Schnaps und das Ständig-auf-Achse-Sein vertragen sich nicht.

Am nächsten Tag fuhren wir bei nachlassendem Regen fröhlich auf der Donau weiter nach Tulln. Wir legten die Strecke von etwa einhundert Kilometer in zwölf Stunden zurück. Die Strömung schwankte von null (oberhalb der Schleusen) bis drei Knoten (unterhalb der Schleusen). Das gibt eine Vorstellung davon, wie diese riesigen Schleusen die gute alte Donau in Schach halten. Die Tiefe des Fahrwassers schwankte zwischen fünf und zwei Meter, wobei der Fluss leichtes Hochwasser hatte.

Auf der Reise nach Tulln sahen wir viele schöne alte Kirchen und Burgen, die spektakulärste davon bei Dürnstein (km 2008). Dabei war die Geschwindigkeit, mit der wir daran vorbeizogen, noch dramatischer als der Anblick des Gemäuers. Sobald wir um die Kehre vor der alten Burg herum kamen, schnappte die Donau *Outward Leg* und spülte sie in drei Minuten die nächsten eineinhalb Kilometer hinunter. Das Fahrwasser zwischen den gut gekennzeichneten Kiesbänken verengt sich auf dreißig Meter, und das gesammelte Wasser von halb Zentraleuropa zwängt sich durch diesen Katarakt hindurch. Als das Schiff plötzlich beschleunigte, fiel ich fast im Cockpit um. Ich machte eine Wende, mit dem Bug stromaufwärts, damit Thomas die Burg fotografieren konnte. Aber als *Outward Leg* endlich gegen den Strom stand, schob es uns trotz Vollgas mit fünf Knoten flussabwärts. Schnell und mit ein wenig Glück drehte ich *Outward Leg* wieder um und hielt die schwierige Balance zwischen den unmoralischen Absichten der Donau und unserem eigenen Willen.

Am nächsten Tag erlebten wir einen halben Sturm, der den Fluss herunter kam und von achtern her auf uns einwirkte. Wir rasten mit der Strömung, dem Wind und der unter Vollgas laufenden Maschine in Richtung Wien. Man hatte uns eine Nachricht zukommen lassen, dass der Bürgermeister von Wien uns eingeladen hatte und uns einen Liegeplatz zur Verfügung stellen würde, am Schwedenplatz, direkt in der Innenstadt, nur einen Kilometer vom Opernhaus entfernt.

Alle Schleusenwärter schienen über unsere Ankunft informiert zu sein, alle riefen uns zu. Wir schossen in die letzte Schleuse oberhalb von Wien hinein wie eine Katze auf der Flucht. Wir konnten überhaupt nichts unternehmen, selbst unter ausgekuppelter Maschine schob der Wind unser breites Heck mit guten fünf Knoten in die Schleuse hinein und dann dreihundert Meter weiter. Thomas hatte jetzt viel Erfahrung mit der Schleusenarbeit, er erledigte sie gekonnt. Aber ich betete am Rad und gab im Rückwärtsgang Vollgas … stoppen sollte sie! Thomas gelang es, die Heckleine um den letzten Poller der Schleuse herum zu werfen, knapp vor dem unteren Tor. *Outward Leg* kam mit einem gewaltigen Ruck zum Stillstand, sie war nur noch fünf Meter vom Tor entfernt.

Vor Wien kam die Flusspolizei längsseits und eskortierte uns in den Donaukanal, der direkt in die Stadt hinein führt. Er verfehlt das Stadtzentrum nur um fünfhundert Meter. Normalerweise dürfen nur besondere Schiffe mit einer besonderen Genehmigung den Donaukanal in Wien befahren, wir waren sehr geehrt, als erstes Ozeanschiff in diese zweitausend Jahre alte Stadt einlaufen zu dürfen – bis in die Innenstadt hinein.

Es war harte Arbeit, *Outward Leg* zum Schwedenplatz zu bringen. Die Strömung im Kanal betrug sicher sechs Knoten, und der Kanal war nur etwa dreißig Meter breit. Irgendwie gelang es mir, das Schiff in dem engen Raum und der starken Strömung umzudrehen, nachdem uns das Polizeiboot unseren Liegeplatz gezeigt hatte. Aber der Schwimmer an Backbord bekam einige Kratzer ab, doch ich dachte, die Ehre hier zu sein, war das allemal wert.

Die erste Nachricht, die wir an unserem neuen Liegeplatz erhielten, kam von Sepp Schultz, einem Kunstprofessor an der Universität Wien.

»Möchten Sie an einem Gottesdienst mit dem weltberühmten Knabenchor teilnehmen? Dürften die Chorknaben vielleicht im Gegenzug *Outward Leg* besichtigen?«

Wir schickten den Zettel mit der Nachricht zurück: »Ja – und nochmals ja – jederzeit!«

16 Vom Paradies in die Hölle

Outward Legs Liegeplatz im Donaukanal lag etwa fünfzig Meter unterhalb der Schwedenbrücke. In dem ganzen Kanal, der sich immerhin zwölf Kilometer durch die Stadt zieht, gab es nicht mehr als sechs andere Schiffe. Das waren ein kleiner Kiesbagger, ein paar Touristenschiffe und ein Polizeiboot. An der Schwedenbrücke ist der Kanal etwa dreißig Meter breit, und die Strömung ist selbst bei Niedrigwasser in der Donau sehr stark. Als wir in Wien waren, sank sie nie unter fünf Knoten, und manchmal betrug sie sieben Knoten oder mehr.

In der Innenstadt verläuft der Kanal unter den Straßen, durch kleine Parks, selbst unter hohen Gebäuden aus dem letzten Jahrhundert hindurch. Die Kanalufer sind ruhig und friedlich, aber hinter den hohen Mauern röhren die Autos mit ohrenbetäubendem Lärm vorbei, besonders in der Hauptverkehrszeit. Die vorbeirauschenden Autos, Lastwagen und die klappernden Straßenbahnen machten eine normale Unterhaltung an Bord fast unmöglich.

Der Liegeplatz am Uranakai war bei Tag und Nacht sicher. Unter den Hunderten von Passanten gab es einige Penner, aber selbst die flaschenbeladenen Mäntel, die sie trugen, waren ordentlich geflickt und ihre Schuhe sauber. Sie verbreiteten eine freundliche Atmosphäre von Ausschweifung und strahlten eine nicht unangenehme Heruntergekommenheit aus. Sie hatten, so schien es mir, eine großartige Vergangenheit gehabt, die sie zwar möglicherweise bewusst vergessen wollten, die aber in ihrem Inneren fest verankert schien und sie nicht loslassen wollte.

Die meiste Zeit konnte ich kein Wort verstehen von dem, was die Vorbeigehenden sagten. Mit meinen primitiven Deutschkenntnissen war der Wiener Dialekt jenseits meiner Auffassungskraft. Aber Thomas konnte sie mit einiger Mühe verstehen, und es schien, dass sie uns Glück wünschten.

Am Nachmittag kam eine Gruppe Schulkinder vorbei, mit ihren Ranzen und Fahrrädern. Sie waren eine ausgelassene, lustige und laute Ras-

selbande. Ein paar von ihren nutzen die Gelegenheit unserer Besuchs-
stunde und kamen an Bord. Auf dem Schiff waren die Wiener Kinder so
wohlerzogen, höflich und brav, wie ich es bei Kindern noch nie erlebt
hatte.

Am Abend gingen wir gewöhnlich an Land, falls der Regen ein wenig
nachließ. Wenn wir dann an Bord zurückkehrten, war der Kai ein Ort für
verliebte Pärchen. Sie waren überall, hinter den Bäumen, in dunklen
Torbögen, auf dem Ponton des Ausflugsschiffs. Einmal fanden wir sogar
einen jungen Mann in inniger Umarmung mit seiner Freundin in unserem Cockpit. Zuerst war ich nervös, aber sie waren harmlos, sie wollten
einfach ein wenig Wärme austauschen, einander nahe sein. Also legten
wir keine Beschwerde ein, wer will schon Liebende stören?

Die meiste Zeit, bei Tag und bei Nacht, sahen wir auch kleine Gruppen von Männern, die in dunklen Ecken tranken. Aber sie schienen
Outward Leg eher zu bewachen als zu gefährden. In Wien schliefen wir
jede Nacht sehr gut.

Sepp Schultz hatte über das World Trade Centre in London von *Outward Leg* gehört, und er nahm uns während unseres Aufenthalts in
Wien unter seine Fittiche. Sepp war ein richtiger Bonvivant und ein sehr
menschlicher Mann. Er führte uns in die Geheimnisse des guten Essens
und Trinkens in den versteckten *Heurigen* oder den oft riesigen Wein-
stuben in den Weinbergen rund um die Stadt ein. Er gab uns auch den
Schlüssel zu einer kleinen Wohnung in der Stadt, wo wir heiß duschen
und uns ausruhen konnten. Wie sehr selten in meinem Reiseleben, war
ich in einer zivilisierten Stadt, mein Schiff war gut und sicher festgemacht
– und ich war sauber!

Der beste Liegeplatz für einen einbeinigen Reisenden ist natürlich in
Nähe des Zentrums einer Stadt, bei den öffentlichen Transportsystemen.
Mit einem Schiff ist das nur in ganz wenigen Städten möglich, aber in al-
len drei Hauptstädten an der Donau, wie wir sehen werden.

Für meine Behinderung hatte ich in Wien einen perfekten Liegeplatz
gefunden, jetzt wollte ich das Verkehrssystem erkunden, es zuerst finden
und dann ausprobieren. In ein paar Stunden wurde ich von der Wiener
U-Bahn, dem saubersten, effektivsten und angenehmsten Verkehrssystem der Welt, blitzschnell durch die Stadt bewegt. Zuerst ging ich zusammen mit Thomas auf Erkundung der schwierigen Stellen, wie etwa
steile Rolltreppen und Tunnel, später bewerkstelligte ich das alleine. Kein

einziger Mensch bot mir mitleidig seine Hilfe an – nicht, dass ich sie gewollt hätte. Im Gegenteil, für mich war es jedes Mal ein persönlicher Triumph, wenn ich alleine, aus eigener Kraft eine Reise durch die Stadt unternahm. In der Nähe des Schiffs war das etwas ganz anderes. Jedes Mal, wenn ich mich verrenkte, um an Land oder an Bord zu kommen, eilten Leute herbei, um mir zu helfen. Aber ich wollte keine Hilfe annehmen, meist sagte ich: »Bitte nicht, es geht mir gut. Ich trainiere für die Olympiade, bin ins walisische Hochsprungteam aufgenommen worden.« Die Wiener lachten dann laut, ihr Sinn für Humor schien ausgeprägter zu sein als der der Deutschen.

Ich reiste durch ganz Wien, vom Nordbahnhof zum Südbahnhof und zu jedem Fleck dazwischen. Zusammen mit Thomas besuchte ich den Prater, und wir fuhren mit dem Riesenrad, das durch Graham Greenes »Der dritte Mann« so berühmt wurde. Wir gingen auch zur Oper, konnten uns aber keine Eintrittskarten leisten. Aber zumindest hatten wir das Gebäude gesehen, und, wie das gute Seeleute machen, stellten wir uns die Aufführung im Geiste vor. Doch wir waren bei einem Konzert der Wiener Sängerknaben dabei, ihr Gesang hatte meine Ohren so hoch in den Himmel gehoben, wie das nur möglich war. Jede Oper hätte danach flach geklungen, für mich jedenfalls. Auf der Kärntnerstrasse fanden wir einen billige Pinte, wo wir »Fisch und Chips« aßen. Dort verbrachten wir den ganzen Abend, beobachteten die Passanten und hörten der Musik der Straßenmusikanten zu.

Sehr oft erinnerte mich Wien plötzlich an New York, an fast jeder Ecke gab es ein Delikatessengeschäft. Aber irgendetwas fehlte, und es dauerte einige Tage, bis mir einfiel, was es war. Es gab keine Juden; es war, als ob Geister durch die Straßen gingen, als ob jeder Mann, jede Frau und jedes Kind in Wien ein himmlisches Alter Ego hätte, das mit ihm, neben ihm ging, aber vergangen war, für immer abwesend. Ihr Platz kann niemals eingenommen werden von den Indern, die inzwischen den Großteil des Straßenhandels beherrschen. Das Werk ist vollbracht, aber die Geister bleiben.

Outward Leg blieb neunzehn Tage im Herzen von Wien festgemacht. Es gab einen praktischen Grund für diesen Aufenthalt: Ich wartete auf das Geld für meine Artikel. Insgesamt waren das um die 500 Dollar, dann hätten wir mit dem verbliebenen Rest in meiner Tasche 600, ein kleines Vermögen! Das müsste dann für den Rest der Reise bis ins

Schwarze Meer ausreichen, ganze 1930 Kilometer auf der Donau. Vielleicht würde auch in Belgrad noch etwas hinzukommen, aber das war nur so eine Hoffnung von mir. In Wirklichkeit hätten wir erst wieder in Istanbul etwas zu erwarten, mit den 600 Dollar mussten wir Diesel kaufen, uns ernähren und Einklarierungsgebühren in 6 Ländern bezahlen. Wir konnten nur den Sprung ins Ungewisse wagen oder länger in Wien bleiben, als wir erwünscht waren, was kein guter Gast tut.

Es gab jedoch noch zwei weitere Gründe für die Verzögerung. Wir mussten Visa für die Tschechoslowakei und für Ungarn beantragen. Diese bekamen wir mit Sepps Hilfe relativ schnell und einfach, obwohl wir einige Tage in den düsteren Konsulaten voller Riesen, Zwerge und anderen komischen Gestalten herumhängen mussten, bewacht von Männern, die mehr wie Türsteher eines Strippschuppens in Soho aussahen.

Der zweite Grund lag mir am Herzen: *Der 1. Mai stand bevor.*

Die Kelten waren in den Zeiten ihrer Vorherrschaft auch bis ins Donautal vorgedrungen, lange vor den Römern, den Teutonen und den Slawen. Und der 1. Mai war ihr traditioneller Freudentag, die Erwartung des Sommers. Die Burschen und Mädchen tanzten damals um das Phallussymbol des Maibaums herum, wie man das heute noch an der Donau tut. In der nachfolgenden christlichen Religion wurde der 1. Mai der Tag von St. Josef dem Zimmermann. Er wurde ein Symbol für die Männer, die mit den Händen arbeiteten. Inzwischen hatten einige andere Genossen Anleihen an den 1. Mai genommen, insbesondere an der mittleren und unteren Donau. Der 1. Mai war jetzt für die weltweiten Paraden der Arbeiter reserviert, zu denen selbstverständlich auch die Decksmatrosen auf kleinen Ozeanschiffen und ärmliche, umherwandernde und schreibende Skipper gehörten.

Was gäbe es für einen besseren Tag, um die (Sowjetische) Tschechische Sozialistische Republik mit einem in den USA registrierten Schiff anzulaufen, unter der Flagge von George Washington, Thomas Jefferson und Abraham Lincoln? Die waren nämlich alle drei Christen keltischer Abstammung und hatten in ihrer Zeit für die Menschenrechte gekämpft.

Daneben hatte *Outward Leg* außerdem die Flagge der britischen Handelsmarine gesetzt, unter der so viele Väter britischer Arbeiter bei ihrem Einsatz für die Gleichbehandlung aller Menschen gestorben waren. Dann gab es da noch den roten Drachen von Wales – wer will schon den

Walisern beibringen, wie man für die Arbeiter kämpft? Und der bayerische Stander flatterte auf *Outward Leg* für ihren Matrosen und für das, was er außer den Klamotten, die er am Leibe trug, noch besaß. Dann war da noch der Wimpel der Royal Naval Sailing Association, einer der ältesten Kampftruppen der Welt, die in ihrem Jahrhundert im Kampf gegen den Sklavenhandel Tausende Männer verloren hatte. Dabei sind die Männer, die im Zweiten Weltkrieg mitgeholfen hatten, Mütterchen Russland von der Invasion der Nazis zu befreien, noch nicht einmal mitgerechnet.

»Außerdem«, sagte ich zu Thomas, der mit großen Augen zuhörte, »wird die Aufmerksamkeit der tschechischen Polizei wahrscheinlich durch den Feiertagsmumpitz abgelenkt sein, und wir können leise über die Grenze schleichen, und dann weitere zweihundert Kilometer die Donau runter, bis sie endlich merken, was passiert, verstehst du?«

Methodisch und sensibel, wie Thomas war, verstand er es natürlich nicht, aber für mich klang es gut. Also machten wir unseren Plan.

Das Erste war, *Outward Leg* wieder in die Donau zu bringen. Das erschien zunächst einfach, aber bei dem Strom von sechs Knoten im Kanal und den vielen Engstellen war es nicht einfach, das Schiff zu wenden. Außerdem blies ein scharfer Westwind in Fahrtrichtung. Ich machte Skizzen von allen möglichen Manövern und berücksichtigte Warpanker und sogar das Polizeiboot. Ich dachte sogar über einen Rückwärtskurs nach, das heißt mit dem Heck zuerst – sieben Kilometer den Kanal hinunter bis zur Donau unterhalb von Wien.

In der letzten Aprilwoche regnete es stark, der Pegel der Donau stieg an, und damit die Strömung, es gab Hochwasser. Dazu blies ein scharfer, kalter Wind, der direkt von den eisigen Alpengipfeln herunter zu kommen schien und uns Schneeflocken ins Gesicht blies. Am 24. April schneite es sogar ein paar Stunden lang.

Am 30. April sah es so aus, als würde mein Plan für den 1. Mai durch das Wetter und die Strömung zunichte gemacht. Aber am Tag der Arbeit legte sich der Wind ganz früh am Morgen, gerade genug, um *Outward Leg* zu erlauben, die sechs Kilometer gegen die Strömung nach Nussdorf hinauf zu kommen. Trotzdem brauchten wir fünf Stunden, es war fast Mittag, als wir endlich wieder auf der Donau waren. Die war durch die stetigen Regenfälle der letzten Wochen gestärkt und rollte stilvoll dahin. Sobald ich *Outward Leg* in den Strom hinaus gebracht hatte, wurde sie gepackt und wie ein Badewannenspielzeug aus Plastik mit fünfzehn Knoten flussabwärts gespült. Ich nahm die Yanmar-Maschine zurück und ließ sie nur mitlaufen, um steuern zu können. Unser Schiff wurde von der geilen Donau voran gebracht, die mit zwölf Knoten an ihrem Unterleib herumspielte. Wir schossen von Wien weg, unter den Brücken hindurch, der Schnellbahnbrücke, der Reichsbrücke (über die einst Hitler gekommen war, die dann 1972 zusammengebrochen und danach wieder originalgetreu aufgebaut worden war) und der Praterbrücke. Dann waren wir endlich aus dem Brückengewirr heraus und sahen die langen Reihen von Schiffen im Donauhafen von Wien. Schon wie vorher unter den Brücken spielten wir »Lochaber Gathering« (Zusammenkunft in Lochaber) und »The big Spree« (Das große Zechen), und Mr. McPhersons Dudelsack gab sein Bestes, während uns die Leute von überall aus zuwinkten –, auch die Mannschaften der Schiffe aus Österreich, der Tschechoslowakei, aus Bulgarien und Russland. Sie schienen uns alle zu kennen, sie wussten, dass es *Outward Leg* war, die an ihnen vorbei zog, auf ihrem Weg ins Schwarze Meer – und zum Teufel mit den Pessimisten!

Bei Flusskilometer 1902 führt eine kleine Einfahrt von der Donau weg. Hier hat der Wiener Yachtklub seine Residenz. Als wir dort vorbeizischten, sahen wir, dass fast all die kleinen Schiffe und Yachten noch auf dem Trockenen lagen, aber am Ufer wimmelte es vor Menschen, die uns zujubelten. *Outward Leg* wurde von der Donau mit einem Dutzend Knoten vorbei geschoben, in Richtung Deutsch-Altenburg, das etwa drei Kilometer flussabwärts liegt. Der Ponton des Zolls für Schiffe in beiden Richtungen lag vor Hainburg, der letzten Stadt in Österreich, nur 38 Kilometer von Wien entfernt.

Die beiden Zollbeamten in Hainburg sahen aus wie aus einer Bühnenproduktion von »Der Bettelstudent«. Wenn die Zollinspektoren besonders malerisch aussehen, kann man fast riechen, dass es Ärger geben wird. Aber ich behielt die zwei älteren Herren in sehr guter Erinnerung, bis hinab nach Istanbul. Sie stempelten einfach unsere Pässe im Regen und wünschten uns »Lebewohl«.

Unterhalb von Hainburg dampften die Ufer vor Feuchtigkeit, aber die Landschaft war friedvoll. Angler, manchmal alleine, manchmal in Gruppen, saßen schweigend am Ufer und meditierten über Gottes Natur und den Platz des Menschen darin. Ab und zu sah man eine Familie in ihrem Auto sitzen, das am Ufer geparkt war. Gegen den Nieselregen hatten sie die Scheibenwischer eingeschaltet und beobachteten vom Trockenen aus den Schiffsverkehr auf dem Fluss.

»Schiffsverkehr?« – mir wurde schlagartig klar, dass wir das einzige Fahrzeug auf der Donau waren! Ich klopfte mir mit einer nassen Faust auf die nasse Stirn. Wieder und wieder schaute ich nach vorne und achtern auf den leeren Fluss.

»Mein Gott«, murmelte ich zu Thomas.

»Was ist los?«

»Heute ist Feiertag!«

»Ja, natürlich, aber du hast ja gesagt, dass du deswegen heute in die Tschechoslowakei wolltest, dann würde uns keiner bemerken.«

»Aber in Österreich ist heute auch Feiertag, in Deutschland, in Rumänien, in Bulgarien … und wir sind das einzige … verdammte … Schiff, das unterwegs ist!«

Von den Österreichern wussten wir, dass die Grenze ein wunder Punkt war, die tschechischen Grenzer hatten auf mehrere ihrer Landsleute geschossen, und in dem verminten Grenzstreifen hatte man Selbstschusseinrichtungen montiert. Wir wussten auch, dass überall entlang des Eisernen Vorhangs junge Soldaten des Ostblocks standen, bewaffnet bis an die Zähne, um ihr Land zu bewachen – nicht vor Eindringlingen aus dem Westen, nein, sondern um zu verhindern, dass ihre eigenen Leute aus einem politischen System abhauen konnten, das sie als unerträglich empfanden.

Als *Outward Leg* sich dem Eisernen Vorhang näherte, kamen die Tschechen gar nicht daran vorbei, unsere Ankunft wahrzunehmen. Auf der ganzen Donaustrecke zwischen Regensburg und dem Schwarzen Meer war sie das einzige Fahrzeug, das nicht am Ufer festgemacht hatte, vor Anker lag oder abgesoffen war. Außerdem waren wir ziemlich auffällig mit unserer amerikanischen Nationalen, und die britischen, walisischen und bayerischen Flaggen wehten im Wind. Dann wurde mir alles klar – kein Wunder hatten die Mannschaften wie wild herumgefuchtelt, deshalb hatten die Leute beim Yachtklub geschrien und gerufen, jetzt war klar, warum nur die Reservemannschaft auf dem Zollponton war und warum die beiden uns so fröhlich aus ihrem Land entlassen hatten. *Outward Leg* war das Einzige, das sich auf dem Fluss irgendwie bewegte, sonst gab es keine anderen Fahrzeuge, Schiffe, Boote, Yachten, Einbäume oder Flöße auf der Donau. *Outward Leg* war so etwas wie ein Dorn im Auge, ein Ärgernis. Und es war zu spät, um gegen den Strom nach Österreich zurückzukehren.

Ich sah einen breiten schwarzen Streifen vergewaltigter Erde, der direkt über die nahen Hügel hinweg führte und einen hohen Zaun. Das war unverkennbar der Eiserne Vorhang! Und wir wurden von den rauschenden Wassern, die aus dem halben Zentraleuropa in die See wollten, unaufhaltsam auf ihn zu gedrückt. Wir hatten keine freie Entscheidung mehr, wir schossen schnell und unaufhaltsam darauf zu und in den Ostblock hinein.

Während ich noch gedankenvoll auf den Todesstreifen starrte, bemerkte ich einen großen Wachturm zwischen den Bäumen auf der tschechischen Seite des bei km 1880 einmündenden Flusses March. Ich schnappte mir das Fernglas und schaute hinüber. Ich wischte zweimal die Linsen, starrte wieder, und murmelte: »Mein Gott …, das glaub' ich nicht … das kann ja gar nicht sein … ich trau meinen Augen nicht!«

17 Die Pranke des Bären

Selbst ein Ochse auf einem Bauernhof des Westens weiß, dass man beim Abwärtsfahren am unteren Ende einer Rolltreppe, sagen wir in einem großen Kaufhaus, besser nicht umkehrt, sondern weiter geht, wenn man eine Katastrophe vermeiden will. Mit einem kleinen Schiff auf einem schnell dahin fließenden Strom ist das ganz ähnlich. Wenn man sich einem Ort nähert, an dem man anlegen will, muss man sehr frühzeitig die entsprechenden Manöver einleiten, nicht erst, wenn der Ort bereits querab liegt.

Auf der Donau, wo die Strömung gewöhnlich sechs Knoten beträgt, bedeutete das, dass wir auf *Outward Leg* üblicherweise etwa sechshundert Meter oberhalb einer Anlegestelle eine Drehung einleiteten. Ich muss das besonders hervorheben, denn um die Schilderungen der weiteren Ereignisse zu verstehen, muss man das genau begriffen haben.

Hat man das erst einmal kapiert, dann kann man erkennen, was mit *Outward Leg* passierte, als sie mit der Strömung in das Paradies der Arbeiter und Bauern, sprich in die sowjetisch ausgerichtete Sozialistische Republik der Tschechoslowakei, hinein geschoben wurde.

Was ich gerade gesehen hatte, was mich nach den friedlichen Landschaften in Deutschland und Österreich innerlich aufgewühlt hatte, stand in starkem Kontrast dazu. Oben auf dem gelbgrün angestrichenen Wachturm, es war eine Farbe wie Babykacke in der Windel, standen vier Soldaten in Uniformen mit der gleichen Farbe. Jeder von ihnen zielte mit einem Maschinengewehr exakt auf *Outward Leg*, die Mündungen folgten uns auf dem Weg flussabwärts. Unterhalb des Turms rannte eine Gruppe in Khakiuniformen zu einem Bunker an der Basis. Alle trugen Maschinenpistolen in den Händen.

Ich blickte einen Augenblick lang hinüber auf die österreichische Seite der Donau; im nachlassenden Regen konnte ich deutlich die Angler sehen, die auf einen Biss warteten. Auf der westlichen Seite der Grenze sah ich auch eine Zigeunerfamilie sitzen, die unter einer ehemals roten

Plastikplane Schutz vor dem Regen gesucht hatte, jetzt war die an der
Seite eines Lastwagens festgezurrte Plane verwaschen und grau.

Ich richtete meinen Blick wieder auf die tschechische Seite, wollte
meine ersten Beobachtungen nochmals überprüfen. Die Soldaten waren jetzt allesamt in Stellung gegangen, um ihr Heimatland gegen die
Gefahr zu verteidigen, die von dem vorrückenden kleinen Ozeanschiff
mit seiner Besatzung, bestehend aus einem dünnen kurzsichtigen
Leichtmatrosen mit Brille und einem einbeinigen Skipper von sechzig
Jahren, ausging.

Ich entschloss mich dazu, Thomas unter Deck zu schicken. Wenn wir
am Turm vorbeikämen, sollte er unten sein. Ich wusste nicht, wie er reagieren würde, wenn er das zu sehen bekam, was ich durch das Fernglas
hatte ausmachen können. Ich dachte, manche Jungs könnten beim Anblick von vier zielenden Maschinengewehren und zehn Kalaschnikows
vielleicht nervös werden.

Thomas ging runter und setzte den Teekessel auf. Ich sah zwei kleine
Schnellboote, die mit Vollgas auf uns zu liefen. Sie waren etwa 18 Fuß
(6 m) lang, grau gestrichen, und mussten sehr starke Maschinen haben.
Sie liefen bestimmt mit zehn Knoten Fahrt trotz der sechs Knoten Strömung auf der Donau. Mit einem Auge beobachtete ich den Wachturm,
der jetzt schnell an Backbord vorbeizog, mit dem anderen Auge achtete
ich auf die Wirbel in der Strömung und mit dem dritten auf die heran-
schießenden Schnellboote. Ganz richtig – es ist erstaunlich, über wie viel
Augen man verfügt, wenn man den Eisernen Vorhang durchquert. Während *Outward Leg* mit neun Knoten über Grund lief, wartete ich auf das,
was kommen würde.

Was kam, stellte sich als zwei Gruppen kleiner Schiffsjungen heraus,
sieben in jedem Boot. Sie hatten grüne Deckel auf ihren Kadettenmüt-
zen und grüne Kragen an den Uniformen, und sie unterschieden sich
untereinander kaum, mit Ausnahme der Steuermänner, die richteten
nämlich beide ihre Kalaschnikows auf mich. Ich konnte kaum meinen
Augen trauen, als sie näher und näher kamen. Die meisten der Kindersoldaten hatten Gesichter wie Engel, aber sie blickten düster drein, etwa
so wie kleine Buben, denen man ein weiteres Stück Schokolade vorent-
hält und die nicht mit den Füßen stampfen dürfen, weil der Onkel zu Besuch ist. Sie sahen mich düster an, und zwei richteten ihre Gewehre auf
mich.

Als sie ihre Geschwindigkeit drosselten und neben uns auf und ab wippten, hob einer der Grünkappen seinen Kopf über die anderen heraus und brüllte. Sein Schiff war inzwischen hinter unserem Heck herum gelaufen und schaukelte jetzt an Steuerbord. Das andere Schiff bezog Position an Backbord. Der Seekadett, der aufgestanden war, um zu brüllen, schien etwas höher in der Rangordnung zu stehen, irgendwo zwischen dem Untersten und Herrn Gorbatschow. Ich konnte nicht sagen, ob er der Kommandant war, er war kaum alt genug, um sich selbst zu kommandieren. Ich blickte auf den pubertären Schreihals. Er wiederholte sein Gebrüll und hielt zwei Finger in die Luft. Zuerst dachte ich, dass dies ein Zeichen des Willkommens wäre, oder eine Art Siegeszeichen, also machte ich es nach, obwohl ich wusste, dass die Leute von der Solidarnosc, die solche Zeichen machten, weit weg entfernt im Norden, in Polen, waren.

Der Gruppenführer mit seiner Mannschaft aus Heranwachsenden machte sofort eine Faust und schüttelte sie in meine Richtung. Ich zeigte mit den Händen nach außen und wollte ihm damit klar machen, dass ich ihn nicht verstand. Der Lärm der Maschinen auf den Schnellbooten war ausgesprochen laut. Der Junge erinnerte mich mit seiner hohen Stimme an einen der Chorknaben in Wien, aber er hob seine Kalaschnikow in Schulterhöhe und zielte auf mich. Gerade in diesem Moment steckte Thomas seinen Kopf aus dem Niedergang. Sobald er Thomas entdeckte, schwang der Chorknabe seine Maschinenpistole herum und zielte auf den Kopf meines Matrosen. Als Thomas diese Ansammlung von bis an die Zähne bewaffneten Kindern sah, fiel er fast den Niedergang hinunter in die Kombüse.

»Sprich zu diesen Kerlen in Deutsch, Thomas! Geh hinüber auf den Schwimmer, aber ganz langsam!« Ich fiel ins Spanische: »Andaremos con pies de plumo«, aber dann wurde mir klar, dass Thomas das nicht verstand. »Lauf' wie auf Federn!«, rief ich in Englisch.

»Was wollt Ihr?«, brüllte Thomas jetzt. Seine dünne Stimme verhallte im Wind. Aber ich dachte, seine Stimme war nicht nur vom Wind so dünn, die vielen Maschinenpistolen, die auf seinen Bauch zielten, hatten bestimmt auch ihren Anteil daran.

Das Gesicht des Chorknaben verdüsterte sich wieder, dann zeigte er mit dem Daumen flussabwärts, immer wieder schüttelte er wütend den Daumen und den ganzen Arm.

Thomas drehte sich zu mir um. »Keiner spricht deutsch, sie wollen, dass wir ihm flussabwärts folgen«, sagte mein treuer Matrose. Wie immer übersetzte er präzise und wortgetreu.

»Frag' ob jemand englisch spricht«, rief ich, während ich steuerte. Thomas rief: »Sprechen Sie englisch?« oder so etwas Ähnliches. Aber die Antwort bestand nur aus kalten Blicken. Thomas kam zu mir herüber. »Wir müssen ihnen folgen, mit dieser Geschwindigkeit, ihnen nachfahren.«

»Also gut!«, sagte ich zu ihm. Die Donau lief ohnehin mit sechs Knoten, ich konnte gar nichts anderes tun, als mit »dieser Geschwindigkeit« flussabwärts zu steuern. Und so lief *Outward Leg* weiter, wie eine elegante Lady, die von zwei Zuhältern im Hafen angemacht wird. Sie wackelte ab und zu mit dem Po, wenn die gute alte Donau sie leicht zwickte, und so wurde sie in die große proletarische Zukunft geleitet, um zu erfahren, ob diese funktionierte oder nicht.

Bevor wir den Zollstützpunkt bei Karlova Ves erreichten, passierten wir die kleine Stadt Devin, direkt hinter der Grenze. Wir liefen unter guter Geschwindigkeit weiter, der Regen wurde heftiger und die Farben um uns herum verblassten. Das hatte durchaus nichts mit politischer Ideologie zu tun, es war einfach eine Tatsache, je weiter wir uns in die C.S.S.R. hinein bewegten, umso mehr verschwanden die Farben, selbst die Landschaft wurde flach und trist. Als wir dem Wachturm und dem Stacheldrahtzaun näher gekommen waren, neben diesem hässlichen Streifen aus platt gewalzter Erde, kahl und öde, war die ganze Welt um uns herum farblos geworden. Alles war jetzt grau in grau. Die Bäume, die Häuser, Erde und Himmel, die Pflanzen, mein Gott, selbst die wenigen Blumen, die man sah, waren grau. In den nächsten drei Tagen fragte ich mich immer wieder, wer im Namen der Menschlichkeit dafür verantwortlich war.

Ich eile den Ereignissen voraus, aber es sollte eine Vorbereitung auf das sein, was uns in der Tschechoslowakei erwartete. Die Farben verschwanden nicht langsam von der Bildfläche, sondern urplötzlich, als wären wir in ein anderes Universum eingelaufen, vom Sonnenschein in den Schatten. Ich fühlte mich schlagartig von dem jetzt falsch wirkenden Reich der Farben abgetrennt, in etwas anderes hinein geschoben, etwas das kalt und grau war, unheilvoll, das scheinbar gärte von Boshaftigkeit, das voller Angriffslust war, und das selbst die Existenz der unsterblichen

Menschenseele infrage stellte; etwas, das für seinen eigenen Machtanspruch nicht davor zurückschreckte, die ewigen Werte von Glaube, Hoffnung und Liebe zu verändern und zu zerstören.

Devin war von der Donau durch einen zwei Meter hohen rostigen Stacheldrahtzaun abgeschnitten, an dem Fetzen von Stoff und Papier hingen. Hinter diesen im Wind flatternden Überbleibseln einer lebendigen Welt war alles grau und flach. Die Häuser, meist aus Holz erbaut, schienen zu zerfallen, alle noch vorhandene Farbe daran war grau und blätterte ab. In den Gärten vor den Häuschen wucherte nur graues Unkraut. Es war wie eine verlassene Geisterstadt, und doch lebten graue Menschen dort, denn wir konnten deutlich sehen, dass die Häuser bewohnt waren. Es waren graue Leute in den Gärten, auf den Wegen zwischen den Häuschen, aber keiner von ihnen zeigte auch nur das geringste Interesse, als sie unseren kleinen Konvoi sahen. Ich fühlte mich wie ein lebender Mann, der auf einem Leichenkarren zu seiner eigenen Beerdigung gefahren wird. Der Gesichtsausdruck der Leute war der, den ich bei Opfern von Raubüberfällen in New York gesehen hatte, er schien zu sagen: »Schaut, was sie mir angetan haben.«

Devin liegt 1879 km vom Schwarzen Meer entfernt. Die Donau legt weniger als 160 km in der Tschechoslowakei zurück, und die sind in Wirklichkeit die Pranke des russischen Bären an der oberen Donau. Das ist die Strecke, wo diese schwere Pranke direkt auf einer Arterie Europas liegt.

In den alten Tagen hatten die Raubritter ihre Burgen am Fluss gebaut und dafür viele wohlklingende Entschuldigungen gefunden. Eine davon war, dass die Burgen dazu dienten, das Hinterland vor Eindringlingen zu beschützen. Aber die Realität war damals ganz anders, als sie in manchen Geschichtsbüchern und Touristenprospekten beschrieben wird. Die Burgen dienten nämlich dazu, den Verkehr auf dem Fluss zu unterbinden, Fracht- und Handelsschiffe mussten Bestechungsgelder, sprich Wegezoll bezahlen, um an den Raubrittern vorbei zu kommen. Die einzigen noch funktionstüchtigen Raubritterburgen der Welt fand ich im Ostblock. Und die ganze Tschechoslowakei war eine einzige existierende Raubritterburg und die gewaltigste. Ihr Besitzer ist der größte aller Raubritter, damals und heute. Und er fordert nicht nur Geld, – obwohl er nicht den kleinsten Finger rührt, um seinen Nachbarn Schutz zu gewähren, raubt er Herzen und Seelen, er baut Stacheldrahtzäune um seine eigenen

Landsleute herum, um sie am Weglaufen zu hindern, während er sie brutal ausbeutet. Und dann sagt er noch, das wäre zu ihrem eigenen Schutz! Das Leben ist schön, sagt er, selbst wenn das Leben erstickt wird.

Bei Flusskilometer 1872 wurden wir von unserer frühreifen Eskorte in eine kleine Bucht eingewiesen. Der Chorknabe hatte keine Vorwarnung gegeben, und als es mir endlich gelungen war, das Schiff zu wenden und gegen die Strömung zurückzulaufen, schäumte er vor Wut. Im Inneren der Bucht bei Karlova Ves lag ein verfallener Ponton, an dem natürlich, wie überall, die Farbe abblätterte. Darauf war ein großes Schild mit der Aufschrift »Lovhaft«. Ich übersetzte das im Geiste mit »Liebeshafen«, und meine Stimmung hob sich – aber nicht für lange. Wir wurden brüsk an einen anderen Ponton gewiesen, auf dem noch mehr bewaffnete Lausbuben standen. Man machte uns fest. Zwei weitere uniformierte Grünschnäbel mit grünen Mützen lungerten über unseren Köpfen mit Kalaschnikows herum. Ich bot ihnen Tee an. Sie schnitten Grimassen und schauten weg, aber nur für kurze Zeit. Mit Zeichensprache gaben sie uns zu verstehen, dass wir auf die Offiziere warten müssten. Das machten sie, indem sie zuerst auf das Schiff zeigten, dann auf uns, und dann mit einem Finger auf ihre Schulter klopften. Später fanden wir heraus, dass dies im ganzen russischen Südostimperium das Zeichen für »Beamte« war.

Während wir im nachlassenden Regen warteten, kamen ein paar Kajaks an den Lovhaft-Steg heran. Sie wurden von jungen Männern und Frauen in T-Shirts gepaddelt. Sie sahen aus, als hätten sie viel trainiert, denn sie beherrschten ihre kleinen Boote mit Können.

Wir warteten unter dem bewachten Ponton, während unsere jugendlichen Wächter leise miteinander redeten. Plötzlich hörte ich die ersten englischen Worte hinter dem Eisernen Vorhang: »Hey Mister!«

Ich drehte mich um und sah einen rothaarigen Mann von etwa zweiundzwanzig, der bewegungslos in seinem Kajak saß. Er sah sauber und gesund aus, so wie sich viele Menschen im Westen einen Sohn wünschen würden. Auf seiner weißen Weste waren ein roter Stern und eine Sichel, zusammen mit einem Anker, zu sehen.

»Hi«, sagte ich mehr automatisch als überrascht.

»Wie viel hat dein Schiff gekostet?«, fragte er. Mit Erleichterung stellte ich fest, dass die Welt noch in Ordnung war. Wenn ein junger Mann fragt, was etwas kostet, dann möchte er es auch eines Tages haben, wenn nicht früher, und es zeigt, dass er persönliche Ambitionen hat.

»Eine Menge Schweiß hat's gekostet«, sagte ich ihm, wie vielen anderen auch.

»Du musst Millionär sein«, stellte er fest, er kam um unser Heck herum und fügte hinzu: »Ich wette, du hast auch eine Ranch in Texas!«

»Das stimmt, ganz richtig«, log ich, und dachte: »Wenn der nur wüsste …«

Dann stampfte einer der jungen Aufschneider auf den Ponton und jagte unseren englisch sprechenden Paddler davon, indem er mit der Mündung seiner Waffe winkte.

Eineinhalb Stunden mussten wir auf die Beamten warten. Was ich aus den Gebärden der Wachen und ihrem Gegrunze entnehmen konnte, war, dass es um die Eishockeyweltmeisterschaft ging, ein Spiel zwischen der C.S.S.R. und der Sowjetunion, das in Kanada ausgetragen wurde. Jedermann saß vor dem Fernseher. Glück für uns, es schien, dass die Tschechoslowakei gewonnen hatte. Als die Beamten endlich eintrafen, waren sie in verhältnismäßig guter Stimmung. Alle außer der einzigen Frau, die dabei war. Ihre Augen waren wie gekochte ehemals schwarze Johannisbeeren, sie hatte ein dickes rotes Gesicht und einen fetten Körper, sie war das unappetitlichste Weibsbild, das mir seit Jahren unter die Augen gekommen war, an Land und auf See. Sie war so schwer gebaut, dass sie es nicht schaffte, von dem Ponton herunter auf das Schiff zu klettern, sie musste sich damit zufrieden geben, mit ihren Johannisbeeraugen hinter ihrem Haarknoten und der obendrauf sitzenden Schildmütze mit rotem Stern von oben auf uns herab zu schauen. Ich hoffte innigst, dass sie das Weib nicht hergeschickt hatten, um mich zu verführen, und war erfreut, dass es technisch keinesfalls möglich war. Selbst *Outward Leg* schien sich bei ihrem Anblick zu schütteln; ich musste sanft über das Cockpitsüll streichen, um sie zu beruhigen.

Die anderen Beamten waren scheinbar Männer, es waren drei. Der Anführer oder Sprecher redete Deutsch mit Thomas und verbreitete eine lässige Atmosphäre um sich herum. Sein Schlips hing schief, und er hatte keine Mütze auf. Er war ein stattlicher Mann von etwa siebenunddreißig, er hätte von der Erscheinung her in jede westliche Bar oder Disco gepasst. Er sah wie ein Mann aus, der gerne an einem fröhlichen Dartspiel teilnimmt und den Damen Komplimente macht. Aber das war nur Tarnung; sehr schnell zeigte er seinen wahren Charakter. Schroff verlangte er unsere Pässe und rammte sie in die Tasche seiner Uniformjacke.

Einer der drei Männer war wohl das, was die Zeitungsleute als Parteibonzen bezeichnen würden. Er hatte ebenfalls eine graue Uniform an, war mittleren Alters und sah aus, als hätte früher einmal ein Feuer in dem jetzt erkalteten Herd seiner Seele gelodert. Was jetzt an ihm auffiel, war der rote Stern auf seiner Kappe.

Der dritte Mann war in Zivil gekleidet, seine Klamotten sahen aus, als wären sie in den vierziger Jahren große Mode gewesen, auf dem Flohmarkt. Dieser Kerl gab vor, kein Deutsch oder Englisch zu verstehen, aber als er durch meine Bücher und Papiere blätterte, schien er alles lesen zu können. Er war so um die fünfzig und sah wie ein Schullehrer aus.

Ich nannte die Drei im Geiste Playboy, Jack und den schielenden Knilch. Sie gingen bei der Durchsuchung unseres Hauptrumpfes sehr gründlich vor. Sie nahmen alle Sachen heraus, inspizierten sie, schrieben alles in ein Buch und nummerierten alle losen Dinge. Das nahm zwei Stunden in Anspruch. Wann immer ich meinen Kopf aus dem Niedergang steckte, konnte ich die gekochten Johannisbeeraugen unter der großen Schildmütze herunterstarren sehen.

Endlich, nach Beendigung der Durchsuchung, sagte Playboy in Deutsch zu Thomas: »Also, ihr könnt durch, aber ihr müsst für jeden Tag in der Tschechoslowakei zwanzig Dollar pro Person ausgeben. Ihr dürft nur dort anhalten, wo man euch sagt, dass ihr anhalten sollt. Ihr dürft nur fahren, wenn man euch sagt, dass ihr fahren sollt. Wenn ihr unterwegs seid, dürft ihr mit niemandem an Land reden. Von hier aus müsst ihr direkt zum Hafen von Bratislava fahren und euch dort bei der Polizei melden. Das Benutzen von Funkgeräten ist verboten und auch das Fotografieren, sofern es die Soldaten auf den Wachtürmen nicht ausdrücklich erlauben. Verstanden?« Er warf unsere Pässe auf den Tisch. Ich nahm sie und legte sie ordentlich hin. Dann nickte ich mit dem Kopf. »Klingt ganz vernünftig«, log ich. Die drei Männer verabschiedeten sich durch kurzes Nicken, verließen das Schiff und gingen zu dem Weib auf dem Ponton. *Outward Leg* wurde losgemacht und glitt achteraus. Ein Schnellboot mit Grünschnäbeln geleitete uns hinaus auf den Fluss und dann weiter flussabwärts um eine lange Kurve herum, die die Donau dort macht.

»Sie haben noch nicht einmal die Schwimmer bemerkt«, bemerkte ich lachend zu Thomas, »wir hätten sechs CIA-Typen da drin verstecken können!«

In dem großen Park gegenüber dem Zentrum von Bratislava waren die Maifeierlichkeiten in vollem Gang, direkt neben den beiden großen Brücken über die Donau. In der ganzen Tschechoslowakei gab es nur drei Brücken über den Fluss. Unter den tropfenden Bäumen wimmelten Tausende von Arbeitern und Soldaten herum, man sah Hunderte roter Transparente. Sogar die Achse des Riesenrads hatte man mit einem roten Stern dekoriert. Von der elegant geschwungenen Brücke hing eine Reihe roter sowjetischer Fahnen herunter, abwechselnd mit der tschechoslowakischen Trikolore. Auf den Brücken, über den Brücken, an beiden Enden der Brücken und darunter standen besser gekleidete Offiziere. Wir konnten sie gut beobachten, denn die Donau ist in Bratislava nur etwa siebzig Meter breit.

Sobald ich das alles sah, die Fahnen und die Typen, und das, was sie bedeuteten, befahl ich Thomas leise und schnell: »Spiel' den Dudelsack, mein Junge, spiel' den verdammten Dudelsack!«

Als guter Matrose führte er meinen Befehl blitzschnell aus. Sekunden später plärrte »Lochaber Gathering« mit voller Lautstärke durch die Luft, über ganz Bratislava, wie es schien, über den fahnengeschmückten Park hinweg, über die Offizierstypen auf den Brücken und über unsere Schnellbooteskorte. Die sah momentan etwas belämmert aus. Dann hielt plötzlich das Gewimmel der Arbeiter, Bauern, Soldaten und Parteigenossen an, sie standen stocksteif da, die Beamten wie Denkmäler, die Soldaten wie aufgereihte Ladestöcke, alle starrten auf *Outward Leg*. Die Dudelsackmusik drang überall hin. Unsere amerikanische Nationale, die britische und die walisische Flagge knatterten im Wind, zusammen mit dem RNSA-Wimpel am Bug. *Outward Leg* zog an dem ganzen Parteiauflauf vorbei, sie strotzte vor Stolz wie die königliche Yacht *Britannia* bei der Spithead Parade.

Thomas starrte sprachlos auf die Masse der in ihren Bewegungen eingefrorenen Menschen, ich genauso, bis die ganze Szene im Regen hinter unserem Heck versank. »Den Kerlen haben wir es aber gezeigt!«

Dann, nachdem ich eine Minute oder zwei nachgedacht hatte und der Wachturm des Hafens von Bratislava in Sicht kam, fügte ich hinzu: »Es ist ganz egal, was sie jetzt mit uns machen, was jetzt mit uns passiert.

Es ist auch ganz egal, was wir im letzten Winter durchgemacht haben –
die letzten fünf Minuten waren das alles wert, verdammt nochmal!«

»Meinst du, sie werden uns durchlassen?«, fragte Thomas.

»Wir zischen durch die Tschechoslowakei wie eine Ratte durch das
Kanalrohr, Thomas, nur keine Angst! Jetzt mach' aber die Leinen und
die Fender klar.«

Doch im Innern wäre ich froh gewesen, so selbstsicher zu sein, wie
ich es Thomas gegenüber gespielt hatte. Es hatte gut geklungen, zugegeben, aber wenn man nichts mehr anderes zu verlieren hat als die eigene Freiheit, oder vielleicht sein Schiff, dann klingt alles gut!

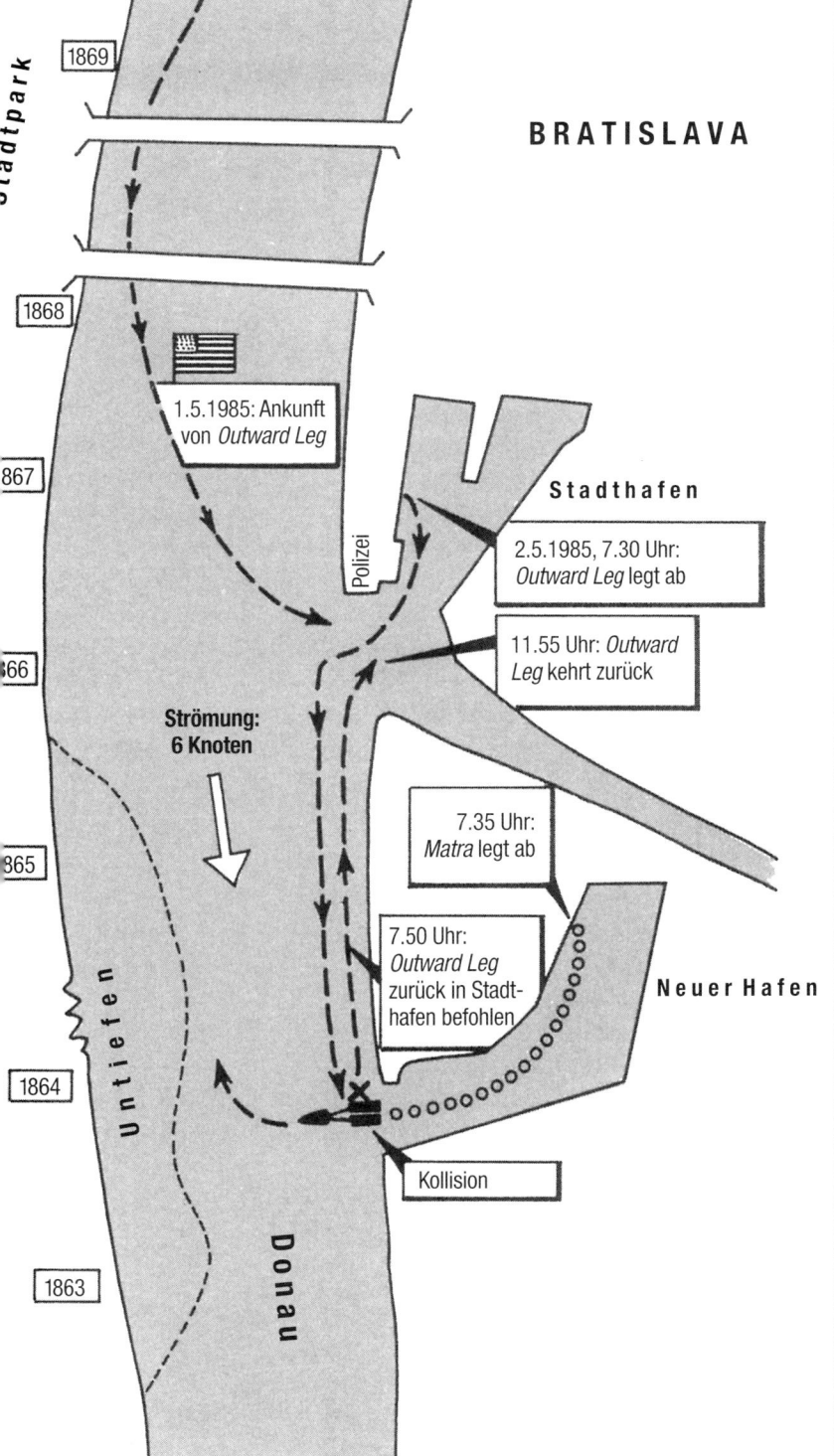

18 Der Hinterhalt

Das ganze Jahr über herrscht auf der Donau bei Bratislava reger Schiffsverkehr – außer am 1. Mai. Die Stadt ist die einzige Verbindung der Tschechoslowakei mit dem Schwarzen Meer. Die zweite liegt im Norden und verbindet das Land über die Elbe bei Hamburg mit der Nordsee.

364 Tage im Jahr läuft eine stetige Prozession von Schiffen durch Bratislava – Lastkähne, Schubverbände, Schlepper und Arbeitsschiffe aus acht Nationen: aus der UdSSR, Bulgarien, Rumänien, Jugoslawien, Ungarn, aus der Tschechoslowakei, Deutschland und Österreich. Diese Schiffe fahren Tag und Nacht, flussaufwärts und flussabwärts.

Outward Leg schien auf vielen Schiffen bekannt zu sein. Wir wurden von fast allen freundschaftlich begrüßt, obwohl wir jetzt weniger Kähne aus Westdeutschland und Österreich sahen. Wir freuten uns besonders über die Österreicher, denn es war uns klar, dass sie von unserem weiteren Fortschritt auf der Donau nach Hause berichten würden und dass damit unsere Freunde wissen würden, wo wir waren. Unsere Funkanlage durften wir nicht benutzen, aber sie hätte ohnehin nicht funktioniert, da der Mast mit der Antenne gelegt war.

Die Schiffe aus Deutschland und Österreich gaben uns jedes Mal ein lautstarkes Willkommen, es war etwa so wie im Zweiten Weltkrieg, wenn wir auf Schiffe der Alliierten trafen. Damals machten die Briten einen Riesenlärm, wenn wir auf überlebende Schiffe des U-Bootkrieges trafen, um sie aufzumuntern, sozusagen. Ironischerweise waren es jetzt die Deutschen, die unser Schiff lautstark begrüßten, *Outward Leg* war die Überlebende, und diese Begrüßungen erlebten wir überall auf der Donau, bis hinab ins Schwarze Meer. Als wir in Bratislava ankamen, wussten wir jedoch noch nichts von dem Überlebenskampf, der vor uns lag.

Es war spät am Abend an diesem ersten Mai. *Outward Leg* drehte sich in der starken Strömung der Donau und lief in den Stadthafen von Bratislava ein. Unsere Eskorte aus siebzehn Halbwüchsigen mit ihren grünen Kappen und den Kalaschnikows war natürlich immer noch bei uns.

Hinter der Einfahrt zum Hafen, der sich etwa achthundert Meter parallel zur Donau flussaufwärts erstreckt, lagen düstere Polizeibaracken, und es gab mehrere Wachtürme, Kräne, Silos, hohe schmierige Docks und Stege und eine hohe, umfassende Mauer mit noch mehr Wachtürmen, die alles überragten. Dahinter lagen Plattenbauten mit Arbeiterwohnungen, die über die hässliche Mauer herüber blickten wie gesichtslose Gefangene über den Lagerzaun. Ein dünner, kalter, klebriger Nieselregen kam von oben herab und durchdrang alles. Wir waren jetzt aus der Strömung heraus und, wie immer in einem Hafen, suchte ich mit den Augen nach einem geeigneten Liegeplatz. Langsam krochen wir weiter.

Ich schaute nach achtern. Ein Boot der Flusspolizei hatte sich hinter uns quer in die Hafeneinfahrt gelegt, und seine Mannschaft starrte auf unser Heck. Sie machten keinerlei Anstalten uns zu zeigen, wo wir hin sollten. Ich schaute mich wieder im Hafen um, der Regen tropfte von der Kapuze meines Ölzeugs. Der Hafen schien mir der düsterste Ort der Welt zu sein, den sowjetischen Hafen von Murmansk im Zweiten Weltkrieg ausgenommen. Die Umgebung hier verbreitete die gleiche hoffnungslose, miserable und trostlose Atmosphäre. Hinter den Fenstern der Polizeibaracken bei der Hafeneinfahrt bewegten sich Schatten, auf jedem Wachturm hing ein Soldat herum, geierhaft. Aber sonst war der Hafen verlassen im Nieselregen. Dann sah ich plötzlich inmitten dieser Industriewüste eine ausgewachsene Ozeanyacht mit tschechoslowakischer Flagge. Sie sah aus wie eine Rose auf einer Müllhalde.

Die Yacht war etwa 50 Fuß lang und ketschgetakelt. Als ich *Outward Leg* näher zu ihr hin steuerte, sah ich, dass sie scheinbar komplett aus Stahl gebaut war. Ich meine damit nicht nur den Rumpf, nein, auch die Masten, die Seereling, den Windgenerator am Heck, alles war aus Stahl geschweißt. Sogar die Festmacher bestanden aus Stahltrossen, und sie waren mit Stahlschlössern an den Pollern gesichert. Wir kamen näher, und ich konnte den Namen am Heck lesen: *Kondor*. Sie war grau angestrichen, alles an ihr war grau bemalt, kriegsschiffgrau. Sie sah wie ein Schulschiff der Regierung aus, und ich dachte, dass sie so etwas Ähnliches war.

Ich meinte es wäre gut, an ihr längsseits zu gehen. Sie war vorne und achtern mit Stahlkabeln an der Böschung des Docks unter dem Wachturm bei dem Polizeibüro festgemacht. Ich gestikulierte zu dem Soldaten auf dem Turm hinauf und wollte fragen, ob ich an *Kondor* festmachen durfte. Ich zeigte zuerst auf die Yacht und klatschte dann in die Hände, das weltweit übliche Zeichen. Seine Antwort bestand daraus, dass er sich umdrehte und uns den Rücken zeigte. Ich wog im Geist die Möglichkeiten ab, wie jeder das macht, der in einen fremden Hafen kommt. Dann entschied ich, dass Seeleute überall auf der Welt Seeleute sind, unabhängig von der Politik ihrer Bonzen an Land. Ich würde an dem Stahlschiff festmachen. Zwei Minuten später war das erledigt, und wir lagen bequem.

Auf *Kondor* war außer dem fallenden Regen keine Bewegung wahrzunehmen. Bis zum Abendessen warteten wir auf die Beamten, aber niemand kam. Thomas und ich aßen Dosenfleisch und Kartoffeln aus Wien, es war für uns sinnlos, an Land zu gehen, auch wenn es nicht so spät gewesen wäre. Der 1. Mai war ein Nationalfeiertag, und die Banken waren geschlossen. Wie uns die Beamten in Karlova Ves gesagt hatten, würden sie bis zum 4. Mai geschlossen bleiben. Also konnten wir legal kein Geld in der Tschechoslowakei umtauschen, und unsere Visa waren nur für einen Aufenthalt von zwei Tagen in diesem unglücklichen Land ausgestellt. Ich hatte ohnehin die Absicht, so schnell wie möglich weiterzukommen, und, falls es notwendig sein würde, die achtzig Dollar einfach bei der Ausreise zu bezahlen. Das wäre dann aber auch alles. Ich dachte, zwei Tage wären genug, um die Tschechoslowakei zu durchqueren. Es waren noch 180 Kilometer bis nach Komarno, danach kam Ungarn.

Etwa eine Stunde, nachdem wir gegessen hatten, kamen zwei Typen an Bord, ein Polizist und ein Beamter der Einwanderungsbehörde. Sie sagten uns, wir müssten exakt um 07.30 Uhr am nächsten Morgen ablegen. Wir dürften an Land gehen, aber das nächste Touristenhotel, für das wir die Erlaubnis hätten, wäre sieben Kilometer entfernt. Thomas fragte, ob es eine Busverbindung gäbe. Ja, aber am 1. Mai verkehrten keine Busse. Die Beamten knurrten etwas und sagten uns noch einmal, dass wir exakt um 07.30 Uhr losfahren müssten.

Als die Typen weg waren und wir uns zum Schlafengehen fertig machten, bemerkte ich plötzlich durch das Kabinenfenster eine Bewegung auf *Kondor*, jemand war an Deck. Ich steckte meinen Kopf aus dem Niedergang heraus und beobachtete unsern mysteriösen Nachbarn.

164

Er war etwa in meinem Alter, weißhaarig, glatt rasiert, in sauberem Overall. Er trug eine Jacke, um sich vor dem Regen zu schützen. Ich grüßte ihn mit »Hi« und er sprach in einer Art Deutsch, wie mir schien. Ich rief nach Thomas, der mit ihm reden sollte, und lud ihn an Bord unseres Schiffes ein.

»Mein Name«, sagte er via Thomas, »ist Zdenek Polasek. Ich bin ein pensionierter Bergmann aus Brno. Ich habe *Kondor* selbst gebaut.« Er öffnete die Hände und zeigte seine Schwielen. »Ich habe zehn Jahre dafür gebraucht, und es war unglaublich schwer, das notwendige Material zu beschaffen. Ich habe das Schiff in Brno fertig gemacht, und dann haben wir es hierher geschafft und zu Wasser gelassen. Alle meine Freunde sind zur Schiffstaufe gekommen. Das war 1982.«

»1982?«, fragte ich, »aber das war vor drei Jahren!«

»Ja, ich will natürlich die Donau hinab, zur See, aber die Regierung sagt, ich muss 80 Prozent vom Wert des Schiffs als Kaution hinterlegen, bevor ich hier auslaufen darf.«

»Wofür?«, das Schiff war bestimmt 100.000 Dollar in westlicher Währung wert, in den USA vielleicht noch mehr.

»Als Garantie für die Rückkehr in mein Land.«

»Kannst du das, ich meine die Kaution bezahlen?«

»Nein, ich bin jetzt dreiundsechzig, und meine Pension würde nicht reichen, selbst wenn sie mir dreißig Jahre auf einmal auszahlen würden.«

»Und was willst du dann machen?«

Er grinste ein wenig und warf seine Hände nach vorn in die Luft. Ich bemerkte wieder seine Schwielen. »Hier bleiben, denke ich, und warten!«

Später sahen Thomas und ich uns *Kondor* an. Sie war handwerklich gut gebaut und war auf dem neusten Stand der Technik. Zdanek hatte sogar eine Waschmaschine für seine Frau eingebaut. Sie war eine verschlossene Frau und sprach kein Wort mit uns. Sie schaute nur in den kleinen Fernseher in der Kabine. Die Maschine von *Kondor* war erste Sahne, und die elektrische Verkabelung des Schiffes war die sauberste, die ich je gesehen hatte. Weil es unmöglich war, in der Tschechoslowakei irgendwelche Schiffsbeschläge oder Einzelteile zu bekommen, hatte Zdanek all diese Dinge selbst konstruiert und gebaut. Sein Mast bestand aus Eisenrohr. Er hatte viele Ideen in dem Schiff verwirklicht, die ich nie zuvor gesehen hatte. Ich konnte nicht umhin, sein handwerkliches Können zu bewundern, aber ebenso seine Sehnsucht nach dem Ozean und seine Geduld beim Warten.

»Warum haust du nicht einfach ab?«, ließ mich meine walisische Keckheit fragen.

Er sah mich wieder mit seinem matten Lächeln an. »Aber ich liebe mein Land, ich will hierher zurückkommen, will hier beerdigt werden.«

Und das war ein Mann, dessen ältester Sohn durch die eigenen Landsleute an der Grenze nach Österreich erschossen worden war, als er versuchte, aus der Tschechoslowakei zu fliehen. Er erzählte das ohne Bitterkeit, ohne Hass. Er erzählte es als trauriges Ereignis in seinem Leben, wie einen allgemeinen Todesfall, obwohl es sich um seinen eigenen Sohn handelte. Er meinte allen Ernstes, sein Sohn hätte diese Strafe verdient, weil er sein Heimatland verlassen wollte.

Am nächsten Morgen waren wir um sieben auf, bereit für das Ablegen um genau 07.30 Uhr, wie es uns die ruppigen Beamten eingehämmert hatten. Pünktlich legten wir leise von *Kondor* ab, der trostlosesten Yacht, die mir je in meinem langen Leben begegnet war. Sie blieb im nebligen Regen hinter unserem Heck zurück.

Als wir durch die Hafeneinfahrt hindurch steuerten, bemerkte ich ein Dutzend uniformierter Leute auf dem Balkon der Polizeibaracke, die unser Auslaufen beobachteten. Ich dachte, das wäre ganz normal, immerhin war *Outward Leg* sicherlich das erste amerikanische Ozeanschiff, das in ihrem Hafen gewesen war. Vielleicht hatten sie auch noch nie im Leben ein amerikanisches Sternenbanner gesehen oder nur die Fahne vor der amerikanischen Botschaft in Prag oder hinter einem Stacheldrahtzaun, aber sicher nicht als Heckflagge eines Schiffes. Es gab keine Zurufe, kein Winken. Die Männer und Frauen standen in ihren Khakiuniformen nur stumm da und blickten uns mit düsteren Blicken nach. Einige hatten Ferngläser, und ich fühlte mich wie ein Insekt unter dem Mikroskop, kurz davor, zerquetscht zu werden.

Ich sollte wohl an dieser Stelle erklären, dass es für den tschechoslowakischen Teil der Donau keine Karten gab. Vielleicht existieren welche, so wie für das alte Römische Reich, das spanische Imperium und das russische Zarenreich, aber das waren alles Staatsgeheimnisse für einen Mann, der dieses Wissens in den Augen der Bürokraten im russischen Kreml nicht würdig war. Von der tschechoslowakischen Grenze zu Österreich bis hin nach Ungarn ist der Steuermann eines Schiffes sozusagen blind, außer, wenn er ein Speichellecker der russischen Bürokratie ist oder sich die Karten illegal beschafft. Es gibt ein paar Straßenkarten, aber die zeigen keine Einzelheiten des Flusses, wie zum Beispiel die Wassertiefen. Die Donau ist auf ihnen nur ein blauer Streifen mit kleinen gelben Inselchen darin. Das soll eine Vorstellung davon geben, wie verwirrend die Donau sein kann und wie trickreich die sowjetischen Amtsdiener.

Outward Leg lief unter den Augen von ein paar Dutzend Polizeibeamten aus dem Stadthafen von Bratislava aus, der bei Flusskilometer 1866,5 liegt. Wie hätten wir wissen sollen, dass bei Kilometer 1864.8 ein anderer Hafen war, der ausschließlich vom Berufsverkehr benutzt wurde? Keiner hatte etwas davon gesagt. Die Sichtweite im Nieselregen betrug etwa einhundert Meter, und an der Ufereinfassung gab es auch keinen Hinweis auf einen Hafen. Die Strömung war stark, etwa sieben Knoten, und mit der mitlaufenden 22-PS-Maschine machten wir etwa acht Knoten Fahrt über Grund. Bis zu diesem Zeitpunkt war navigatorisch alles normal für einen regnerischen Tag auf der Donau; wir liefen flussabwärts wie immer. Thomas war an Deck und schoss die Leinen auf, ich stand am Rad und hielt gut Ausschau, auch seitwärts und nach achtern.

Plötzlich, so schnell wie ich es aufschreiben kann, kam ein großer Schatten in den Regen heraus, scheinbar direkt aus dem Uferwall. Ich riss das Rad herum, um hinter seinem Heck vorbeizulaufen. Dann wurde mir schlagartig klar, dass der geradewegs in den Fluss hinauslaufende Schatten ein Schlepper war und er etwas im Schlepp hatte, denn er hatte noch keine Drehung eingeleitet. Er lief direkt quer zu unserem Kurs, er war direkt vor uns. Mit Entsetzen sah ich, dass ihm zwei längsseits verbundene Schuten aus dem Hafen heraus folgten. Dann sah ich plötzlich auch die langen tödlichen Schlepptrossen direkt voraus. Wie zwei Schlangen führten sie vom Heck des Schleppers flach über das Wasser. *Outward Leg* schoss direkt darauf zu. Alles, was ich tun konnte, war, auf den schmalen Spalt zwischen der einen Schute und der Hafeneinfahrt zuzuhalten. Blitzschnell überlegte ich, dass die Chance nur ein Prozent war, dass *Outward Leg* durch den Spalt passen würde. Wenn nicht, dann würde ich das Schiff direkt auf die schräg ansteigende Ufermauer setzen. Die Bugs würden dann zwar etwas abbekommen, aber es würde vielleicht das Schiff retten.

Wenn du eine normale Sehkraft hast und mit normaler Geschwindigkeit liest, dann hast du für den letzten Absatz länger gebraucht, als sich die Ereignisse in der Realität abspielten. Ich riss das Rad hart nach Backbord und steuerte die Ufermauer an, aber die gute alte Donau wollte davon nichts wissen. Die Strömung schien plötzlich zuzunehmen, sie packte das Schiff und schob es mit zehn Knoten quer auf die Schute zu. Ich rammte den Gashebel voll auf »voraus«, um der Schlepptrosse auszuweichen, denn es war besser, mit dem harten Stahl der Schute zu kollidieren. *Outward Leg* knallte direkt hinter dem Bug der Schute an deren Seite an. Wären wir in die Schlepptrossen gekommen, hätten diese *Outward Leg* sicher scheibchenweise durchgeschnitten. Sie hätten Thomas und mich zu Hackfleisch verarbeitet.

Unsere Maschine stöhnte immer noch. Ich nahm etwas Gas weg, der Steuerbord-Schwimmer wurde von der Schute unter Wasser gedrückt, und die Stützen der Seereling brachen ab wie Streichhölzer. Das Schiff bekam Schlagseite nach Steuerbord, es schien unter dem Druck der Schute kentern zu wollen. Aber irgendwie schob unsere Maschine das Schiff langsam voran, Zentimeter um Zentimeter, mit Kratzen, Knirschen und Quietschen. In der geringeren Strömung weiter draußen im Fluss machte *Outward Leg* plötzlich einen Satz nach außen und löste sich von der Schute. Währenddessen wurde der ganze Haufen, bestehend aus *Outward Leg*, dem Schlepper und den Schuten ständig mit zehn Knoten flussabwärts getrieben.

Wäre *Outward Leg* ein Einrumpfschiff gewesen, da bin ich mir ziemlich sicher, ohne die ungeheure Auftriebskraft des Steuerbord-Schwimmers, der eine Kenterung verhindert hatte, dann wäre sie durch die Kraft der Strömung unter die Schute gezogen worden und gesunken. Ich bin mir auch sicher, dass sie ohne die große Querstabilität eines Trimarans während des Sinkens zerbrochen wäre, und dann hätte ich nicht mehr gelebt, um diese wahre Geschichte aufzuschreiben.

Als *Outward Leg* wieder eben im Wasser lag, schob ich sie mit der Maschine Zentimeter um Zentimeter schabend und knirschend an dem rostigen Rumpf der Schute entlang, die ganzen 80 Fuß (25 m), bis wir endlich hinter dem Heck frei kamen. Unsere Maschinen raste immer noch wie ein Rudel Höllenhunde. Ich riss das Rad herum, um die Bugs flussaufwärts zu drehen. Eines war mir klar, wären wir unter die Schuten geraten, dann wäre ich mit meinem einen Bein sicherlich umgekommen oder zumindest schwer verletzt worden.

Das Erste, was ich nach dem Freikommen sah, war, dass die gesamte Mannschaft auf dem Schlepper und den Schuten vor Schock wie gelähmt da stand. Ein tschechoslowakisches Patrouillenboot war nur ein paar Meter von uns entfernt, und die jugendliche Crew gestikulierte mit ihren Kalaschnikows flussaufwärts, zurück zum Hafen von Bratislava.

Als ich mich vergewissert hatte, dass Thomas unverletzt war, sagte ich zu ihm: »Verfluchte Saukerle! Verdammte, verlogene, schleimige Arschlöcher!« Thomas war dabei, den abgerissenen Flaggenstock mit der amerikanischen Nationalen zu flicken.

Es wurde mir schnell klar, was passiert war, ich hatte nicht den geringsten Zweifel daran. Man hatte uns in einen Hinterhalt gelockt. Und die tschechoslowakische Polizei steckte dahinter!

Noch als wir aus dem Stadthafen ausgelaufen waren, hatte ich durch den nebligen Regen achteraus geblickt. Ich hatte gesehen, wie die Polizeibaracken hinter unserem Heck zurückgeblieben waren und nach etwa 200 Meter verschwanden. Sie konnten uns also danach nur mit ihrem Radar oder von dem Patrouillenboot aus weiter beobachten, das als Schatten hinter uns herumhing. Nach den vorangegangenen Erfahrungen mit der tschechoslowakischen Polizei war es offensichtlich, dass das Boot nicht zu unserer Verabschiedung dort hinter uns herumgelungert war.

Kein Schiff darf einen Liegeplatz in der Tschechoslowakei verlassen, egal ob im Hafen, in einem Dock, am Ufer oder vor Anker, ohne dass ihm vorher eine offizielle Genehmigung mit genauer Abfahrtszeit zugeteilt wird. Dem ungarischen Schiff *Matra*, so hieß der Schlepper, musste man also eine Abfahrtszeit gegeben haben, die so gewählt war, dass es zu einer Kollision mit uns kommen musste. Die Beamten mussten gewusst haben, wohin der ungarische Schlepper mit seiner über zweihundert Meter langen Trosse wollte. Natürlich aus dem Hafen heraus und dann zunächst quer über den Fluss, bevor er auf Kurs flussaufwärts gehen konnte. Das Patrouillenboot erschien auch etwas zu rechtzeitig auf der Bildfläche, es wusste, dass etwas passieren würde.

Ich war praktisch mein ganzes Leben auf dem Wasser gewesen: auf Ozeanen, Flüssen, Kanälen, Wasserwegen, in Marinas, Häfen, Docks, Buchten, Bächen und sogar in Badewannen, siebenundvierzig Jahre lang, ununterbrochen. Zweiunddreißig Jahre davon hatte ich unter meinem eigenen Kommando am Rad gestanden, in gefährlichen Gewässern und in Gebieten mit viel Schiffsverkehr hatte ich immer selbst gesteuert. Nie zuvor hatte ich einen Zusammenstoß mit einem anderen Fahrzeug gehabt. Manchmal hatte es beim Anlegen ein paar Kratzer gegeben, manchmal war es eng gewesen, aber ich war nie mit einem anderen Schiff kollidiert. Wenn ich eine Falle nicht mehr als solche erkennen konnte, dann wäre es für mich an der Zeit, den Anker für immer auf Grund zu legen.

Nun kam das Patrouillenboot mit seinen rotznäsigen Halunken längsseits, sie grinsten unter ihren grünen Kappen und zeigten mit ihren Maschinenpistolen flussaufwärts. Mit zu Schlitzen geschlossenen Augen knurrte ich vor mich hin. Unser Schiff kroch mit seiner kaputten Steuerbordseite und den krummen, klappernden und teilweise abgerissenen Seerelingsstützen langsam gegen die mächtige Strömung der Donau an.

Ich fluchte leise aber ausdauernd vor mich hin, ich beschimpfte die Typen mit jedem mir bekannten Fluch in Englisch, Walisisch, Spanisch und Portugiesisch; ich fügte sogar zum Ausgleich ein paar Schimpfworte auf Suaheli hinzu. Ich verfluchte diese Rotznasen im Patrouillenboot, ihre Familien, ihre zu erwartenden Nachkommen, ihre Vorväter und Urahnen bis tausend Jahre zurück, ihre Kommandanten, ihre Vorgesetzten, deren muffige Büros, Sekretärinnen, Limousinen und Landhäuser, Mütter und Väter, die Kinder in den speziellen Parteischulen, den ganzen Parteiapparat und jedes einzelne Mitglied davon, den gesamten Kader mit den Funktionären und den roten Sternen an der Mütze, die ganze Polizei an der Grenze mit dem blutigen Stacheldrahtzaun, die ehrliche Männer daran hindern wollte, in ihrem ehrlichen Schiff ins verdammte Meer zu gelangen.

Die ganze Zeit machte *Outward Leg* kaum einen Knoten über Grund gut, die Maschine jammerte auf Vollgas. Thomas untersuchte den Schaden und setzte wieder alle Flaggen, die herunter gekommen waren. Er starrte mich mit weit offenen Augen an, als ich meine Schimpftiraden losließ, die gegen all die Saukerle gerichtet war, die mich und mein Schiff hätten versenken wollen.

Langsam, unendlich langsam zog das Ufer an uns vorbei, Meter um Meter. Endlich kamen die Polizeibaracken wieder in Sicht. Ich richtete den Bug genau auf sie aus und wünschte mir nichts sehnlicher als ein paar solide Whitehead-Torpedos unter den Flügeldecks. Ich stellte mir vor, wie die Saukerle herumspringen würden, sie sollten meine Torpedos auf sich zukommen sehen und dann kilometerweit rennen!

Aber sie standen lässig auf den Balkonen, der Regen hatte aufgehört. Jetzt winkten sie wie verrückt und grinsten breit. *Outward Leg* kroch wie ein verwundetes Tier in den Hafen hinein; sicher sah sie zu der Horde mit den verkrüppelten Gehirnen hinauf.

Bis dahin war Thomas ziemlich schweigsam gewesen, er dachte sicher, dass ein Gespräch meinen Ärger noch mehr aufheizen würde. Dann fragte er plötzlich; »Hast du die Schramme gesehen, die wir in der Schute zurückgelassen haben?«

Ich wendete mich eine Sekunde von dem verhassten Hafen in Bratislava mit den Wachtürmen ringsum ab und sah ihn an. Sogar die Wachen schienen plötzlich zu lächeln. »Nein – ich denke ich habe eine Delle gesehen, als wir frei kamen. Du meinst, die war von uns?«

»Wir haben die Seite so viel eingedrückt!«, sagte Thomas und machte eine Kurve mit der Hand. »Wir haben die Seitenwand bestimmt fünf Zentimeter eingedrückt! Und unsere Seite ist weder verbeult noch gerissen!«

»Dank sei Leo Surtees«, lobte ich den Konstrukteur von *Outward Leg*. Wir legten an einem kleinen Steg an. »Danke Leo, die Dreckschweine haben uns versenken wollen, aber sie hätten genau so gut an den Felsen von Gibraltar pinkeln können!«

Als wir festmachten, waren wieder die Beamten vom Vorabend da. Der Polizist grinste über das ganze Gesicht. »Willkommen zurück in Bratislava – euer Schiff und ihr beide steht unter Arrest.«

19 Spießrutenlaufen

Die erste goldene Regel für Reisende ist, war immer und wird immer sein: Sorge für deinen Schutz! Die zweite Regel lautet: Sorge für dein Schiff! Beschütze es, egal wo es ist, gegen jede Art von Angriff, egal wie mächtig, überheblich oder gewaltig der Angreifer auch sein mag und als was er sich herausstellt.

»Was soll das heißen – unter Arrest?« fragte ich den Polizisten via Thomas. »Wir befinden uns auf einer internationalen Wasserstraße!«

»Die Tschechoslowakei«, sagte der Beamte und fixierte mich starr, »bestimmt die Regeln auf der Donau in diesem Land!«

»Warum sind wir unter Arrest?«, wollte ich wissen, »wenn wir es wirklich sind.«

»Ihr dürft euch nicht von diesem Ort entfernen, bis wir den Schuldigen für den Zusammenstoß bestimmt haben!«, sagte der Polizist, während uns der Beamte der Einwanderungsbehörde ansah, als wären wir auf einen sich langsam drehenden Bratspieß gesteckt.

»Damit wollen Sie wohl sagen, dass wir nicht unter Arrest stehen«, bot ich an, »sondern hier die Untersuchung abwarten sollen!«

Dem Polizisten war das sichtlich unangenehm, sein Gesicht wurde rot und röter. »Sagen Sie, was Sie wollen!«, explodierte er.

»Einmal war ich wirklich unter Arrest«, sagte ich ihm wahrheitsgetreu, »das war in Bolivien. Damals hatte man mich wegen meiner roten britischen Flagge verhaftet, und man warf mir vor, ein Kommunist zu sein. Das war natürlich total irre.«

»Wir sind hier doch keine Wilden«, meinte der Polizist.

Während er noch redete, traf der Offizier der Flussschifffahrtsbehörde ein. Er trug eine graue Uniform wie die anderen, aber sah weniger verbissen aus, schien aufnahmefähig zu sein. Er hatte zwei Zivilisten in Arbeitskleidung und bestürztem Gesichtsausdruck dabei. Wie sich herausstellte, waren das der Kapitän des ungarischen Schleppers und sein Steuermann. In den Händen hatten sie dicke Aktenbündel, man hätte denken können, sie arbeiteten im Archiv einer Regierungsbehörde, das gerade evakuiert wird. Der Skipper und sein Kumpel sahen wie hart arbeitende ehrliche Familienväter aus, die ungewollt in eine Situation hineingeschlittert waren. Man hatte sie offensichtlich ebenfalls hereingelegt. Nach ein paar Minuten war ich davon überzeugt, dass sie keine Schuld an der Sache hatten.

Diese Akten, so sagte der Beamte, müsste ich ausfüllen, um meine Ansprüche offiziell geltend zu machen, wenn ich den guten Skipper der *Matra* anklagen wolle. Der stand da vor den beiden Dreckskerlen und dem Beamten der Flusspolizei und schaute auf seine Schuhe. Ich drehte mich zu ihm um, ich wollte ihm auf meine Art helfen, falls er einen Seemannsverstand hatte, so wie ich.

»Ich habe deine Sirene nicht gehört!« Das stimmte, er hatte nämlich kein Signal gegeben.

Zuerst wollte der Skipper etwa sagen, aber dann dachte er tief nach, er hob seine Augenbraue sekundenlang hoch. Ich sagte in etwas lauterer Stimme: »Obwohl ich die Tür zum Maschinenraum offen hatte, und es ziemlich laut an Bord war.« Thomas übersetzte das zweimal, damit er mich richtig verstehen sollte. Dann sagte Thomas es noch dreimal auf Deutsch für die Beamten, damit alle meine Lügen verstanden.

Plötzlich erwachte der Skipper aus seiner Lethargie. »Aber ich habe meine Sirene betätigt, dreimal sogar, mit ein paar Sekunden Pause dazwischen.« Jetzt hatte er den Ball aufgeschnappt, er log ebenfalls.

Der Beamte unterbrach uns. »Wollen Sie diese Formulare hier unterzeichnen, für ihre offiziellen Ansprüche?«

»Ich stelle keine Ansprüche«, sagte ich mit zusammengepressten Lippen, »es war allein meine Schuld.« Die Zähne taten mir beim Lügen weh. »Mea culpa.«

»Aber sie müssen trotzdem die Formulare unterzeichnen«, und das machte ich. Ich unterschrieb, dass ich der allein Schuldige an dem Zusammenstoß zwischen *Outward Leg* und der Schute *Matra* war. Und dafür hatte ich einen Grund: Ich hatte die Worte des Beamten voraus geahnt.

»Gut«, sagte er, »Sie dürfen Bratislava jetzt verlassen!« Er tat sein Bestes, nonchalant zu klingen, zumindest an der Oberfläche, aber der Einwanderungsbeamte und der Polizist schäumten vor Wut. Aber das war nur heiße Luft, ich hatte jedenfalls *Outward Leg* aus dem Dreck heraus. Kein Gericht der Welt würde zulassen, dass man uns jetzt noch hier festhielt. Es gab keinen Grund mehr, irgendein Gericht überhaupt zu bemühen. Unser Schiff war offensichtlich noch seetüchtig genug für die Flussreise, und wir selbst waren unverletzt.

Hätte ich die Formulare wahrheitsgetreu ausgefüllt, dann hätte man uns in Bratislava festgehalten, bis die Gerichte der Sowjetischen Sozialistischen Republik der Tschechoslowakei den Fall beurteilt hätten. Wenn ich *Kondor* als Beispiel nahm, dann hätten wir zu der Zeit, in der ich diese Zeilen schreibe, immer noch im Hafen von Bratislava gesessen. Ich hatte rechtzeitig das grüne Licht des Auswegs gesehen und entsprechend gehandelt. *Outward Leg* war nicht *Kondor* – ein Albatros vielleicht, aber kein Kondor! Sie musste wieder auf See, und ich war dafür verantwortlich. Ich musste sie auf ihrem Weg dorthin beschützen und verteidigen. Gut, ich hatte gelogen, aber das würde ich jederzeit wieder tun! Gemäß des Formulars hatte ich die Schuld an dem Zusammenstoß, aber so wahr mir Gott helfe und ich mich bei ihm für meine Lüge entschuldige, ich schwöre, dass die ganze Geschichte ein Hinterhalt war, in den man uns gelockt hatte.

Als ich die Formulare zur Entlastung des ungarischen Skippers unterschrieb und die beiden hinter mir standen, war die Atmosphäre in der Kabine voll unglaublicher Erleichterung. Man hätte sie buchstäblich mit dem Messer in Stücke schneiden und an alle friedensbewegten Idioten auf dieser Welt schicken können. Die armen Kerle vom Schlepper schüttelten meine Hand mit beiden Händen. Nur die Anwesenheit der tschechoslowakischen Idioten verhinderte, dass sie mir die Füße küssten, denke ich.

Die beiden grau gekleideten Saukerle drehten sich um und stampften die Niedergangsleiter hinauf, quer über mein Deck und weg vom Schiff. Sie sagten kein einziges Wort mehr. Die Ungarn sagten etwas Freundliches zu mir und Thomas, in ihrer unverständlichen Sprache. Dann gingen sie auch, schüttelten die Köpfe und sahen mitleidig auf unsere beschädigten Relingsstützen hinab. Nur der Beamte der Flusspolizei blieb zurück. Ihm hatte meine Methode offensichtlich gefallen, er wusste genau, wie das Spiel gelaufen war.

»Es ist schon Mittag«, sagte ich, »wir schaffen es heute nicht mehr bis nach Komarno, bis zur Grenze. Doch wir haben nur eine Aufenthaltserlaubnis für zwei Tage und wir haben keine Karten, und der Fluss schlängelt sich um die vielen Inseln herum …«

»Dann müsst ihr unterwegs übernachten«, sagte der Beamte in Deutsch. Er dachte einen Moment lang nach und sagte dann: »Geht nach Hrusov.« Er sprach den Namen aus, als hätte er Halsschmerzen.

Ich muss verwirrt geschaut haben. Thomas holte ein Blatt Papier und einen Bleistift und gab beides dem Beamten. Menschlich wie er war, schrieb er den Namen auf. »Es liegt etwa siebenundzwanzig Kilometer flussabwärts«, erklärte er. »Ein kleiner Fluss mündet dort in die Donau, er heißt Cilitrovski Rameno. Sie können da drinnen ankern, außerhalb der Donau. Ich rufe die Grenzwächter an und sage ihnen, dass ihr kommt. Sonst würden sie vielleicht auf euch schießen.« Er sagte das in lässigem Ton, so als würde er sagen: »Sonst ist vielleicht die Tür abgeschlossen«, oder »sonst dürft ihr vielleicht nicht hinein.«

Dann stand der Beamte einsam auf dem Pier und schaute uns schweigend beim Ablegen zu. Zum zweiten Mal fuhr *Outward Leg* an diesem 2. Mai durch die feuchte Düsterkeit des Hafens von Bratislava. Wir fuhren an unserem eingesperrten Schwesterschiff *Kondor* vorbei, an den Wachtürmen und den nassen, tropfenden, roten Flaggen einiger schmutziger Lastkähne, in Richtung der lebhaften Donau. Als wir an den Ziegelsteinbaracken der Polizei vorbeikamen, stand keine Menschenseele auf dem Balkon, aber unsere amerikanische Nationale, die britische Flagge, die walisische und der Stander der Royal Navy Sailing Association flatterten im Fahrtwind. Sie zerrten an ihren geflickten Flaggenstöcken und schlugen um sich, sie waren die einzigen Farbtupfer in diesem grauen hoffnungslosen regnerischen Hafen. Doch hinter den Fenstervorhängen der Baracken bewegten sich dunkle Schatten, natürlich waren wir unter Beobachtung.

»Das wird ihnen eine Lehre sein«, rief ich Thomas zu.

Er schaute aufmerksam nach vorn, als wir in den Fluss hinaus kamen. Er drehte sich nach mir um und hielt eine Hand ans Ohr, um mich zu verstehen, irgendwo hörte man ein Fabrikhorn. »Was ist das?«, fragte er.

»Schieb' den Dudelsack rein«, rief ich – und das machte er ganz schnell.

Bevor die verdammten Saukerle in Bratislava uns aus den Augen verloren, hörten sie noch das laute Gewimmer von »Delvinside« und »Dougie Gillies«, es breitete sich über ihre trostlosen Baracken aus, über die nassen tropfenden Flaggen ringsum. Als wir außer Sicht der Soldaten auf den Wachtürmen waren, winkten uns sogar ein paar Hände scheu von den Lastkähnen aus zu. Auch ein einsamer Radfahrer winkte von der Straße am Ufer aus, bis er achteraus im Regen verschwand.

Ich wusste, das war jetzt nicht mehr länger nur eine Entdeckungsreise, auch nicht nur eine Reise, um den behinderten Menschen, die uns begegneten, ein wenig Hoffnung zu geben, nein, jetzt war die Reise gleichzeitig auch eine Demonstration. Es war eine lang gezogene Prozession, wenn man so will, um den Angebern auf ihrem Donauthron klar zu machen, dass das kein russischer Privatfluss war, sondern dass alle Reisenden ihn benutzen konnten, unabhängig von ihrer nationalen Zugehörigkeit und ihrer politischen Gesinnung.

Einige Leute werden jetzt behaupten, dass das Ganze eine Provokation war, aber was soll's, sie war in jedem Fall rechtsgültig und sie verlangte nach einer Antwort. Ich würde jedermann an beiden Ufern der Donau zeigen, was möglich war, was jeder tun konnte, der sich auf die Menschenrechte und die internationalen Verträge abstützt.

Es war mir klar, dass mir später bestimmt ein paar Besserwisser vorhalten würden, ich hätte die Lage für nachfolgende Reisende schwieriger gemacht oder ganz verdorben. Aber ich meine, dass Zola, Dickens und sogar Dostojewski sich gegen mächtige Gegner aufgelehnt haben, für die Würde der Menschen und ihrer Person. Natürlich kann ich mich als Schriftsteller nicht mit ihnen messen, aber, mein Gott, warum sollte ich nicht eine kleine Dosis Abführmittel verabreichen, gegen die Mürrischkeit, die Bürokratenüberheblichkeit und die Unterdrückung, die ich auf der ganzen Donau im Ostblock sah, gegen den versteckten Groll und die stillen Schreie unter einem finsteren und brutalen Gewaltregime? Aber es ist immer die versteckte Unterdrückung, die das Tageslicht scheut, sie blüht und gedeiht im Dunkeln. Was ich an Licht dort hineinbringen konnte, was ich zum Vorschein bringen konnte, waren nur winzige Tropfen in einem Ozean der Ungerechtigkeit, aber ich fühlte, dass es meine Aufgabe war, so viel wie möglich aufzudecken, ans Licht zu zerren, an einer Leine aufzuhängen. Ich wollte, dass möglichst viele Menschen die miserablen Zustände zur Kenntnis nehmen sollten. Damit wollte ich meine segelnden Kollegen nicht nur warnen, ich wollte ihnen zurufen: »Gegen diese Zustände muss man etwas unternehmen!«Und das würde ich so laut wie irgend möglich heraus schreien.

Für die Unterdrückung durch ein Regime muss es irgendwo eine Grenze geben, und für die Einmischung in das Leben eines Menschen ebenfalls. Wenn irgendetwas die im Rahmen des menschlichen Sozialverhaltens liegende Bewegungs- oder Redefreiheit gefährdet, dann sollte man dieses Etwas so schnell wie möglich ändern oder beseitigen. Wenn etwas oder jemand die rechtlich abgesicherte Passage eines Schiffes aufhalten oder verzögern will, dann sollten wir uns alle dagegen wehren, egal wer oder was dahinter steckt, und wir sollten das mit allen Mitteln tun, die uns zur Verfügung stehen. Immer, wenn es mir unmöglich war, etwas zu meiner Gegenwehr zu unternehmen, dann habe ich die Zustände zumindest ans Licht gezerrt. Im Hellen stellte sich dann die Angelegenheit meist als das heraus, was sie üblicherweise ausmacht: Jemand will an etwas heran, das ihm nicht gehört, und er benutzt Gewalt oder Einschüchterung, um dran zu kommen.

Wenn jemand glaubt, ich hätte durch meine Tätigkeit als Schriftsteller im Ostblock Vorteile gehabt und Sonderbehandlung genossen, dann liegt er falsch. In der Tschechoslowakei und in Rumänien sind praktisch alle Schriftsteller, die ihren Beruf ernst nehmen, hinter Gittern oder man hat sie sonst irgendwie zum Schweigen gebracht. Diese Tatsache ist in allen Ländern an der Donau bekannt. Egal, mit welchem Respekt man einem Schriftsteller im Westen begegnet, hier wird er mit offiziellem und geringschätzigem Misstrauen behandelt, es sei denn, die Typen sind überzeugt, dass er exakt auf der Parteilinie entlang läuft. Und wenn er das tut, dann wird er von der Partei aufgesaugt, er kriegt Gold, Schnaps und eine Wohnung dafür. Ich würde lieber in einer Hundehütte verhungern.

Zwischen Bratislava und Hrusov windet sich der Fluss mühsam durch Untiefen hindurch und um Inseln herum. Manchmal war die Fahrrinne betonnt, manchmal konnte man sie nur mit gesundem Menschenverstand und der Hilfe Gottes finden. Zweimal sahen wir flussabwärts fahrende Schleppverbände, bevor sie der Nebel oder der Regen vor unserem Bug wieder verschluckte. Aber wir hatten damit einen Hinweis bekommen, wo das sichere Fahrwasser lag.

An jeder Biegung zwischen Bratislava und Hrusov stand ein Militärwachturm, obwohl hier beide Ufer der Donau zur Tschechoslowakei gehörten. Bis hinunter nach Hrusov bei Flusskilometer 1837, das aus ein paar zerfallenen Ruinen ehemaliger Wochenendhäuschen bestand, gab es nur Bäume am Ufer, Reihe um Reihe davon, alle von der gleichen Größe und alle im gleichen blassen Grün. Die einzige Abwechslung zwischen den Baumreihen waren die ab und zu auftauchenden bewaffneten Militärpatrouillen, die sich am Ufer entlang bewegten. Als positiver Ausgleich war das Fahrwasser im Durchschnitt vier Meter tief.

Endlich sahen wir den Bach Rameno, oder vielmehr den Damm, der sich in die Donau hinaus schob und eine Strecke parallel zu ihr lief. Ich fing frühzeitig mit einer Wende an, und wir hatten den Bug gegen die Strömung gerichtet, als wir an der Mündung vorbei geschoben wurden. Die Donau half uns mit sechs Knoten Strom, und wir liefen ganz langsam in die Mündung des Flüsschens ein. Drinnen nahm die Wassertiefe abrupt auf einmetersiebzig ab, aber dafür war *Outward Leg* nicht mehr der Strömung der Donau ausgesetzt. Dann nahm die Tiefe auf einmeterfünfzig ab, und wir wussten, dass wir über der Sandbankschwelle der Mündung waren. Wir ließen den Bruceanker in den sandigen Boden fallen. Es war das erste Mal seit Hole Haven in Essex, dass *Outward Leg* frei am Anker hing. Es war aber auch das erste Mal, dass ich mir wünschte, wieder in diesem gottverlassenen Loch in der Themsemündung zu sein. Während unseres Ankermanövers kam ein österreichisches Schiff flussaufwärts an uns vorbei.

»Alles gut?« riefen sie.

»Alles gut!«, riefen wir zurück und logen etwas dabei. Aber sie hatten uns gesehen, und das war gut so.

Thomas und ich hatten auf unserem Weg von Bratislava hierher einen Plan diskutiert. Obwohl der Unfall am frühen Morgen noch unsere Gedanken beschäftigte, hatten wir darüber gesprochen, wie wir ein paar Mark in lokale Währung umtauschen könnten, um dafür vielleicht ein paar frische Lebensmittel im Dorf zu kaufen. Wir waren unglaublich naiv – aber so erlebt man die wahren Abenteuer.

Neben den zerfallenen Wochenendhäuschen gab es in Hrusov nur noch ein einziges Holzhaus mit einem Schild an der Tür, über der ein roter Sowjetstern hing. Es war offensichtlich ein Wirtshaus; hoffnungsfroh nahmen wir direkten Kurs darauf. Wir ruderten mit dem Beiboot an Land und zogen es ans Ufer hinauf, damit es nicht wegschwimmen konnte und wir auf dem Trockenen sitzen würden. Wir kamen auf unserem Weg zu dem Wirtshaus an vielen Leuten vorbei, Pärchen und Familien, die auf dem schlammigen Uferweg spazieren gingen. Keiner sah uns an, alle vermieden den Augenkontakt mit uns. Selbst die Kinder, die mich offen anstarrten, schienen erschrocken zu sein und schneller zu laufen, bis sie an uns vorbei waren. Ich sagte zu Thomas, dass ich dachte, die Leute hätten Angst, mit uns zu reden, ja selbst uns anzusehen.

»Sie haben Angst vor uns«, sagte er, »ihre Werte sind nicht unsere Werte. Sie haben Angst davor, wir könnten ihre Kinder anstecken mit unseren Ideen von persönlicher Freiheit. Sie denken nicht so wie wir.«

»Aber«, sagte ich, als wir weiter schlurften, »warum denken sie dann, dass es für sie gefährlich sei, mit uns zu reden?«

»Also, ich denke man hat ihnen das eingehämmert – dass es gefährlich wäre mit uns zu reden und mit unseren Ideen in Berührung zu kommen«, antwortete Thomas.

»Aber wenn jemand vor irgendetwas oder irgendwem Angst hat, einfach nur, weil es oder er anders ist, dann ist das doch falsch – absolut grundfalsch, direkt verrückt!« Die Leute vermieden es geradezu, in unsere Nähe zu kommen, und ich machte weiter: »Das ganze Leben dieser Leute scheint aus Angst zu bestehen. Es ist vielleicht nicht nur die Angst vor der Regierung, sie haben offensichtlich auch Angst davor, einfach nur mit uns zu reden, uns kennen zu lernen. Und wenn das so ist, dann hat ihnen jemand diese Angst eingeflößt, dann wird ihr Leben kontrolliert, und zwar mit nackter Angst. Der russische Bär macht das!«

Drinnen im Wirtshaus fragte ich den Oberkellner in Zeichensprache, ob wir in DM bezahlen könnten. Er war kurz und untersetzt, dunkel, und hatte einen abgewetzten schwarzen Anzug an. Er warf seine dicken Hände in die Luft, schüttelte leicht eine Faust gegen uns und rannte zum Telefon. Eilig machten wir uns wieder auf den Weg zum Schiff. Gerade als wir das Beiboot durch den Schlamm ins Wasser schoben, sahen wir zum einen ein Auto voll mit Männern im mittleren Alter und in Anzügen und zum anderen eine Rotte bewaffneter Rotznasensoldaten in ihren Sackuniformen, die am Ufer standen.

Wir unterhielten uns weiter, ruderten zurück zu *Outward Leg* und tauchten in die Kabine ab, um eine Mahlzeit aus österreichischen Konserven zuzubereiten. Sobald die Pfanne auf dem Kocher stand und ich wie ein Scharfschütze meinen Kopf vorsichtig und langsam aus dem Niedergang herausstreckte, sah ich ein Motorboot die Donau herunter kommen, das Kurs auf das Flüsschen nahm. Ich bemerkte, dass vier große Männer darin saßen.

Das Motorboot kam näher und bereitete sich darauf vor, an *Outward Leg* längsseits zu gehen. Ich konnte erkennen, dass es offensichtlich ein Eigenbau war, es war grob aus Fiberglas zusammengeschustert. Der schwere Mann am Ruder und sein glatzköpfiger Kumpel, der mit einer dünnen Bugleine hantierte, begrüßten uns auf Deutsch. Ich rief Thomas zum Übersetzen.

»Wir kommen vom Bratislava Yachtclub«, sagte der Steuermann, »wir haben euch vorher schon flussaufwärts gesehen, und wir dachten, wir sollten euch besuchen. Ausländische Yachten kommen selten hierher, ihr seid die erste amerikanische, die wir zu sehen bekommen.«

Das stimmte, dass sie uns vorher schon flussaufwärts gesehen hatten, ich hatte ihr Boot auf dem Trockenen am Ufer liegen sehen, etwa fünf Kilometer vor Hrusov. Dort hatte es auch andere Leute am Ufer gegeben, aber keine anderen Boote. Wir hatten überhaupt keine anderen Sportboote gesehen, wurde mir bewusst, nirgendwo in der Tschechoslowakei, außer den Kajaks in Karlova Ves und *Kondor*, – wenn man das Ding an unserer Seite überhaupt als »Sportboot« bezeichnen konnte.

»Wir sind vom Bratislava Yachtclub«, wiederholte der Rudergänger, ein großer, jovial aussehender Kerl von etwa vierzig. Er hatte einen dicken Bauch und schien das gute Leben zu lieben. Sein Kumpel auf dem Bug hatte inzwischen die Vorleine an der Seite von *Outward Leg* befestigt, mit einem Knoten, den ich noch nie gesehen hatte. »Ja«, rief der jetzt, »unser Clubhaus ist im neuen Hafenbecken.« Er erklärte, dass das in dem zweiten Hafen von Bratislava war, der, aus dem unsere ungarischen Freunde mit ihrem Schlepper *Matra* herausgekommen waren. Seine Glatze glänzte.

Ein rotes Licht leuchtete in meinem walisischen Kopf auf, so hell wie ein Sonnenuntergang über der Galway Bay. Ich hatte nie von einem Yachtclub in Bratislava gehört!

»Meine Freunde hier«, sagte der Glatzkopf, »sind auch vom Yachtclub«, er zeigte mit der Hand auf die anderen Insassen des Bootes, beides ernst dreinblickende Männer, die schweigend da saßen und jede Einzelheit beobachteten. Sie studierten mich, Thomas, meine Kabine, meinen Tisch, meine Karten. Einer beugte sich sogar hinab, um das Kleingedruckte am unteren Rand einer Karte zu lesen. Ich schüttelte jedem der

Männer die Hand und beobachtete sie meinerseits genau. Ich dachte: »Also, einer von euch (der Dünne da) mag vielleicht Yachtclubmitglied auf Besuchsreise sein, aber der Dicke da ist es so wenig, wie ich der Bischof von Portsmouth bin.« Laut sagte ich: »Grüß Gott.«

Der Dicke hatte die Ärmel seines weißen Sporthemdes hochgerollt, seine Hosen und Schuhe waren schwarz. Sein Gürtel war an einer Seite mehr abgewetzt als auf der anderen, außerdem fummelte er mit einer Hand an etwas in seiner Hosentasche herum. »Nett, euch kennen zu lernen!«, sagte ich, während Thomas das entsprechende deutsche Gemurmel von sich gab. »Ich treffe immer gerne Yachtkollegen!« Wir überhäuften die Vier mit einer Menge Fragen.

Der Knalleffekt kam, als wir ihnen unsere Lage erklärten, dass wir durch unsere Einreise am 1. Mai keine Gelegenheit gehabt hatten, Geld zu wechseln, weil die Banken geschlossen waren und der Kellner sich geweigert hatte. Sie boten an, uns zu dem Wirtshaus zu begleiten, sie sagten, wir könnten ihnen Deutsche Mark geben, die sie (wie sie sagten) in einer Bank wechseln würden, während sie im Moment das Essen in tschechischen Kronen bezahlen würden.

Also auf ins Wirtshaus, jetzt waren wir sechs, alles intelligente und freundliche Männer, die sich gegenseitig abwogen. Den schmierigen Kellner traf fast der Schlag, als er uns in Begleitung des Dicken sah. Er fiel fast über seine eigenen Füße, als er sich beeilte, uns zu bedienen. Während des Essens sprachen wir fast ausschließlich über Schiffe und das Segeln. Sie erzählten uns, dass sie das Jahr über nur wenig Gelegenheit zum Bootsfahren hatten, aber die Maifeiertage waren für sie eine gute Zeit, um von den Familien abzuhauen und zu saufen. Als wir von Bord gegangen waren, hatte ich mein letztes Kistchen Zigarren eingesteckt. Sie waren ein Weihnachtsgeschenk von jemand in Nürnberg gewesen. Es waren bestimmt zwanzig Zigarren in dem Kistchen, aber als ich es auf den Wirtshaustisch stellte, schnappten alle gierig danach, und sie waren blitzschnell verschwunden. Der Dicke griff sich schweigend das leere Kistchen und verstaute es in seiner riesigen Hosentasche. Die anderen Gäste um uns herum, die ganz offensichtlich wussten, wer wir waren und was wir machten, vermieden jeden Blickkontakt, obwohl sie sich gegenseitig lautstark begrüßten, wenn jemand herein kam.

Als wir unsere Mahlzeit aus einer teuflisch scharfen Suppe, Fisch und Gemüse beendet hatten, ohne Nachtisch oder Kaffee, brachten uns die vier Reiter der *Apokalypse* (ich hatte ihnen unter viel Gelächter empfohlen, ihr Schiff auf diesen Namen zu taufen) auf *Outward Leg* zurück. Danach verließen sie dankbarerweise unser Deck und verzogen sich in ihrem lauten überfüllten Boot.

»Das war verdammt harte Arbeit«, bemerkte ich zu Thomas, als sie außer Hörweite waren. Thomas machte sich auf den Weg zu seiner Koje.

»Ja, und es war ausgesprochen lustig!«

Also, wenn ein Deutscher sagt, dass etwas lustig ist, dann erregt das augenblicklich meine Aufmerksamkeit. »Lustig? Wieso war das lustig, Thomas?«

»Weißt du, wie die Zigarrenmarke hieß, die groß auf dem Kistchen stand?«

Ich schüttelte den Kopf.

»Deutsche Einheit!«

»Oh mein Gott«, murmelte ich.

»Und sie sind alle in der Partei, haben sie mir erzählt.«

Ich wunderte mich noch beim Einschlafen. Waren das wirklich Leute vom Yachtclub gewesen? Jetzt, wo ich das schreibe, habe ich das Rätsel immer noch nicht gelöst. Aber wenn der Dicke nicht ein hoher Parteifunktionär war, dann bin ich kein Kleinschiffskipper! Davon war und bin ich innerlich überzeugt. So ist es eben, wenn man durch einen Polizeistaat hindurch reist, jeder macht sich Sorgen, jeder belauert unaufhörlich den anderen.

Den Rest der Strecke in der Tschechoslowakei, von Hrusov nach Komarno, bewältigten wir am nächsten Morgen. Als wir den Anker an Bord brachten, wurden wir vom Ufer aus von zwei bewaffneten Rotznasen mit Kalaschnikows belauert. Die Landschaft der Donau war wie am vorangegangenen Tag: langweilig und farblos, es regnete. Jetzt gehörte das eine Ufer zu Ungarn und auf unserer Seite, der Ostseite, an der wir bleiben mussten, war immer noch die Tschechoslowakei. An jeder Flussbiegung stand wieder der übliche graubraune Wachturm zwischen den Bäumen, und am Ufer hingen die idiotischen flintentragenden Rotznasenpatrouillen herum. Auf der Westseite, in Ungarn, gab es nur ein einziges Gebäude auf der ganzen Strecke bis hinunter nach Komarno. Es war ein Posten der Flusspolizei. Der einsame Mann hinter dem Fenster winkte uns zu, als wir vorbeizogen. Vom Deck unseres Schiffes aus sah

Ungarn wie eine einzige flache Ebene aus, Gras wiegte sich im Wind. Man sah keine Menschen oder Tiere, nur ab und zu ein paar Baumstümpfe.

Wie man gut verstehen wird, liefen wir bei Komarno gezwungenermaßen in den Handelshafen ein, sonst gab es nichts. Es war ein sehr großes verräuchertes Hafenbecken, umgeben von schmutzigen Betonkais, Wachtürmen und einer gewaltigen hohen Mauer. Die Frachter, die meist vor Nässe tropfende russische Heckflaggen hatten – rot, mit Hammer und Sichel – machten einen Höllenlärm. Natürlich wurden wir sofort wieder von Flinten schwingenden Halbwüchsigen mit grünen Kappen empfangen und an einen Ponton unter der Brücke dirigiert. Komarom, in Ungarn, war nur zweihundert Meter entfernt.

Auf dem Steg wartete ein bewaffneter Matrose, der uns in das Büro eines großen Mannes dirigierte, der wie der junge Boris Karloff aussah. Er schaute uns seitwärts aus irren Augen an, als wir hereinkamen. Er war der Zollbeamte. Aus seinem Radio plärrte die Reportage eines Fußballspiels, soviel konnten wir mitkriegen. Eine ganze Stunde lang nahm er uns genau in Augenschein, betrachtete mit irre verwirrten Augen unsere Kleider und hörte der Reportage zu. Dann sprach er endlich mit uns.

Er betrachtete unsere Pässe, die vor ihm auf dem Tisch lagen. Dann sagte er langsam mit starkem Akzent: »Sie haben das Gesetz gebrochen.« Thomas übersetzte.

»Welches Gesetz?«, fragte ich ihn so unschuldig wie möglich. Lenin auf dem Bild an der Wand hörte zu.

»Sie haben keine zwanzig Dollar pro Tag ausgegeben, und heute um Mitternacht haben Sie die Dauer Ihres Visums um einen Tag überschritten!« Er hatte etwas von einem schizophrenen Amateur an sich. Er wechselte schlagartig das Thema: »Mögen Sie Fußball?«, und grinste, es war kaum zum Aushalten.

»Ich stamme aus Liverpool«, log ich, als wenn das seine Frage beantworten würde. Aber Liverpool stand in meinem Pass, obwohl ich auf See geboren wurde.

»Wir sind die besten Fußballspieler in Europa!«, fuhr Boris fort.

»Liverpool ist in England«, hielt ich dagegen. Überall sonst auf der Welt hätte ich jetzt gesagt: »England ist nicht Europa«, aber im Büro eines tschechischen Irren hält man besser die Klappe.

»Ich denke, ich werde Ihr Schiff an die Kette legen, bis mein Chef in drei Tagen vorbei kommt! Soll der doch entscheiden, was zu tun ist.«

Ich dachte scharf nach. Umkehr-Psychologie schien die einzige Lösung zu sein. »Oh! Prima!«, sagte ich in meinem miserablen Deutsch zu Thomas, »das ist prima! Dann können wir in die Stadt gehen und in die Bars, wir schauen uns alles an, die Mädchen, wir gehen ins Kino ...« Es schien zu funktionieren – Boris erhob sich zu seiner vollen Größe, er baute sich vor uns auf. »Nein! Ich werde ihnen keinen Aufenthalt in der Tschechoslowakei erlauben!« Er warf mir die Pässe ins Gesicht. »Sie gehen jetzt auf Ihr Schiff und hauen ab – sofort!« Das hätte er seinen eigenen Landsleuten sicher nicht gesagt, die hätte er sicher an der »Republikflucht« gehindert.

Thomas und ich bemühten uns, unsere Erleichterung nicht zu zeigen. Wir führten einfach den Befehl von Boris aus, kletterten an Bord, starteten die Maschine und legten ab. Wir konnten unser Glück kaum fassen. Innerlich jubelten wir, und äußerlich legten wir totale Gleichgültigkeit an den Tag. Wir ließen uns von der Donau in ungarische Gewässer hineinschieben.

Sobald wir aus der Tschechoslowakei heraus waren, setzten wir die ungarische Gastflagge an dem verbogenen Stock an unserer lädierten Steuerbordseite. Ich nickte zu Thomas hinüber, er wartete schon grinsend auf mein Zeichen. Er schoss den Niedergang zur Achterkajüte hinab und schaltete das Kassettendeck ein. »Lament for the Old Sword« schallte über die Donau, über unser verwundetes Schiff bis hinüber zu dem verrückten Zollbeamten, der einsam im Nieselregen auf dem Ponton stand und zusah, wie *Outward Leg* in die relative Freiheit von Ungarn hineintuckerte. Nach der Düsterkeit, den Gefahren, der Unterdrückung und den Despoten in der sowjetisch beherrschten sozialistischen tschechoslowakischen Republik erschien uns nun alles hell und heiter.

20 Im Grünen

K omarom hat zwei entscheidende Vorteile: Es liegt außerhalb der Tschechoslowakei und es liegt in Ungarn. Als *Outward Leg* die Donau überquerte und in Ungarn einlief, winkte uns ein kleiner, dünner Soldat auf dem dritten Ponton hinter der Brücke zu. Das war der Zollponton, versicherte uns der winzige Soldat, obwohl er nicht gekennzeichnet war. Er musste es wissen, denn er war der zuständige Mann dafür. Drei Minuten, nachdem wir gerade gut festgemacht hatten, wurden wir durch einen riesigen Zollbeamten in einer hellblauen Uniform angewiesen, am zweiten Ponton längsseits zu gehen. Unter beiden Pontons gab es reichlich Wassertiefe.

Sobald wir erneut festgemacht hatten, sprach der Zollbeamte schnell mit dem kleinen Soldaten. Mit seiner Flinte gab dieser uns dann zu verstehen, ihm an Land zu folgen. Ich war nach den Tagen in der Tschechoslowakei erschöpft und müde. Thomas fragte den Riesen, der etwas Deutsch verstand, ob er alleine mit den Schiffspapieren und unseren Pässen zur Polizei gehen könnte. Die war oben auf dem steilen Hügel, wie er uns gezeigt hatte.

Nein, das war nicht erlaubt, der Kapitän müsse kommen, alle müssten kommen. Der Zollbeamte war sehr höflich. Nach der Tschechoslowakei wäre uns auch der Weiße Hai höflich vorgekommen. Aber er war auch strikt, und so musste ich mich gleich wieder aufraffen und den steilen Bootssteg erklimmen. In Begleitung von Thomas und dem Soldatenzwerg hoppelte ich über eine staubige Dockstraße zur Rückseite einer Lagerhalle. Von dort aus führte eine ganz schmale steile Treppe zwischen den Zollgebäuden hinauf und durch einen hohen Stacheldrahtzaun. Bis zu diesem Zeitpunkt sah alles der Tschechoslowakei weiter oben an der Donau verblüffend ähnlich. Aber am oberen Ende der Treppe endete diese Ähnlichkeit, wir kamen in eine kleine Straße mit blumengeschmückten Häuschen. Jemand grüßte mich sogar mit einem Lächeln, als ich vorbei hoppelte. Um die Ecke lag dann das Büro der Hafenpolizei. Mit einigem Unbehagen ging ich darauf zu, aber drinnen musste ich mich zwicken, damit ich merkte, dass ich nicht träumte. Das Büro war ein einziger Palast. Es war sauber, hell, geräumig, es gab gepflegte Möbel und an den Wänden hingen Bilder, die offensichtlich mit gutem Geschmack gewählt worden waren. Ich sah viele Männer in Uniform und auch ein paar Frauen. Alle wimmelten scheinbar ohne System herum, wie auf einer Cocktailparty. Es waren sicher hundert Leute anwesend, und alle unterschieden sich irgendwie in ihrer Kleidung, es gab blaue Uniformen, graue Uniformen, khakifarbene, dunkelbraune, weiße, hellbraune und schwarze. Laute Musik plärrte irgendwo aus einem Radio, eine Art Country-Musik. Alle wanderten umher, von Büro zu Büro, und sie quasselten laut in einer Sprache, die keiner zu gleichen schien, die ich je gehört hatte.

In dem Empfangsraum, in den ich hineingeführt wurde, stand eine große Vase mit frischen Blumen, an einer der sehr hohen Wände hing ein Portrait von Lenin. Auf dem Bild blickte er durch ein Fenster über die Donau hinweg in Richtung Tschechoslowakei, für Ungarn schien er sich weniger zu interessieren – sein Blick durch die halb geschlossenen Augen ging über die Köpfe der Anwesenden hinweg.

Um einen Tisch herum standen lederbezogene Lehnsessel, richtiges Leder. Als ich mich in einen setzte, konnte ich es kaum glauben. Ich fragte mich, in was für eine Falle ich diesmal geraten war. Aber es schien keine Falle zu sein. Von den hundert Beamten, die uns beim Eintreten im Vorbeigehen begrüßt hatten, sprachen nur einer oder zwei Deutsch. Unser großer Begleiter mit dem blauen Kragen suchte einen davon aus, um als Dolmetscher zu fungieren. Der Mann mit dem weißen Hemd stellte sich als sehr umgänglicher Mensch heraus, aber trotzdem konnte er uns nicht einklarieren, ohne dass wir das Schiffszertifikat, den Messbrief, ein Entrattungszertifikat und eine Crewliste in vierfacher Ausfertigung vorgelegt hatten, neben unseren Pässen mit den Visa und einem Nachweis über ausreichende Barmittel. Ich zeigte ihm die Rolle mit 550 Dollar in meiner Hosentasche, und er nickte. Dann bat ich Thomas, das Schiffszertifikat zu holen. Er würde schneller sein als ich, erst die Straße entlang, über die steile Treppe, über das Dock, den Ponton und wieder zurück zum Büro der Hafenpolizei. Thomas sauste fröhlich los, und ich blieb im Ledersessel sitzen, drehte Däumchen, sah zu Lenin hinauf und tauschte mit Weißhemd und an-

deren Beamten verschiedener Größe, jeden Alters und jeder Uniform-
farbe in gebrochenem Deutsch Höflichkeiten aus.

Nach einer halben Stunde Geplauder und Geschwafel mit vielen Pausen war mir klar, dass etwas passiert sein musste. Thomas hätte längst
zurück sein müssen. Ich kämpfte mich zum Fenster hin, von dem aus
man auf die Donau hinabsehen konnte. Ich lehnte mich weit aus dem
Fenster hinaus, die Ecke des Nebengebäudes war im Weg, ich konnte
gerade noch den Ponton sehen, wo unser Schiff … das Schiff war herum
gerissen – die Bugs zeigten auf die Flussmitte, und das Heck schlug am
Stahl des Pontons an! Mir blieb fast das Herz stehen, ich hoppelte in
Richtung Tür. Ein paar Beamte in verschiedenen Uniformfarben wollten
mich festhalten, aber ich brüllte sie in Englisch an, sie sollten bitte so nett
sein, mich durchzulassen, oder so ähnlich, ich müsste sofort zu meinem
Schiff. Wenn ein Schlepper mit großer Bugwelle auf dem Fluss vorbei
käme, wären wir in großer Gefahr. Tatsächlich schrie ich wohl so etwas,
wie: »Macht Platz, ihr Saukerle, mein Schiff sitzt in der Scheiße!« Nur gut,
dass sie kein Englisch verstanden. Aber sie ließen mich durch.

Ich schaffte es über die Straße, die steilen Stufen der Treppe hinab
und über das Vorgelände des Docks – in drei Minuten. Noch nie war ich
so schnell gewesen, seit man mir in New York das Bein abgesäbelt hatte,
ich dachte nur noch an mein Schiff, ich betete beim Laufen. Schmerz-
haft fühlte ich jeden Kiesel, jeden Pflasterstein, jede Treppenstufe, jede
Schwelle auf den Bahngeleisen, jeden Riss im Beton des Kais. Mein
Stumpf glühte vor Schmerz, ich ging bis an meine persönlichen Gren-
zen. Von unten kam ein großer Schleppverband herauf, er lag voll beladen und tief im Donauwasser, er trieb mich vorwärts. Ich schaffte es gerade noch, auf zwei Armen und einem Bein ließ ich mich ins Beiboot fallen, kam mit der Hilfe von Thomas an Deck, der rannte an Land, und ich
warf ihm eine Bugleine zu. Wenn ich jetzt die noch intakte Heckleine
loswarf, würde sich *Outward Leg* mit dem Bug in die Strömung drehen
und wieder sicher längsseits am Ponton zu liegen kommen. Das Ganze
hatte nur sechs Minuten gedauert – Gefahr ist eine prima Therapie.

Thomas hatte zunächst versucht, die Spring zu entlasten, die kurz vor
dem Bersten war, fast eine halbe Stunde lang. Alleine und ohne Hilfe
hatte er versucht zu verhindern, dass die drei Tonnen Schiff von der
Achtknotenströmung flussabwärts gerissen wurden. Er hatte nicht aufgegeben, eine halbe Stunde lang, er hatte die Spring nicht losgelassen.

Schnell hatten wir das Schiff wieder vertäut. Wie die Liliputaner Gulliver gefesselt hatten, so hatten wir unser Schiff verschnürt. Von überall nach überall hin hatten wir Leinen ausgebracht. Nun lag sie ziemlich sicher.

Wenn so etwas passiert, dann ist die Versuchung groß, sofort herauszufinden, was die Ursache war, loszuschreien und den Schuldigen zu suchen. Aber aus einschlägiger Erfahrung halte ich mich damit vorsichtshalber ein wenig zurück. Zuerst sichert man am besten erst einmal das Schiff. Das gibt allen Beteiligten genügend Zeit abzukühlen, man findet wieder zu seiner gewohnten Lebenseinstellung und seinem Humor zurück, und erst dann versucht man, die Dinge zu beurteilen.

In Ruhe rekonstruierten wir, was passiert war. Die sich widersprechenden Anweisungen des Soldaten und des Zollbeamten und die Eile beim Anlegen hatte bei uns eine gewisse Verwirrung hervorgerufen. Wir hatten die übliche zweite Vorleine vergessen; weder ich noch Thomas hatten das in der Hektik bemerkt. Vermutlich hatte die Bugwelle eines vorbeikommenden Schleppers das Schiff hochgehoben, und die starke Vorleine war gebrochen. Die gute alte Donau hatte ihre Chance schnell erkannt und die Bugs vom Ponton weg gedrückt, die Strömung hatte Rümpfe und Kiel seitwärts erwischt, Tonnen von Donauwasser hatten die Spring bis zum Bersten beansprucht und die drei Hecks an den Ponton gepresst. Der Backbord-Schwimmer hatte den meisten Druck abbekommen. Genug davon, wir hatten unsere Lektion gelernt. Egal wie viele Beamte, Soldaten, Maschinenpistolen oder sonst was in Zukunft auf einem Ponton oder Kai stehen würden, wir würden nie mehr mit nur einer Vorleine auf der Donau festmachen! Außerdem würden wir von nun an nie mehr vergessen, den Buganker über Bord gehen zu lassen, und wäre die Hektik noch so groß.

Als wir später aus dem Büro der Hafenpolizei herauskamen, nachdem unsere Einklarierung in Ungarn stattgefunden und uns praktisch jeder die Hand geschüttelt hatte, war die Sache mit der Vorleine schon fast wieder vergessen. Unsere Erleichterung, aus der Tschechoslowakei entkommen zu sein, überwog alles. Die Beamten, die unser Schiff durchsuchten, interessierten sich übrigens nur für Flaschen, deren Inhalt sie sorgfältig prüften und verkosteten.

Die Stadt Komarom liegt einen knappen Kilometer weit vom Hafen entfernt. Wir fanden dort ein kleines Hotel, die Besitzerin sprach gut Deutsch. Wir wechselten illegal ein paar DM bei einem kleinen Mann, der auf der Straße neben uns her geschlichen war. In einem Restaurant an einer Straßenecke im Zentrum von Komarom mit lauter Zigeunermusik erhielten wir eine gute Mahlzeit für umgerechnet vier Dollar pro Kopf, den starken Wein eingerechnet. Der Schuppen war etwa zur Hälfte mit Leuten aus allen Gesellschaftsschichten gefüllt, Reiche, Mittlere und Ärmere. Die Kleider, die sie trugen, entsprachen der Mode der vierziger Jahre. Die meisten Leute tranken Bier, wie wir feststellten. Die »Zigeunerkapelle« bestand aus einem jungen Mann, der in seinem Overall wie ein Lastwagenfahrer aussah, einer älteren Dame mit weißem Haar, die wie ich nur ein Bein hatte, und einem uralten Mann mit einem langen grauen Bart. Der Lastwagenfahrer spielte eine quiekende Ziehharmonika, die Dame einen schlecht gestimmten Flügel, der aussah, als hätte er früher das Musikzimmer von Kaiser Franz Josef geziert, und der Langbart geigte. Das machte er ausgezeichnet, nur blieb sein Bogen öfters im Bart hängen. Der nachfolgende Effekt war so komisch, dass ich mich mehrmals an meinem Gulasch verschluckte. Während wir dort aßen, kamen viele uniformierte Grenzwächter und Soldaten herein und gingen nach einiger Zeit wieder. Sie schienen mit vielen Leuten befreundet zu sein und nahmen sogar ihre Mützen ab, so lange sie im Lokal waren. Die Bedienung war locker aber gut, wenn man unsere Sprachschwierigkeiten berücksichtigt.

Zwischen Ungarn und der Tschechoslowakei gab es nur eine einzige Brücke, sie führte vom ungarischen Komarom ins tschechische Komarno. Ein freundlicher Zollbeamter erklärte mir, dass die beiden Städtenamen so ähnlich klangen, weil es früher in Österreich-Ungarn nur eine einzige Stadt gegeben hatte, die sich an beiden Donauufern erstreckte. Nachdem die Tschechoslowakei unabhängig geworden war, hatte sie das Stadtzentrum mit dem reicheren Teil abbekommen, Ungarn dagegen nur die ärmeren Vororte. »Aber jetzt«, sagte er, »leben wir hier im reicheren Viertel.«

»Wieso ist das hier das reichere Viertel?«, wollte ich wissen.

»Weil es in Ungarn liegt.« Er sagte das in einem Ton, als würde er einem Kind erklären, dass Fische schwimmen und nicht zu Fuß gehen.

Die Brücke zwischen Ungarn und der Tschechoslowakei war nachts geschlossen, nur Züge durften auf ihrer eigenen Ebene durch. Deshalb sah man in der Nacht auch keine Autoscheinwerfer und keine Straßenlaternen am Fluss, der hier die Grenze bildete. Auf der unbeleuchteten Brücke und in den Torbögen davor sah man die dunklen Schatten der Grenzwächter herumlaufen. Ich fühlte mich in die dreißiger Jahre zurückversetzt. Die ganze Zeit, in der ich in Komarom war, hatte ich das komische Gefühl, die Zeit wäre seit meiner Jugend stehen geblieben. Selbst die Lampen im Stadtzentrum leuchteten eigenartig, sie flimmerten wie in einem alten Film.

Der folgende Tag war schön und sonnig; zum ersten Mal seit wir Wien verlassen hatten, regnete es nicht. Nachdem Thomas frische Lebensmittel eingekauft hatte – nach den Preisen in Österreich fand er alles sehr billig – legten wir gegen Mittag ab.

Die Polizei in Komarom hatte uns angewiesen, uns immer bei der örtlichen Polizei zu melden, wenn wir irgendwo anlegten. Sonst gab es wenig Einschränkungen oder Bürokratie auf unserem Weg durch Ungarn. Fast überall waren die Polizeibeamten freundlich, und wenn sie kein Englisch oder Deutsch verstanden, fanden sie bald jemanden, der es tat.

Wir fuhren die fünfzig Kilometer oder so nach Esztergom hinab. Auf diesem Abschnitt hatten wir immer noch die Tschechoslowakei an einer Seite des Ufers und Ungarn an der anderen, aber wir ließen die ungarische Gastflagge oben. Wir fühlten uns in ungarischen Gewässern: Parteibonzen und Rotznasensoldaten waren kein Thema mehr.

Wir sahen nur wenig Häuser auf der tschechischen Seite, aber viele Dörfer und Städte am ungarischen Ufer. Die Ungarn winkten uns im Vorbeifahren zu und riefen herüber. Autos hielten an und hupten, manchmal minutenlang, während die Insassen unser geschundenes Schiff betrachteten und winkten. Sehr viele Arbeiter auf den Frachtkähnen und am Ufer hoben beide Hände über den Kopf und verschränkten die Hände. Auf dem ganzen Weg durch Ungarn und Jugoslawien wurden wir mit dieser Geste willkommen geheißen und auch noch in vielen Gebieten von Bulgarien.

»Die müssen uns kennen, so wie sie *Outward Leg* begrüßen«, sagte ich zu Thomas.

»Aber wie sollten sie uns kennen, hier gibt es keine westlichen Zeitungen oder westliches Fernsehen.« Es war ein Rätsel, aber ich sollte bald die Lösung finden.

Ein sowjetischer Schlepper kam die Donau herauf, strotzend vor Überheblichkeit und Wichtigtuerei. Hinter ihm folgte ein Konvoi aus großen tschechoslowakischen Kanonenbooten. Ich sah mir die Sache durchs Fernglas an, nickte Thomas zu, und schon wimmerten unsere Dudelsäcke. Als wir an dem Konvoi vorbeizogen, liefen wir zwölf Knoten über Grund, obwohl ich Yannie noch nicht einmal Vollgas gegeben hatte. Der Schlepper und alle anderen Schiffe reduzierten ihre Geschwindigkeit, um weniger Bugwellen zu produzieren, alle Mann schienen auf der Brücke oder an Deck zu sein, und alle riefen und winkten uns zu.

Dafür wies ich Thomas an, unsere Flagge zu dippen, es sollte eine Dankesgeste dafür sein, dass sie Rücksicht auf uns genommen hatten. Es schadet nie, »Danke« zu sagen.

Auf halbem Weg zwischen Komarom und Esztergom liegen ein paar Inseln in der Donau. Sie gehören zu Ungarn, aber das Fahrwasser verläuft zwischen ihnen und dem tschechischen Ufer. Auf den Inseln standen Unmengen von Wochenendhäuschen, und da es immer noch das verlängerte Wochenende vom 1. Mai war, wimmelte es dort von lebenslustigen Ungarn. Wir waren gerade an dem Schlepper und den Kanonenbooten vorbei, und der Dudelsack von McPherson plärrte immer noch über die Donau, als wir in einen engen Streckenteil hineinkamen. Was ich dort sah, werde ich ein Leben lang nicht vergessen. Auf der einen Seite lag das tschechische Ufer mit seinen Wachtürmen im Abstand von einem Kilometer und dem obligatorischen Soldaten obendrauf total verlassen da, auf der anderen Seite tummelten sich auf einer Strecke von zehn Kilometern Hunderte von fröhlichen Menschen am Ufer, unter den Bäumen, vor ihren Häuschen und auf den Dächern. Es waren Alte und Junge, Angezogene und Nackte, in allen Größen und Formen, ruhig oder aufgeregt, schreiend oder schweigsam, und alle winkten eifrig zu *Outward Leg* herüber, als sie mit ihrer verschrammten Steuerbordseite in Sicht kam. Ich sah die Leute zu Hunderten zum Ufer hinunterlaufen, sogar bis ins Wasser. Ich ging mit der Geschwindigkeit herab und wir liefen nur noch so schnell wie die Strömung, mit vielleicht vier Knoten. Dann hörte ich es ganz deutlich, wir waren nur noch zwanzig Meter vom Ufer entfernt. »Amerika! Amerika! Amerika!«, riefen sie. Die Schreie kamen von überall her, vom Ufer, aus den Bäumen, in Bass und Tenor, von Männern, Frauen und Kindern, immer wieder, immer wieder, den ganzen Weg an der Insel entlang. Sie winkten mit Handtüchern, mit Jacken mit Taschen, Badebällen und Hemden, einige sogar mit Luftmatratzen und Kissen. Wir zogen an ihnen vorbei, mussten steuern, konnten nicht anhalten, konnten nur zurückwinken. Dann schaute ich wieder eine Minute oder so hinüber auf das andere Ufer, auf die einzelnen, verlassenen Ruinen – dort schien es zu regnen. Dann wurde mir klar, warum diese Leute »Amerika« riefen, nicht für das Land selbst, sondern für die Idee der Freiheit dort. Unser Schiff symbolisierte für sie einen Traum, unsere Nationalflagge war für sie gleich bedeutend mit Freiheit. Sie träumten bei unserem Anblick ihren eigenen Traum, von persönlicher Freiheit, von hohem Lebensstandard und Frieden. Sie wollten frei sein von sinnlosen Parteiparolen, von Unterdrückern und Gehirnwäschern.

Dieser Empfang durch für mich fremde Menschen überwältigte mich. Wie konnte ich zu diesem Zeitpunkt auch nur ahnen, dass sich dieses Schauspiel noch viele Dutzend Mal wiederholen würde, immer wieder, die ganze Donau hinab, immer, wenn keine Polizisten oder bewaffneten Fanatiker in der Nähe waren. Wenn solches Parteigesindel auftauchte, dann gab es immer nur scheue Blicke und vielleicht ein leichtes Winken mit der Hand, wie sollte es auch anders sein. Oder Leute blieben plötzlich stehen, hoben ein Kind hoch und flüsterten ihm etwas ins Ohr, bis es ebenfalls scheu mit einer Hand winkte.

Ich hoffe aus ganzen Herzen, dass man sie durch meine Worte hört und versteht, auf der ganzen Welt!

Esztergom stellte sich als ein herrlich Flecken heraus. Vom Fluss aus blickt man auf eine wunderschöne saubere Stadt mit einer prachtvollen und gut erhaltenen Kathedrale, deren riesiges goldenes Kreuz über die Donau strahlt, bis hinüber in die trostlose Tschechoslowakei. »Lang lebe Ungarn!«, murmelte ich bei diesem Anblick vor mich hin. Es wurde mir bewusst, wie alt dieses Donautal war, auf welch lange Geschichte es zurückblicken konnte. Unsere Passage mit *Outward Leg* war für das Tal nur ein verschwindend kleiner Moment, heute waren wir hier und morgen vergessen. Ich freute mich auf die Freiheit auf den Ozeanen, bald würde ich wieder dort sein, aber die armen Seelen, die dieses Kreuz in Esztergom in seinem Glanz erhielten, mussten ihr ganzes Leben dort verbringen, Tag für Tag, Nacht für Nacht, Jahr für Jahr, in dieser Düsterkeit des Ostblocks. Ich nahm mir vor, eine Gedenkminute für sie einzulegen, wenn ich wieder auf See war.

Auf dem europäischen Kontinent angekommen: Tristan Jones in Amsterdam, Oktober 1984.

Seetüchtig und unverwüstlich: Tristan Jones Trimaran *Outward Leg* misst 11 m in der Länge, 7,95 m in der Breite und vom Kiel bis zum Cockpit 3,40 m in der Höhe.

Der Winter 1984/85 ist der kälteste seit zwei Generationen: Tristan Jones im Januar 1985 auf dem vereisten Main zwischen Schweinfurt und Bamberg.

194

Breiter als man denkt: Blick ins Cockpit von *Outward Leg*.

Tristan Jones und Michael von Tülff auf der *Outward Leg* in Nürnberg.

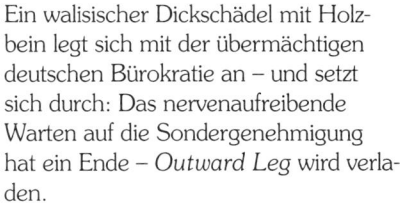

Ein walisischer Dickschädel mit Holzbein legt sich mit der übermächtigen
deutschen Bürokratie an – und setzt
sich durch: Das nervenaufreibende
Warten auf die Sondergenehmigung
hat ein Ende – *Outward Leg* wird verla-
den.

Und sie bewegt sich doch:
In Millimeterarbeit wird
Outward Leg auf einem
Tieflader von Nürnberg nach
Ingolstadt transportiert.

Eis und Schnee wollen auch Ende März noch nicht weichen: vor dem Schloss in Ingolstadt.

Binnen wird *Outward Leg* von einem 22-PS-Yanmar-Außenborder in Fahrt gebracht.

Idylle pur – aber nur vom Ufer aus: Bis zur Weltenburger Enge ist die obere Donau ein reißendes Gewässer und darf nur mit Sondergenehmigung befahren werden. *Outward Leg* in Begleitung eines DLRG-Bootes.

Ablegemanöver auf der oberen Donau: Thomas Ettenhofer (vorne, mit Pudelmütze), Tristan Jones (Mitte) und Horst Besler (hinten rechts).

Verschnaufpause: Tristan Jones und Thomas Ettenhofer an Bord der *Outward Leg*.

Immer, wenn ich daran denke, wie viel Mut und Geduld man für eine Reise aufwenden muss, dann denke ich an das große goldene Kreuz von Esztergom. An dieser Stelle macht die Donau eine große Schleife, wendet sich von Zentraleuropa ab, hin zu der Weite der ungarischen Steppe. Ich werde diesen Ort in meiner Erinnerung behalten und die Menschen unter dem goldenen Kreuz, das in der Sonne leuchtet und im Mondlicht silbrig glänzt, und die auf ihre Art auch Reisende sind.

Ein kleiner Fluss mündet bei Esztergom in die Donau, drinnen lag ein Polizeiponton. Wir machten etwa einhundert Meter flussabwärts in der Donau fest und fuhren mit dem Schlauchboot hinauf zur Polizei. Wir nahmen ein halbes Dutzend leere Wasserkanister mit. Die Polizisten waren in Zivil und sehr freundlich, sie halfen uns sogar dabei, einen vollen Kanister von der Zapfstelle im nahen Café wieder zum Beiboot zu bringen, durch einen schönen Park mit lebhaften Kindern und Frühlingsblumen hindurch.

Am Nachmittag hatte ich genug davon, von den tschechischen Wachtürmen am anderen Ufer, die nur hundert Meter entfernt waren, ständig beobachtet zu werden. Auf meiner Touristenkarte sah ich, dass sich die tschechische Grenze ein paar Kilometer flussabwärts vom Ufer entfernte. Danach gehörten beide Donauufer zu Ungarn.

Wir fuhren also weiter die Donau hinab, vom ungarischen Ufer aus winkten uns die Leute zu, aber an dem letzten tschechischen Grenzposten starrten uns acht Rotznasensoldaten mit Kalaschnikows ziemlich verblüfft an. Es schien, als hätten sie unsere Anwesenheit erst im letzten Augenblick bemerkt. Ein graues Patrouillenboot schaukelte vor ihrem Posten am Steg, aber es war zu spät, um hineinzuspringen und zu uns herüberzukommen. Wir waren geräuschlos um die Biegung herumgekommen und hatten sie beim Dösen erwischt. Als wir glücklich an ihnen vorbei waren, als beide Ufer zu Ungarn gehörten, schoben wir die McPerson-Kassette ein. Die Melodie von »The Big Spree« *(Die große Sause)*, ein altes schottisches Kampflied plärrte über das Wasser. Jeder schottische Soldat kennt seine Bedeutung: »Wenn du mich kriegst, kannst du mich mal...« Ich konnte sehen, wie die tschechoslowakischen Kindersoldaten aufsprangen und uns hinterher starrten, aber sie blieben langsam im schwindenden Abendlicht hinter unserem Heck zurück, wir waren unwiderruflich vorbei, und sie konnten uns nicht folgen.

Nun, da wir endgültig in Ungarn angekommen waren, entspannten wir uns. Endlich konnten wir die Donaufahrt genießen, wie wir das schon immer vorgehabt hatten.

Nagymaros bei Flusskilometer 1694 war der erste Ort, an dem *Outward Leg* nach den 240 km seit Wien festmachte, ohne dass bewaffnete Polizeibeamte oder Soldaten in der Nähe waren. Hier gab es zwei Fährpontons, und unter beiden betrug die Wassertiefe vier Meter. Aber es gab auch eine starke Strömung, etwa acht Knoten, weil der Fluss nur 220 Meter breit ist.

An diesem Ort unterhielten wir uns mit einigen Ungarn. Sie erzählten, dass sie sowjetische Schlepperkapitäne und Mannschaften hassten, weil auf den russischen Schiffen Parteispitzel mitfuhren, die alles überwachten und das Sagen hatten. Die Aufgabe des Kapitäns war lediglich, das Schiff zu steuern. Die Russen gaben auch kein Geld aus, sie brachten alles aus dem einzigen wirklichen sowjetischen Donauhafen Ismail mit, alle Lebensmittel und allen Treibstoff, den sie für die Hin- und Rückfahrt brauchten, egal wie weit sie flussaufwärts fuhren. Wenn das Essen an Bord der russischen Schiffe miserabel war, dann war das auch kein Problem – der Koch war Parteifunktionär, der Kapitän konnte nichts gegen ihn unternehmen. Das Gleiche galt für alle anderen Aktivitäten an Bord, wie die Ungarn erzählten, die Mannschaft hörte nicht auf den Kapitän, sondern auf den Parteifunktionär.

»Warum machen sie den nicht zum Kapitän?«, fragte ich.

»Dann könnten sie genau so gut Donald Duck ans Ruder stellen, der Kapitän ist wenigstens ein Seemann.«

Was mich noch mehr überraschte, war die Tatsache, dass alle Skipper über UKW miteinander quasselten. Unser Unfall bei Bratislava und unsere Reise durch die Tschechoslowakei waren fast auf jedem Schiff aus den acht Donauländern bekannt. Auch unser faires Verhalten gegenüber dem Schlepper *Matra* war über Funk weitergegeben worden. Das war der Grund, warum uns alle zuwinkten und herüber riefen, wenn uns ein Schiff flussaufwärts entgegenkam oder uns von achtern her überholte. Wir gehörten sozusagen zur Donauschifferfamilie, die sich von Deutschland aus bis hinunter ins Schwarze Meer erstreckte. Es schien, dass *Outward Leg* eine Art Legende geworden war. Das gefiel mir ausgezeichnet, denn Legenden reichen weiter als einfaches Geschwätz und bleiben meist länger in Erinnerung.

Außerhalb des Donautals kannte uns niemand, keiner nahm unsere Reise zur Kenntnis. Ich wollte auch nicht all zu viel Wirbel machen, schließlich gab es genug Mächte hier, die unseren Fortschritt hätten aufhalten oder verzögern könnten.

Die Touristensaison hatte inzwischen begonnen, und die Passagierlinien waren in Betrieb. Wir hatten ein paar herrliche alte Schiffe die Donau herab kommen sehen. Wir fragten, ob in dieser Nacht ein Schiff am Ponton ankommen würde, aber keiner wusste das, oder wir bekamen unterschiedliche Antworten. Ich dachte, ich könnte es riskieren, mit Thomas an Land zu Abend zu essen, die Mahlzeiten waren ohnehin billig, und wir taten das in Ungarn öfters. Es gab auch ein Restaurant in Nähe des Pontons; schon den ganzen Abend schallte moderne Musik zu uns herüber. Es war überfüllt; Hunderte von Leuten wimmelten herum, und auf einer Tanzfläche in Briefmarkengröße tanzten mehrere Paare Boogie-Woogie. Alle Leute hatten Freizeitkleidung an, es schien ihnen einigermaßen gut zu gehen. Wir mussten eine Stunde warten, ehe die überlasteten Kellner uns bedienten. Thomas hatte Tatar, ich aß ein Wiener-Schnitzel und wir teilten uns eine Flasche Wein. Das alles kostete uns gerade einmal 10 Dollar.

Ich fühle mich an überfüllten Orten nicht sehr wohl, besonders seit meiner Beinamputation, und wenn die Leute ein wenig angeheitert oder betrunken sind. Irgendein ungeschickter Betrunkener könnte auf mich fallen und mich umreißen. Wir gingen deshalb ziemlich schnell wieder hinaus und über den kleinen Platz zum Bootssteg. Wir fanden *Outward Leg* hinter einer Menschenmasse, alle starrten auf die türkisfarbenen Rümpfe hinab, die im Licht einer Laterne am Ufer glänzten. Die meisten der etwa hundert Zuschauer waren jung, aber es gab auch Ältere darunter. Etwa die Hälfte von ihnen bat uns um eine amerikanische Flagge. Wie sich in den nächsten Wochen herausstellte, hätten wir Tausende davon verteilen können, auf dem ganzen Weg die Donau hinab. Wir wurden immer wieder danach gefragt, wo immer wir anlegten, es war immer die gleiche Frage.

Von Nagymaros nach Budapest, der Hauptstadt von Ungarn, sind es 42 Kilometer. Die Strömung war stark, etwa vier Knoten im Durchschnitt, und wenn wir es eilig gehabt hätten, wären wir in ein paar Stunden dort gewesen. Aber es war ein schöner Tag, außerdem ein Sonntag, und viele Ungarn waren am Flussufer. Sie angelten, badeten in der Son-

ne oder gingen einfach nur spazieren. Wir kamen an vielen Wochenendhäuschen vorbei, an Dörfern und Städten, und überall wurde uns zuge-
winkt und zugerufen.

Bei dem Dorf Venceramos legten wir zum Mittagessen an. Am
Ponton betrug die Wassertiefe vier Meter, und zu unserer großen Überraschung gab es keine Strömung. Viele Leute kamen zum Schiff herunter, um uns zu begrüßen, und viele Kinder schauten sich das Schiff
an. Ein Student, der gut Englisch sprach, ein junger Mann von etwa
zwanzig, sprach ein paar Minuten mit mir. Es war eine höfliche Unterhaltung über unsere Reise, das Wetter und die Lebensmittel, die man
in den ungarischen Läden kaufen konnte. Er sagte, es gäbe von allem
genug. Aber für mich war die Unterhaltung etwas Besonderes, es war
das erste Englisch, das ich seit Wien, außer Thomas', hörte. Der Dorf-
polizist, ohne Kappe, mit aufgeschobenem Schlips und unbewaffnet,
unterbrach sein Sonntagsessen und kam herunter, um uns zu begrüßen. Eine Gruppe Kinder, die wir vorher durch das Schiff geführt hatten, kam noch einmal zurück und brachte uns Geschenke von ihren Eltern, Wein und Käse, und luden uns zum Kaffee in ihre Häuser ein.
Aber ich wollte an diesem Sonntagnachmittag noch bis Budapest kommen, denn an Sonntagen ist weniger Schiffsverkehr auf der Donau,
und so verabschiedeten wir uns und versprachen, wie sie es gewünscht
hatten, sie nicht so schnell zu vergessen.

Wir tuckerten weiter, an der berühmten Margit Insel vorbei und hinein in die schönste Stadt am Fluss, die ich je gesehen hatte: Budapest.

Wir fuhren unter der Margitinselbrücke hindurch und starrten über
unser verschrammtes Deck auf die Wunder der Architektur, die Parkan-
lagen, die Kirchen, Kathedralen und Kapellen, das Parlamentsgebäude,
die Schlösser und Denkmäler. »Wo machen wir fest, Tristan?«, wollte
Thomas wissen.

»In der Mitte, mein Sohn, genau in der Mitte!«

»Meinst du, dass wir dort bleiben dürfen?«, fragte er.

»Es ist, wie der alte Admiral Nelson immer gesagt hat, Thomas.«

Er schaute mich aufmerksam an. Er war daran gewöhnt, dass ich zu
allem und jedem die Meinung Nelsons zitierte.

*»Ein guter Kapitän kann nichts falsch machen, wenn er seine
Breitseite dem Feind zuwendet«*, brummte ich.

»Dem Feind?«

»Ganz richtig – Big Brother. Wir machen gegenüber dem Innenministerium fest.«

Thomas kletterte aufs Vorschiff und machte die Festmacherleinen klar. Um uns herum betätigten alle Schlepper, Lastkähne, Tanker, Fähren und sogar die Wassertaxis ihre Sirenen oder Hörner. Als wir an dem ersten Ponton oberhalb der berühmten, von dem Briten Adam Clark erbauten Kettenbrücke festmachen wollten, schoss ein Polizeiboot mit Sirene auf uns zu. Der Polizist an Deck winkte uns weg.

Thomas sah mich an.

»Auch Nelson konnte nicht immer Recht haben«, sagte ich, als wir abdrehten.

21 Die Geschichte
der beiden Städte

Budapest, die Hauptstadt von Ungarn, besteht eigentlich aus den beiden Städten Buda am westlichen Donauufer und Pest am östlichen.

Als *Outward Leg* an dem Ponton im Zentrum festmachte, kam ein junger Mann mit einem Fahrrad auf der Uferstraße entlang. Er hielt an, kam zum Ponton herab gerannt und sprach uns auf Englisch an. »Hi, good evening!« Er war blond, hatte ein frisches Gesicht und war sauber gekleidet.

Obwohl das Schiff noch nicht fest am Ponton lag und Thomas noch mit den Leinen hantierte, machte ich etwas, was ich nur sehr selten tue: Ich beachtete den Mann, obwohl das Schiff noch nicht gesichert war. Normalerweise ignoriere ich jeden Zuruf vom Kai oder der Mole, bis das Schiff sicher vertäut ist. Erst dann lasse ich mich auf eine Unterhaltung ein, denn ich weiß, dass es ganz hässliche Komplikationen geben kann, wenn sich der Skipper beim Anlegemanöver nicht voll konzentriert und auf die Gaffer am Ufer hört. Aber in Budapest war ich so sehr über den englisch sprechenden Mann erfreut, dass ich von meiner üblichen Routine abwich. »Good evening«, rief ich dem Radfahrer zu.

»Willkommen in Budapest«, rief er zurück und übertönte damit den Verkehrslärm auf der Brücke, die oberhalb des Pontons die Donau überquerte. »Wenn ich euch irgendwie helfen kann, dann sagt es mir …« Er war noch nicht mit seinem Spruch zu Ende, als das Polizeiboot mit lauter Sirene heranrauschte und mir zu verstehen gab, dass wir hier nicht bleiben durften.

Sobald mir klar wurde, dass *Outward Leg* wieder ablegen musste, winkte ich Thomas zu, die Leinen loszuwerfen. Die Maschine lief noch, wir hatten gar keine Zeit gehabt, sie abzustellen. Die Besatzung des Polizeibootes bestand aus vier Männern in den grauen Uniformen der ungarischen Flusspolizei. Sie starren uns zwar nicht an und winkten auch nicht mit ihren Waffen, wie es die Tschechen getan hatten, aber sie waren knochenhart – wir mussten hier weg, und zwar sofort! Der Offizier zeigte mit dem Finger flussaufwärts und dann hin und her, als wolle er uns sagen, dass wir oben außerhalb der Stadt überall festmachen könnten, aber nicht hier, gegenüber dem Innenministerium.

Der Radfahrer hatte sich inzwischen leise abgewandt und ging den Steg des Pontons hinauf. Ich beobachtete ihn nur aus den Augenwinkeln heraus, denn ich war zu beschäftigt. Ich sah, dass er von zwei Männern in Zivil abgefangen wurde. Sie packten ihn am Ellenbogen und führten ihn hinter einen Baum am Ufer, wohl um ihn zu verhören.

Langsam bewegte sich *Outward Leg* von dem Ponton weg. Sie kämpfte gegen die Strömung an, die in Budapest sehr stark ist.

Der Ort für die zwei Städte Buda und Pest wurde sicher gewählt, weil die Donau hier relativ schmal ist. Das Wasser von halb Zentraleuropa muss durch diese Enge hindurch, sie ist nur etwa 220 Meter breit, und das bedeutet starke Strömung. Wir kamen nur mit weniger als zwei Knoten voran. Ich sagte Thomas, er solle den Dudelsack anwerfen, ich wollte so viele Leute als möglich auf *Outward Leg* aufmerksam machen und ihnen demonstrieren, dass wir gezwungen wurden, wieder flussaufwärts zu fahren, aus der Stadt heraus. »Wir kommen wieder!«, sagte ich zu Thomas und zu mir selbst.

Um es kurz zu machen: Die nächsten zwei Tage waren wir damit beschäftigt, *Outward Leg* von einem unsicheren Liegeplatz zum anderen zu verholen, hauptsächlich vor der Insel Romai, etwa acht Kilometer flussaufwärts, wo es einen Sportbootclub und einige schmale, kleine Pontons gab, oder so etwas Ähnliches. Es gab dort nur schlammigen Grund und die unfreundlichsten Leute, die wir in Ungarn trafen. Auch für junge und agile Kerle war es schwierig und gefährlich, an Land zu kommen; alles war durch den Uferschlamm glatt und glitschig. Selbst für Einrumpfschiffe über eine halbe Tonne war das Festmachen vor Romai riskant. Die Pontons dort waren schmal und gebrechlich, die Stahltrossen, mit denen sie am Ufer verankert waren, waren wie Wollfäden, und die Strömung schwankte zwischen sechs und neun Knoten, je nachdem ob es flussaufwärts regnete oder nicht. Anker, jede Art von Anker, hielten nicht im Flussgrund, der aus weichem Schlamm bestand.

Am Tag, nachdem wir aus Budapest hinaus beordert worden waren, tauchte der Radfahrer auf, diesmal mit dem Auto und seiner Frau. Wir luden sie zum Essen an Bord ein. Er erzählte uns, dass die zwei Männer von der Geheimpolizei gewesen waren und wissen wollten, was er mit uns gesprochen hatte und warum. Er hatte geantwortet, er hätte sich als Dolmetscher angeboten. Er sollte dann seinen Ausweis zeigen, denn in Ungarn war es Pflicht, immer einen Ausweis bei sich zu haben. Aber er hatte seinen nicht dabei gehabt, und deshalb hatten sie ihn auf die nächste Polizeiwache gebracht und ihm augenblicklich eine Strafe von 1000 Forint aufgebrummt, etwa zwanzig Dollar. Ich dachte darüber nach, wie oft Ungarn bei den Vereinten Nationen gegen Südafrika gestimmt hatte, das ähnliche idiotische Gesetze für die Zivilbevölkerung hat.

Die ganze Zeit, in der *Outward Leg* im Exil vor Romai lag, arbeitete ein unbekannter Mann daran, uns in die Stadt zurück zu bringen. Das war Peter Kerenyi von Radio Budapest. Wie er uns später erzählte, hatte er immer wieder versucht, uns zu finden, seitdem er von dem mysteriösen Schiff mit den drei Rümpfen in Türkis und Grau gehört hatte, das auf der Donau Dudelsackmusik spielte und zur Legende geworden war. Nach einer langen Suche mit dem Auto und vielen Telefongesprächen fand er uns endlich vor Romai.

Durch ihn trafen wir eine Gruppe junger Damen, die von ihrer Arbeit in einer Textilfabrik im Süden Ungarns Ferien machten. Es waren insgesamt fünfundzwanzig, sie arbeiten zusammen und sie machten auch Ferien zusammen. Sie wohnten in einer Villa, die der Fabrik gehörte, in der Nähe des Pontons, an dem wir festgemacht hatten. Tagsüber mussten wir *Outward Leg* immer dann vom Ponton wegbringen, wenn eine Fähre dort anlegen wollte, aber abends konnten wir die jungen Damen in ihrer Villa besuchen. Sie luden uns zu ihrem einfachen Essen ein, gebratenem Schinken, Brot und ausgezeichnetem Wein. Wenn wir im Garten am Lagerfeuer saßen, erzählte ich ihnen von Delfinen, die es offensichtlich in Ungarn nicht gab. Peter übersetzte für mich, und sie hörten mit wachen Augen zu, wenn ich von spielenden Seehunden erzählte. Die Mädchen waren sehr hübsch, im Alter zwischen siebzehn und zweiundzwanzig. Sie waren alle sehr lieb zu mir, obwohl ich kein Wort ihrer Sprache verstand.

Das Lagerfeuer spiegelte sich in ihren Augen, und der Mond hing silbrig hinter den hohen Fichten. Ich dachte an die Tausende von Seeleute, die von einer Nacht wie dieser träumten, viele Meilen entfernt, in ihren lärmenden und überfüllten Marinas in Tahiti, St. Thomas, Ibiza oder

Rhodos. Ich hatte es hier viel besser. Diese jungen Mädchen aus der weiten ungarischen Puszta liebten offenbar das Wasser, auf dem Thomas und ich unterwegs waren. Am nächsten Tag luden wir alle zu einer Fahrt an Bord von *Outward Leg* ein, ein paar Meilen flussaufwärts. Sie sagten, es wäre ein unvergessliches Erlebnis für sie gewesen. Ich jedenfalls werde die Fahrt ebenfalls in Erinnerung behalten. Wir fuhren zu der Insel Lupus in dem Seitenarm der Duna. Es war einer der idyllischsten Plätze, an denen ich in meinem langen Zigeunerleben war. Ich nahm mir vor, irgendwann wieder einmal dorthin zu kommen, vielleicht um dort in der Ruhe und Abgeschiedenheit zu schreiben. Rundum standen hohe Bäume, in denen Vögel sangen, und es gab ein paar kleine Villen mit liebevoll gepflegten Gärten. Lupus war herrlich.

Am nächsten Morgen hielten wir wieder einmal Ausschau nach einem besseren Liegeplatz. Vergeblich suchten wir nach einer Stelle, an der unser Anker halten würde, aber die gute alte Donau wollte davon überhaupt nichts wissen. Sie wollte uns immer nur nach Budapest hinunter schieben; in dem weichen Schlamm am Grund hielt kein Anker, egal welcher. Ich war in Versuchung, hinauf nach Lupus zu fahren und dort festzumachen, aber das wäre illegal gewesen, denn diese Gewässer gehörten nicht zum internationalen Schifffahrtsweg der Donau, obwohl das Schiff dort einen sicheren Liegeplatz gehabt hätte. Thomas war gerade wieder einmal dabei, die Ankertrosse an Bord zu bringen, als ein Polizeiboot auf uns zu geschossen kam. Es war nicht das gleiche Boot, das uns in Budapest weggescheucht hatte. Der Kapitän sprach gutes Deutsch, er sah gutmütig aus und war sehr groß. »Holt euren Anker auf, schnell!«, rief er, während sein Boot neben unserer geschundenen Steuerbordseite schaukelte. Zuerst dachte ich es gäbe wieder Ärger, weil wir versucht hatten, in der Mündung der Duna zu ankern, aber er wollte nur, dass wir flussabwärts gingen.

Ich holte unsere Karte heraus, einen Stadtplan von Budapest. »Wohin?«, fragte ich, und fuhr mit einem Finger über die Karte.

»Dorthin!«, er zeigte mit einem großen Daumen auf Pest und dann auf eine Stelle gegenüber dem Innenministerium, direkt oberhalb von Adam Clarks Kettenbrücke, hinter der wir vor zwei Tagen diskussionslos weggejagt worden waren. Auf dem Stadtplan stand hinter diesem Ort »Roosevelt Square« – ich fühlte mich geehrt. Ein wenig gestärkt verließ der Kapitän unser Deck, ich nickte zu Thomas hin, der inzwischen die Ankertrosse verstaut hatte. *Outward Leg* driftete einen Moment lang zur Flussmitte, das Polizeiboot raste weg. Dann fuhren wir unter McPhersons Dudelsackmusik auf voller Lautstärke und mit Yannie unter Vollgas wieder in die Stadt Budapest hinein, alle unsere Flaggen und Wimpel knatterten im Wind. *Outward Leg* schoss mit fünfzehn Knoten über Grund nach Budapest. Ich hielt diese Geschwindigkeit, bis wir gegenüber dem Parlamentsgebäude waren, dann erst ging ich auf sechs Knoten runter. Auf der ganzen Strecke hörten wir Willkommensrufe, Autos hupten und Schiffe betätigten ihre Sirenen. Exakt um zwölf Uhr mittags machten wir fest, unsere amerikanische Nationale flatterte und glänzte in der Sonne. Und dort blieben wir – ganze drei Wochen lang!

Es gab verschiedene Gründe, so lange in Budapest zu bleiben, aber der wichtigste Grund lag in einer Geschichte, die so außergewöhnlich war, dass ich mir lange überlegt habe, ob ich sie in dieses Buch einfügen sollte. Würde ich sie selbst in einem Buch lesen, dann würde ich glauben, dem Autor wäre sonst nichts mehr eingefallen. Aber die Geschichte ist wahr, und es gibt viele Zeugen dafür, wie die Vorsehung wieder einmal mein Leben beeinflusste.

Fünf Minuten, nachdem *Outward Leg* gegenüber dem Innenministerium festgemacht hatte, kam ein verlotterter grüner Kleinbus an den Ponton beim Roosevelt Square in Pest herangerollt und hielt an der Gangway. Ein großer, gut aussehender, schwarzhaariger junger Mann in einem dreckigen Overall stieg aus. Er ging über die Gangway auf den Ponton und starrte zunächst mit dem anderen Dutzend von Zuschauern auf *Outward Leg* herab. Dann nahm er Blickkontakt mit mir auf.

»Ich Künstler«, sagte er stolz und zeigte mit einem stämmigen Daumen auf seine Brust. Sein Overall war ein paar Knöpfe weit offen, und die schwarzen Haare auf seine Brust schauten heraus.

»Gut für dich!«, rief ich zurück, solche Sprüche hatte ich tausendmal auf den Stegen dieser Welt gehört. Aber der da war irgendwie anders. Zum einen waren seine Hände ziemlich schmutzig. Ich hatte vorher wenig Maler oder Schriftsteller mit schmutzigen Händen getroffen. Zum anderen hatte er die Augen eines Reisenden. Das machte mich neugierig. »Und was machst du?«

Er war verwirrt, er sprach nur sehr wenig Englisch. Ich machte einen Ring mit Daumen und Zeigefinger und schüttelte mein Handgelenk auf und ab. »Maler? Malst du Bilder?«
Er schüttelte den Kopf. »Künstler«, wiederholte er und klopfte gegen seine Brust. Ich nahm Finger und Daumen zusammen und tat so als würde ich schreiben. »Schriftsteller? Schreibst du?«
»Nein, nein!«, er machte zwei Fäuste, hielt eine Hand über die andere und machte ein zischendes Geräusch mit den Lippen. Ich dachte er würde einen Feuerwehrmann mimen, der mit einem dicken Wasserschlauch herumfummelt.
»Schweißen!«, rief Thomas laut, auch er starrte zu dem Mann auf dem Ponton hinauf. Ich sah Thomas fragend an.
»Er schweißt, weißt du, er schweißt Eisenstücke aneinander und ...«
Mein Bootsmann zischte jetzt auch mit den Lippen. Der Mann auf dem Ponton brach in ein breites Grinsen aus und nickte wie wild mit dem Kopf. Ich sah wieder Thomas an, und plötzlich fiel der Groschen. Die Welt um mich her wurde hell, das konnte doch nicht wahr sein! »Du meinst doch nicht etwa Metallschweißen? Oder?«
Thomas nickte zustimmend. »Ja, Metallschweißen tut er!«
»Frag' ihn welche Art von Metall«, sagte ich, dann erst merkte ich, dass Thomas in Deutsch noch schlechter dran war, als ich in Englisch. Ich sah wieder den Mann auf dem Ponton an.
»Metall?«, ich fühlte mich wie ein sechsjähriges Kind. »Eisen?«, der Mann nickte, »Stahl?«
Der Mann nickte wieder und sagte etwas auf Ungarisch.
Ich entschied mich für das Unmögliche, meine Kehle war trocken, die Worte kamen wie bei einem Kind heraus, das vom Papi ein Eis will. »Rostfreien Stahl?«
Ein Schwall fremdartiger Laute sprudelte aus dem Mund des Mannes auf dem Ponton, sie hätten direkt von der Donau stammen können, die unter meinen Füßen hindurch gurgelte. Aber ein Wort verstand ich klar und deutlich, alle Segler, von Khartum bis Connecticut verstehen es, von Birmingham bis Budapest, von San Francisco bis Sydney ...! Es sprudelte aus seinem Mund wie gurgelndes Wasser aus einem Gebirgsbach.
Ich bewegte ich mich in diesem Moment noch schneller als vorher in Komarom, als sich unser Schiff losgerissen hatte – war das wirklich erst

eine Woche her? Ich kletterte aus dem Cockpit heraus und schlitterte über das Flügeldeck auf den Steuerbord-Schwimmer, der am Ponton lag. Fast fiel ich in das Netz zwischen den Rümpfen. Ich nahm eine der abgebrochenen Relingstützen in die Hand, die oben immer noch am Relingdraht hing. Ich wollte sie zu dem Mann hinaufreichen, aber der Draht hinderte mich daran. »INOX?«, würgte ich heraus, oder hatte ich mich etwa verhört? Ich konnte es kaum glauben. »INOX« rief der junge Mann. Er grinste breit, schlug sich auf die Brust und zeigte dann auf die Relingstütze. Ich starrte zu ihm hinauf, auf seinen schmierigen Overall, auf seine dunklen Haare, eine ganze Minute lang, wie ein Idiot. Dann zeigte ich auf die Seite des Pontons und sagte leise: »Komm' runter mein Freund, komm' an Bord bitte!« Ich fühlte mich wie eine Spinne, die eine große fette Fliege geschnappt hat.

Innerhalb von zehn Tagen reparierte er alle unsere Relingstützen aus rostfreiem Stahl – nirgendwo hätte ein Privatmann im Ostblock solches Material bekommen.

Von den Millionen von Leuten, die wir in Budapest trafen, hatten wir den einen gefunden, der unsere Wunden aus der Tschechoslowakei heilen konnte, oder irgendetwas hatte ihn hier vorbei geführt. Er sagte, er wäre ganz zufällig vorbeigekommen und hätte die kaputten Relingstützen erst gesehen, als ich sie ihm gezeigt hatte. Er schwor, dass er noch nie etwas von uns gehört hatte, geschweige denn von unserem »Unfall« weiter oben auf der Donau. Er hatte nur die amerikanische Flagge gegenüber dem Innenministerium flattern sehen. Eigentlich war er in Eile gewesen, er wollte nach Hause, aber seine Neugier hatte überwogen. Als echter Künstler wollte er herausfinden, wie diese Flagge an diesen Ort kam und hatte angehalten.

Biro Tamas war wirklich Künstler. Er arbeitete unter der Schirmherrschaft der Universität von Budapest und machte Skulpturen aus Metall. Er hatte auch den Traum, eines Tages sein eigenes Schiff aus Chromstahl zu bauen, und hatte bereits Pläne dafür. Als Dank für seine Hilfe und die Reparatur unserer Steuerbordseite ging ich die Pläne mit ihm durch. Er wollte einen Bruce Robertson 40-Füßer bauen, und ich konnte ihm einige Anregungen geben und ein paar Vorschläge machen. Das war alles, was ich für ihn tun konnte, denn er weigerte sich, Geld für seine Arbeit zu nehmen. Aber ich schrieb an das World Trade Centre in London und empfahl seine Werke für eine Ausstellung. Leider weiß ich nicht, was daraus wurde.

Während Tamas unsere verwundete Seite reparierte, erkundete ich die Uferseite von Pest. Obwohl es in der Nähe unseres Liegeplatzes gute und billige öffentliche Verkehrsverbindungen gab, zog ich es vor, meine Beine zu benutzen, denn ich kam in einen der schönsten Stadtbezirke, die ich auf meinen Reisen über die sechs Kontinente gesehen hatte, alle Inseln im Ozean eingeschlossen. Keine andere Stadt kam mir so schön vor wie Budapest. In den am Meer liegenden Städten wie etwa Hongkong, Sydney, Kapstadt oder Rio gibt es im Allgemeinen nur ein einziges Ufer zu sehen, aber hier in Budapest waren es zwei. Die beiden Städte Buda und Pest waren beide sehr interessant; sie schienen sich in ihrem Charme und ihrer Lieblichkeit gegenseitig übertreffen zu wollen. Das Denkmal der Roten Armee, das beide Städte überragt, erinnerte mich an die großen Opfer der Sowjetunion in ihrem Kampf gegen Hitler, aber es erinnerte mich ebenso daran, dass sie kein Recht darauf hatte, die durch die Rote Armee befreiten Länder als ihre Kolonien zu betrachten.

Die schönsten Spazierwege fand ich auf der Uferpromenade von Pest, sie lief vor dem International Hotel vorbei. Und wenn es einmal regnete, was selten vorkam, dann konnte ich mich unter den großen Markisen dort unterstellen. Direkt hinter den International Hotel gab es einen Laden, der frische Lebensmittel und Konserven feilbot, und das zu einem Drittel des Preises in England oder den USA. Gegenüber lag das Restaurant Neapolitano, wo eine gute italienische Mahlzeit für Thomas und mich sechs Dollar kostete, Wein inklusive.

Näher zum Innenministerium hin, am Roosevelt Square, lag das Hotel Atrium. Viele mögen die Preise dort moderat finden, aber für uns war das Essen dort so teuer, dass wir uns das nur ein- oder zweimal leisten konnten. Aber im Foyer konnte man englische Zeitungen kaufen. Im Hotel Atrium gab es ein Büro, in dem wir ohne sprachliche oder andere Probleme mit England, Westdeutschland oder den USA telefonieren konnten. Aber wir schrieben uns vorher immer auf einen Notizzettel, was wir sagen wollten, so dass wir so wenig Geld wie möglich zum Telefonieren verbrauchten. Trotzdem waren die Telefonate ins Ausland ziemlich teuer.

Die Leute im Büro des Hotels waren sehr hilfsbereit und freundlich, sie nahmen sich all unserer Probleme an. Ihr Englisch war sehr gut. Eine der jungen Damen hatte einen Onkel, der sein Schiff 1956 von Australien bis nach Pula in Jugoslawien gesegelt hatte, und das half uns ganz ungemein. Wie ich zu Thomas zu sagen pflegte:»Wir sind überall!«

Die Taxifahrer in Budapest waren unwillig, uns auf Strecken unter drei Kilometern zu fahren, einige waren direkt beleidigend. Es waren aber auch die einzigen unfreundlichen Leute, die wir in Budapest trafen. Von Budapest aus wollte ich in London und New York Interesse an unserer Reise wecken. Thomas versuchte, von seinen Eltern in München eine Reserve von 500 Dollar zu bekommen, falls wir weiter unten auf der Donau Probleme bekommen würden, in Jugoslawien, Bulgarien oder Rumänien. Es war mir ziemlich unangenehm, darauf angewiesen zu sein, aber ich hatte irgendwie geahnt, dass wir nach dem Winter in Deutschland eine Reserve brauchen würden. Alle die Artikel, die ich geschrieben hatte, hatte man anscheinend achtlos zur Seite gelegt und dann vergessen. Jetzt mussten wir den Preis für die Ignoranz der Bürokraten zahlen. Zum Glück kannte die Mutter von Thomas einiges von den Schwierigkeiten, durch den Winter zu kommen, und hatte in weiser Voraussicht 500 Dollar zurückgelegt. Sie versprach, das Geld zu schikken, falls wir es brauchen würden.

Wie schon vorher in Wien benutzten wir auch in Budapest die U-Bahn. Einmal, als wie den Moskauplatz besuchten, spürte ich, wie plötzlich ringsum ein Zucken durch die Menschenmenge auf dem Bahnhofsvorplatz ging. Alle schienen plötzlich zu raunen und zu flüstern. Dann hörte ich hinter mir ein drohendes Geräusch, wie ein Rascheln, ein Schlurfen und leises Gemurmel, wie von Tieren, die ins Schlachthaus getrieben werden. Ich drehte mich um und wollte sehen, was da vor sich ging. Nur ein paar Meter von uns entfernt war ein Bataillon, das aus ziemlich verwahrlosten Soldaten bestand. Sie hatten dreckige Kampfuniformen an und schwere Lederstiefel, die bis über die Knöchel reichten. Die Stiefel schienen alle die gleiche Größe zu haben, unabhängig vom Körperbau der einzelnen Soldaten. Die Jacken der jungen Männer hingen wie flatternde Billighemden sackgleich über den Khakihosen, die von einem breiten dicken Ledergürtel gehalten wurden. Die Gesichter der Soldaten waren sonnenverbrannt, und viele Menschenrassen spiegelten sich ich ihnen wider, Europäer, Mittelmeertypen, Teutonen, Slawen, einige sahen skandinavisch aus, andere asiatisch, türkisch oder mongolisch, und ein paar von ihnen schienen rein chinesischer Herkunft zu sein. Auf dem Kopf hatten alle riesige Schildmützen mit einem roten Stern. Das waren sowjetische Rotarmisten, die da marschierten, das Herz tat mir weh bei diesem Anblick der Verschwendung.

Als das sowjetische Bataillon schlurfend vorbeizog, drehten alle Ungarn dem Anblick den Rücken zu, sie ignorierten ihn schweigend und eindrücklich.

Ohne Zweifel gehören die Ungarn in Budapest zu den elegantesten Leuten in Europa, und ihre Eleganz ist nicht nur äußerlich, sondern reicht weit in ihr Inneres hinein. Sie haben ein feines Gefühl für alles, was sie tun und sagen und wie sie es sagen. Alle Leute, mit denen ich in Ungarn zusammentraf, mit Ausnahme der Taxifahrer, waren ausgesprochen freundlich und höflich. Nur die Leute im Westen Irlands und in Paraguay waren so wie sie. Sie sind von einem künstlerischen Flair umgeben, das schon in der Art und Weise erkennbar ist, wie sie ein Tischtuch auflegen oder eine Straßenbahnfahrkarte kontrollieren.

Thomas und ich verbrachten beide unseren Geburtstag in Budapest. Meiner war am 8. Mai, und die ganze Uferpromenade war zum Jahrestag der Siegesfeiern in Europa hell beleuchtet. Thomas hatte am 20. Mai Geburtstag, und wir feierten in einem chinesischen Restaurant, das sich als sehr teuer herausstellte.

Aber es war ja ein spezieller Anlass, jedes Essen an Land, war das für uns, obwohl in Osteuropa eine Mahlzeit an Land viel billiger ist, als in vergleichbaren Restaurants im Westen. Trotzdem kochten und aßen wir meistens an Bord. Oft verzichteten wir auf ein üppiges Frühstück, um Geld zu sparen. Wir wollten eine Reserve haben, falls wir später in Schwierigkeiten kommen sollten.

Unsere Besuche bei den rumänischen und bulgarischen Botschaften zum Erlangen unserer Visa waren teuer, sowohl die Gebühren als auch die Taxifahrten, außerdem war es sehr langweilig, wenn wir dort in den überfüllten Warteräumen herumhingen.

Wir brauchten zwei Wochen zäher Verhandlungen, um unsere Visa für Rumänien zu bekommen, und 56 unserer spärlichen Dollars für die bulgarischen Visa.

Während unseres Aufenthalts in Budapest trafen wir auch mit behinderten Menschen im städtischen Rehabilitationszentrum zusammen. Wir arrangierten einen kleinen Trip mit einer Gruppe von Rollstuhlfahrern, meist Beinamputierten, hinauf zur Insel Lupus. Es waren sieben Leute in Rollstühlen, die wir auf Deck festzurrten und neun Leute mit Krücken. Sie waren aus allen Altersgruppen, von sieben bis siebzig, und sie hatten anscheinend viel Freude an der Fahrt. Das Wetter war sonnig, und wir hatten passender weise Händels »Wassermusik« ins Kassettendeck geschoben. Wir fuhren hinauf nach Lupus und abends wieder zurück.

Während unseres Aufenthalts in Budapest kamen durchschnittlich vierzig Leute pro Tag an Bord und besuchten *Outward Leg*, manchmal kamen ganze Schulklassen. Zu unseren Besuchern gehörten auch die Schauspielertruppe des lokalen Kindertheaters und viele Behinderte. Oft wurde es ziemlich eng an Bord, und außerdem waren wir mit den Vorbereitungen für die noch vor uns liegenden 1650 Kilometer auf der Donau bis zum Schwarzen Meer und die danach folgende Strecke beschäftigt. Aber wir ließen alle Besuche gutmütig und geduldig über uns ergehen. Thomas brachte es immer wieder fertig, allen das Schiff zu zeigen. Besonders die Kinder liebten das Bild von dem Wal, der in bei den Azoren mit unserem Schiff hatte spielen wollen, und auch das geschnitzte Holzbein, das Larry Pardey für mich gemacht hatte. Ein paar Behinderte schafften es sogar, vom Ponton aus auf das ewig im Schwell des Berufsverkehrs schaukelnde Schiff zu klettern, andere sahen uns nur vom Rollstuhl aus zu, bei drei Gelegenheiten sogar von einer Bahre aus, an die sie für den Rest ihres Lebens gefesselt waren. Aber ich denke, dass sogar sie durch den Besuch von *Outward Leg* ein wenig Hoffnung geschöpft hatten, ich betete dafür.

Während der ganzen Reise auf der Donau wurden nur vier Dinge geklaut, alle in Budapest: Eine kleine digitale Stoppuhr, die ich für die Navigation verwendet hatte, die amerikanische Flagge, die wir seit Beginn unserer Reise am Heck geführt hatten, eine rote britische Flagge und ein Wimpel der RNSA (Royal Navy Sailing Association).

Das führte zu einer neuen Regel: In der Nacht oder wenn niemand an Bord war, ließen wir keine Flaggen gesetzt. Ich weiß, was die Behüter der nautischen Etikette jetzt brummen werden: »Geschieht ihm recht, er hätte seine Flaggen nach Sonnenuntergang sowieso wegnehmen sollen.« Aber tatsächlich waren wir hier auf einem internationalen Wasserweg, und die Regeln besagten, dass jedes Schiff, bei Tag und bei Nacht, in Fahrt oder festgemacht, seine Nationalität anzeigen musste. Doch nun mussten wir aufpassen, dass uns die zerfetzten alten Ersatzflaggen nicht auch noch abhanden kamen. Es waren die einzigen, die wir noch hatten, einen Ersatz könnten wir sicher erst in Istanbul bekommen, zumindest für die amerikanische Nationale. Ich hatte zwar an Freunde geschrieben, aber keine Antwort erhalten, und erst recht keine Flaggen.

Leute, die irgendwo in einem westlichen Vorort sitzen, in einer Marina in den Antillen oder im Mittelmeer, werden sich fragen, was die ganze Aufregung um einen Fetzen bunten Stoff eigentlich sollte, aber vom Deck eines Schiffes, das zwischen sowjetisch dominierten Ländern eingekeilt ist, bildet man sich schnell eine andere Meinung. In den nächsten Wochen waren diese bunten Fetzen das Einzige, das uns vor Verhaftung, Gefängnis und anderen Unannehmlichkeiten beschützen konnte.

Einen Tag vor der geplanten Abreise von *Outward Leg* hoppelte ich zur Residenz des sowjetischen Botschafters in Budapest. Unschuldig fragte ich mich, wie er auf meine Anfrage für eine Genehmigung zum Befahren des Schwarzen Meers reagieren würde; irgendwann würden wir ja aus der Donau heraus kommen, und danach lagen die Häfen auf sowjetischem Territorium. Er fragte mich nach dem Zweck meiner Reise, und ich erklärte es ihm: um behinderte Leute zu treffen, eine Amputation wäre für einen Russen sicher genau so schmerzvoll wie für andere auch. Mich interessierten ganz besonders Amputierte aus der sowjetischen Arktisflotte, die im Zweiten Weltkrieg an der Seite von uns britischen Matrosen schreckliche Schlachten erlebt hatten. Ich hatte gehört, dass es auf der Krim ein Krankenhaus für diese Männer gebe. Der Konsul war ein großer Herr mit dem Gesicht eines friedlichen Bluthundes, er war sehr unverbindlich. Er räusperte sich leise und war mitfühlend und verständnisvoll, als er mich an seinen Kollegen in Jugoslawien verwies. Ungarn hätte keine Seeküste, sagte er, also gäbe es auch keinen sowjetischen Marineattaché in Budapest. Ich erklärte ihm, ich hätte auf der Donau sowjetische Schiffe gesehen, die meiner Meinung nach sehr wohl zur Marine gehörten, aus denen überall Antennen herausgehorcht und die verstärkte Decksektionen für die Montage von Kanonen und Raketenwerfern hatten. Er räusperte sich wieder leise und sagte, er verstünde nichts von Marineangelegenheiten, ich möchte mich bitte an seinen Kollegen in Belgrad wenden. Er würde meine Anfrage auch nicht nach Moskau weiterleiten, das würde »zu viel Zeit« in Anspruch nehmen. Aber er würde mit seinem Kollegen in Belgrad Kontakt aufnehmen und ihn von meiner Anfrage in Kenntnis setzen.

Was die amerikanische Botschaft in Budapest angeht, so hatte ich Thomas dorthin geschickt, um mitzuteilen, wo unser in den USA registriertes Schiff festgemacht war. Ich hatte auch eine Einladung an alle Interessierten zu einem Besuch mitgeschickt. Die Antwort war große fette Stille, die mir laut und klar sagte: »Du bist hier auf dich selbst gestellt, Kumpel!«

22 Nackte Tatsachen

Lazlo war Angestellter bei der Bank von Ungarn und Vorstandsmit-
glied eines Segelclubs am Plattensee. Bevor *Outward Leg* in Budapest ablegte, fuhr er uns an einem Wochenende mit seinem Auto dorthin. Sein russischer Wagen zischte mit ihm, Thomas und mir über die
Autobahn, die aus Buda herausführt. Wir kamen durch die attraktive
Stadt Székesfehèrvàr und durch eine herrliche Landschaft, die mich an
den Besuch bei Claire Francis in Buckinghamshire erinnerte; das war
jetzt schon acht Monate her. Es war Mitte Mai, und der Frühling hatte in
Zentraleuropa eingesetzt. Wie immer merkten das die Pflanzen lange vor
den Menschen, die Bäume standen in voller Blüte und das Gras war so
grün wie in Irland.

Auf den sich windenden Straßen im Norden des Sees musste Lazlo
langsamer fahren, ich war ausgesprochen dankbar dafür. Ab und zu
konnten wir auf den See blicken, tiefblau lag er vor den Bäumen am
Ufer. Alles ringsum stand in voller Blüte. Hätten die Farben Stimmen gehabt, hätten wir ein ganzes Symphonieorchester hören können. Es ist
schon ein großer Unterschied, ob man mit dem Auto oder mit dem
Schiff durch eine Landschaft reist. Auf den Straßen ist alles auf das Ankommen ausgerichtet, die Verkehrszeichen, die Schilder über den Geschäften, selbst die Menschen scheinen darauf zu warten, dass ein Auto
um die Straßenbiegung herum kommt. Vom Deck eines Schiffs aus ist
das ganz anders, von dort aus blickt man meist auf die Rückseite der
Häuser; die Leute an Land werden vom Anblick des Schiffs überrascht.
In einem Auto ist man Fahrer oder Passagier, auf einem Schiff ist man
ein Reisender. Auf einem Fluss reist man fast noch so wie früher, vor der
Entdeckung der Dampfmaschine, nur beim Laufen zu Fuß hat man das
gleiche Empfinden. Es gibt keine bessere Möglichkeit, das Land, durch
das man reist, kennen zu lernen, als auf einem Fluss. Dort am Ufer sind
die Menschen, noch so wie sie sind, sie haben scheinbar noch nicht das
unterschwellige Bedürfnis, immer »up to date« zu sein. Wenn Menschen

vom Land her zum Ufer herab kommen, scheinen sie sich zu entspannen und zu dem zu werden, was sie vor der Erfindung der Motoren und der Autos waren.

Am Ufer des Plattensees fanden wir viele Segelzentren, junge Leute in Optimisten, Lasern und Solings. Es gab auch viele alte Snipes. Am Plattensee sahen wir auch die geschäftigste Yachtwerft in Ungarn – eine private Unternehmung. Aus irgendeinem Grund, der mir nicht klar wurde, war die staatliche Fabrik für Fiberglasyachten geschlossen worden, ich konnte den Grund nur erahnen: Keine staatliche Fabrik kann auf individuelle Wünsche eingehen. Das Privatunternehmen baute die Yachten in einem Garten am Ufer, es waren gerade zwei 28-Fuß-Schiffe in Arbeit, eines davon war noch in der Laminierform, das andere war fast fertig und bereit zum Einwassern. Das Büro der Werft bestand aus der Kajüte eines alten Flusskahns, die jetzt auf dem Trockenen im Garten stand. Ein großer lustiger Mann in den Vierzigern leitete die Firma; er arbeitete meist alleine mit der Hilfe seiner Gemeindemitglieder, er war nämlich katholischer Priester. Seine Handwerksarbeit war überdurchschnittlich, besser als ich sie in vielen anderen Yachtwerften gesehen hatte.

In der Nähe der Privatwerft lag die Halbinsel Tihany. Sie war eine der größten Feriensiedlungen in Ungarn, und man sah neben den Tausenden von erholungssuchenden Osteuropäern auch Leute aus dem Westen. Als wir auf die Fähre warteten, die uns über den See bringen sollte, kamen viele Busse aus der DDR an uns vorbei, einer nach dem anderen. Thomas sprach mit ein paar Leuten, aber die Sprache schien die einzige Gemeinsamkeit zu sein. Die meisten Leute aus der DDR wollten ihm einen Vortrag über »internationalen Frieden«, »Arbeiter- und Bauernparadiese« und »sozialistische Solidarität« halten. So wie sie aussahen, glaubten sie wirklich daran.

Mit Lazlo hielten wir an einer Fischbude in der Nähe der Fähre an. Leute aus vielen östlichen Nationen standen herum und aßen gebackenen Barsch, der sehr schmackhaft und billig war. Dazu trank man Bier oder Cola. Die Russen konnte man leicht an ihrer altmodischen Kleidung erkennen; sie hielten sich meist abseits, bildeten kleine Gruppen und murmelten leise miteinander.

Der Yachthafen war direkt in Tihany. Man hatte sehr schöne alte restaurierte Yachten aus den dreißiger Jahren, die immer noch gesegelt wurden, ein paar Waren sogar aus den Zwanzigern, und einige Schiffe stammten noch aus der Zeit vor dem Ersten Weltkrieg. Man erzählte uns, dass die Segelei auf dem Plattensee bis auf 1870 zurückgehe, in eine Zeit, als Ungarn noch zu Österreich gehört hatte und dass es damals eine große Rivalität zwischen den Hauptstädten Wien und Budapest gegeben habe.

Die Wiener brachten ihre eigenen Schiffbauer an den Plattensee, die von der damals ebenfalls zu Österreich-Ungarn gehörenden Adriaküste kamen. Aber die Budapester Segler holten sich auch britische Fachleute für den Bootsbau am Plattensee heran, und die ganze Sache hatte mit einem Engländer aus Sussex und einem Waliser aus Swansea begonnen.

Der Einfluss der beiden Männer war auch jetzt noch unverkennbar. Die ungarischen Segelyachten hatten die Merkmale des britischen Schiffbaus aus dem neunzehnten Jahrhundert: schlanke Rümpfe, elegante Bugs, runde Hecks und die Masten standen weit vorn. Die Handwerksarbeit bei diesen Schiffen war bemerkenswert, und ich war begeistert von der Tatsache, dass sie heute noch aktiv gesegelt wurden.

In dieser Nacht, die wir im Schlafsaal des Yachtclubs verbrachten, schlief ich zum ersten Mal seit unserer Abreise aus London nicht auf *Outward Leg*; ich fand keine Ruhe, ich vermisste ihr leises Klingeln und Rütteln und ihr sanftes Geflüster in der Dunkelheit.

Eigentlich hätten wir noch einen Tag am Plattensee bleiben sollen, am nächsten Tag wurden Weltmeisterregatten ausgetragen, aber ich konnte meine Gedanken nicht von *Outward Leg* lösen, obwohl ich wusste, dass einige Mitglieder des Yachtclubs sie in Budapest im Auge behielten. Es ist nicht einfach, einem Landmenschen das Verhältnis eines Seemanns zu seinem Schiff zu erklären, ohne dass man den Eindruck erweckt, man hätte den Kopf zu lange in der Sonne gehabt. Das Schiff eines Seereisenden ist kein »Ding«, es ist nicht wie ein Auto oder ein Motorrad, selbst nicht wie ein Boot, das man am Wochenende segelt oder unter Maschine bewegt. Ein Reiseschiff ist die Summe der Gefühle und Einflüsse aller Menschen, die jemals mit ihm zu tun hatten, es ist wie eine menschliche Person. Im Kopf eines Seereisenden hat sein Schiff eine ureigene Persönlichkeit, und manchmal, in einem unvergesslichen Augenblick, kommt sie ganz klar und deutlich zum Vorschein: Das Schiff wird zur Person. Diese Vermenschlichung meines Schiffes kam erst richtig zu Bewusstsein, als ich gemeinsam mit ihm große Gefahren zu überwinden hatte. Bei einem neuen Schiff kann man sich das schwer vorstellen, es besteht eigentlich nur aus einer Ansammlung von Einzelteilen aus verschiedenen toten Materialien, unabhängig davon, mit wie viel Können sie zusammengefügt wurden. Aber bei *Outward Leg* war das ganz anders, wir hatten schon zu viel zusammen erlebt. Ich dachte an ihre Schwächen, an ihre Unfähigkeit, sich in manchen Situationen alleine zu helfen. Es war meine Pflicht, sie zu beschützen, mit meiner ganzen Kraft und all meinen Fähigkeiten. Für mich war sie längst nicht mehr nur ein Besitz, sie war eine lebendige Seele. Sie war auch schon lange kein Hilfsmittel mehr zur Erfüllung meiner eigenen Bedürfnisse, meiner Ambitionen, meiner Vorlieben. Sie hatte längst ihre eigenen Bedürfnisse und Ambitionen. Diese Gefühle hatte ich nicht nur bei eigenen Schiffen, ich konnte jedes Schiff erkennen, das sich auf eine glückliche Reise freute, sobald ich meinen Fuß auf sein Deck setzte. Es war ganz egal, ob ich den Eigner kannte oder nicht, selbst wenn der meilenweit weg war, konnte ich es fühlen.

Aus diesen Gründen wollte ich nicht länger am Plattensee bleiben, obwohl es mir dort gefiel. Also fuhren wir wieder zurück nach Budapest und zu *Outward Leg*. Wir wollten weiter das Donautal hinunter, es lagen noch viele Kilometer vor uns.

Unter den Klängen von McPherson's Dudelsackmusik, diesmal war es »Arniston Castle«, legten wir ab. Der 24. Mai war ein herrlicher Tag. Ruhig zogen wir an den großen Touristenschiffen an den Pontons von Pest vorbei, Schiffe unter sowjetischer und bulgarischer Flagge. Von den Decks aus winkten und riefen uns die Gäste und Mannschaften zum Abschied lebhaft zu. Wir kamen unter vier Brücken hindurch und hielten sehr gut Ausschau nach Schiffen, die vielleicht aus dem Handelshafen bei Flusskilometer 1640 herauskommen würden.

Im Süden von Budapest war die Umgebung zunächst ziemlich industriell, aber die Sonne milderte den sonst sicher trostlosen Eindruck. Zum ersten Mal spannten wir das Zeltdach über dem Cockpit auf, aber diesmal nicht für den Schutz vor Regen oder Schnee, denn die Sonne brannte heiß. Zwischen Kilometer 1950 und 1940 gab es zahlreiche Einbuchtungen, und viele Fähren überquerten die Donau. Die meisten hingen an starken Stahlseilen, die über den Fluss gespannt waren und die ein Abtreiben in der starken Strömung verhinderten; das war eine übliche Methode auf der Donau, bis hinunter zum Schwarzen Meer. Ein anderes Sicherungssystem der Donaufähren bestand aus zwei riesigen in der Flussmitte ausgelegten Ankern, die durch Bojen gekennzeichnet waren. Diese Bojen waren leicht an den großen »Bugwellen« erkennbar, die sie erzeugten. Die Fähre, die mit ihrem Bug an den Ankern hing, wurde am Ufer losgemacht und pendelte dann an ihrer langen »Ankertrosse« über den Fluss, hauptsächlich von der Strömung angetrieben. Die Fähren hatten eine kleine Hilfsmaschine an der Seite, um durch das ruhige Wasser am anderen Ufer zu kommen. Die Stahltrossenmethode wurde offensichtlich dort verwendet, wo der Grund für Anker ungeeignet war, und das galt natürlich auch für unsere Anker.

Etwa dreißig Kilometer südlich von Budapest wurde die Umgebung ländlich und bestand aus bewirtschafteten Feldern. Gemütliche Villen und Häuschen ragten aus den üppig grünen Hügeln auf, die mit lila blühenden Bäumen überzogen waren. Ab und zu sah man Schäfer mit ihren Herden, manchmal brachten sie ihre Schafe zum Tränken ans Donauufer herab. Wir fuhren so nahe an ihnen vorbei, dass wir das Blöken der nur Tage alten Lämmer hören konnte.

Hier unten im Süden von Budapest sahen wir viel mehr Vögel als weiter oben an der Donau. Oft landeten am Abend ganze Scharen wilder Gänse nur Meter neben dem Schiff oder erhoben sich in die Luft. Das Geräusch, das sie mit ihren Flügelschlägen erzeugten, übertönte Chopin aus dem Kassettendeck. Es gab genügend Wildgänse hier, um das chinesische Restaurant am Roosevelt Square für Jahre hinaus zu versorgen.

Wir hatten Budapest spät am Nachmittag verlassen. Unseren ersten Halt machten wir bei dem kleinen Dorf Adony. Dort entlud man Donaukies aus großen Schuten und baggerte ihn auf lange Güterzüge. Bei unserer Ankunft war es schon Abend, und ich hatte mir vorgestellt, dass die Männer um sieben Uhr Feierabend machen würden. Aber Ungarn war kein kapitalistisches westliches Land, die Gewerkschaften waren nicht besonders einflussreich. Also hielt der Lärm der Bagger die ganze Nacht hindurch an. Hier, im Süden von Budapest, waren Pontons eine Rarität, aber ich hatte eine alte Schute gesehen, die halb im Wasser und halb auf dem Ufer lag. Wie ich erahnt hatte, gab es längsseits ausreichend Wassertiefe, und wir machten für die Nacht an ihr fest. Thomas machte das Abendessen aus Konserven, die er in Budapest gekauft hatte, und ich ruhte mich von meiner Arbeit am Rad aus. Von der Schute aus konnten weder er noch ich an Land, weil zwischen ihr und dem eigentlichen Ufer

ein See aus dickem Schlamm lag, der von den Bugwellen der vorbeikommenden Kähne immer wieder aufgefüllt wurde. Bald nachdem wir
festgemacht hatten, musste sich unsere Ankunft im Dorf Adony herum-
gesprochen haben, das etwa fünf Kilometer von der Donau entfernt
liegt. Drei Stunden lang unterhielten wir uns mit etwa fünfzig Leuten in
Englisch und Deutsch. Die Männer, Frauen und Kinder standen dabei
etwa fünfzig Meter entfernt hinter einem Maschendrahtzaun, der das
Kiesbaggerareal umgab, und wir standen im Cockpit. Die Leute wollten,
dass wir an Land kamen, einige schleppten sogar eine gewaltige Planke
heran, mit der wir über den Schlammsee hätten kommen sollen. Aber
die Wellen von den vorbeiziehenden Schiffen waren so stark; das Schiff
hob und senkte sich andauernd, und wir wollten lieber an Bord bleiben
und unsere Festmacher im Auge behalten.

Während des freundlichen lauten Geschnatters mit den Leuten aus
Adony erlebten wir eine heftige Moskitoattacke. Ganze dicke Wolken davon verdunkelten die Abendsonne. Wir hatten in Wien eine einzige Dose
Insektenschutzspray gekauft, denn mehr hatten wir uns nicht leisten können. Ich wollte sie zu den wie verrückt um sich schlagenden Dorfbewoh-
nern hinüber werfen, aber sie fiel in den Schlamm hinter der Schute.
Noch bevor Thomas sie mit dem Bootshaken retten konnte, war sie ver-
sunken. Wir wendeten wieder altbewährte Methoden an und rieben uns
zur Abwehr der Moskitos mit Petroleum ein, bis hinunter nach Mohacs,
wo wir eine weitere Spraydose erstanden.

Wie die freundlichen Dorfbewohner fielen die Schnaken auf der
mittleren und unteren Donau jeden Abend für etwa eineinhalb Stunden über uns her, aber im Gegensatz zu den netten Menschen waren
sie eine elende Plage. Man konnte ihnen einfach nicht entkommen,
selbst in den größeren Städten nahmen sie uns einzeln aufs Korn. Aber
ein einziger Moskito ist in einer heißen stickigen Kabine schon genug.
Die einzige Antwort auf die Angriffe wäre ein Chamäleon oder ein
Gecko gewesen, den wir als Haustier auf dem Schiff hätten haben sollen. Wir versuchten es mit Moskitonetzen, Abwehrspray, das im Osten
ziemlich teuer und selbst in Apotheken kaum zu bekommen war, und
Petroleum oder Dieselöl. Leider funktionieren Moskitonetze nie perfekt, und sie behindern die Luftzirkulation. Wir hätten es auch mit Zi-
tronensaft versuchen können, aber wer will schon so viele Zitronen
ausquetschen?

Wir verließen Adony bei Flusskilometer 1598 am frühen Morgen. Wieder sahen wir die Villen und Häuschen zwischen den lila blühenden Bäumen im Licht des frühen Morgens. Die aufgehende Sonne strahlte die Bäume fast horizontal an, und der Effekt war herrlich. Sie erzeugte rosa und lila schimmernde Wolken, wabernde Flächen über dem leuchtend grünen Gras hinter dem silbergrauen Fluss. Ich war so beeindruckt, dass ich Beethovens »Pastorale« in das Kassettendeck schob. Als wir dann noch Marmeladenbrot zum Frühstück machten und unseren Tee schlürften, fühlten wir uns wie im Paradies.

Die vielleicht schönste Strecke auf der ungarischen Donau war bei Kulcs, dort mündet die Racalmas Dunaag in die Donau, etwa sechzig Kilometer unterhalb von Budapest.

Obwohl wir schon viele Zigeunerlager in Ungarn gesehen hatten, sahen wir bei Kulcs das größte. Manche der Lager weiter oben waren unglaublich ärmlich gewesen, andere hatten besser ausgesehen, manche direkt reich. Das große Camp bei Kulcs war eine Mischung aus allen drei Arten, gleichmäßig verteilt. Keiner winkte uns zu, als wir vorbeizogen, die Zigeuner machten das nie. Die Frauen striegelten die Pferde, wuschen Wäsche oder kochten. Die Kinder schleppten schwere Lasten oder fischten am Ufer. Die Männer saßen im Schatten der Bäume; es schien, als wäre das immer schon so gewesen.

Die Donau ist auf der ganzen Strecke durch die ungarische Ebene hindurch etwa dreihundert Meter breit, und sie fließt schnell. Natürlich ist ihr Verlauf viel geradliniger als oberhalb der Wendung bei Esztergom, es gibt nur wenige Biegungen, die den Zug der Donau in Richtung Karpaten und zum Eisernen Tor hin beeinflussen.

Als wir stetig in Richtung Mohacs weiterzogen, sahen wir viele sowjetische Flugzeuge am Himmel, Jäger, Bomber und Truppentransporter. Augenscheinlich wurden irgendwo Manöver abgehalten. Der Kontrast zwischen der ruhigen und friedlichen Landschaft um uns her und dem lauten brummenden sinnlosen Unfug über uns war fast unwirklich, aber doch real genug, um uns Angst einzuflößen.

Ich sah auch eine Menge militärischer Einrichtungen im Ostblock, einige davon gehörten den örtlichen Streitkräften, aber die meisten waren sowjetischer Herkunft. Dort, wo es die Reise von *Outward Leg* nicht beeinflusste, will ich es auch nicht erwähnen. Aber dort, wo ich es erwähne, mache ich das, weil sie in niedriger Höhe über uns hinwegflogen, um uns und die Bevölkerung einzuschüchtern, um uns zu terrorisieren. Meine Antwort darauf ist, dass ich es erwähne, um die Kerle zur Schau zu stellen.

Außerdem war es langweilig, mit anzusehen wie erwachsene Männer, die es eigentlich besser wissen müssten, wie Kinder herumrannten und Soldaten spielten. Sie merkten offensichtlich nicht, dass sie dabei mit offener Flamme in der Nähe von Dynamit herumhantierten.

Die Mündung von Kis Duna bei Flusskilometer 1570 wäre ein prima Platz zum Ankern gewesen, aber sie war von umgefallenen Bäumen blockiert. Außerdem war die Mündung gerade oberhalb eines sowjetischen Trainingslagers, wo die Rote Armee Übungen mit Flussüberquerungen durchführte. Dieselqualm hing in der Luft, und die herumrennenden Soldaten der Scharen, Bataillone und Regimenter aus Rotarmisten in ihren Khakiuniformen veranstalteten einen Höllenlärm. Sie rannten, gingen, standen oder lungerten überall an beiden Ufern herum. Sie hatten ein paar Landungsschiffe, die fast von ihrer Kurslinie abkamen, als die Steuerleute *Outward Leg* herankommen sahen. Wir hatten alle Flaggen gesetzt, und die Dudelsäcke pfiffen und wimmerten. Die Soldaten an beiden Ufern, die vorher in Bewegung gewesen waren, standen plötzlich wie eingefroren da und starrten ungläubig zu uns herüber. Friedlich, klein und unberührbar zogen wir an ihnen vorbei. Die Soldaten, die vorher im Gras gelegen hatten, standen auf und schienen verblüfft zu sein.

Am westlichen Ufer standen ein paar Offiziere mit ihren großen Kappen und in ihren langen weißgrauen Mänteln. Sie sahen wichtig und einflussreich aus, aber auch sie schauten nur verwirrt herüber zu uns.

Die einzige andere größere Stadt an der ungarischen Donau südlich von Budapest und nördlich von Mohacs, war Paks. Bevor Ungarn dort ein paar Jahre zuvor sein einziges Atomkraftwerk gebaut hatte, war es ein verschlafener Marktflecken gewesen; jetzt war es eine große Stadt. Wie immer, wenn eine neue Stadt über Nacht hochgezogen wird, war Paks ein hässlicher Steinhaufen, jedenfalls vom Fluss her. Es war vielleicht sauber und gut geplant, vielleicht konnten die Arbeiter bequem von ihren Plattenbauwohnungen zu den Fabriken gelangen, aber es war eine Betonwüste. Die Stadt bestand ausschließlich aus einem Dutzend riesiger nichts sagender Zementbauten, in denen Tausende von Appartementwohnungen aufeinander geschichtet waren.

Am späten Nachmittag kamen wir südlich von Paks durch Hügel und Wiesen am Ufer. Eine riesige Menge von nackten Ungarn tummelte sich dort, natürlich nicht an einer einzigen Stelle. Sie bevölkerten das ganze Ufergelände über sechzig Kilometer von Paks bis Mohacs. Es waren Leute aller Altersgruppen, Formen, Figuren und Größe, Männlein und Weiblein. Selbst nackt verbreiteten sie noch eine gewisse Eleganz um sich herum. Viele rannten zum Wasser herunter, wenn sie uns kommen sahen, und winkten uns freundlich und lachend zu.

Die meisten schienen ihre Autos in der Nähe geparkt zu haben, hinter den Bäumen am Ufer, aber man sah auch ab und zu ein Clubhaus. Dort sahen wir nackte Gäste, nackte Kellner, sogar nackte Köche. Einen der Köche konnten wir daran erkennen, dass er einen hohen weißen Hut trug und sonst absolut nichts. Er stand in einer Tür und winkte mit einer großen Bratpfanne zu uns herüber. McPherson spielte »Behind the Bushes« (Hinter den Büschen) auf seinem Dudelsack.

Nur wenn ein sowjetisches Schiff vorbeikam, schnappten die nackten Ungarn sich ein Handtuch oder legten sich ins hohe Gras. Das hört sich nach anti-sowjetischer Propaganda an, aber ich kann es beschwören. Zweimal wurden wir von sowjetischen Schiffen überholt, die ein paar Minuten lang parallel mit uns liefen. Prompt bedeckten sich die meisten Ungarn oder sie versteckten sich. Wenn Schiffe anderer Nationen im Blickfeld waren, blieben die Ungarn wie sie waren und winkten. Das war eine nackte Tatsache und sicher ein weiteres Anzeichen dafür, dass das russische Reich langsam Risse bekam, jedenfalls beurteilten wir das so.

Dunaszekcsö bei Flusskilometer 1447 war eine kleine Stadt mit einer uralten Kaimauer und einem Ponton. Aber wir dachten, es wäre besser, direkt bis Mohacs weiterzufahren. Der Spätnachmittag war herrlich und warm, es waren nur noch zwölf Kilometer flussabwärts, zwischen rollenden Hügeln hindurch und zum Baden einladenden Ufern, die weitläufig mit nackten Ungarn bevölkert waren. Also fuhren wir weiter.

Mohacs (ausgesprochen Mohach) stellte sich als geschäftiger Flusshafen heraus. Alle Schiffe auf der Donau mussten hier für eine Zollinspektion anhalten, und das waren so um die hundert Schiffe am Tag, einschließlich der Schlepper mit ihren zahlreichen Schuten. Ich hatte geplant, über das Wochenende in Mohacs zu bleiben.

Man hatte mich gewarnt, dass es teuer wäre, am Wochenende nach Jugoslawien einzureisen. Das Land hat eine Seeküste, und die Zollbeamten hatten gelernt, dass man sich die Überstunden der Zollbeamten bezahlen lassen konnte.

Eine Beschreibung der nächsten zwei Tage, in denen wir alle paar Stunden von einem Liegeplatz zum nächsten wechseln mussten, wäre langweilig. Aber der ungarische Charme und die Gastfreundschaft entschädigten uns dafür, dass wir von einem Ufer ans andere mussten und wieder zurück – wir behielten unsere gute Laune. Außerdem war immer eine Bar oder ein Restaurant in der Nähe, und irgendwie konnten wir immer so festmachen, dass wir relativ bequem an Land klettern konnten. Am letzten Abend, am Sonntag dem 26. Mai, aßen Thomas und ich in einem großen Terrassenrestaurant, das den Hafen überblickte. Natürlich war wieder die übliche Zigeunerkapelle in Aktion. Der gut Deutsch sprechende Besitzer des Restaurants fuhr uns mit seinem Auto zu einem Zigeunernachtclub etwa drei Kilometer außerhalb der Stadt. Hier gaben wir unsere letzten paar Forint aus. Es wäre sinnlos gewesen, sie nach Jugoslawien mitzunehmen; wie man uns in Mohacs erzählt hatte, konnte man sie dort nicht umtauschen. Wir waren zwar arm, aber wir dachten, wir hätten allen Grund zu feiern. Wir waren jetzt fast tausend Kilometer von Ingolstadt und seinen Erinnerungen entfernt. Wenn Leute davon reden, dass Seeleute das »Geld auf den Kopf hauen«, dann hatte es vielleicht damit zu tun, dass wir unsere letzten 100 Forint in Mohacs ließen.

Die Leute von der Zigeunerkapelle im Nachtclub erzählten mir in ihren Pausen, dass sie, obwohl ihre Anzahl im Land schnell zunahm, Schwierigkeiten hätten, von den anderen Leuten akzeptiert zu werden. Sie gaben zu, dass dies etwas mit ihrem allgemeinen Ruf als, sagen wir, »Langfinger« zu tun hatte, aber sie meinten, es wäre auch deshalb, weil sie sich in ihrem südländischen Aussehen und ihrem dunklen Teint von der üblichen Bevölkerung unterschieden. Aber Thomas und ich hatten keinerlei Probleme damit. Das hatte auch vielleicht damit zu tun, dass ich ihnen erzählte, dass ich damals 1975 in den Pampas von Argentinien einmal drei Tage lang Gast im Zelt ihres Weltkönigs, selbst ein Ungar, gewesen war. Das beeindruckte sie gewaltig, und diesmal ließen die Zigeuner sich von uns unterhalten. Ich erzählte ihnen auch, dass sich die osteuropäischen Soziologen, die sich in letzter Zeit so sehr für die Rechte der »Aborigines« in Australien stark machten, besser der Zigeuner annehmen sollten, nicht nur in Ungarn, sondern auch in Jugoslawien und Rumänien. Wie die Zigeuner mir sagten, waren ihre Kollegen dort viel schlimmer dran, wenn es um ihre Anerkennung als Staatsbürger ging, obwohl sie seit vielen Generationen im Land lebten. Sie stimmten mir aus vollem Herzen zu, dass die »Brüderschaft der Menschen« auch Zigeuner einschließen sollte, obwohl sie das augenscheinlich momentan nicht erkennen konnten.

Unser Restaurantbesitzer musste bald wieder in die Stadt zurück, aber wir wollten noch bleiben. Also endete das Ganze mit einem Marsch über drei Kilometer, kein Taxi wollte uns haben. Aber durch den schönen Abend wurde die Lauferei leichter.

Das einzige Mal, das Thomas und ich auf der Donaureise etwas Geld zum Trinken ausgaben, war in Mohacs. Deshalb hatten wir es auch in vollen Zügen genossen. Aber es war auch eine Art Abschied von den ehrlichen, freundlichen, charmanten und hilfsbereiten Menschen in Ungarn – die Taxifahrer ausgenommen.

23 Gastfreundliches Jugoslawien«

Ende Mai ging der Frühling an der Donau seinem Höhepunkt entgegen, das ganze Tal wurde zu einer sich täglich ändernden Harmonie aus Farben. Nach dem roten Sonnenuntergang begann der Tag mit kristallklarem Morgenlicht, in dem die kühle Wasseroberfläche des Stroms aus Glas zu bestehen schien. Wenn man flussabwärts blickte, konnte man nicht erkennen, wo das Wasser endete und wo der Himmel begann. Der Fluss erweiterte sich jetzt immer mehr, und im hellen Morgenlicht konnten wir südlich von Mohacs Fata Morgana Effekte erleben; wir sahen fremdartige Inseln, wo keine waren. Die Inseln hatten hochgebogene Ränder, sie sahen aus wie riesige schwimmende Schilfboote in einer See aus Perlen.

An diesem Morgen warteten einige Ketten aus Schuten auf ihre Zollabfertigung, bevor sie weiter flussaufwärts fahren konnten. Wir machten *Outward Leg* noch vor dem Frühstück am Zollponton fest, denn wir wollten früh dran sein und nach Möglichkeit an diesem Tag noch bis Belgrad kommen oder jedenfalls so weit wie möglich.

Nachdem Thomas und ich unser Frühstück im warmen sonnigen Cockpit gegessen hatten, tauchten die Beamten auf. Sie kamen mit sechs Mann, ein ganzes Bataillon. Aber, wie es schien, waren sie gut gelaunt. Wir fragten, ob sie uns bald ausklarieren könnten. Der Boss, ein schwerer Mann mit einem dicken, roten Gesicht und hellblauen Augen, dem seine Khakiuniform gut stand, wedelte mit der Hand vor sich herum. »Nach dem Frühstück«, erklärte er uns.

»Aber da draußen warten viele Schleppverbände«, warf ich ein. »Wir möchten weg sein, bevor die Schlepper hierher kommen …«

»Kein Problem«, sagte er, »bleibt nur so lange hier, wie ihr wollt. Es sind ja nur Rumänen da draußen.«

Alle Ungarn, die ich getroffen hatte, gleich welchen Alters oder welchen Berufsstandes, hatten eine gewisse Abneigung gegenüber den Rumänen gezeigt, schienen irgendwie Angst vor ihnen zu haben. Im Norden waren es die Tschechen gewesen, die über die Donau bei Komarom herüber starrten, hier im Süden behandelten sich die Ungarn und die Rumänen korrekt, aber abweisend. Die Jugoslawen lagen irgendwie in der Mitte, man nahm von ihren schäbigen Schiffen, an denen meistens der Rost die Farbe überwältigt hatte, wenig Notiz. Die Bulgaren auf ihren Schleppverbänden und schicken Touristenschiffen schienen alle anderen zu ignorieren, und die sowjetischen Schiffe hatten augenscheinlich sowieso überall erste Priorität. Die deutschen und österreichischen Schiffe waren jetzt relativ selten, aber wenn sie an *Outward Leg* vorbei kamen, gab es immer wieder die gleiche Zeremonie, als wenn sie uns schon jahrelang kennen würden, obwohl wir ihnen noch nie vorher begegnet waren.

»Alles gut?«, riefen sie.

»Alles gut!«, antworteten wir.

In der Mitte des Vormittags warteten wir immer noch auf unsere Ausklarierung aus Ungarn. Um die Mittagszeit, als sich die Beamten mit ihren Aktentaschen auf den Weg nach Hause machten, oder sonst irgendwohin, entschlossen wir uns zu einer kleinen Aufmunterung – wir überquerten die Donau und aßen einen Happen in einem kleinen Freiluftrestaurant, das einen eigenen Ponton hatte. Zwischen den Tischen standen große Bäume, und jeder Windhauch überschüttete uns mit weißen flauschigen Samenbüscheln, die wie Baumwolle aussahen. Es kamen so viele auf uns herab, dass es aussah, als würde es schneien. Ich fing fast an zu zittern, denn es erinnerte mich an den vergangenen Winter. Auf den nächsten einhundertfünfzig Kilometern wehten diese weißen Samenbüschel über den ganzen Fluss; manchmal lagen sie zentimeterdick auf unserem Deck. Manchmal blieben sie auch in meinem Bart hängen, was Thomas zum Lachen brachte. Er sagte, ich sähe eher aus wie ein Polarforscher, und nicht wie ein alter Knacker, der im Frühling die Donau hinab reiste.

Direkt nach dem Mittagessen kehrten wir zum Zollponton zurück und warteten weiter auf die Beamten. Sie kamen um 14.30 Uhr und hatten wieder ihre wichtigen Aktentaschen in der Hand. Offensichtlich hatten sie gut gespeist. Sie wollten jetzt einen geschäftigen Eindruck machen, und eine Stunde später winkten sie uns hinterher, als wir endlich in Richtung Jugoslawien fuhren. Am Nachmittag war es heiß in der Sonne, und ich steuerte im Schatten des Sonnendachs, während sich die fünf Knoten Strömung zu unseren zehn Knoten Fahrt addierten. Auf unserer Reise durch die fünfzig Kilometer Niemandsland zwischen Ungarn und Jugoslawien kamen wir an niedrigen Ufern und flachen Inseln vorbei. Ich dachte darüber nach, warum unsere Abfertigung so lange gedauert hatte, warum man dort so gleichgültig im Umgang mit der Zeit gewesen war. Es waren die ersten Anzeichen dafür, dass wir uns dem Mittleren Osten näherten, dachte ich. Diese Gegend hatte viele Jahrzehnte unter türkischer Herrschaft gestanden, und man konnte manchmal auch noch kleine Anzeichen dafür entdecken. Ab und zu wusch eine Frau Wäsche in der Donau, das hatten wir weiter oben im Norden nicht gesehen. Oder es war ein junger Schäfer, der am Ufer saß und im Schneidersitz seine Herde beobachtete. Es gab viele kleine Anzeichen, aber sie waren unverkennbar.

Für die vor uns liegende Strecke hatte ich keine Flusskarten mehr, noch nicht einmal eine Straßenkarte. Die Betonnung im oberen Jugoslawien war entweder unzureichend oder gar nicht vorhanden. Die paar Bojen, die wir ausmachten, waren wie Überreste alter Wracks, Klumpen aus Rost. Meist war nicht zu erkennen, wo die Fahrrinne verlief. Oft verlangsamte ich die Fahrt, hielt sogar mit flussaufwärts gerichteten Bugs an, um abzuwarten, dass andere Schiffe in der dunstigen Ferne auftauchten, die mir dann den Weg wiesen. So war es auf der ganzen Strecke durch Jugoslawien und später auch in Bulgarien und Rumänien.

In Budapest hatte man uns erzählt, dass die Sowjets den ganzen Fluss vermessen und neue Karten gezeichnet hatten, aber die waren nur für ihre Freunde zugänglich. Öffentlich waren diese Karten nicht zu haben, und schon gar nicht für Leute, denen man nicht traute. Wir hätten genauso gut nach einem Lageplan für ihre geheimen Raketenabschussbasen fragen können.

Am Abend sahen wir das jugoslawische Städtchen Batina. Es war ein schöner kleiner Ort mit niedrigen weißgetünchten Häuschen und Blumengärten unter Eichen, die von der Politik unbeeindruckt schienen. Am gegenüber liegenden Ufer ist eine kleine Siedlung, wo es außer ein paar Hütten auch ein paar Restaurants mit Terrassen gab. Viele Leute saßen dort und aßen. Als wir vorbeizogen, standen alle auf und riefen zu uns herüber. Hunderte von Leuten winkten einladend mit Servietten, ja sogar mit Flaschen, sie wollten augenscheinlich, dass wir bei ihnen festmachen sollten. *Outward Legs* Flaggen wehten in der Brise und die Leute fingen an, auf der Stelle zu tanzen. Junge Leute rannten ans Ufer und riefen etwas herüber. Man hätte denken können, unser Schiff wäre gerade von einer langen Reise zurückgekehrt, obwohl wir nur stundenlang am Zollponton gewartet hatten.

Die jugoslawischen Zollbeamten in Batina waren noch träger als ihre Kollegen in Mohacs. In Jugoslawien gilt die Regel, dass ein ankommendes Schiff so lange warten muss, bis die Beamten an Bord kommen. Vorher darf man nicht an Land gehen, sonst ist die Beamtenehre in Gefahr; man hatte uns gesagt, dass die Jugoslawen dabei sehr pingelig wären. Also warteten wir und warteten. Eigentlich war es nicht allzu unbequem; wir hörten Mozart, tranken unseren Nachmittagstee und schauten auf den Frieden im gegenüberliegenden Städtchen Batina. Es gab viele Vögel, Wildgänse, Enten, Reiher und Eisvögel. Es wurde uns nicht langweilig.

An interessanten Orten vergeht die Zeit anders, ich weiß nicht, wie lange wir warteten, aber irgendwann kam ein jugoslawischer Schlepper die Donau herauf und beanspruchte mit lautem Hupen den Ponton für sich. Der Schlepper war laut und hatte eine große Mannschaft an Bord, sogar einen englisch sprechender Maschinisten, der einige Jahre in Kanada gearbeitet hatte. Mit seiner Hilfe weckten wir die Zollbeamten auf, wenigstens so weit, dass sie zu uns an Bord kamen und eine Tasse Tee mit uns tranken. Die Dudelsackmusik bei unserer Ankunft hätte ihnen gefallen, sagten sie. Die Beamten waren jung, in den Zwanzigern vielleicht, und sie hatten eine lässige Art. Als ich hinunterging, um ihren Musikwunsch zu erfüllen, kam ein anderer Beamter heran, er war wie aus einer anderen Welt. Etwa sechzig war er, vielleicht auch älter, und er sah düster aus. Er trug eine einfache braune Uniform und eine Kappe, auf der Kappe war ein großer roter Stern. Wegen seines Alters kam er nicht vom Ponton aus aufs Schiff herunter und starrte nur dumpf auf seine Kollegen, die gewisse Vorzüge genossen: guten englischen Tee und gute schottische Dudelsackmusik. Eine Tasse Tee lehnte er mit schroffem Kopfschütteln ab. Nach einer Stunde lebhafter Unterhaltung, bei der es hauptsächlich um die wichtige Frage ging, auf welcher Insel es die hübschesten Mädchen gebe, stempelten die beiden Beamten auf dem Schiff endlich unsere Pässe, nachdem sie äußerst lässig durch die Schiffspapiere geblättert hatten. Das geschah in einer Art unerfreulicher Pflichterfüllung, als unbequeme Formalität – und schon waren wir offiziell in Jugoslawien. Ich sagte ihnen, es wäre schön, nach sechzehn Jahren wieder einmal in ihrem Land zu sein, ich kannte ihre Seeküste. Ich sagte, jetzt könne ich endlich wieder mit seemännischen Ausdrücken um mich werfen, und das würde alles ungemein einfacher machen. Das machte ihnen sehr viel Spaß, Thomas machte eine frische Kanne Tee. Nach einer weiteren unterhaltsamen Stunde, in der wir darüber sprachen, dass Marco Polo eigentlich Jugoslawe gewesen war, verabschiedeten sich die Beamten freundlich und rieten uns, nach Apatin zu fahren, um dort zu übernachten. Sie sagten, dass das Navigieren auf dem Fluss in der Nacht gefährlich sei. Ich dachte, das wäre es auch bei Tageslicht, aber ich sagte nichts. Wir legten ab.

Wir erreichten Apatin in der unabhängigen Provinz Vojvodina kurz vor Einbruch der Dunkelheit. Als es dunkel wurde, sah ich ein kleines Flüsschen, das in die Donau mündete. Es gab ein dort paar Bagger, die einen Höllenlärm machten. Am Ufer der Donau stand eine kleine Hütte mit einem Bootssteg davor. Den steuerten wir an, indem wir uns seitwärts mit den Bugs gegen die Strömung heranschoben. Wir fanden ausreichend Wassertiefe und wenig Strömung am Ponton, also machten wir fest. Bald stellte sich heraus, dass wir den freundlichsten Hafen unserer ganzen bisherigen Reise gefunden hatten, den freundlichsten seit San Diego und überhaupt in meinem fast halben Jahrhundert auf See.

In Apatin wurden wir wie Könige behandelt; die Einheimischen konnten nicht genug für uns tun. Sie brachten uns Frischwasser, sie erledigten die Einkäufe für uns, sie wuschen unsere Wäsche, sie luden uns zum Essen und Trinken ein. Sie brachten uns sogar gekochte Mahlzeiten zum Schiff herunter. Einige Leute sprachen gut Deutsch, denn diese Gegend war ehemals von Leuten aus dem Schwarzwald besiedelt worden. Wie sie uns erzählten, wurden die deutschstämmigen Leute nach dem Zweiten Weltkrieg entweder aus dem Land gejagt oder ermordet, und ihr Platz wurde von Serben eingenommen, die man aus dem Süden von Jugoslawien heraufbrachte. Es gab aber auch noch einen ungarischen Bevölkerungsanteil, und viele Ungarn sprechen ebenfalls Deutsch. Sobald die Schulkinder herausfanden, dass wir Englisch sprachen, wurden wir in die Schule eingeladen. Der Rektor, dessen Englisch so gut war wie meines, nahm Kontakt zu ein paar Leuten in Zagreb und Belgrad auf, um von unserer Ankunft zu berichten.

In der Schule erfuhren wir von dem schottischen Diplomaten Fitzroy Maclean, einem der Helden des modernen Jugoslawien, und auch in den Privathäusern wurde oft von ihm gesprochen. Er war es, der Winston Churchill zuerst auf Josip Broz – Tito – aufmerksam gemacht hatte, der 1941 gegen die Nazis kämpfte. Titos Foto war allgegenwärtig; obwohl er bereits einige Jahre tot war, wurde er von Alt und Jung verehrt. Auf unserer Reise durch Jugoslawien trafen wir auf keine Anzeichen sowjetischer Präsenz, wir sahen weder Rotarmisten noch russische Flugzeuge. Es wurde uns klar, wie klug und weise Tito gehandelt hatte. Von allen »großen« Männern, die es mit Stalin aufgenommen hatten, war er der einzige gewesen, der das georgische Monster überlistet hatte.

Die kleine Hütte oberhalb des Stegs an dem *Outward Leg* festgemacht hatte, war das Clubhaus des Kajakvereins. Ein großzügiger Mann namens Charco hatte dort sein Revier. Er vermittelte uns drei Tage lang das Gefühl, dort zu Hause zu sein. Er begleitete uns zur Post, zur Bank, zu den Geschäften, zur Werkstatt, zur Schuhfabrik und zur Werft. Charco kümmerte sich um all unsere Probleme und Problemchen. Und dabei sprach er nur Serbisch, von dem Thomas und ich kein Wort verstehen konnten.

Die Kroaten sind gut aussehende Leute, wo immer sie herstammen, und außerdem fröhlich. In den drei Tagen in Apatin war unser Schiff fast ständig mit Leuten überfüllt, Alte und Junge, Männer und Frauen, Buben und Mädchen. Sie hatten eine sehr natürliche Art an sich und fragten nicht erst, ob sie an Bord kommen dürften. Warum hätten sie das auch tun sollen? Ich konnte ja auch jederzeit in ihre Häuser gehen. Außerdem waren sie grundehrlich, nicht das Geringste wurde in Apatin gestohlen, obwohl wir nicht alles gleichzeitig beobachten konnten.

Nachdem wir in Apatin in der Morgendämmerung abgelegt hatten (um unseren Freunden keine Gelegenheit zu geben, uns zu einem weiteren Aufenthalt zu überreden), machten wir den nächsten Halt in Borovo, etwa sechzig Kilometer flussabwärts. Auf dieser Strecke wurden die Tonnen zahlreicher, und die Fahrrinne war gut auszumachen.

Wir sahen viele Müllkippen am Ufer, bei jeder Stadt und bei jedem Dorf an der jugoslawischen Donau. Es schien, als würde man den Müll direkt zur Donau karren und über das Ufer abkippen. Viele der schönen Hügel und Schneisen sahen dadurch scheußlich aus. Es gab auch nirgends Versuche, den Müll zu verstecken oder mit Erde zu bedecken; er wurde einfach abgeladen und vergessen. Der Wind wehte Altpapier und Plastik über den ganzen Fluss, bevor das Ganze die Donau hinab trieb. Am Ufer stanken diese Lawinen aus Unrat zum Himmel, egal, woher der Wind gerade kam.

Novi Sad, weiter flussabwärts, schien einer der wenigen Orte an der Donau zu sein, an dem sowjetische Schiffsbesatzungen an Land gehen durften. Immer wieder wurde *Outward Leg* von den schwer gebauten Männern in schlecht sitzenden Zweireiheranzügen fotografiert. Nicht ein einziges Mal wurden wir gegrüßt, und man versuchte auch nicht, mit uns ins Gespräch zu kommen; mein Kopfnicken wurde nie erwidert. Die Russen starrten nur auf die für sie anscheinend fremdartigen Linien unseres Schiffes, fotografierten uns schweigend und gingen weiter. Sie hatten einen fast einheitlichen Gesichtsausdruck, als hätte man sie in irgendeiner »Fabrik« in Serie hergestellt.

Der nächste Tag war der 1. Juni und ein Samstag. Wegen des Überstundenzuschlags der Beamten wollten wir nicht am Wochenende in die Hauptstadt Belgrad einlaufen. Deshalb verzögerten wir unsere Abreise bis zum Mittag und fuhren dann langsam mit der Strömung auf der Donau weiter.

Unseren ersten Stopp machten wir in Breska, etwa zwanzig Kilometer unterhalb von Novi Sad. Thomas kaufte dort ein lebendes Huhn für umgerechnet drei Dollar; es wurde unser Mittagessen. Zum Glück konnten wir seinen Protest nicht verstehen, weil es auf serbisch gluckste.

Um sechs Uhr am Abend legten wir ab und zogen zehn Kilometer weiter flussabwärts bis nach Stari Slankamen. Dort gab es keinen Ponton, und in dem jetzt kilometerbreiten Fluss war die Zufahrt zum Anlegekai des Ortes mit Untiefen übersät. Wir bewältigten die Strecke, indem wir zuerst bis zu einem Punkt unterhalb der Untiefen flussabwärts fuhren und uns dann gegen die Strömung seitwärts hinüber arbeiteten wie eine Strandkrabbe. Wir manövrierten durch die kniffligen Kanäle hindurch und warfen vor der Kirche, deren Turm wir im Südwesten aufragen sahen, unseren Anker. Das Wasser war schlammig, der Grund auch, aber die Tiefe betrug 3,5 Meter und die Strömung lief nur mit einem Viertel Knoten.

Nachdem wir ein wenig später mit dem Beiboot an Land gesetzt hatten, sagte man uns in gutem Deutsch, dass unser Schiff das erste ausländische Fahrzeug sei, das nach Stari Slankamen hereingekommen war, jedenfalls soweit sich die Leute erinnern konnten. Das überrascht mich keineswegs, ich schwitzte immer noch nach unserem komplizierten Anlegemanöver zwischen den von weißem Wasser überspülten Untiefen in der Dämmerung.

Mit dem Beiboot landeten wir etwa achthundert Meter entfernt, unterhalb eines kleinen einfachen Restaurants, wo wir eine kleine einfache Mahlzeit für insgesamt zwei Dollar bekamen. Sie bestand aus köstlichen Schweinemedaillons, kalten Fritten, kalten Erbsen und Coca Cola. Das Moskitospray, das uns der Kellner aushändigte, war im Preis eingeschlossen – so verstand ich es jedenfalls.

In fast völliger Dunkelheit kletterten wir einen scheußlichen Pfad hinab und stolperten über Baumwurzeln zu unserem Beiboot. Wir setzten uns auf die Gummiwülste und nahmen Kurs auf unseren Ankerplatz. Wie immer, wenn ich an Land gehe, hatte ich eine Taschenlampe dabei, es gab nur vereinzelt Laternen am Ufer. Ich leuchtete mit der Taschenlampe über die Stelle, wo *Outward Leg* sein sollte, immer wieder, während Thomas das Beiboot steuerte. Ich schüttelte die Lampe hin und her – unser Schiff war weg!

24 Belgrad –
Stadt der Gegensätze

Die Nächte auf der Donau waren oft magisch. Nachdem sich der meist flussabwärts wehende Wind des Tages nach Sonnenuntergang gelegt hatte, kamen die Sterne heraus und bedeckten tausendfach den klaren Himmel. Weiter entfernt von den größeren Städten war die Luft unverdorben, und die Nacht war so klar, dass wir die Schilder auf dem Kai hätten lesen können, wenn wir die Sprache verstanden hätten. In der Nacht war der Fluss ein breites Band aus glänzendem Silber zwischen den schwarzen Ufern. Es kam heran geflossen und schob sich in der Finsternis an uns vorbei. In der Ferne hörte man den Schrei einer Eule, und um uns herum zirpten die Grillen vom nahen Ufer.

Ab und zu sahen wir in Nähe des Flussufers auf ein Lager von Zigeunern. Wir wurden vom Schein und den Reflexionen ihres Lagerfeuers erfasst und konnten ihre Pferde wiehern und ihre Hunde bellen hören, wenn sie einen Fremden bemerkten. In ziemlich regelmäßigen Abständen fuhren Schleppverbände vorbei, flussabwärts zogen sie tuckernd dahin und flussaufwärts röhrten sie gegen die Strömung an. Wir konnten sie kilometerweit herankommen sehen, sogar um die nächste Biegung herum. Ihre Suchscheinwerfer verrieten sie, lange bevor wir ihre Motoren hören oder ihre Navigationslichter ausmachen konnten. Die Lichtkegel strahlten in den Nachthimmel, von einem Flussufer zum anderen, während der Steuermann und der Lotse den Schlepper und die Schuten mit vielleicht fünfzehntausend Tonnen Ladung geschickt zwischen den Ufern und den Untiefen der mächtigen schnell fließenden Donau hindurch manövrierten. Egal, ob von weitem oder aus der Nähe, es war immer wieder eine Freude mitzuerleben, wie sie die Dunkelheit der Nacht besiegten.

Unser Schiff war von seinem Ankerplatz vor Stari Slankamen verschwunden – geschockt und schweigsam drifteten wir im Beiboot. Immer wieder leuchtete ich mit der kleinen Taschenlampe über die Stelle, an der *Outward Leg* vor Anker gelegen hatte. Thomas flüsterte heiser, dass mehrere Schiffe die Dunkelheit der Nacht erhellten. Ich zuckte herum, um flussabwärts zu blicken, und in diesem Moment zeigte der Lichtkegel eines Schleppers, Gott segne ihn, auf das westliche Flussufer. Dort sah ich einen geisterhaften grauen Schatten, der niedrig im Wasser lag, etwa fünfhundert Meter entfernt. Der Schatten war flach und eckig, er war für uns unverwechselbar, denn wir liebten ihn. Thomas war durch mein Drängen damit beschäftigt, den Außenborder zu starten, er nahm den Schatten nicht einmal wahr. Als der Motor lief, nahm er die Pinne fest in die Hand und wir zischten hinter unserem abgehauenen Trimaran her. Ich betete die ganze Zeit, dass weder wir noch *Outward Leg* auf ein hartes Hindernis auflaufen würden. Ab und zu erfasste uns das Suchlicht des rettenden Schleppers und machte uns minutenlang blind. Halb fallend schnappte ich jetzt in dem hin und her springenden Beiboot selbst nach der Steuerpinne des Außenborders, was dazu führte, dass mein falsches Bein für ein paar scheußliche Momente über die Seite im Fluss hing. In unserer Panik verloren wir *Outward Leg* mehrmals aus den Augen, aber als das Beiboot weiter den Fluss hinab raste, erschien sie langsam wieder als blasser Schatten und dann vollständig. Als wir näher kamen, bemerkte ich, dass ihr Ankertau immer noch steif war. Das bedeutete, dass der Anker langsam über den Grund schleifte und rutschte. Ich hatte mich zusammengekrümmt, und als wir schaukelnd an der verschrammten Steuerbordseite von *Outward Leg* ankamen, schnappte ich eine Relingstütze und wand mich drehend auf das Schwimmerdeck hinauf. Flach liegend, ohne erst aufzustehen, rollte ich mich über das Deck hinüber zum Cockpitsüll, fasste es mit den Händen und zog mich zur Ecke des Steuerstandes hinauf. Ich machte eine Art Purzelbaum und landete auf dem Boden des Cockpits. Noch im Aufrichten fummelte ich bereits am Anlasserknopf der Maschine und stand dann endlich aufrecht am Rad. Dann erst bemerkte ich, dass Thomas bereits auf dem Bug stand und an der Ankerleine zog. Ich schaltete Yannie auf vorwärts und brachte *Outward Leg* mit gegen die Strömung gerichteten Bugs zum Stillstand. Das alles hatte sich abgespielt, ohne dass Thomas und ich ein einziges Wort gewechselt hatten. Ich nahm leichte Fahrt auf, um es Thomas zu erleichtern, das Ankertau einzuholen. Mit Scham im Gesicht, aber unglaublich erleichtert, fuhren wir langsam zurück zu unserem Ankerplatz bei Stari Slankamen. Wir mussten wieder dorthin, das ganze Flussbett ringsum bestand aus einem Albtraum von Buchten, Untiefen und Felsen, es war besser es mit bekannten Teufeln aufzunehmen als mit neuen und unbekannten.

Schnell hatten wir unseren eigenen Suchscheinwerfer in Aktion, und zehn Minuten später waren wir an unserem ehemaligen Ankerplatz. Aber wir trauten uns nicht, beide gleichzeitig in die Kojen zu gehen, und so wechselten wir uns in der Nacht bei den Ankerwachen ab, jeder drei Stunden wachen und drei Stunden schlafen. Natürlich fanden wir heraus, dass die althergebrachte Wahrheit über Ankerwachen immer noch gültig war – wenn man sie hält, sind sie unnötig. Aber dafür konnten wir immer drei Stunden lang ruhig schlafen. Beim Einschlafen stellte ich eine weitere Regel für die Donau auf: Nie wieder würden wir ohne Zusatzleine vor nur einem Anker liegen – und niemals würden wir vor Anker beide gleichzeitig das Schiff verlassen.

Der Morgen in Stari Slankamen gab uns den Blick frei auf ein liebliches altes Schloss über der Stadt. Darunter, am Ufer, stand ein verlassener militärischer Wachturm. Es war der erste, den wir in Jugoslawien zu sehen bekamen, und es tat uns gut, zu bemerken, dass er rostig und verlassen war, er neigte sich sogar schon leicht zum Fluss hin.

Gegen Mitte des Vormittags hoben wir unseren zuverlässigen Anker aus dem unzuverlässigen Grund. Wir waren immer noch ein paar Tage zu früh für Belgrad, meinten wir. Also machten wir bei Flusskilometer 1173 bei einem Kajakclub fest. Wir wussten, dass Belgrad bei Kilometer 1170 liegt und die Sava dort einmündet. Deshalb nahmen wir an, dass der Ponton des Kajakclubs zu einem Vorort von Belgrad gehörte, und wir hatten Recht damit. Nach einem unbeschreiblichen Palaver in Zeichensprache kam endlich jemand mit einem Stadtplan und zeigte uns, dass wir in Zemun waren. Eine kurze Weile später tauchte ein deutsch sprechender Polizist auf; endlich konnten wir uns den Leuten vom Kajakclub vorstellen und den Sinn und Zweck unserer Reise erklären.

Das erste, auf dem die Kajakkameraden bestanden, war, dass Thomas und ich mit ihnen ins Clubhaus kamen. Dort schütteten sie für uns etwas in ein Glas. Als ich es hinunterkippte, fingen meine Augen an zu tränen, und ich wunderte mich, dass sich nicht vorher schon das Glas aufgelöst hatte, sobald es mit der Flüssigkeit in Berührung gekommen war. Das Zeug lag in seiner Potenz knapp unterhalb von Nitroglycerin. Später, als sich das Clubhaus und das Ufer mit *Outward Leg* langsamer um mich herum drehten, zeigten mir die Leute vom Kajakclub ihren Lagerraum. Es war eine alte Höhle aus der Türkenzeit, und sie führte hundert Meter weit in das Klippengestein neben dem Clubhaus. Sie war trocken und kühl, ein idealer Platz um die schönen alten hölzernen Kanus und Kajaks aufzubewahren. Es gab dort Hunderte davon, sorgfältig in hohen Gestellen gelagert und liebevoll gepflegt. Sie wollten mir auch noch einen anderen Lagerraum zeigen; ich war schon etwas müde als sie die Tür öffneten. Als die Tür endlich offen war, sah ich ein Bild, das ich nie zuvor gesehen hatte und sicher auch nie mehr sehen werde: Der Raum war voller Pokale, sie waren überall, aufgestapelt auf dem Boden, auf Regalen und Tischen. Sie waren schmutzig und mit Staub überkrustet, aber dem Aussehen nach waren sie sicher aus Silber. Thomas stimmte mit mir überein, es mussten über fünfhundert sein, und sie trugen Daten bis zurück in die frühen zwanziger Jahre. Ich hätte gerne mehr über diese Schatzhöhle in Erfahrung gebracht, aber der deutsch sprechende Polizist war leider gegangen, wohlgefüllt mit flüssigem Nitroglyzerin, und wir waren wieder auf Handzeichen angewiesen, gemischt mit Stirnrunzeln, einzelnen Hauptwörtern und serbischen Verben, was meine Kommunikationsfähigkeit stark herabsetzte.

Später fanden wir heraus, dass wir in Zemun, wo eher agile und besser verdienende Leute leben, den besten Liegeplatz in Belgrad erwischt hatten. Die Stadt lag hinter dem Hügel und war nur einen Kilometer entfernt. Es gab alle Annehmlichkeiten dort, eine Post, Geschäfte, frische Lebensmittel und einen Fischmarkt. Im Kajakclub gab es Frischwasser in ausreichenden Mengen, und das Wasser am Bootssteg war vier Meter tief. Eine Taxifahrt von Zemun in das Zentrum von Belgrad kostete sieben Dollar, und schon für ein paar Pennys konnte man den Bus benutzen. Aber die Busse waren gewöhnlich überfüllt und für mich, mit einem Bein, war die Fahrt eine ziemlich wacklige Unternehmung.

Wir hatten inzwischen erfahren, dass die Polizei in Belgrad an Wochenenden keine Überstunden berechnete, und so legten wir am Sonntagmorgen, dem 2. Juni, in Zemun ab und nahmen Kurs auf die Hauptstadt. Es war ein kurzer Hüpfer, und ich steuerte sogar einen nicht empfohlenen Abkürzungskurs. Das war in der Nähe der hübschen Ausflugsinsel Veliko Ratno, die direkt im Norden von Belgrad in der Savamündung liegt. Es gab tiefes Wasser in dem Kanal, und Belgrad entpuppte sich in der Tat als ein kleines Venedig mit tiefen Kanälen, alle wunderschön, und sie waren alle leicht befahrbar.

Als wir um die Biegung hinter Veliko Ratno herum kamen, blickten wir auf die herrlichen alten Festungsanlagen von Belgrad auf der Kalemegdan Landzunge. Es war einer der beeindruckendsten Aussichten, die wir auf der wunderbar impressiven Donau erlebten.

Wir hatten keine Flusskarten, aber unsere Straßenkarte zeigte uns ungefähr, wo das Zentrum von Belgrad lag, Stari Grad, die Altstadt. Ich nahm die nächste Wasserstraße, die mir geeignet erschien, und ich hatte Glück damit – es war die Einzige, die von ausländischen Privatyachten befahren werden durfte.

Die Polizisten am Kontrollposten waren bei unserer Ankunft unvorbereitet und langsam, aber immerhin nicht unfreundlicher als andere Polizisten, die man durch unangekündigtes Eintreffen in einer Großstadt überrascht. Der Liegeplatz, den man uns zuwies, war durch die vorbeikommenden Arbeitsschiffe staubig und laut, er konnte vom Polizeiposten her überblickt werden. Die positive Seite war, dass er in der Nähe der Anlegestelle der Touristenschiffe war, die uns beim An- und Ablegen sehen konnten. Außerdem war er nahe der öffentlichen Transporteinrichtungen, die ins Stadtzentrum führten.

Während unseres Aufenthalts in Belgrad kamen viele sowjetische Passagierschiffe an und *Outward Leg* war stets der Anziehungspunkt für all die neugierigen und verstohlenen Blicke der Leute an Bord.

Das Erste, was uns beim Besuch der Innenstadt von Belgrad auffiel, war, dass praktisch alle Männer der Stadt im Alter zwischen drei und neunundneunzig ständig spuckten, sogar in den eleganten Straßencafés auf der Terraza. Manchmal spuckten sie höfliche kleine Klümpchen von der Spitze ihrer Zunge durch die fest zusammengepressten Lippen. Manchmal, besonders um den Hauptbahnhof herum, waren es große fruchtige Brocken grüner Spucke, die gekonnt zwischen die Füße der vorbeiwimmelnden Leute gezielt wurden. Zuerst fand ich die Spuckerei etwas befremdlich, aber über kurz oder lang gewöhnte ich mich daran. Wenn einer der Männer oder Jungen, mit denen ich gerade sprach, spuckte, dann machte ich es auch, sozusagen um ihm ein Kompliment zu machen. Auf diese Art kamen wir mit fast allen Leuten in Belgrad gut zurecht.

Das Zweite, was in der Stadt sofort augenscheinlich wurde, war die Anzahl der Uniformen ringsum. Sie waren überall, aber es waren keine Uniformen der Roten Armee darunter.

Am Morgen händigte man uns in der Britischen Botschaft, dem schönsten alten Wohnhaus in einer Stadt, die voll davon war, die Post aus. Viele gute Wünsche von Freunden aus der ganzen Welt waren darunter, aber immer noch keine Zahlungen für bereits geleistete Arbeit. Das Wichtigste war ein Päckchen aus New York, es trug die Aufschrift »Ersatzkleidung für US Yacht *Outward Leg* in Transit«. In dem Päckchen waren 12 Paar Levis Jeans, alle Größe »medium«. Wir beabsichtigt brachten sie *Outward Leg* fast über die ganze Strecke von Belgrad bis Istanbul. Daneben bestand die Barschaft auf unserem Schiff aus 300 Dollar in Banknoten.

Ich entschloss mich zu einem Telegramm an die Familie von Thomas und bat um die 500 Dollar Kredit, die sie als Notreserve bereit hielt. Sie kamen zwei Tage später auf der Hauptpost in Belgrad an, aber bis das Geld sicher an Bord war, wir es von Mark in Dinar und dann in Dollar gewechselt hatten, war eine Woche vergangen, und eine fast unglaubliche Geschichte hatte sich abgespielt.

Die meisten Taxifahrer, auf die wir in Belgrad trafen, waren ziemlich hilfsbereit. Einer davon nimmt einen besonderen Platz in meiner Erinnerung ein. Er hoffte, eines Tages in die USA auswandern zu können und gab uns die ersten wahren Hinweise, was in seinem Land vor sich ging. Er war ein giftiger Anti-Kommunist, oder besser, er war gegen alles, was den Kommunismus in Rumänien ausmachte. Sogar für mich klangen seine Geschichten wie eine Art Albtraum, wir nahmen sie mit einem gewissen Abstand zur Kenntnis. Bald würden wir es besser wissen. Als wir von einem Ufer ans andere fuhren, gab ich dem rumänischen Taxifahrer ein paar Tipps über die Organisation der Taxis in New York. Dafür nahm er nicht einen einzigen Dinar für die Fahrt, obwohl wir gut drei Stunden lang in seiner heißen klebrigen Kutsche geschwitzt hatten.

In der Sowjetischen Botschaft gab der Marineattaché an, nichts von meinem Antrag für einen Umweg zur Krimküste in der Sowjetunion zu wissen. Beim Abschied sagte er mir, dass sie diesmal vielleicht bei mir eine Ausnahme machen würden, denn es bestand die Regel, dass der Besuch von Privatyachten in der UdSSR nicht erlaubt sei. Aber er äußerte Zweifel daran, dass es bei zukünftigen Gelegenheiten erlaubt würde. »Es ist gegen unsere Richtlinien«, sagte er, als wenn Gott nicht auch Russland geschaffen hätte.

Die billigsten Mahlzeiten in Belgrad fanden wir im Restaurant des Hauptbahnhofs am Bratsva-i-Jedinstva-Platz. Für durchschnittlich 4 Dollar bekamen wir beide Wiener Schnitzel mit Salat, Wein und Kaffee inklusive. Aber urplötzlich, ohne besonderen Anlass, stiegen die Preise an unserem Tisch. Nach drei Tagen hatten sie sich um einhundert Prozent erhöht. Widerwillig suchten wir weiter entfernt nach billigem Essen und fanden ein jugoslawisches Selbstbedienungsrestaurant auf der Nemanjina Straße, wo man für nur einen Dollar so viel essen konnte, wie man wollte, zusammen mit einem Glas Wein und Kaffee.

Spät in der Nacht schliefen Zigeunerfamilien, die zur Abwechslung einmal mit der Bahn unterwegs waren, im Schein der Laternen auf der Bahnhofstreppe. Sie lagen unter dicken Decken, unter denen sich die Pärchen ziemlich unverhohlen vergnügten, während ihre Kinder, vielleicht waren es auch andere, mit den Däumchen im Mund friedlich schlummerten. Große Polizisten, immer zu zweit und für Osteuropa fremdartig menschenfreundlich aussehend, schlenderten vorbei, unterhielten sich leise miteinander und ignorierten alle Andern ringsum.

Schnell verbreitete sich die Anwesenheit von *Outward Leg* bei den Medien. Bald darauf fuhren wir, mit der in Jugoslawien sehr bekannten Fernsehreporterin Mira Adana Polak an Bord, die für Ausländer verbotene Sava hinauf zu einem kleinen Restaurant unter Bäumen auf der Insel Ada Medica. Ihr Kameramann lungerte mit seinen Utensilien auf dem Vordeck herum. Vor der Kamera sprachen wir über unsere Ziele mit *Outward Leg*, über unsere Reise und über die Tausenden von Behinderten, die unsere Fahrt verfolgten und Hoffnung daraus schöpften. Mira, die schon viele bekannte Leute interviewt hatte, sagte mir vor laufender Kamera, dass ich mit meiner Reise mehr für den »Goodwill« zwischen Jugoslawien und Großbritannien erreichen würde, als alle britischen Botschafter seit dem Zweiten Weltkrieg zusammengenommen. Ich sagte ihr, dass ich gar keine andere Wahl hätte, immerhin wäre mein Schiff in der Mitte ihres Landes. Wenn ich nicht freundlich wäre, bekäme ich Ärger. Sie lachte sehr darüber, aber eigentlich war es mein Ernst, es entsprach der Wahrheit. Wie man mir erzählte, war *Outward Leg* das erste nicht-jugoslawische Schiff, das seit Menschengedenken die Sava oberhalb von Belgrad befahren hatte.

Vorher, wenn wir danach gefragt hatten, waren wir immer nur auf leises Gemurmel gestoßen: »Es ist eine strategische Wasserstraße.« Das einzig Strategische, das ich sah, war, dass die Sava ein guter Platz für die Überwinterung einer Yacht war.

Das Belgrad, das wir vom Wasser her sahen, war so schön, schlecht, charmant und abweisend wie jede andere wirkliche Großstadt. Nur wenige Leute sprachen Englisch, und die, die es taten, waren meistens junge Leute. Sie sagten um die Mittagszeit »guten Abend«, und wenn sie sich verabschiedeten »hallo«.

Die Erwachsenen in Belgrad schienen gleichgültig zu sein, bis man sie ansprach. Dann wurden sie sehr viel lebendiger, ihre Gesichter erhellten sich wie Leuchttürme in dunkler Nacht. Sie hatten einen fast überschwänglichen Respekt vor einem Schriftsteller.

Nachdem unser Interview mit Mira Polak im Fernsehen gelaufen war, konnten die Beamten am Pristaniste Sava Dock nicht genug für uns tun. Die Polizisten fielen fast über ihre eigenen Schnürsenkel, wenn sie uns Frischwasser und Treibstoff an Bord brachten.

Ich schrieb eine Notiz an den Marineattaché bei der britischen Botschaft und fragte an, ob er wüsste, wo ich Karten für die untere Donau kaufen könne. Aber man antwortete, dass es in Belgrad keinen Marineattaché als solchen gebe. Ein Offizier der Royal Air Force war für die Marineangelegenheiten zuständig, wie natürlich sehr wahrscheinlich auch für die Luft- und Flughafensachen. Seine Antwort war kurz: Es gab keine Karten, obwohl sich die Jugoslawen schon jahrelang darum bemüht hatten. Es sagte nicht, dass Jugoslawien bei den Russen nachgefragt hatte, aber so war es gewesen.

Unsere Wasserkanister waren gut gefüllt, unsere Treibstofftanks ebenso. Also legten wir ohne Karten ab, in Richtung Eisernes Tor. Dahinter lag die wahrhaft legendäre untere Donau, und dann das Segeln auf dem Schwarzen Meer, in fast 470 Kilometer Entfernung. Dann waren es noch dreihundert Seemeilen bis Istanbul, dem nächsten Ort, wo wir sicher willkommen wären. Wir hatten exakt 500 Dollar und zwölf Paar Levis an Bord.

25 Letzte Vorposten

Unterhalb von Belgrad veränderte sich die Donau aufs Neue, jetzt durch das gesamte Wasser östlich der Küstengebirge Jugoslawiens und nördlich der mazedonischen Berge gestärkt. Über 200 Kilometer, bevor ihr Fortschritt durch den engen Durchbruch des Eisernen Tors in den Karpaten behindert wurde, wurde die Donau tiefer und breiter, bis manchmal die ganze Welt nur noch aus Fluss und Himmel zu bestehen schien. Nur ab und zu wurden wir durch das Auftauchen kleiner menschlicher Ansiedlungen in die Realität zurück geholt.

Weiter und weiter floss die Donau, durch traumhafte Unendlichkeit und plötzliche Realität, unaufhaltsam, allmächtig, manchmal ein Wildbach, manchmal einen Kilometer breit, manchmal ein riesiger See. Oft wurde die Donau langsam und träge, als wenn eine sanfte zielbewusste Majestät sie über das Gesicht der Erde gegossen hätte, dann wurde sie ein Dutzend Mal zu einem gefährlichen Gewässer, das zwischen vielen niedrigen Inseln hindurch schoss, die heute noch da und morgen vielleicht schon verschwunden waren.

Hinter Belgrad verlor sich unser Gefühl für Zeit und Raum. Wir fuhren nicht länger durch Provinzen, Länder oder Gegenden. *Outward Leg* driftete winzig und unbedeutend durch die riesigen Ausläufer eines Kontinents, die es schon seit einer Milliarde Jahren in dieser Form gab. Ausnahmen gab es nur dort, wo der Mensch in seiner ewigen Unverschämtheit ein paar Zeichen seiner Anwesenheit in das ewige Antlitz der Urnatur eingeritzt hatte, gute und schlechte. Dort, wo die Donau die Ufer überschwemmt und Flächen so groß wie englische Grafschaften in Besitz genommen hatte, sahen wir, was die Götter vom Eindringen der Menschen hielten. Der Fluss war dort zu einem Meer verbreitert, dehnte sich aus, weiter als unsere Augen blicken konnten, eine glänzende flache Weite aus dunklem Silber, bis hin zu den blaugrauen Bergen in der dunstigen Ferne. Manchmal zeigten uns unterbrochene Reihen von Bäumen an, wo das Ufer sein sollte, doch oft waren überhaupt keine Anzeichen dafür vorhanden, und es gab nur Wasser und Himmel. Wir begannen unsere Orientierung zu verlieren in einer Welt, die wir kannten. Dann hielten wir nach kleinen Dingen Ausschau, wie wir es manchmal auch auf dem Ozean machen, um sie wiederzufinden. Wir achteten auf unseren Kompass, wendeten uns den hausgemachten gekritzelten Karten zu, die wir von Flussschiffern ergattert hatten, und unserer Musik. Dies waren die einzigen Dinge, die einen Sinn ergaben, die uns mit der Zeit verankerten, in die wir hinein geboren worden waren. Wir hielten uns an die Dimensionen, die zählten, neben Wasser und Himmel. Und das waren die Zeit und die Musik.

Außer dem leisen Schnurren des Yanmar-Diesels, der die meiste Zeit nur mit geringer Drehzahl lief, gab es keine Geräusche, außer, wenn Thomas und ich miteinander sprachen, und das war selten. Wir hatten uns beide in unseren Kokon aus Zeit und Musik zurück gezogen. Meist Beethoven, nur dessen Leidenschaft konnte mit der grausamen Schönheit mithalten, die an den verwunderten Augen von uns Sterblichen vorbei glitt. Wenn wir an den seltenen Dörfern und kleinen Städtchen entlang kamen, ließen wir McPherson mit seinen Dudelsäcken ertönen, als ein Signal, dass wir kamen, vorbeizogen und uns verabschiedeten. Oft geschah all das in der Zeit eines einzigen Gedankens. Wenn wir an den zahlreichen Flottillen kleiner Fischerboote vorbei kamen, befreiten wir wieder McPherson aus seinem elektronischen Gefängnis, erfüllten die Luft über der Donau mit wehmütigen schottischen Klängen, damit die Fischer im strudelnden Wasser auf unseren Kurs aufmerksam wurden und aufpassten, falls wir nahe an sie heran geschoben würden. Die Fischer hier draußen hatten meist blaue Overalls an, Strohsandalen und breitkrempige Hüte. Ihre Gesichter waren so wettergegerbt wie bei Ozeanfischern, die ich gesehen hatte. Meist fischten sie vor Anker und warfen Grundleinen aus; oft trieben sie auch mit der Strömung, manchmal ein Dutzend Boote gleichzeitig. Ein Motorboot passte auf und schleppte sie am Ende des Tages oder auch später wieder flussaufwärts. Es hielt sie auch davon ab, zu nahe an die in der Flussmitte verlaufende unsichtbare fremde Grenze heranzudriften.

Auf der mittleren unteren Donau waren Pontons selten und weit von einander entfernt, und es gab keinen, der nicht bewacht wurde. Nur ganz selten gab es einen Steg, der *Outward Leg* mehr anzubieten hatte als nur einen Liegeplatz für einen moskitogeplagten Abend und eine unruhige Nacht im Schwell.

Die meisten menschlichen Ansiedlungen an der mittleren unteren Donau liegen wegen Hochwassergefahr weit vom eigentlichen Fluss entfernt, manchmal bis zu zwanzig Kilometer. Auf den meisten Pontons waren nur Grenzwächter und Soldaten zu sehen, selten ein paar Fischer und ihre Familien. Von Belgrad bis ins Schwarze Meer hinab war die Donau wie kein anderer Fluss, den ich je gesehen hatte: Sie war ein Strom voll ungewöhnlicher eigenständiger Dimensionen, der durch eine reale Welt hindurch floss, die für uns kaum zu existieren schien und hinter dem Horizont lag. Wir konnten diese reale Welt selten sehen oder berühren, wir konnten sie nur manchmal hören, wenn ein Schiff vorbei kam, oder ein Flugzeug über die fernen Berge brummte und sein schläfriges Dröhnen zu uns hergetragen wurde, das sich mit dem Summen der Bienen über dem Fluss vermischte.

Unsere Abfahrt in Belgrad geschah im zwanzigsten Jahrhundert. Wir waren aus der Savamündung heraus in die Donau gelaufen, die dort fünfhundert Meter breit ist. Wir waren unter einer Straßenbrücke hindurch gekommen, und dann vorbei an Schiffswerften, Fabriken, Wohnblocks und Vororten. Schließlich noch ein paar verstreute Hütten, und dann war der Fluss plötzlich eineinhalb Kilometer breit. Die Landschaft am Ufer war jetzt so wie in der Römerzeit vor zweitausend Jahren.

Generell war die Fahrrinne sehr viel tiefer als weiter im Norden, vor Belgrad. Im Durchschnitt war sie 6,50 m tief und reichte augenscheinlich von einem Ufer zum anderen. Es gab nur wenige Bojen oder Markierungen, und diese wenigen waren alle rostig. Also hielten wir uns in der Flussmitte, wichen nur vom Kurs ab, wenn ich eine Sandbank sah oder ein leichtes Kräuseln der Wasseroberfläche andeutete, dass dort eine Gefahr lauerte. Am Morgen und den Vormittag hindurch, bevor der Wind aufkam, war die Fahrt auf der Donau einfach. Dann war die Oberfläche glatt wie Glas, wir sahen über sie hin wie ein Handwerker, der eine frisch bearbeitete Metallfläche betrachtet. Durch leichte Veränderungen auf dem Wasserspiegel konnte ich ausmachen, wo Hindernisse unter Wasser lagen, und meist konnte man durch Vorausahnen ein Auflaufen verhindern.

An neun von zehn Tagen wehte der Nachmittags- und Abendwind in Stromrichtung, es war ganz egal, in welcher Kompassrichtung die Donau gerade dahin zog, denn der Wind richtete sich nur nach dem Fluss und der generellen Strömung. Normalerweise galt: je enger die Fahrrinne, umso stärker der Wind. Manchmal, auf einer breiten Strecke, herrschte fast Flaute. Dann, wenn der Fluss sich zwischen zwei Bergen hindurchquetschte, nahm der Wind zu, erreichte manchmal zwanzig Knoten, in den Schluchten sogar Sturmstärke. Er war sehr vorausberechenbar.

Ich dachte an die Türkeninvasion im Donautal, die in vergangenen Jahrhunderten bis nach Wien hinauf geführt hatte. Ich konnte die Türken und die Segeleigenschaften ihrer Schiffe nur bewundern. Ihre Schiffe pflügten Jahrhunderte lang durch das Wasser der Donau, nur durch Ruderkraft und die Sklavenarme der Christen und Afrikaner unterstützt. Heutzutage kann kein Schiff ohne sehr starke Maschine oder im Schlepp eines Flussschiffes auf der unteren Donau aufwärts fahren. Ich denke, ich würde dreißig PS pro Meter Schiffslänge ansetzen, um einigermaßen voran zu kommen. Man könnte es auch mit weniger Leistung versuchen, aber wenn der Nachmittagswind einsetzt, kommt eine untermotorisierte Yacht nur sehr langsam weiter, in den engen Stellen würde sie stehen bleiben. Im Hauptfahrwasser der Donau gibt es keine sicheren Ankergründe, und der waghalsige Yachtskipper unter Maschine müsste schließlich umkehren und nach einem geeigneten Platz suchen, an dem er seinen Anker eingraben könnte. Dort müsste er bis Mitternacht bleiben und abwarten, bis der Wind einschliefe. Das wäre alles gut und schön, aber das Ankern an ungekennzeichneten Stellen war offiziell verboten. Also kann man davon ausgehen, dass unser hartnäckiger Flussaufwärtsreisender etwa zehn Kilometer am Tag voran käme, es sei denn, er hätte ausgesprochenes Glück mit dem Wind. Das wären vier Monate vom Schwarzen Meer bis nach Belgrad, schlappe Aussichten, selbst für die hartnäckigste Skipperseele. Dazu kommt noch, dass die Stellen, an denen man Frischwasser und Treibstoff bunkern kann, sehr selten und christliche und afrikanische Sklaven außerdem in der heutigen Zeit schwer zu bekommen sind.

Bis zum Kanal bei Zimonjic Ivanovo bei Flusskilometer 1136 war die Donau zwischen sechshundert Meter und eineinhalb Kilometer breit, einige Inseln teilten den Fluss. In Nähe dieser Inseln war die Donau ziemlich gut betonnt, und die Ufer waren spärlich besiedelt.

Bei Kilometer 1133 lag am westlichen Ufer die kleine Stadt Grocka. Vor der Landzunge lief die Strömung am Morgen, wenn es keinen Wind gab, mit ungefähr drei Knoten. Aber am windigen Nachmittag betrug sie sechs Knoten. Ich weiß das, weil wir am Nachmittag dort ankamen und erst am nächsten Morgen wieder ablegten. In dieser Zeit kamen unsere Anker dreimal ins Schleifen. Wir hatten *Outward Leg* nicht längsseits an den Ponton legen können, also hatten wir mit einer Heckleine zu einem Kahn geankert, der bereits festgemacht hatte und der von der Seite her mit Sand aus der Schute eines Kiesbaggers beladen wurde. Das erste Mal slippte der Anker beim Mittagessen. Irgendein himmlischer Organisator droben, der für das Slippen von Ankern zuständig ist, musste seine ganze Mühe aufgewendet haben, den ungünstigsten Zeitpunkt für einen Reisenden auszuwählen. Das zweite Mal gab der Anker kurz vor dem Schlafengehen auf. Das dritte Mal um halb Nichts, mitten in der gottlosen nassen Nacht. Jedes Mal mussten wir unsere Maschine starten, unsere Heckleine loswerfen, langsam voraus fahren, das Schiff gegen die Strömung halten und unsere beiden Anker, den CQR und den Bruce, wieder eingraben.

Smederevo bei Flusskilometer 1118 war eine Industriestadt. Ich hätte gern »geschäftige« hinzugefügt, aber um dem weichen Schlamm bei Grocka zu entkommen, fuhren wir so früh vorbei, dass noch niemand zu sehen war. Die Stadt schien aus kleinen Fabriken und einer Polizeistation am Flussufer zu bestehen; ein großes Schloss sah in der klaren Luft nagelneu aus. Einen knappen Kilometer flussabwärts vom Hauptteil der Stadt lag ein herrliches altes Städtchen das, wie wir deutlich sehen konnten, rundum von seinen alten Festungsanlagen eingeschlossen war.

Um die Mittagszeit erreichten wir Ram bei Kilometer 1078. Nach den langen Strecken mit flachen Hügeln an beiden Seiten des Flusses war Ram unverkennbar und unverfehlbar, dachten wir. Ram saß oben auf einem steilen Berg, der am Westufer urplötzlich aus dem Fluss aufragte. Auf der Spitze stand eine schöne alte Burg, die so gepflegt aussah, als wäre sie gerade erst erbaut worden. Es gab auch ein Restaurant in der Nähe der Festung, vor der wir in ruhigem Wasser geankert hatten. Aber ein ehrlicher junger Mann, der dort arbeitete, gab uns zu verstehen, dass das Essen scheußlich wäre. Wir würden besser bedient sein, wenn wir auf die andere Seite des Flusses nach Stari Palanka gingen, wo der DTD-Kanal von der Donau abzweigt. Wir machten das und wurden dafür belohnt. Wir wurden von den freundlichsten Restaurantbesitzern bedient, die ich auf der jugoslawischen Donau und sonst wo getroffen habe, und wir hatten eine der schmackhaftesten Fischmahlzeiten und den besten Wein, an den ich mich in meinem Wanderleben erinnern kann. Darüber hinaus kostete der Spaß gerade mal 8 Dollar.

Stari Palanka war ein winziger Flecken direkt hinter der Einfahrt zum DTD-Kanal, einem kleinen Wasserweg, der die Donau mit der großen Ebene westlich der Karpaten verbindet. Ich fragte nach den Wassertiefen und der Breite des Kanals, aber niemand konnte mir viel darüber sagen. Ich merkte mir den Kanal im Geiste vor, für eine Entdeckungsreise im Greisenalter, irgendwann in ferner Zukunft.

Widerwillig gingen wir ankerauf und fuhren auf der Donau weiter. Obwohl die Berge der Karpaten zwischen *Outward Leg* und der See lagen, wurde sie mehr und mehr davon angezogen. Nur einen knappen Kilometer unterhalb von Stari Palanka lag am Ostufer die Grenze zwischen Jugoslawien und Rumänien. Danach folgt diese Grenze zweihundert Kilometer lang dem Fluss. An dieser Stelle beginnt die Idiotie und Blödheit und nimmt explosionsartig zu, je mehr die Entfernung eines Reisenden zu der salzigen See abnimmt.

Durch die freundliche und lässige Art der Jugoslawen hatten wir uns einlullen lassen, hatten eine falsche Sicherheit in uns aufgebaut. Seit Belgrad waren wir auf einem idyllischen, manchmal eigensinnigen Fluss gefahren, durch herrliche paradiesische Hügel und entfernte Berge hindurch. Als wir dem Restaurant in Stari Palanka gesagt hatten, dass wir zur See wollten, hatte er geantwortet: »Aber dann müsst ihr ja durch Rumänien?«

»Ja«, hatte ich geantwortet, »wie sollten wir sonst ins Schwarze Meer kommen?«

»Mhmm«, hatte der Mann tiefsinnig gebrummt. Dann hatte er das Thema gewechselt und gefragt, wie wir auf *Outward Leg* mit dem Kochen zurecht kamen, auf See, in einem so kleinen Schiff. Ich hatte das kleine rote Signal in diesem »Mhmm« zur Kenntnis genommen, es aber auf die typische interkulturelle Eifersucht auf dem Balkan geschoben. Ich hätte es besser wissen müssen. Der Mann verstand sein Kochhandwerk viel zu gut, um auf andere eifersüchtig zu sein.

Die Grenze auf dem niedrigen Hügel etwas südlich von Stari Palanka war deutlich zu erkennen. Dort war wieder einmal eine große breite

Schramme, ähnlich, wie wir es von der Grenze zwischen Österreich und der Tschechei in schlechter Erinnerung hatten. Wieder sahen wir die obszönen braunen Wachtürme, wieder standen die kleinen Gestalten junger Männer mit ihren automatischen Gewehren herum, als wären die Waffen ihre alleinige irre Existenzgrundlage. Alles war wieder da, selbst im Sonnenschein Mitte Juni – von der Südseite des Stacheldrahtzauns wehte ein Wind des Übels, der Bitterkeit, des Irrsinns und der bösen Absichten herüber. Ich machte eine Notiz im Logbuch: »Wieder so ein beschissener Todeszaun«, obwohl ich in meiner Logbuchführung seit fast einem halben Jahrhundert nie Schimpfworte benutzt hatte.

Jeder, der seinen eigenen Bruder umbringt, oder sich dazu bringen lässt, das überhaupt in Erwägung zu ziehen, ist zu ewiger Qual verdammt, wenn es im Himmel so etwas wie Gerechtigkeit gibt. Ich starrte auf die klaffende Wunde quer über die Hügel der Karpaten, alles was mich der Ozean je über Respekt für das Leben gelehrt hatte, protestierte, das beste Fischessen, das ich je genossen hatte, kam mir hoch und ich kotzte in die Pütz im Cockpit.

Von dort, wo der rumänische Zinnvorhang mit den Exkrementen seiner mörderischen Absichten die hübschen und geheiligten Donauufer verschandelte, bis nach Veliko Gradiste, unserem nächsten Zielort, waren es etwa 18 Kilometer. An der Grenze zwischen Jugoslawien und Rumänien gab es an beiden Ufern nur wenige Hinweise auf ehrliche menschliche Existenz. Auf der rumänischen Seite erstreckten sich flache Hügel zu den entfernten Karpaten hin. Sie waren zumeist mit Neubepflanzungen aus jungen Bäumen bedeckt. Alle eineinhalb Kilometer stand ein Wachturm mit einem jungen Soldaten unter dem Dach. Auf der jugoslawischen Seite gab es nichts als Bäume. Später erzählte man uns in Veliko Gradiste, dass viele junge Rumänen ums Leben gekommen waren, weil sie versucht hatten, in diesem Abschnitt über die Donau zu schwimmen; die meisten waren von den Soldaten auf den Wachtürmen erschossen worden. Es gab auch Horrorgeschichten von Rumänen, die halb ertrunken von sowjetischen Flussschiffen gerettet, wiederbelebt und dann an die rumänische Grenzpolizei übergeben worden waren. Danach wurden sie, wie man sagte, nie wieder gesehen.

Veliko Gradiste bei Flusskilometer 1059 war ein charmanter kleiner Ort voller charmanter Leute. Es gab auch eine starke Strömung und starken Wind in der Nacht, einen schlechten Hafen, einen duty-free Shop und den Hauptposten des jugoslawischen Zolls. Ein freundlicher vernünftiger Zollbeamter empfahl uns, solange wie möglich auf der jugoslawischen Seite zu bleiben, bis hinunter nach Kladovo, hinter dem Eisernen Tor. Er sagte uns, wir sollten uns in Kladovo gut mit Lebensmitteln, Treibstoff und Trinkwasser eindecken. Als er das inzwischen wieder lange Haar von Thomas sah, riet er ihm ernsthaft, es schneiden zu lassen. Mein Matrose erledigte das in einem kleinen Geschäft in der Nähe des Hafens noch am gleichen Tag. Der Zollbeamte meinte, wenn Thomas sich nicht die Haare schneiden ließe, würden wir wahrscheinlich in Rumänien nirgends an Land gelassen. Zu dieser Zeit wussten wir nicht so recht, ob wir das glauben sollten oder nicht, aber die späteren Ereignisse bewiesen, dass er es todernst gemeint hatte. Lange Haare sind ein Zeichen von Individualität. Hinter dem Zinnvorhang ist dies ein Kapitalverbrechen gegen den Staat, für Männer und Jungen gleichermaßen.

Der Polizist, der unser Schiff in Veliko Gradiste empfing, warnte uns davor, irgendwo auf der Donau zu fotografieren, das war von jetzt an verboten. Nicht nur auf dem Fluss, sondern von überall dort, wo man einen Blick auf die Donau hatte. Die, so sagte er mit todernster Stimme, sei »strategisches Gebiet«. Ich blickte auf das drei Kilometer entfernte Rumänien hinüber. Meine Augen sind nach Jahren unumgänglichen Ausschauhaltens auf See ziemlich gut. Ich konnte absolut nichts Strategisches entdecken, von den Wachtürmen abgesehen.

Wir blieben drei Tage und drei Nächte in Veliko Gradiste. An den ersten beiden Tagen regnete es. Eine Wetterfront kam vom Norden herunter und brach sich an den hohen Bergen der Karpaten. Die Leute in dem kleinen Ort behandelten uns gut. Sie waren freundlich, neugierig und in vielen kleinen Dingen sehr hilfsbereit. Die meisten Jungen trugen im Alter von neun Jahren aufwärts Jeans, Lederjacken und riesige Buttons mit der Aufschrift »AC/DC« oder »Rolling Stones«. Sie rauchten auch alle und versuchten andauernd, Zigaretten von uns zu ergattern. Öfters kam die Hafenpolizei herbei und jagte die Kids weg. Aber immer war es im Spaß. Ich liebe die Gesellschaft junger Leute. Ich denke, wenn man sie als das behandelt, was sie sind, nämlich sie selbst und keine Ableger von uns, dann reagieren sie darauf ausgesprochen gut. Wenn die Jugendlichen von Veliko Gradiste zu unangebrachter Zeit zu viel Lärm veranstalteten, dann rief ich ihnen zu, etwas leiser zu sein und versuchte zu erklären, warum. Dann machten sie weniger Krach, nicht, weil ich ihnen Angst eingejagt oder sie gar bedroht hatte, sondern weil sie verstanden hatten, warum ich meine Ruhe wollte.

Die meiste Zeit stellten die Kids Fragen nach unserem Leben, sie fragten Thomas nach seiner Ausbildung und mich nach meinen Reisen. Unsere Antworten schienen sie zu verblüffen, besonders, dass Leute überhaupt daran denken können, in Freiheit zu leben, unabhängig zu sein, ohne von der schwerfälligen, unbeholfenen, lästigen, nicht mitdenkenden Zentralgewalt herumkommandiert zu werden. Ich denke, wir haben ein paar Samenkörner in das fruchtbare Bewusstsein der Jungen im östlichen Jugoslawien eingepflanzt.

Im Verlauf unserer Reise von Budapest aus hatten wir vage Gerüchte von zwei anderen Yachten gehört, die auf der Donau unterwegs sein sollten. Beide, so schien es, waren deutsch, und beides waren neue Schiffe, auf der Überführung von ihrer Bauwerft an der bayerischen Donau ins Mittelmeer. In Veliko Gradiste trafen wir auf eines dieser mysteriösen Schiffe. Wie sich heraus stellte, war es die *Karma*, eine 30-Fuß-Sloop, die von ihrem Eigner, einem Bayern aus Regensburg in meinem Alter, in die Ägäis gebracht wurde.

»Wo ist die andere deutsche Yacht?«, fragte ich ihn.

»Sie ist hier vor ein paar Tagen durchgekommen, fährt wieder stromaufwärts«, antwortete der brave bayerische Skipper.

»Stromauf?« Das war schon eigenartig. Warum sollte irgendjemand gegen die Strömung fahren?

»Ja«, sagte er, »er fährt nach Hause. Er hat genug. Er war ziemlich weit vor der *Karma*. Er kam nach Bulgarien, und sie wollten von ihm die Hotelkosten für zwei Wochen, obwohl er auf dem Schiff schläft. Es gab ein furchtbares Gerangel, und der Skipper hatte die Nase voll. Er konnte nicht mehr mit den Bulgaren kämpfen. Er wird nach Belgrad zurück geschleppt. Dann geht er zurück nach Deutschland und wird sein Schiff über den Main und den Rhein bringen. Er sagt, das wäre einfacher, als hier hinunter ins Meer zu kommen. Er will um Gibraltar herum segeln.

»Wo will er letztendlich hin?«, fragte ich erstaunt.

»In die Ägäis, genau wie ich.«

»Und er will die ganze Strecke zurück und dann durch das Mittelmeer? Aber das sind achttausend Seemeilen! Er hatte doch nur noch sechshundert bis nach Istanbul!«

»Er sagt, dass das immer einfacher wäre als über die untere Donau!« Ich hatte diese Unterhaltung immer noch im Kopf, als ich eine Stunde später durch eine laute Stimme in Englisch aus der Ruhe in meiner Kabine aufgeschreckt wurde. Ich steckte meinen Kopf durch das Luk des Niedergangs nach oben. Auf dem Steg standen zwei Männer, beide im mittleren Alter, und beide waren unverkennbar Amerikaner.

»Hey«, riefen sie, »wir machen eine kleine Tour auf der Donau, mit diesem Russenboot dort, und wir sahen unsere »Old Glory« wehen. Auf der ganzen Strecke hier herauf haben wir keine andere amerikanische Flagge gesehen, also haben wir gedacht, wir kommen einfach mal rüber und sagen hallo!«

Ich blickte ein paar Meter flussabwärts. Dort lag ein großes russisches Passagierschiff neben dem Zollponton, die *Dnieper*. Ich kannte sie bereits, wir waren ihr schon ein paar Mal auf unserer Donaureise begegnet. Ich war äußerst erfreut, amerikanisches Englisch zu hören. »Hello«, sagte ich.

Das Resultat war, dass Thomas und ich von den Amerikanern, einer Gruppe von noch aktiven und bereits pensionierten Rechtsanwälten aus den Südstaaten, zum Abendessen auf die *Dnieper* eingeladen wurden.

Als die Sonne unterging, fanden Thomas und ich uns auf dem Bootssteg der *Dnieper* ein. Eine große Gruppe Amerikaner begrüßte uns stürmisch. Es schien, als hätten ein paar von ihnen ein oder zwei meiner Bücher gelesen. Ich wusste das zwar nicht, aber um den Grund meiner Reise mit *Outward Leg* und ihre zukünftige Fortsetzung so gut wie möglich abzusichern, nahm ich eine meiner Kurzbiografien mit. Der Grund dafür war einfach. Ich wollte, dass die Amerikaner bei ihrer Rückkehr ihren Gesetzgebern sagen würden, dass sie *Outward Leg*, ein amerikanisches Schiff, kurz vor der Einreise nach Rumänien gesehen hätten. Sollte es danach ernsthafte Zwischenfälle geben oder sollte sich *Outward Leg* nicht innerhalb vernünftiger Frist bei der amerikanischen Botschaft in Istanbul melden, dann würde man vielleicht dort, wo es zählte, in Washington nämlich, ein paar Fragen nach uns stellen.

Die sowjetischen Beamten an der Gangway zur *Dnieper*, die ihre amerikanischen zahlenden Gäste stets anlächelten, warfen uns nur dolchartige Blicke aus Schlitzaugen zu. Sie kannten uns nur zu gut, und sie hatten die Dudelsackmusik im Gedächtnis, die wir ihnen im Vorbeifahren entgegengeschleudert hatten. Sobald ich meine Biografie herausgeholt hatte, um sie der amerikanischen Sprecherin der Gruppe zu übergeben, wurde sie vom »Obersteward« (makelloses Englisch, herrliches Benehmen, schnelle Reaktionen, sie bilden sie schon gut aus beim KGB) weggeschnappt und »hinuntergebracht für die Mannschaft und um Kopien für die Passagiere zu machen«. Wenn diese Kurzbiografie nicht innerhalb der nächsten paar Stunden in Moskau war, dann bin ich der Leuchtturmwärter auf Eddystone. Der Funker musste ein wenig langsam sein, denn es dauerte gute zwanzig Minuten, bis die »Kopien« gemacht waren, und außerdem gab man den Amerikanern keine, solange ich an Bord der Dnieper war.

Wir verbrachten ein paar herrliche Stunden mit den amerikanischen Anwälten, sie bewirteten uns wie Helden oder vielleicht auch wie verurteilte Männer. Sie waren erstaunt darüber, dass wir Bedenken hatten, die rumänische Donau in unserem kleinen, zerbrechlichen Schiff zu befahren, nur wir beide. Sie sagten, man hätte sie mit sehr viel Freundlichkeit und Höflichkeit behandelt, wo immer sie in Rumänien angelegt hatten. Nur ein alter Gentleman mit der direkten Art eines Burschen aus dem guten alten Georgia murmelte verbissen:»Die sind ganz schön hinter den Dollars her.«

Ich bezweifelte keinen der beiden Kommentare, nicht im Geringsten. Aber ich bezweifelte auch nicht, dass sich der Blickwinkel westlicher Touristen, die in sowjetischer Begleitung auf einem sowjetischen Passagierschiff durch das südöstliche Imperium der Sowjets reisen und nur die Plätze sehen, die man ihnen zeigt, enorm vom Blickwinkel zweier Männer auf dem Deck eines zerkratzten und verwundeten Ozeanschiffs unterscheidet, das die amerikanische Flagge führt.

Am nächsten Morgen waren die Amerikaner an Bord der *Dnieper* weg und auch die *Karma*. Auf *Outward Leg* waren wir wieder allein mit der Ruhe des Flusses, das Eiserne Tor lag vor uns, und was immer dahinter kommen mochte.

Teil 3: Hinaus

»Die allein von der Donau abgeführte Wassermenge beträgt ungefähr dreihunderttausend Millionen Tonnen in einem mittleren Jahr ...
Die Fauna im Schwarzen Meer ist im Vergleich zum Mittelmeer ziemlich arm ... und erstreckt sich bis in eine Tiefe von etwa 100 Faden. Unterhalb dieser Grenze gibt es kein Leben und das Wasser ist mit Schwefelwasserstoff angereichert ...
In bestimmten Gebieten [des Schwarzen Meers] besteht Minengefahr. Türkischen Lotsen ist es verboten, Fremden Beschreibungen und Einzelheiten des Fahrwassers mitzuteilen ...
Im südlichen Zentralgebiet [des Schwarzen Meers] stimmen die wenigen Schiffsbeobachtungen nicht mit dem dort erwarteten Luftdruck überein. Bis mehr Beobachtungsdaten von Schiffen verfügbar sind, besteht eine gewisse Unsicherheit hinsichtlich der vorherrschenden Windrichtungen. Winde bis 12 Beaufort wurden vor der Westküste des Schwarzen Meeres beobachtet ...
Nebel ... tritt im Schwarzen Meer ... in unerwartet hohen Intervallen auf.«
Aus: The Black Sea Pilot, 1969, British Hydrographic Department, Ministry of Defence
»Die Küste [von Rumänien], in den früheren Zeiten von dem Dichter Ovid als unwirtlich besungen, repräsentiert heute die fantastische rumänische Riviera ... und zieht Tausende von Besuchern aus den entferntesten Ländern der Erde an ...
Im Sommer verwandelt sich das rumänische Küstenland in eine riesige Bühne, auf der ausschweifende kulturartistische Demonstrationen stattfinden.«
Aus: Einführung zu einer Karte Constantas, herausgegeben von der International Tourist Agency, Tomis Boulevard, Constanta, Rumänien, 1985

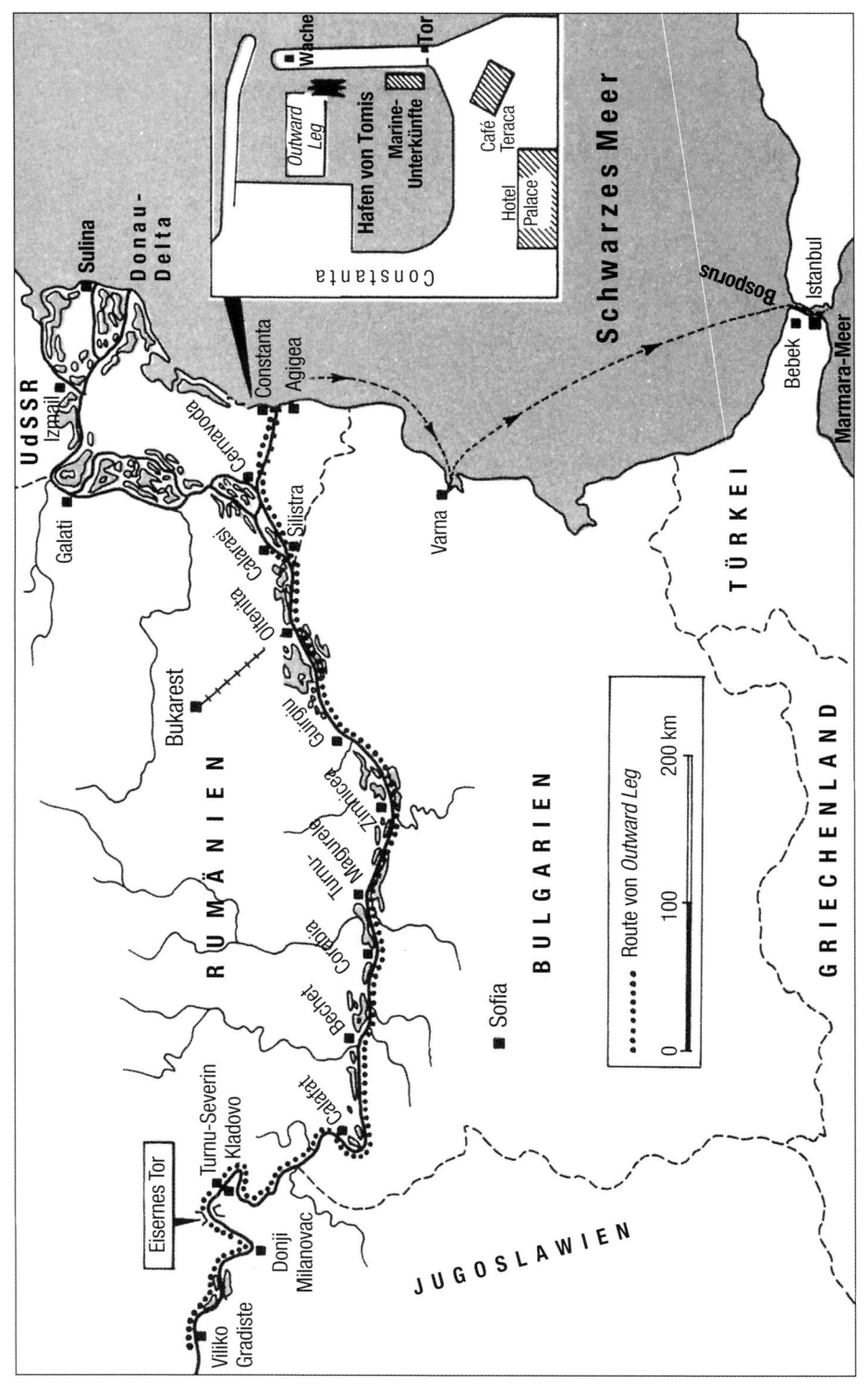

26 Durch das Eiserne Tor

Ein starker Nordwind, oft oberhalb Sturmstärke, hatte die zwei Tage und Nächte geweht, in denen wir in Veliko Gradiste lagen. Die Einheimischen meinten, das wäre nicht ungewöhnlich. Sie sagten, die allgemeine Regel lautete: je näher an den Karpaten und dem Eisernen Tor, umso stärker und anhaltender der Wind.

Man hatte uns nicht erlaubt, am Zollpier längsseits zu liegen, dieser Platz war für Passagierschiffe reserviert, meist sowjetische und bulgarische. Die legten immer nur für ein paar Stunden an, in unregelmäßigen Zeitabständen, und das Geld, das sie mitbrachten, war praktisch das, wovon die gesamte Stadt lebte. Wenn die Passagierschiffe anlegten, erwachte die Stadt schlagartig zum Leben, Bars schalteten von jaulender Serbenmusik auf Country & Western um, und die zwei kleinen Restaurants, die normalerweise windschief und leer da standen, verwandelten sich blitzschnell und wundersam in herrliche vielversprechende Gourmettempel.

Outward Leg lag am oberen Ende des Stadtkais, wo eine Betonplattform in den Fluss hinein ragte. Es war ein unbequemer Liegeplatz, denn die Wasserfläche davor war groß, sie reichte so weit flussaufwärts, wie ich sehen konnte, und durch den Wind konnte sich eine starke See (ja, See) aufbauen. Die Wellen, die *Outward Leg* an ihrem Liegeplatz erreichten, waren gute sechzig Zentimeter hoch. Also sprang sie herum und wir auch. Wir hatten mit dem Heck zum Kai festgemacht, mit unseren beiden Ankern flussaufwärts. Der Flussgrund bestand aus weichem Schlamm, und die Anker slippten mehrmals. Das hieß, dass immer einer an Bord bleiben musste, und unterbrochene Nächte. Es bedeutete auch, dass uns der Abschied von Veliko Gradiste leichter fiel, als er bei einem sicheren Liegeplatz gewesen wäre.

Der duty-free Shop öffnete nur, wenn Touristenschiffe ankamen. Gemäß den Vorschriften konnten wir ihn nur am Abreisetag benutzen. In einer Aktion, die gut organisiert sein wollte, kauften wir »Kent« und

»Marlborough« Zigaretten, Zahnpasta und Kaugummi. Wie uns der Frisör von Thomas versichert hatte, war die Nachfrage für diese Dinge in Rumänien sehr groß. Besser hätte er gesagt, die Sachen wären ihr Gewicht in Gold wert. Also gaben wir 80 Dollar dafür aus. Ein einfacher Schlag, ein paar Kilometer flussabwärts, so schien es, und wir könnten das Zeug zum fünffachem Wert oder mehr eintauschen. Er hatte nichts von den Gefahren dieses Schlags erzählt, aber das war verständlich. *Outward Leg* von Veliko Gradiste wegzubringen, war schon ein Job. Als wir endlich allen im Dorf auf Wiedersehen gesagt hatten, Alten, Jungen, Männern, Frauen, bei der Polizei und beim Zoll ausklariert hatten, und diskutiert hatten über Fußball, über Tito, Prinzessin Diana, Marco Polo, Haile Selassie, Muhammad Ali, die Methoden, Flugzeugtragflächen am Amazonas zu nieten, und das Tageswetter mit dem Zollchef erörtert hatten, war es Mittag. Der Wind blies mit mächtigen dreißig Knoten, zirka. Ein nasser, frierender Thomas brauchte eine gute Stunde Heben und Ziehen, um beide Anker gegen diesen Wind und die Fünfknotenströmung in der Sechzigzentimetersee an Bord zu bringen.

Als wir endlich vom Grund frei waren und flussabwärts gewendet hatten, schoben uns Wind und Strömung mit guten zehn Knoten voran. Nach meinem Logbuch schafften wir 50 Kilometer in weniger als drei Stunden. Die meiste Zeit auf dem Weg zur ersten Enge hatten wir unsere getreue Yanmar-Maschine ganz abgeschaltet, waren aber immer bereit, sie sofort zu starten. Die Methode, um Steuerwirkung zu behalten (genug Geschwindigkeit durchs Wasser für ausreichende Ruderwirkung) war einfach. Wir stellten einfach die Sprayhood aus ihrer Ruhelage auf dem Dach der Achterkajüte halb auf und klemmten sie dann fest. Das ergab eine effektive Segelfläche von etwa einem Quadratmeter. Der Wind, der jetzt Sturmstärke erreichte, blies uns direkt auf den Arsch und die Strömung hetzte uns durch die Engen. Manchmal, in den breiten Stellen, lagen wir wie beigedreht, dann segelten wir wieder ruhig dahin und dann schossen wir weiter wie eine Fledermaus aus der Hölle. Eine ziemlich ramponierte Fledermaus, mit einer verschrammten Steuerbordseite, eine ziemlich tief im Wasser liegende Fledermaus, denn ihre Frischwasser- und Treibstofftanks waren voll, und eine ziemlich musikalische Fledermaus, denn ihre Dudelsäcke plärrten über die Ausläufer der blauen, herrlichen Berge der Karpaten auf beiden Seiten des lieblichen Donautals vor uns hinweg.

Bei Veliko Gradiste war die gute alte Donau etwa dreieinhalb Kilometer breit. Von dort bis zum Eisernen Tor schwankte die Breite zwischen acht Kilometer und einhundert Meter. War der Fluss breit, dann betrug die Strömung etwa zwei Knoten, aber in Engstellen wütete sie mit fünfzehn Knoten. An den breiten Stellen war die Donau im Durchschnitt fünf Meter tief, obwohl sie bei Untiefen auf zwei Meter abnahm. In den Engstellen zeigte unser Tiefenmesser oft über sechzig Meter an, und da war die alte Donau sehr mächtig, und sie wusste das.

Ein paar Kilometer unterhalb von Veliko Gradiste liegen sich die beiden kleinen Städte Pozenzena in Jugoslawien und Pojejena in Rumänien an beiden Seiten der Donau gegenüber. In der jeweiligen Landessprache haben sie zwar den gleichen Namen, doch sie unterschieden sich wie Kreide und Käse, und wegen den rumänischen Grenzwächtern waren sie so weit voneinander entfernt wie ich vom Planeten Jupiter. Pozenzena war eine typische kleine jugoslawische Flussstadt. Braune, schlammfarbene Häuschen schmiegten sich ans Ufer, ein paar rostige alte Kähne lagen auf dem Strand, auf dem Stadtkai lungerten ein paar räudige Hunde herum, einige nackte Kinder schwammen in der Donau, wo es keine starke Strömung gab, und über allem, auf einem Hügel in der Stadtmitte, stand ein alter Kirchturm. Unterhalb der Stadt, flussabwärts davon, war die übliche Müllkippe mit einem alten Autowrack, das obenauf lag, mit den Rädern nach oben. Pojejena war, wie wir herausfinden sollten, ein typisches rumänisches Flussstädtchen in dieser Gegend der Donau. Es war vom Ufer zurückversetzt, die Häuser waren klinisch sauber und im Einheitsstil erbaut. Anstelle des Kirchturms gab es einen Turm der öffentlichen Wasserversorgung. Er strahlte silberfarben und hatte einen großen roten Stern auf der Spitze. Von dem Stern einmal abgesehen sah alles eher nach Holland aus als nach Balkan. Mit Ausnahme einer Sache oder besser drei davon: Zwischen dem Städtchen und dem Fluss verlief ein langer Stacheldrahtzaun, etwa drei Meter hoch. In regelmäßigen Abständen standen militärische Wachtürme, und oben auf den Wachtürmen, deren Dächer grün glänzten, stand ein Soldat mit Maschinenpistole in einem Unterstand. Trotz des attraktiven Aussehens von Pojejena erschien mir Pozezena mit seiner Müllkippe, seinen räudigen Hunden und allem Drumherum doch wesentlich attraktiver.

Bei Kilometer 1049 lag die rumänische Stadt Moldova. Ihre Uferlinie bestand aus einer langen Reihe von Kais mit Kränen und Silos, davor eine Flotte von Schuten. Es gab keine Anzeichen für Cafés oder Geschäfte, keine Anzeichen für irgendetwas, nur für Arbeit und die zugehörigen Einrichtungen dafür. Das würde auf der gesamten rumänischen Donaustrecke unverändert so sein, 680 Kilometer weit, bis hinunter zur flussabwärtigen Grenze. Es gab nichts, das anzeigte, dass Leute sich an etwas erfreuten. Man sah nie einen einsamen Angler, der mit seiner Rute still am Ufer saß. Die Leute waren immer in Gruppen und arbeiteten unter Aufsicht eines bewaffneten Wächters auf dem Turm. Am Ufer der Stadt Moldova, das sich über zwei Kilometer erstreckt, standen vier militärische Wachtürme. Die Docks waren komplett mit vier Meter hohem Stacheldraht eingekesselt, so weit ich sehen konnte. Das sind reine Tatsachen. Wir waren nahe genug, dass ich die Gesichter der Turmsoldaten sehen konnte, als wir vorbei zogen. Sie sahen sprachlos aus, als wir nur ein paar Meter entfernt vorbei liefen, alle Flaggen steif im Wind und McPherson in harter Arbeit auf seinem Dudelsack. Die rumänischen Wächter waren alles junge Männer, nicht älter als zwanzig Jahre, grob geschätzt. Die vielen Polizisten unter den Arbeitern auf den Docks waren im mittleren Alter oder älter, sie hatten Pistolen am Gürtel.

Die Arbeiter gehörten scheinbar allen Altersklassen an, und es gab viele Frauen darunter, alle arbeiteten am Be- und Entladen der Kähne. Wenn bewaffnete Wachen in der Nähe waren, starrten die Arbeiter nur ein paar Augenblicke zu uns herüber, scheu, oder sie ignorierten uns demonstrativ. Wo keine Wachen waren, grüßten sie uns mit Zurufen und Enthusiasmus, alle, ohne Ausnahme. Auch das wurde auf der ganzen Strecke durch Rumänien zur Regel.

Flussabwärts von Moldova zeigte uns die gute alte Donau ihre wahren Möglichkeiten. Sie verzweigte sich in bis zu sechs einzelne Arme, sie wand sich um scharfe Biegungen herum, sie raste durch kilometerlange gerade Strecken, sie meanderte durch flache Ebenen, sie schäumte durch Bergtäler, und sie bot unseren weit offenen Augen immer wieder neue Schönheiten, noch mehr enge Kehren, noch mehr Überraschungen, noch mehr plötzlichen Schrecken bis hin zu Horror und noch mehr Gefahrenstellen. Es war, als würde die ganze Geschichte Europas, vom Altertum bis zur Moderne, an unseren Augen vorüber gespült, in einem einzigen langen, breiten, schnellen Panorama. Sie zeigte uns das gesamte Balkanleben, das frühere und das heutige. Es war ein sich bewegendes Fest, es schien nie zu enden, floss stetig weiter, immer weiter.

Auf der rumänischen Seite waren keine Fischer in Booten zu sehen, auf der jugoslawischen Seite gab es manchmal welche, wenn auch selten. Aus offensichtlichen Gründen will ich hier nicht hinschreiben, wann und wo sich der nachfolgende Zwischenfall ereignete, ich kann nur versichern, dass er tatsächlich stattgefunden hat.

Outward Leg flog irgendwo an der Grenze zwischen Jugoslawien und Rumänien dahin, die Maschine war abgestellt und mit dem Hilfssegel und der Strömung drängte sie mit zwölf Knoten flussabwärts. Ich hatte eine Auswahl aus dem Mikado von Gilbert und Sullivan im Kassettendeck. Musik auf dem Fluss erfrischt nicht nur alle Seelen in Hörweite, sie funktioniert auch sehr gut als Sirene, wenn man sie nur genügend verstärkt, und macht damit alle anderen kleinen Schiffe darauf aufmerksam, dass jemand auf sie zukommt.

Irgendwo entlang der Grenze sah ich eine Flotte aus jugoslawischen Fischern in Ruderbooten, etwa ein Dutzend oder so. Alle Männer hatten den üblichen blauen Overall an und die Strohhüte der Fischer in diesem Flussabschnitt auf dem Kopf. Alle Boote waren gelb angemalt, achterlich an der Seite war eine jugoslawische Flagge aufgepinselt. Sie waren über eineinhalb Quadratkilometer auf dem Fluss verteilt, fischten mit Grundleinen, und ließen sich von der Strömung flussabwärts treiben. *Outward Leg* lief mit einer Relativgeschwindigkeit von drei Knoten an ihnen vorbei. Als ich zwischen zwei dieser kleinen Boote hindurch steuerte, spielte das Kassettendeck gerade den Song »Three Little Maids from School Are We« *(Wir sind drei kleine Mädchen von der Schule)*. Als *Outward Leg* am Heck des vorderen Schiffes vorbei kam, blickte der Mann darin plötzlich auf und grinste breit. Sein Gesicht war sehr dunkel, und er hatte einen Sechstage-Bart. Ich war so nahe, dass ich bemerkte, dass er blassblaue Augen hatte, und ich hörte ihn klar und deutlich im besten Oxford Englisch sagen: »Ah, Gilbert und Sullivan, auch ganz nett.«

Zuerst nickte ich nur als Zustimmung mit dem Kopf, wie ich es, sagen wir, im Solent oder im Long Island Sound gemacht hätte. Ich brauchte eine Sekunde oder zwei, bevor ich mich daran erinnerte, wo ich war und was auf unserem Kurs lag. Ich drehte mich blitzschnell um, um den Mann noch einmal zu sehen, aber er war jetzt schon fünfzig Meter achteraus, war wieder im Schatten seines breitkrempigen Hutes über seine Leinen gebeugt. Als wir in einem geraden Stück der Donau waren, schaute ich mich immer und immer wieder nach dem Fischer um, aber bald waren er und sein Boot nur noch ein Punkt auf der kalten unbekümmerten Oberfläche des silbrigen Flusses, und dann war er verschwunden. Wir waren wieder das einzige Schiff, allein mit dem glänzenden Fluss, den grünen Bäumen, den blauen Bergen, dem schwarzen Drahtzaun im Osten und einem ungelösten Rätsel.

Die Szenerie bei der rumänischen Stadt Pescari bei Flusskilometer 1041 war fast eine Kopie der Szenerie im hinter uns liegenden Moldova, nur gab es diesmal sechs Militärwachtürme anstelle der vier und der Drahtzaun war drei Meter hoch und nicht nur zwei. Aber wir waren zu sehr von dem Anblick voraus fasziniert, wir beachteten Pescari im Vorbeifahren kaum. Plötzlich, nach dem seeähnlichen Abschnitt aus reinem Silber, zehn Kilometer breit, zwängte sich der Fluss durch einen Felsspalt an der Seite eines Berges, der nicht breiter war als 550 Meter. Mit dem achterlichen Sturmwind und 10 Knoten Wildbachströmung unter *Outward Leg* und mit Wasserstrudeln, die unsere Rümpfe hin und her wirbelten, erst nach Backbord und dann nach Steuerbord, schien es, als wollten wir versuchen, einen von Hannibals Elefanten in ein Mauseloch zu stopfen. Mit gut fünfzehn Knoten schossen wir durch den Spalt, und der Tiefenmesser zeigte minutenlang einhundert Meter an, bis wir etwa vier Kilometer weit in der engen Schlucht mit überhängenden Klippen an beiden Seiten waren. Es war alles sehr dramatisch, sehr düster, ein wenig wie das Öffnen einer Falltür unter dem Galgen des Henkers und genau so unumkehrbar. Bei diesem Wind, dieser Strömung und dem Seegang gab es einfach keine Möglichkeit, dass *Outward Leg* aus eigener Kraft hätte umkehren und flussaufwärts fahren können. Wir waren wie eine Motte in einem überfluteten Rinnstein.

Wir hatten uns so darauf konzentriert, in die Enge hinter Pescari einzulaufen, dass wir das liebliche alte Schloss am Eingang, dieses Wunder an Geduld und Ausdauer seiner Erbauer, mit seinen schlanken Wehrgängen an der Wand einer Klippe über dem wütenden Strom des Wassers hängend, nur einen Augenblick lang sahen.

Der erste Engpass war etwa fünf Kilometer lang. Danach öffnete sich der Fluss auf einer Strecke von vier Kilometer ganz langsam, bis er wieder seine normale Breite von einem bis zwei Kilometer erreichte. Dieser Abschnitt, bis hinunter zum 120 Kilometer entfernten Eisernen Tor, war der schnellste Teil der Donau unterhalb von Kelheim, das 1200 Kilometer flussaufwärts in Bayern liegt. In früheren Tagen hatte man Flussschiffe hier heraufgetreidelt. Zuerst waren es Sklaven, die an Tauen zogen, die an in die Seiten der Klippen eingelassenen Ringen gesichert waren, dann Kriegs- oder sonstige Gefangene, dann kamen Dampfmaschinen, die auf manchmal kunstvoll in die Klippen hineingetriebenen Plattformen standen. In diesen Tagen brauchte ein Schiff zwei Wochen, um von Kladovo nach Pescari zu gelangen, mit viel Hilfe und, ich wette, einer gewaltigen Menge an türkischen Flüchen und viel Peitschenknallen.

Aber die Enge zwischen Pescari und Kladovo war die herrlichste Flusslandschaft, die ich irgendwo auf der Welt gesehen hatte. Man kann sie nur mit Superlativen beschreiben, sie war oft überwältigend. Die Natur zeigte uns hier, welche Pygmäenzwerge wir in Wirklichkeit und wie überflüssig unsere schwachen Drahtzäune sind.

Auf der rumänischen Seite gab es über die gesamte lange Engstelle hin eine Straße, die unten aus den Klippen herausgehauen war. Die einzigen Autos, die wir auf ihr sahen, waren zwei Kleinbusse in khakibrauner Tarnfarbe. Auf der jugoslawischen Seite war auf der ersten Hälfte der Engpassstrecke nichts als Berg, nackt und öde. Er wuchs direkt aus den hundert Metern Tiefe der Donau heraus. Es gab ein paar verkrüppelte Büsche, aber keine Bäume, keine Blumen, keine Erde, kein Gras, nichts als nackten soliden Fels, von dessen sonnengebleichten Flächen Beethovens Neunte mit Echos auf uns zurückgeworfen wurde.

Bei Kilometer 1011 war eine weitere enge Schlucht. Sie war weniger als 430 Meter breit und wurde (natürlich auf der rumänischen Seite) von einem einsamen Soldaten mit Maschinenpistole bewacht. Er beobachtete uns finster, als wir mit fünfzehn Knoten an ihm vorbeischossen, scheinbar direkt in den Berg hinein, so muss es aus seinem Blickwinkel ausgesehen haben. Von dort an gab es keine Anzeichen menschlicher Aktivität mehr, abgesehen von der Militärstraße auf der rumänischen Seite des Zinnvorhangs, bis hinunter zu Kilometer 1005. Dort war man im Begriff, eine neue Straße auf der jugoslawischen Seite der Donau aus dem steilen Klippenfels zu schlagen, hundert Meter über der reißenden Strömung. Die Felsen ragten mehr als 300 Meter direkt aus dem Flussbett auf. Auf den nächsten paar Kilometern sahen wir mehr als hundert Brücken, die man für die neue Straße über schwindelerregende Felsspalten gebaut hatte. Später erzählte man uns, dass diese neue Straße von der nationalen Regierung gebaut wurde, um Touristen von Land her einen Zugang zu den Engpässen des Eisernen Tors zu ermöglichen. Außerdem wird sie, so schien es mir, den rumänischen Wächtern von ihrer Seite aus etwas anderes zum Beobachten bieten als nur die Wasserfläche oder die Leichen ihrer Landsleute, die beim Versuch, die Donau zu überqueren, erschossen worden waren. Wenn die neue Straße diese Bedeutung hat, dann soll der Tourismus hochleben! Flusskilometer 1000 – tausend Kilometer vom Donaudelta entfernt – bestand aus einem Flecken felsigen Berggesteins. Er hatte nichts zu bieten außer der Kilometertafel, doch wie wichtig die war, und wie schwierig es gewesen war, bis hierher zu kommen! Direkt unterhalb, bei Svinita in Rumänien, lag wieder ein bewachter Ponton in dem trüben Wasser. Nach den bösartigen Blicken der Wächter dort würde es nur einem naiven Kurzsichtigen, einem wildgewordenen Irren oder einem flüchtenden Verräter, dessen Ankunft man erwartete, einfallen, mit dem Schiff dort anzulegen.

Donji Milanovac bei km 990 war die erste Stadt in Jugoslawien unterhalb von Veliko Gradiste, die einen Ponton hatte. Aber der Wind war so stark, dass sogar beladene Flusskähne, die vor der Stadt ankerten, in jeder flussabwärts rollenden See zwei bis zweieinhalb Meter auf und ab sprangen.

(Jeder, der wie die Yachties, die wir in der Ägäis trafen, glaubt, dass die Donaureise »eine Spazierfahrt« wäre, sollte den voranstehenden Absatz noch einmal lesen).

Ich drehte, um vor dem Ponton zu ankern und dann seitlich zum Ponton zu schwojen, als ich plötzlich direkt unterhalb der Straße ein Kap bemerkte. Es wurde mir klar, dass dort die Poreka in die Donau mündete. Ich ging wieder flussabwärts und nahm Kurs auf das Kap, blieb aber weit draußen im Fahrwasser, um harte Begegnungen mit Unterwasserhindernissen zu vermeiden, die hier nicht selten sind und die einem Schiff bei zehn Knoten über Grund, selbst wenn die Maschine im Leerlauf ist, ziemlichen Schaden zufügen können.

Im Fluss Poreka, etwa einen Kilometer oberhalb der Mündung und bei drei Knoten Strömung, trafen wir das erste jugoslawische Kanonenboot. Es hatte eine freundlich winkende Crew und dippte seine Nationale zu unserer Begrüßung. Dann fanden wir einen guten Ankergrund mit festem Schlamm auf zweieinhalb Meter Wassertiefe. Der Ankerplatz war direkt vor einem kleinen Restaurant, das sich als guter Platz zum Essen herausstellte. Es hatte auch eine Zigeunerkapelle und schien der Treffpunkt aller freizügigen und einsamen Damen rund ums jugoslawische Eiserne Tor zu sein, und das will einiges heißen.

Das Restaurant hatte ein rotes Dach im Pagodenstil. Um die Gäste zu erfreuen und den drei Mann der Zigeunerkapelle eine Pause zu gönnen, kletterte Thomas zurück an Bord und spielte Gilbert und Sullivan »Selections from the Mikado«. Ich beobachtete verblüfft, dass einer der Zigeuner die Musik kannte und laut mitsummte.

Die Besitzerin des Restaurants, eine charmante Lady, die nichts außer serbisch sprach, schaffte es trotzdem, sich verständlich zu machen. Sie bediente uns, während man nach dem örtlichen Polizeibeamten schickte. Nach ein paar Stunden tauchte er auf, klarierte uns ein und auch gleich für den nächsten Tag wieder nach Kladovo aus. Dabei spielte er mit Thomas eine Partie Schach.

Auf der Poreka gab es wenig Wind, wenigstens dort, wo *Outward Leg* vor Anker lag. Es war ein lieblicher Abend, und wir saßen unter dem Pagodendach des kleinen Restaurants. Der Nachthimmel war voller Sterne und das Ufer erfüllt vom Zirpen der Grillen. Das Schiff lag in ruhigem Wasser, und der Ankergrund war gut. Gott war in seinem Himmel droben, und alles in der Welt war goldrichtig. Bevor ich schlafen ging, erinnerte ich mich an das, was wir auf der rumänischen Seite gesehen hatten und dachte an all die Gefahren auf der vor uns liegenden Strecke durch dieses Land. Also schlief ich gut.

Am nächsten Tag blies der Wind auf der Donau mit fünfundzwanzig bis fünfundvierzig Knoten; er ließ auch in den scharfen Flussbiegungen kaum nach. Dieser alte Nordwind blies einfach weiter, er folgte vertrauensvoll jeder Kehre und jedem Winkel des Fahrwassers. Im Durchschnitt waren die Seen einen Meter hoch, wir sprangen ziemlich fröhlich umher. Die Breite des Flusses schwankte zwischen eineinhalb und fünf Kilometer, und es gab jetzt eine Straße auf beiden Seiten. Auf den jugoslawischen Klippen gab es zwei kleine Dörfchen, auf der rumänischen Seite waren nur die leere Straße und ein bewaffneter Posten alle achthundert Meter oder so zu sehen.

Bei Kilometer 973,5 war eine der engsten Schluchten auf der ganzen Donau zwischen den Ausläufern der Alpen und dem Schwarzen Meer, sie war nur etwa einhundertsechzig Meter breit. Das gesamte Wasser aus gut der Hälfte von Süd-, Zentral- und Südosteuropa zwängte sich durch diesen Spalt hindurch, wie Hochwasser durch einen Gully. Unser Schiff wurde hochgehoben und hindurchgespült, ich bin sicher, dass wir manchmal kurzzeitig zwanzig Knoten erreichten.

Am unteren Ende dieses Abflusses, der zirka dreieinhalb Kilometer lang war, gab es noch einen engen Spalt im Berg, diesmal den engsten, ganze einhundertdreißig Meter breit. Aus ihm schoss *Outward Leg* wie eine wildgewordene Walküre mit über zwanzig Knoten heraus, all ihre Flaggen und Wimpel knatterten im Fahrtwind und McPherson dudelte das Lied »Lament of the Old Sword«. Das Schiff wurde aus den Klippen hinaus in die Mitte eines riesigen Sees katapultiert. Dort lag sie fast leblos im Wasser, aber dann, Minuten später, wurde sie vom Rachen einer weiteren Spalte angezogen, fast genau so eng wie die vorherige, wieder schossen wir mit gut zwanzig Knoten hindurch. Es war so schnell vorbei, es schien, als hätte es nie stattgefunden. Wir waren durch eine so intensive Kraft durch diese Engstellen hindurch getragen worden, selbst »allmächtig« wäre zu gering, sie zu beschreiben. Diese Kraft hatte unablässig Signale übertragen, durch das Ruder, die Steuerkabel, durch das Rad, auf meine Hand und in mein Gehirn, dass sie uns, wenn sie es nur gewünscht hätte, jederzeit wie Fliegen hätte zerquetschen können, jederzeit, wenn ihr danach zu Mute gewesen wäre. Das Gefühl der plötzlichen Beschleunigung, als die Strömung den Kiel und die Rümpfe hoch hob, war viel heftiger und beharrlicher als alles, was ich je beim Start eines Jets oder in einem Zug bei Notbremsung erlebt hatte.

Aber es kamen mir auch Zweifel. Als ich endlich in der Lage war, meinen Kurs auf den Engstellen der Donau mithilfe einer Karte zu überprüfen, stellte ich fest, dass die Strecke durch die beiden letzten Schluchten vor dem Eisernen Tor ungefähr 5 Seemeilen lang war, plus oder minus ein paar Meter. *Outward Leg* hatte für diese Entfernung genau fünfzehn Minuten gebraucht. Das ergibt zwanzig Knoten Durchschnitt auf der ganzen Strecke. Aber ein paar Minuten lang hatte sie fast still gelegen, in dem großen »See« zwischen den Schluchten. Also musste sie in den Engen selbst, allein durch die Strömung mehr als zweiundzwanzig Knoten erreicht haben, die Maschine war nur mit ganz niedriger Drehzahl mitgelaufen.

Bei Kilometer 964, am unteren Ende der letzten Schlucht vor dem Eisernen Tor, war eine römische Tafel in den Fels geschlagen, ungefähr zwei Meter über dem reißenden Strom. Sie erinnerte an die Eroberung und Unterwerfung des unteren Donautals durch die Truppen des Imperators Trajan. Wir kamen nahe genug an der Tafel vorbei, um die lateinische Inschrift zu lesen, aber wir waren zu schnell, um sie Wort für Wort abzuschreiben. Etwa fünfhundert Meter flussabwärts, auf der rumänischen Seite, stand ein einsamer Grenzwächter und hielt sein Gewehr fest. Er starrte herüber, als wir unter den Klängen von »The Big Spree« vorbeischossen. Es war ein Moment des totalen Widersinns.

Die Schleusen des Eisernen Tors waren im Vergleich zu den oberhalb gelegenen Schluchten eher zahm, obwohl der Vierzigknotenwind direkt in die Schleusenkammer auf der jugoslawischen Seite auf der Südseite hinein blies, wir dadurch fast mit einem der großen Stahltore am unteren Ende kollidierten und es nur der Geschicklichkeit und dem Können von Thomas an den Festmacherleinen zu verdanken hatten, dass wir den letzten verfügbaren Schwimmpoller schnappen konnten, der die Fahrt des Schiffs aufnahm und uns rettete. Es war trotzdem ein Kinderspiel im Vergleich zur Navigation in den klippigen und reißenden Schluchten der mächtigen Berge, die wir gerade hinter uns hatten. Als wir in der Schleusenkammer auf unsere Absenkung warteten, fühlte ich mich wie ein Hund, der sich nach dem Fall in einen Gebirgsbach wieder auf das Ufer hinaufarbeitet und sich schüttelt.

Die Schleusen des Eisernen Tors waren gewaltige kavernenartige Konstruktionen, etwa 300 Meter lang und fünfunddreißig Meter breit. Der Höhenunterschied bei der Ausfahrt war etwa dreißig Meter oder zwanzig Faden.

Als wir mit einer Geschwindigkeit von einem Faden pro Minute hinab sanken, waren die Schleusenmauern über uns mit nüchtern blickenden Arbeitern mit Sicherheitshelmen und aller Art von Kleidung überfüllt. Ein paar der Arbeiter riefen etwas auf Deutsch. Sie wollten uns zu verstehen geben, dass sie nie vorher ein Schiff mit drei Rümpfen oder ein Schiff unter amerikanischer Flagge gesehen hatten. Auf unserer ganzen Schleusenfahrt versammelten sich die Arbeiter über unseren Köpfen und riefen uns aufmunternd zu.

Im Inneren der Schleusen funktionierten die Ampeln nicht, aber nur ein Trottel hätte nicht gewusst, wann es weiter ging. Also machte uns das nichts aus. Und unterhalb der beiden unteren Tore lag nichts mehr zwischen uns und der See, so dachten wir, außer der einen Schleuse bei

Constanta. Als wir zu McPherson's »großen Sause« für die fröhlichen Arbeiter hinaus fuhren, wussten wir, dass wir wieder fast auf Meereshöhe waren, nach acht Monaten, in denen wir in Europa auf und ab geklettert waren.

Das waren so meine Gedanken als wir auf Kladova zu liefen, zehn Kilometer stromabwärts des Eisernen Tors. Das, und wo zum Teufel wir das Schiff festmachen sollten. Der Ort war voller Schiffe, Hunderte von Flussschiffen, Schleppern und Lastkähnen. Nachdem wir gute zwei Stunden einen Platz nach dem anderen ausprobiert hatten und jedes Mal aus irgendeinem Grund wieder weg mussten, machten wir schließlich unterhalb des alten Schlosses bei km 934 fest, wo wir einen kleinen Zollposten fanden, der hinter einer Flotte wartender Kähne versteckt war.

Für mich gab es keine Möglichkeit, in Kladova an Land zu kommen, selbst nicht vom Dinghi aus. Der einzige Anlegeplatz war voller Hindernisse und dreißig Zentimeter hohem nassen Schlamm. Also blieben wir die Nacht an Bord, festgemacht in der Nähe einer verrotteten alten russischen Schute. Wir aßen im Cockpit, und unsere alte, zerfetzte, blasse Stars and Stripes Flagge hing welk herunter, nur ein paar Meter von der blassen, zerfetzten, roten Flagge der Schute. Hammer und Sichel waren gerade erkennbar.

Wir gingen in die Kojen, bereit für die Einreise nach Rumänien am nächsten Tag.

27 Der verlorene Planet und die Leere

U nterhalb des Eisernen Tors war die Donau oft wie ein Meer. Sie war breit und sehr ausgedehnt. Die lang gezogenen Flächen boten dem Wind viel Angriffsfläche, und die Seen waren hoch, sie standen denen im Ärmelkanal bei Sturm und Schwerwetter in nichts nach. Als *Outward Leg* aus dem Schutz des kleinen Walls am Flussufer heraus lief, der den »Hafen« von Kladovo bildete, war gerade solch ein Morgen.

Quer über dem Fluss, an der Nordseite, lag die rumänische Zwillingsstadt von Kladovo, Schela Cladovei genannt, und natürlich war sie von ungefähr einem Dutzend Soldaten auf Wachtürmen streng bewacht. Was unsere Augen erfreute, war der Anblick des ersten seegeprüften Schiffes seit dem dänisch-baltischen Küstenmotorschiff, das wir vor acht Monaten auf dem Rhein gesehen hatten. Wir waren inzwischen so an die Größe der Flussschiffe gewöhnt, dass sie uns gigantisch vorkam. Wir fuhren hinüber zu der Stelle, wo sie längsseits festgemacht war. Die Roststreifen an ihrer klippenartigen Seite erzählten uns Geschichten von stürmischen Nächten, draußen in den Schifffahrtsstraßen der See. Ihr Rumpf war schwarz, die Aufbauten schmierig weiß, und der weiße Schornstein trug den horizontalen roten Streifen der sowjetischen Handelsmarineflotte. Natürlich waren auch Hammer und Sichel auf dem roten Streifen. Ihr Name war *Bolshevik Karaev*, und ich denke, sie kam aus Odessa am Schwarzen Meer.

Es war nicht gerade so, als würden wir die *Queen Elizabeth 2* auf der Donau treffen, aber wir konnten nicht wählerisch sein. Die See ist ohnehin das Gleiche für einen Bolschewiken oder einen verkrüppelten Bastard, denke ich. Thomas und ich winkten fröhlich hinauf zu den paar Russen an der Heckreling, aber wir bekamen nur mürrische Blicke als Antwort. Die Größe des Schiffes schien *Outward Leg* irgendwie klein und nebensächlich zu machen. Irgendwie war unser Schiff von einer Ausstrahlung umgeben, die zu sagen schien:»Also gut, ich bin vielleicht nicht mehr die Königin der Donau, aber komm' mir nur nicht zu nahe!«Wie die späteren Ereignisse bestätigen sollten, war das auch so ziemlich die einzige Einstellung, die sie und ich an den Tag legen konnten, um zur See durchzukommen. In früheren Zeiten hatten wir so etwas»lässige Angeberei«genannt. Einige hart gesottene Schiffsjungen auf den britischen Segelbarken hatten das perfekt drauf. Sie wurden mit Arbeit fast zu Tode geschunden, sie hatten nicht einen Pfennig Geld, aber sie legten sich garantiert mit jedem an, der sie nur schief ansah oder gar mit dem Finger auf ihre dünnen, mageren, aber knochenharten Schultern zeigte.

Turnu-Severin, wo wir»in rumänisches Fahrwasser«einlaufen würden, schien ziemlich attraktiv zu sein, aus der Entfernung jedenfalls. Eine große Stadt mit vornehmlich weißen Gebäuden, die in der Morgensonne leuchteten und fast den ganzen Hügel bis hinunter zum Flussufer bedeckten. Zwischen den weißen Häusern konnten wir dunkelgrüne Bäume sehen, lange Reihen davon, und wir dachten, das wären breite Alleen. Bei unserer Annäherung gab McPherson sein Bestes, um alle schläfrigen Soldaten auf ihren Wachtürmen aufzuschrecken, die sicher ihre Zeigefinger am Abzug ihrer Kalaschnikows hatten. Die Strömung oberhalb des Pontons von Turnu-Servin war schlappe drei Knoten. Ich hatte die Maschine nur langsam im Vorwärtsgang mitlaufen, denn ich wollte den Wächtern mit ihren Ferngläsern auf dem Steg so viel Zeit wie möglich für eine Inspektion geben und sie an den Gedanken gewöhnen, dass wir beabsichtigten, längsseits an ihrem Steg festzumachen.

Direkt unterhalb des Pontons stand ein kleines Bürogebäude am Ufer, das sehr an einen altmodischen britischen Eisenbahnhof erinnerte. Es war einstöckig, die Fenster waren entweder schmierig oder zerbrochen, und es hatte hölzerne Verzierungen, von denen überall an der Dachrinne entlang die Farbe abblätterte. Wie wir später feststellten, war dies der Zollposten und zugleich das Büro des Hafenmeisters. Daneben gab es, zu unserer Überraschung, ein großes Freiluftrestaurant, das den Fluss überblickte. Hinter dem Restaurant lag eine gewaltige Fabrik mit riesigen roten Fahnen und Emblemen, die sich über die ganze Frontpartie ausdehnten. Sie ließen erkennen, dass dies das Hauptquartier der rumänischen kommunistischen Partei mit dem Oberhäuptling Nicolai Ceausescu war.

Ich konnte die Zeichen am Gebäude ganz gut lesen, die rumänische Sprache stammt vom Lateinischen ab, und jeder, der sich in Latein, Spanisch, Italienisch, Portugiesisch oder Französisch auskennt, kann den Sinn rumänischer Worte erahnen, mit etwas Unsicherheit, zugegeben. Die meisten Endungen und die allgemeinen Umgangsworte kommen aus dem Slawischen. Das teilt die Sprache, und ich stellte fest, dass bestimmte Fassetten des rumänischen Nationalcharakters sich vielleicht davon ableiten, denn der ist definitiv schizophren und paranoid.

Wir waren weit davon entfernt, die bewaffneten Wächter mit unserer Dudelsackmusik aufgeweckt zu haben, wie ich bemerkte. Als *Outward Leg* sich immer mehr an die raue Außenseite des großen Pontons heran schob, die Bugs nun flussaufwärts gedreht, um seitwärts anzulegen, schienen sie in eine verblüffte Trance gefallen zu sein. Es war etwa ein Dutzend, alle jung, alle in khakifarbenen Tarnklamotten, und alle trugen dreckige Stiefel, die bis zur Mitte ihrer Waden reichten.

Die Wachen wurden von zwei Offizieren beaufsichtigt. Einer davon war ein großer Mann in den Dreißigern. Er hatte ein helles Gesicht und sah ziemlich gepflegt aus. Er trug einen leichten Mantel, der bis zu den Knöcheln reichte und mittschiffs mit einem Gürtel geschlossen war. Ich nannte ihn Yul, weil sein ganzer Kopf kahl rasiert war. Der andere war klein, nicht größer als einmeterfünfundsechzig, und er war uralt. Er erinnerte mich an Somerset Maugham, also nannte ich ihn Genosse Maugham. Er hatte eine einfache graue Uniformbluse an, einen Gürtel um den Bauch und einen anderen über der Schulter. Er trug Reiterstiefel, die ihm fast bis zu den Knien reichten, und die glänzten! Sein Haar war sehr schwarz, als hätte er es gefärbt, und sein Gesicht, jedenfalls das, was ich davon sehen konnte, war wie zerknittertes Pergament. Oben auf seinem Kopf saß eine Schildmütze, verziert mit dem üblichen roten Stern.

Als wir mit leichtem Anstoßen längsseits kamen, wurden die Wachen auf dem Ponton lebendig. Sie kamen nahe an das Schiff heran, um es anzuschauen. Als die zwei Offiziere an Bord kletterten, wurden die Zuschauer oben von anderen Wachen weggejagt, die aus der Parteizentrale gerannt kamen. Schläfrige Hunde stoben davon, aufgescheucht aus ihrer morgendlichen Träumerei, und kleine Ferkel kreischten, als sie von ihren grunzenden Müttern durch die herumwimmelnden Menschen geschoben wurden, und überall liefen glucksende Hühner herum. Es brachte Erinnerungen an die Ankunft in spanischen Bahnhöfen zurück, damals, Anfang der Fünfziger, und es war für mich das erste Anzeichen dafür, dass wir tatsächlich einen Zeitsprung gemacht hatten. Wir waren wieder in den Fünfzigern und würden auch dort bleiben, manchmal sogar die vierziger und dreißiger Jahre besuchen, sogar ab und zu in die Zwanziger hinabtauchen, bis zurück zur Jahrhundertwende. Als wir später die andere Seite der rumänischen Grenze erreichten, hatten wir fast vergessen, dass der Rest der Welt tatsächlich in der Mitte der achtziger Jahre lebte.

Genosse Yul und Maugham sprachen beide genug Deutsch, dass wir sie verstehen konnten. Sie waren eigentlich ziemlich freundlich zu Thomas und mir, aber später meinte mein Crewmitglied, das einen viel zentraleuropäischeren und weniger unschuldigen Blick auf die Dinge hatte als ein Ozeanmann von einer Insel, wenn die etwas an Bord gefunden hätten, das ihrer Meinung nach nicht dorthin gehörte, dann wären sie sofort und plötzlich bösartig geworden, und dann hätten wir Gottes Beistand nötig gehabt.

Wie das unsere Sitte bei der Ankunft in osteuropäischen Ländern war, hatten wir bereits die meisten Schapps im Schiff geöffnet. All unsere Geheimnisse und Intimitäten waren vor der ganzen Welt ausgebreitet. Beide Schwimmerluken waren aufgeschraubt, bereit für sofortiges Öffnen, sollten die Offiziere einen Blick in die Ausleger hinein werfen wollen. Genosse Yul ging mit Thomas nach vorn und untersuchte mit Akribie die Vorschiffskabine.

Genosse Maugham blieb achtern bei mir und schrieb alle Seriennummern der Geräte auf, von den Radios, dem Sextanten, den Uhren, dem Satnav, den Kameras, dem Wetterfax, der Schreibmaschine, der Stoppuhr, der Signalpistole, dem Barometer und dem Thermometer. Er fragte sogar nach den Nummern der Petroleumlampen, ich erfand einfach welche, und er schrieb auf: 1066, 1805, 1815, 1914, 1918, 1939 und 1945. Also trugen jetzt unsere Lampen die Daten wichtiger Jahre in der britischen Geschichte. Genosse Maugham trug eine kleine Pistole in einem glänzenden Halfter am Gürtel, also bemühte ich mich, ein todernstes Gesicht zu machen.

Danach kletterte Genosse Maugham steif auf meinen Tisch, kniete sich hin und griff zu meinem Bücherschapp hinauf. Er nahm jedes einzelne Buch heraus und blätterte es durch, wobei er »Palaya Buoy« grunzte. Ich brauchte einen Moment, um herauszufinden, dass er »Playboy«

meinte. In Englisch sagte ich zu ihm, ich hätte das Onanieren schon vor ein paar Jahren aufgegeben, weil es meine Nachtsicht schwächte. Ich bot ihm dafür mein Oxford-Buch der Gedichte an. Er schnappte es aufgeregt, als ob er dächte, es wäre ein politischer Katechismus mit den Gedanken der Vorsitzenden Thatcher, aber als er nur Gedichte in Versform sah, schob er es weg. Es war ihm nicht klar geworden, dass der Text darin mächtiger war als alles Zeug, das Nicolai Ceausescu auch nur träumen konnte, und dabei noch viel gefährlicher für eine als Sozialismus getarnte Diktatur als jedes »Playboy«-Magazin.

Nachdem Genosse Maugham wieder herunter geklettert war und meinen Pass inspizierte, der in Wien neu ausgestellt worden war, verlangte er zu wissen, warum ich einen neuen Pass hatte. »Was ist mit dem alten?«, er brummte förmlich vor Vorfreude auf einen Fang.

Ich zeigte ihm meinen alten Pass, vergammelt und voller Stempel aus einer Reihe von Ländern, von Bolivien bis Finnland, Alaska bis Madagaskar. Als er den offiziellen Stempel der sowjetischen Antarktis-Forschungsstation auf Graham Land sah, änderte sich sein Benehmen schlagartig. Er wurde fast kriecherisch unterwürfig und voller Respekt. Höflich gab er mir meinen Pass zurück und hieß uns in Rumänien willkommen.

»Ihr dürft«, sagte er, »euer Schiff nur an den gekennzeichneten Stellen auf der Donau festmachen und keine bulgarischen Häfen anlaufen. Wenn ihr das trotzdem macht, dann werden die Visa in euren Pässen ungültig. Ihr könnt dann nicht wieder nach Rumänien hinein.«

»Aber«, setzte ich drauf, »wir müssen wieder nach Rumänien hinein, andernfalls kommen wir nicht ans Schwarze Meer!«

»Ich weiß«, antwortete er, »aber so ist das Gesetz.«

»Also, wenn wir dann nicht auf die rumänische Seite zurück können, was sollen wir dann tun?«

»Entweder für immer in Bulgarien bleiben oder zurückfahren nach Jugoslawien!«

»Aber wir sind auf unserem Weg um die Welt!«

»Dafür kann ich nichts. Rumänien hat euch nicht eingeladen!«, säuselte Genosse Maugham. Er lächelte und zeigte dabei erstaunlich gute Zähne. Sie erinnerten mich an einen großen weißen Hai. Er hatte in der Zwischenzeit seine Kappe abgenommen, und seine Kopfform war auch so ähnlich. Das verdarb sein ansonsten gutes Aussehen.

»Was ist mit einem neuen Visum in Rumänien?«, fragte ich.

»Das geht in Ordnung«, sagte Genosse Maugham, »dann lassen wir euch wieder rein, aber das bekommt ihr nur in Sofia, der Hauptstadt, und die liegt ein paar Tagesreisen vom Fluss entfernt.«

»Was soll's.« Was sind schon ein paar Tage Bahnreise, sagte ich mir.

»Dann müsst ihr aber als Touristen nach Bulgarien einreisen, und das bedeutet, dass sie von euch zwei Wochen Hotelkosten verlangen, ob ihr ein Hotel braucht oder nicht. Das ist *deren* Gesetz«, erklärte Genosse Maugham mit Abscheu.

Genosse Yul unterbrach ihn: »Hier in Rumänien behandeln wir Ausländer viel besser. Hier müsst ihr nur pro Tag pro Person zehn Dollar in Leus umtauschen und jedes Mal beim Geldwechseln eine Quittung verlangen. Wenn wir euch beim Umtauschen auf der Straße erwischen ...«, er tippte an sein Pistolenhalfter und grinste. »Und versucht nur nicht, irgendetwas vom Schiff zu verkaufen!«

»Bleiben Sie in Rumänien, Kapitän, zu ihrer eigenen Sicherheit. Normalerweise mag ich die Leute nicht, die hier mit Yachten ankommen, aber du verdienst scheinbar dein eigenes Geld und arbeitest hart«, stellte Genosse Maugham fest. »Du erinnerst mich daran, wie einige der Rumänen waren, als ich noch ein Kind war, dein Stil gefällt mir. Unter anderen Umständen«, fügte er geheimnisvoll hinzu, »wären wir gute Freunde geworden, denke ich.« Damit drehte er sich brüsk um, nachdem er mir kurz die Hand geschüttelt hatte und verschwand nach oben, zurück in die Parteizentrale. Genosse Yul setzte seine Kappe wieder exakt auf seinen Glatzkopf, grinste, und folgte dem alten Parteioffizier, wie ein Supermarktverkäufer seinem Manager.

»Also«, murmelte ich zu Thomas, als die Rumänen sich verabschiedet hatten. »Also, sie haben die Schwimmer noch nicht einmal bemerkt, wir hätten zehn Spione darin haben können!«

»Haben sie die Blue Jeans gesehen?«, fragte mein Crewmann aufgeregt.

»Der alte Genosse Maugham schon. Er war in jedem Winkel meiner Kabine.«

»Was hat er dabei gesagt, geht das in Ordnung?«

»Sicher, er hat jedes Paar herausgenommen, hat sie liebevoll angeschaut, wieder zurück gelegt, den Kopf geschüttelt und mit der Zunge geschnalzt.«

»Das war alles?«

»Nein«, antwortete ich, »er hat noch gesagt: »Ihr werdet sehr beliebt sein!«

Thomas ging an Land, um auf der Bank ein wenig von unserem Geld in Leus zu wechseln. Ich wartete auf ihn in dem Restaurant, von dem aus man den Fluss überblicken konnte. Ich hatte einfach keine Lust herumzulaufen. Nervenbelastung ist für einen einbeinigen Mann genau so anstrengend wie körperliche Aktivität. Es war gegen 8:30 Uhr am Vormittag, als ich in den Garten des Freiluftrestaurants hinein humpelte. Überall waren Arbeiter, etwa einhundert, von der nahe gelegenen Werft und von den Flussschiffen. Sie saßen herum und tranken Bier. Viele Frauen waren darunter, aber es fiel mir auf, dass sie sich in kleinen Gruppen an den Tischen zusammengesetzt hatten. Alle Frauen, alt oder jung, trugen Kopftücher; auch sie tranken Bier. Ich fand schnell heraus, warum hier alle Leute Bier tranken, als unsere beiden Tassen Kaffee serviert wurden. Kaffee kostete ungerechnet zwei Dollar pro Kopf, während eine Flasche Bier nur etwa 20 Cent kostete. Tee gab es überhaupt keinen. Auch kein Essen. Das war, wie wir noch nicht wussten, überall an der rumänischen Donau so, mit ein oder zwei überraschenden Ausnahmen.

Nach etwa einer Stunde kam Thomas von der Bank und einer erfolglosen Suche nach frischem Brot und Gemüse zurück. Aber er war richtig aufgeregt. »Es ist toll hier«, sprudelte es aus ihm über seinem kalten Kaffee heraus, »es ist wie in einem Museum, aber einem funktionierenden Museum. Da oben an der Straße ist eine Dampflokomotive, die einen langen Güterzug zieht.«

Im Moment sagte mir das nichts, ich war mit Dampfloks aufgewachsen. Erst später wurde mir klar, dass alle Züge, die wir auf unserem Weg durch Europa gesehen hatten, am Rhein, am Main, im Donautal, und in der Nähe von Dörfern und Städten ganz ohne Dampfloks dahingezischt waren.

»Es ist wie in einem alten Film«, bemerkte Thomas.

»Wie waren die Geschäfte?«

»Alle geschlossen, aber es gab eine Apotheke, die offen war, dafür waren die Regale leer.«

»Und die Straßen? Sauber?«

»Viel sauberer als in Jugoslawien. Sie werden von alten Frauen gefegt.« Er nippte wieder ein wenig an seinem Kaffee, dann fügte er hinzu:

»Vor allen Geschäften stehen lange Schlangen, sie warten, dass Brot oder Fleisch von den regierungseigenen Verteilzentren geliefert werden.«
»Hättest du nicht auch ein wenig warten können?«
»Ich hab' ein paar Leute gefragt, die deutsch sprachen. Sie erzählten, sie wären nicht sicher, wann überhaupt Lebensmittel kommen würden. Manchmal würden sie eine Stunde warten, manchmal einen ganzen Tag, und manchmal gäbe es überhaupt nichts.«
»Mein Gott!«
»Ja, und Diesel können wir hier auch nicht kaufen«, machte er weiter, »wir müssen Gutscheine bei der Staatsbank kaufen, und dann können wir es überall bekommen.«
»Überall?«
»Also, hier nicht, sie haben keins, vielleicht in der nächsten Stadt.«
»Gut, großartig, *vielleicht*. Kauf' einen Gutschein für 50 Liter, Thomas.«

Mein Bootsmann ging weg und machte, was ich ihm aufgetragen hatte. Ich ging wieder langsam zu *Outward Leg* zurück. Die meisten Leute, denen ich begegnete, waren schlecht angezogen. Die Frauen hatten billig aussehende, zerknitterte, formlose Kleider an, die Männer trugen schlecht geschnittene Jacken, Hosen und kragenlose Hemden. Es erinnerte mich an die Art, wie die Leute während der Depression in den dreißiger Jahren in Wales angezogen gewesen waren. Die meisten Männer hatten sogar die gleiche Sorte Kappen auf.

Bald war Thomas mit einem staatlichen Gutschein zurück, der uns zum Kauf von Treibstoff berechtigte, und wir fuhren in rumänischem Fahrwasser flussabwärts. Unter den Klängen des Hochlandtanzes »Caledonia Canal« legten wir vor den erstaunten Augen aller Grenzwächter ab. Genossen Yul und Maugham starrten vom Fenster im ersten Stock der Parteizentrale herüber, und etwa hundert Arbeiter blickten uns schweigend hinterher, bis wir verschwunden waren.

In Turnu-Severin hatte Thomas versucht, Flusskarten zu bekommen. Er hätte genauso gut nach einer Ausgabe der »Menschenrechte« von Thomas Paine suchen können. Alles, was er fand, war eine Straßenkarte von ganz Rumänien in großem Maßstab, auf grau-weißem Papier gedruckt. Sie fühlte sich rau an. Auf dieser Karte war die Donau eine grobe grüne Linie mit weißen Flecken, die Inseln sein sollten oder auch nicht. Die Details auf der Karte endeten dort, wo Rumänien endete, der Rest der Welt, rund um Rumänien, war grau-weiße Leere. Selbst die eingezeichneten Brücken endeten irgendwo abrupt in der Mitte über dem jeweiligen Fluss. Der ganze Effekt der Karte, die von der rumänischen Staatsdruckerei in der Hauptstadt Bukarest hergestellt worden war, bestand darin, dass Rumänien darauf wie ein verlorener Planet aussah, mit Bergen, Seen, Straßen, Flüssen und Eisenbahnlinien bedeckt, der irgendwie in der Mitte des Weltalls schwebte. Seltsamerweise verlief eine Kante des Planeten ein paar hundert Kilometer an der Donau entlang, und es war diese Kante, an der die Reise von *Outward Leg* entlang führen würde. Es war tatsächlich eine Kante, wie sich herausstellte, und jedes Mal, wenn wir zu dem verlorenen Planeten Rumänien zurückkamen, war es, als kämen wir aus dem Weltall. Wenn wir draußen in der Leere waren, zwischen rumänischen Häfen, gab es keine Kommunikation mehr zwischen uns und dem rumänischen Planeten oder auch mit sonst irgendetwas. Wenn wir irgendwo anlegten, wussten wir nie, was uns erwartete, und keiner in Rumänien hatte auch nur eine Ahnung, dass wir unterwegs waren. Wir hätten ebenso im 12. Jahrhundert auf der Donau fahren können. Man hatte uns davor gewarnt, unsere Funkanlage zu benutzen, und wieder, wie in der Tschechoslowakei, durften wir auf unserer Reise auf der Donau mit niemandem sprechen, weder an Land noch auf dem Wasser.

Ab Turnu-Severin war jede Biegung des Flusses eine neue Erforschung, war jede Ankunft in einem Grenzhafen eine Entdeckung. Wir konnten nicht wissen, ob es dort Lebensmittel oder Treibstoff geben würde. Oft, sehr oft, wussten die Beamten absolut nichts über die Verhältnisse im nächsten Hafen auf der Route. In neun von zehn Fällen waren ihre Informationen und Tipps total falsch.

In *acht* von zehn Fällen war der Anlegeplatz ohne Alternative an einer wind- und wassergepeitschten Stelle, und wir waren durch die vorbeifahrenden Schiffe großer Gefahr ausgesetzt.

In *sieben* von zehn Fällen lag der »Hafen« meilenweit vom nächsten Ort und den Geschäften entfernt.

In *sechs* von zehn Fällen lag der »Hafen« direkt vor einem riesigen Fabrikkomplex, laut und stinkig, Tag und Nacht unter Flutlicht.

In *fünf* von zehn Fällen lag dem rumänischen »Hafen« ein attraktiver Ferienort auf der bulgarischen Seite der Donau gegenüber, gut beleuchtet und scheinbar voll mit modernen Einrichtungen, zwischen grünen sanften Hügeln, die sich zum Fluss hinab senkten. In *vier* von zehn Fällen gab es einen Wasserhahn auf dem rumänischen Ponton oder in der Nähe. In *drei* von zehn Fällen kam tatsächlich Wasser aus dem Hahn auf dem rumänischen Ponton.

In *zwei* von zehn Fällen waren Fischer oder Flussschiffer in der Nähe des Pontons, deren Anwesenheit schon alleine dazu beitrug, die Trostlosigkeit der Umgebung zu mildern. In *einem* von zehn Fällen wurden wir von den Beamten mit Lächeln begrüßt.

In *keinem* von zehn Fällen vergaßen wir es, unsere Dudelsäcke kreischen zu lassen, so laut wir konnten und bei jedem Anlege- und Ablegemanöver.

Aber in *zehn von zehn* Fällen war jeder »Hafen«, jeder Ponton und jeder Steg von bewaffneten Jugendlichen in Tarnuniformen bewacht und von Soldaten auf Wachtürmen flussauf- und flussabwärts und direkt über uns beaufsichtigt. Es war, als wären wir an der Küste einer albtraumartigen Sträflingskolonie.

Nirgendwo dort, wo die Donau die Grenze zu Jugoslawien oder Bulgarien bildet, sahen wir jemals ein rumänisches Patrouillenboot bei der Arbeit, bis hinunter nach Calarasi, aber das kommt später. Es gab offizielle Patrouillenboote in fast jedem »Hafen«, aber sie wurden anscheinend nur für sonntägliche Familienausflüge der Polizisten und Beamten benutzt. Sie waren das einzige Anzeichen für »Wassersport«-Aktivitäten auf der rumänischen Seite der Donau, bis wir zum Meer hinab kamen. Oft trafen wir im oberen Teil der rumänischen Donau, wo es außer Soldaten und Anglern in organisierten Gruppen keine Menschen zu sehen gab, auf Frauen, die in dem stark verschmutzten Fluss am Ufer Kleider wuschen.

Bei Flusskilometer 865 war eine neue Schleuse im Bau. Sie lag verlassen da, und ich konnte mir nicht erklären warum, denn es war ein Donnerstag. Glücklicherweise war sie an beiden Enden offen, und wir konnten ohne Probleme hindurch motoren. Die Wassertiefe in der Schleuse betrug vier Meter. Draußen auf dem Fluss, oberhalb und unterhalb der mysteriösen Schleuse, war die Tiefe durchschnittlich fünf Meter, aber es gab auch Flachstellen mit nur zweimeterdreißig, eine davon mit weniger als zwei Meter. Die Strömung schwankte zwischen drei Knoten und bis zu sieben Knoten in den Engstellen. Die Breite des Fahrwassers variierte zwischen fünfhundert Metern und einigen Kilometern, und manchmal gab es ein Gewirr von Inseln im Fluss, so breit, dass sie sich am niedrigen Horizont verloren. Seit dem Eisernen Tor gab es viel weniger Frachtverkehr auf der Donau, nicht zu vergleichen mit dem, was wir weiter oben bis nach Regensburg hinauf gesehen hatten. Es waren meist rumänische, bulgarische oder sowjetische Schiffe. Ganz selten, äußerst selten, sahen wir österreichische oder deutsche Schiffe auf der unteren Donau, aber die, denen wir begegneten, gaben uns immer laute Zurufe, wenn wir an ihnen vorbei zogen. »Alles gut?« riefen sie und winkten mit verschränkten Händen in der Luft.

»Ja, alles gut«, riefen wir zurück und hielten unsere Daumen nach oben. Es waren unsere einzigen Kontakte mit der Welt außerhalb von Rumänien.

Auf unserer Fahrt flussabwärts nach Calafat, unserem nächsten Zielhafen, an der Grenze zu Jugoslawien, sahen wir viele Betonbunker am Flussufer. Sie standen in regelmäßigen Abständen, Kilometer für Kilometer, und sie erstreckten sich über eine Strecke von achtzig Kilometer. Sie waren verlassen, wie wir sehen konnten, und ein paar waren umgekippt, wo das Ufer, auf dem sie standen, vom Fluss unterspült worden war. Dieser Anblick machte mich stolz auf die gute alte Donau. Ich hasse Bunker genau so wie sie, ob sie aus Beton sind oder nicht, mit allem, was in sie hinein geht oder heraus kommt, egal ob menschlicher Natur oder sonst was.

Die Strecke von Turnu-Severin nach Calafat war eine abgelegene Gegend, spärlich besiedelt. Nur in der Nähe der sehr seltenen Dörfer sahen wir Anzeichen menschlichen Lebens, abgesehen von den Wächtern und den vorbeikommenden Schiffen. Auf einem sehr einsamen Abschnitt, als wir von einem verdutzten Wächter auf einer hohen Klippe beobachtet wurden, überholte uns das große bulgarische Touristenschiff *Rousse*. Sie kam sehr nahe an uns vorbei, und wir konnten deutlich die Leute sehen, sehr wahrscheinlich aus dem Westen; in dem hell erleuchteten Speisesaal saßen sie über ihr Abendessen und ihren Wein gebeugt. Sicher nahm keiner von ihnen den einsamen Wächter wahr, der mit umgehängter Maschinenpistole in der kühlen Dunkelheit des Abends auf seiner Klippe saß. Es machte mich auf den großen Unterschied zwischen ihrer Donau und unserer Donau aufmerksam, aber ich beneidete sie keineswegs. Weiter unten ließ der Abend das Licht über dem Fluss verblassen. Rundum versuchten die Wildtiere, das Beste aus den wenigen verbleibenden Minuten des Tageslichts zu machen. Während wir dahin geschoben wurden, fragte ich mich, wo zum Teufel ich *Outward Leg* für die Nacht festmachen sollte. Bei Kilometer 850 sah ich ein phallusförmiges Denkmal auf der jugoslawischen Seite. Nach unserem Atlas musste das die Grenzmarke nach Bulgarien auf der Südseite der Donau sein. Wir zischten mit zehn Knoten daran vorbei. Das bedeutete, dass das Land auf der gegenüber liegenden Seite jetzt Bulgarien war. Außer dem Denkmal gab es keine Anzeichen, dass eine Grenze existierte. Es gab dort keine Wachtürme, keine Wächter. Nur auf unserer Seite sah man, dass der rumänische Planet an unserer Wasserleere vorüber zog.

Plötzlich, von den Schatten der dunklen Bäume am Südufer her, sah ich eine kleine Wolke blauen Rauchs aufsteigen, dann hörte ich das Brummen starker Maschinen, die gestartet wurden. Ich war schon darauf vorbereitet, als das bulgarische Kanonenboot auf uns zu gerast kam und der Mann auf dem Vorschiff mit einer Hand die Abdeckung von der Bugkanone wegnahm. Ich erwartete geradezu die blecherne Stimme, die über einen Lautsprecher in Englisch plärrte:»STOPPEN SIE IHR SCHIFF!«

28 Rumänien kennen lernen

Als mir die Stimme vom bulgarischen Kanonenboot befahl, mein Schiff zu stoppen, hatte ich die Yanmar-Maschine bereits in den Leerlauf geschaltet. Thomas stand bereits draußen auf dem Steuerbord-Schwimmer bereit für den Fall, dass das Kanonenboot bei *Outward Leg* längsseits kommen sollte. Ich hob beide Hände zu den Schultern hoch, um den Bulgaren anzudeuten, dass ich nicht steuerte und ihren Befehl befolgte. Dann wurde mir klar, dass sie mir einen illegalen Befehl gegeben hatten, denn wir drifteten in rumänischem Fahrwasser, außerhalb ihres Territoriums. Das Kanonenboot lag nun zwanzig Meter entfernt an unserer Steuerbordseite und driftete mit uns in der Vierknotenströmung. »Folgen sie mir!«, befahl die Blechstimme. Ich konnte verschwommene Gestalten im Ruderhaus sehen. Der Mann an Deck lehnte sich immer noch über seine Waffe, sie sah ähnlich aus wie eine Bofors 40 Millimeter.

Ich schüttelte den Kopf und übertrieb die Bewegung. Der Kapitän des Kanonenbootes sollte klar ausmachen können, dass ich mich weigerte. »Folgen sie mir!«, befahl die Blechstimme wieder.

Ich hielt meine Hände zu einem Trichter zusammen an den Mund und brüllte: »NEIN! WIR SIND IN RUMÄNIEN UND WIR BLEIBEN IN RUMÄNIEN.« Mit leiser Stimme fügte ich hinzu: »Gott helfe uns.« Ich schob den Vorwärtsgang ein und steuerte das Schiff im rechten Winkel von der Flussmitte zum rumänischen Ufer hin. Ich sah mich um und entdeckte niemand am rumänischen Ufer. Zum ersten Mal an der ganzen rumänischen Donau gab es keinen Wachturm, keinen Soldaten. »Wie die verdammten Polizisten«, rief ich Thomas zu, »wenn man einen braucht, ist keiner da«.

»Was?«, er hatte mich nicht verstanden, »was sagst du?«

»Wir gehen so nahe an das rumänische Ufer heran, wie wir können«, sagte ich zu ihm, »und wenn dieser bulgarische Sauhund näher kommt oder längsseits gehen will, dann rammen wir *Outward Leg* ins Ufer.

Wenn wir das machen, dann halt' dich bereit, spring' so schnell du kannst und renn' zum nächsten Wachturm, mach' die Rommies drauf aufmerksam, was passiert!«

»Ja«, antwortete Thomas, aber er war zu fasziniert von den Manövern des bulgarischen Kanonenboots. Es folgte uns, lief aber flussabwärts und hielt sich auf der bulgarischen Seite der Donaumitte. Einer der Männer, der vorher im Ruderhaus gewesen war, kam jetzt an Deck und winkte uns mit dem Arm zum bulgarischen Ufer hin.

»Was wollen die?«, fragte Thomas. Offensichtlich war es für einen Deutschen naturgemäß schwieriger, einen Befehl von jemand in Uniform auf einem staatlichen Kanonenboot zu ignorieren als für einen Waliser.

»Sie wollen, dass wir mit ihnen nach Bulgarien gehen«, sagte ich ihm, »dann sagen sie, wir wären aus freien Stücken gekommen. Dann schlagen sie uns zwei Wochen Hotelkosten auf den Kopf. Das sind verdammte Banditen, Thomas. Sicher ist das auch dem Deutschen passiert, der umgedreht hat und jetzt zurück nach Deutschland fährt. Diese Saukerle sind Wegelagerer für harmlose Yachties! Legal können sie uns nicht anrühren, wir sind nicht in ihrem Hoheitsgebiet, also scheiß auf sie. Aber behalt' sie im Auge. Ihre Kanone ist viel größer als unsere Signalpistole.«

Ich schob das Gas für Yannie auf »voll«, und *Outward Leg* schoss in den vier Knoten Strömung vorwärts. Sie machte jetzt elf Knoten über Grund. Es war ein unebener Grund, wie ich mit dem Blick auf den Tiefenmesser schwitzend feststellte. Die Tiefe schwankte zwischen sieben Meter und weniger als einssechzig. Wir hatten keine Flusskarten und unsere Straßenkarte sah aus, als käme sie von der Toilettentür des Schriftstellers Ionescu.

Normalerweise wäre ich mit Abstand den Konturen des Ufers gefolgt, wenigstens annähernd, wie ein Rennpferd auf der Nebenbahn der Rennstrecke folgt. Dort ist normalerweise das tiefere Flussbett, von der stärkeren Strömung ausgewaschen. Aber mit dem bulgarischen Kanonenboot hinter uns, das nur darauf wartete, dass wir uns auch nur einen Meter über die Flussmitte verirren würden, blieben wir nahe am nördlichen Ufer, nicht mehr als eine Schiffslänge davon entfernt, auf der rumänischen Seite. Bei der Geschwindigkeit, dachte ich, war es so, als ob man mit einem fahrbaren Porzellanladen mitten durch eine Herde Bullen rasen würde. Ich gebe zu, ich hatte ziemlich Herzklopfen, als wir am Donauufer entlangzischten. Dass der Tiefenmesser nur alle paar Meter Alarm piepste, wäre eine Untertreibung. Ich hatte eigentlich nicht das Gefühl, dass es mein Herz war, eher mein falsches Bein, das ganze Ding, von der Zehenspitze bis zur Hüfte. Ich dachte, es würde tief in meiner Kehle stecken.

Die Verfolgung dauerte eine gute halbe Stunde, während die Abenddämmerung sich dunkel über den Fluss senkte. Das Kanonenboot verfolgte uns weiter, aber es hielt sich mehr auf der bulgarischen Seite. Es gab immer noch keine Wachtürme am rumänischen Ufer, keine Soldaten, nur Bäume, Bäume, Bäume. Dann endlich, bei Kilometer 836, lagen zwei oder drei Inseln im Fluss und teilten ihn in mehrere schnell fließende Arme auf. Das war exakt, worauf ich gehofft und worum ich gebetet hatte. Ich nahm Kurs auf den Arm zwischen der Insel, die dem rumänischen Ufer am nächsten lag und dem Festland. Als die Strömung zunahm, verloren wir hinter der Insel die Sicht auf das Kanonenboot. Wir schossen durch den engen flachen Kanal hindurch wie ein Pfeil. Als wir etwa fünf Kilometer weit in dem Seitenarm waren, sahen wir ein am Ufer festgemachtes Schiff. Es war eindeutig rumänisch, wie wir aus den Farben weiß und schwarz entnehmen konnten.

Da wir keine vernünftige Karte hatten und der Platz, wo das Schiff lag, somit namenlos war, nenne ich ihn hier km 829. Wir versuchten, dort zu ankern, aber die Strömung war zu stark. Sie muss um die sieben Knoten gewesen sein. Ich denke, dass der Flussgrund auch nicht allzu hart gewesen sein kann, denn sobald der Anker unten war und ich die Maschine verlangsamte, wurden wir flussabwärts geschwemmt wie ein Blatt im Rinnstein. Letztendlich gab es für uns gar keine andere Möglichkeit, als an dem rumänischen Schiff festzumachen. Ich konnte jetzt klar seinen Namen erkennen, aber wegen unseres nachfolgenden und späteren Verhältnisses mit der Crew werde ich ihn hier ändern, ich werde es einfach *Memphis* nennen und schreiben, dass sie aus *Galati* stammte. Das mag ihr Heimathafen sein oder auch nicht. Ich werde nicht angeben, woher sie kam, weil ich den Skipper und die Crew nicht in ernsthafte Schwierigkeiten mit der derzeitigen Regierung bringen will oder mit dem, was die »Regierung« in diesem schlecht regierten unglücklichen Land ausmacht. Kurz gesagt, es waren gute ehrliche Männer.

In der Dunkelheit machte die Mannschaft der *Memphis* ihre Lampen an, damit wir längsseits gehen konnten und half uns beim Festmachen.

Dann schickten sie nach der nächsten Grenzwache im nahe gelegenen Dorf. Es kam ein untersetzter junger Mann von etwa fünfundzwanzig, alt für seinen Beruf. Als er mit seiner Flinte an Bord stampfte, schien er sauer und in bösartiger Stimmung zu sein, aber als wir ihm zwei oder drei Gläschen jugoslawischen Sliwowitz eingeschenkt hatten, wurde er ziemlich fröhlich und mild. Er wurde sogar so happy dass, nachdem er das Schiff verlassen hatte, Thomas mit der geladenen Kalaschnikow, die er an Bord von *Outward Leg* vergessen hatte, hinter ihm her rennen musste.

Der Kapitän und die Mannschaft der *Memphis* waren ein kunterbunter Haufen im Alter von achtzehn bis sechzig. Der hagere Skipper war im mittleren Alter, um die fünfunddreißig. Es wurde bald klar, dass der einzige Mann an Bord, der Englisch sprach, Parteifunktionär war. Er war etwa achtundzwanzig, ein großer freundlicher, kameradschaftlicher, starker Mann mit einem Brustkorb wie ein Fass. Als wir mit dem Skipper alleine waren, fanden wir heraus, dass er etwas Deutsch sprach, und wir hatten ein kurzes Gespräch mit ihm. Er erzählte uns, dass er nur in rumänischen Gewässern fahren durfte und seine Heuer zirka 60 Dollar pro Woche betrug. Davon musste er seine Frau und drei Kinder im Heimathafen ernähren. Er fragte, was man in Amerika für die gleiche Arbeit bezahlen würde. Als ich ihm erzählte, dass der Kapitän eines Schleppers auf dem Mississippi, auf dem ich 1980 gefahren war, 1000 Dollar pro Woche bekam und zwei Flugzeuge besaß, wurde er schweigsam. Später schilderte er uns sein Arbeitsleben, dass er und die Mannschaft drei Monate arbeiteten und danach drei Wochen Pause an Land machten. Aber selbst dann mussten sie stundenweise in der Werft im Heimathafen arbeiten. Der Kapitän warnte uns davor, englisch sprechenden Rumänen zu vertrauen, aber er wollte nicht erklären warum.

Nachdem wir mit dem Skipper eine einfache Mahlzeit in der spärlich eingerichteten Kapitänskajüte gegessen hatten, kam die Mannschaft hinzu. Es war ein halbes Dutzend. Sie waren ein guter, fröhlicher Haufen, und sangen für uns lustig klingende Lieder. Wir hatten ein paar Flaschen australischen Rotwein an Bord der *Memphis* gebracht, um sie mit ihnen zu teilen, und sie steuerten etwas von ihrem eigenen flüssigen Dynamit bei. Die Crew bestand komplett aus originellen Typen, normalerweise würde ich sie hier beschreiben und auch die Diskussionen, die wir hatten, aber das könnte sie vielleicht identifizieren. So wie Rumänien »regiert«

wird, traue ich mich nicht, denn ich möchte die Männer schützen. Ich werde nicht zensiert, ich zensiere mich selbst. Wenn die Hilfe, die uns die *Memphis* damals und später erwies, bei den rumänischen Bürokraten bekannt würde, würde man den Skipper vielleicht erschießen oder für zehn Jahre ins Gefängnis stecken. Aber ich weiß, wer sie sind und kenne auch den richtigen Namen des Schiffes. Wir werden uns an Bord von *Outward Leg* immer an sie erinnern. Eines Tages, wenn man die verdorbene Oligarchie, die derzeit Rumänien beherrscht, hinausgeworfen hat, werde ich die wahre Geschichte der *Memphis* erzählen. Später, viel weiter unten auf der Donau, als *Outward Leg* in ernsthaften Schwierigkeiten steckte, tauchte die *Memphis* zu einer Zeit und an einem Ort auf, der selbst für den Leser eines Groschenromans unglaubwürdig klingen würde. Sie war unsere Rettung.

Im Morgenlicht des nächsten Tages, dem 21. Juni, erlebten Thomas und ich eine optische Täuschung, als der Fluss sich unterhalb der Inseln ausweitete. Die Donau schien steiler nach unten zu laufen, als es in Wirklichkeit war. Sie schien in einem Winkel von zehn Grad nach unten zu gehen. Also entweder war es eine optische Täuschung oder die Nachwirkung der harten Sachen am vergangenen Abend an Bord der *Memphis*. Die rollenden Hügel auf der bulgarischen Seite waren blau und grün, und ab und zu gab es gelbe Flecken, Weizenfelder, dachten wir. Auf der rumänischen Seite gab es nichts außer der wässrigen bewaldeten blauen Unendlichkeit, die sich vom silbernen Fluss zu dem azurblauen und rosa Himmel hin erstreckte. Auf diesem Abschnitt winkten uns ein paar einsame Fischer und Schäfer vom bulgarischen Ufer aus zu.

Bei Flusskilometer 795 lag ein kleiner Fischerhafen, der von einem Wachturm und rumänischen Soldaten beschützt wurde. Man könnte ihn bei einem Notfall benutzen. Bei Kilometer 811 gab es die Ruine eines Herrenhauses, das früher einmal ziemlich feudal gewesen sein muss. Wie wir später herausfanden, war das der »Hafen« von Cetate. Im Garten des Herrenhauses stand ein Betonbunker, gerade vor der Eingangstür. Einige wilde Schlingpflanzen rankten sich über den Bunker. Unterhalb des Hauses war ein Steinkai, an dem ein Flusskahn mit Holz beladen wurde. Sechs Soldaten standen auf dem Kai und am Südende ein Wachturm. Weiter flussabwärts angelte eine Gruppe unter Aufsicht vom Kai aus. Bei Flusskilometer 795 lag der Hafen von Calafat.

Unsere Ankunft in Calafat war so ähnlich wie hinter der Bühne einer Komödie zwischen zwei Akten. Wir wurden empfangen von Zollbeamten, Soldaten, Polizisten, jungen Parteigruppenleitern, Jungen, Mädchen, Opas und Babys. Außerdem kam die komplette Belegschaft des Hafenmeisterbüros zu unserer Begrüßung auf den Ponton. Thomas und ich wurden zwischen hustenden Hunden, grunzenden Schweinen und flatternden Hühnern hindurch eskortiert. Über ein unebenes Schlammfeld ging es zum Zollbüro, das dicht bei dem Anleger für die Fähre stand. Alle halbe Stunde legten Fähren nach der bulgarischen Seite ab, Tag und Nacht. Ich sah viele Autos aus Jugoslawien, Bulgarien, der Sowjetunion, der DDR und sogar aus der Tschechoslowakei, die auf die Fähre warteten. Calafat lag auf der Hauptroute südlich der Karpaten zwischen der UDSSR und Belgrad. Wie ich sah, benutzen keine rumänischen Fahrzeuge die Fähre.

Nach einer Stunde zwangloser Unterhaltung, hauptsächlich in einfachem Deutsch, über die »schlechte Behandlung« der Schwarzen in den USA und in England, wurde uns erlaubt die Stadt Calafat zu besuchen. Ein Touristenhotel überblickte den Hafen. Wir wussten, dass diese Hotels (wie alles in Rumänien) der Regierung gehörten, und man sagte uns, dass es sie überall dort gab, wo Touristen in Massen auftauchten. Man instruierte uns, dass wir in dieses Touristenhotel gehen müssten, wenn wir etwas zu essen oder zu trinken wollten. Man sagte uns auch, dass wir dort Geld umtauschen könnten. Diese Belehrung fand im Zollbüro statt. Ich blickte nach draußen, ein Dutzend dunkelhäutiger Leute kauerte sich unter einer Plastikplane zusammen, um sich vor dem Regen zu schützen. Die Männer hatten zerrissene Klamotten an, die unglaublich abgetragen waren und bis auf die Schultern herabsackten und Hüte mit Federn auf dem Kopf. Die Frauen waren alle klein und mollig. Sie steckten in so schäbigen Kleidern, wie man sie bei Leuten der amerikanischen oder britischen Gesellschaft kaum finden würde, egal ob bei schwarzen, weißen, gelben, braunen oder himmelblauen Menschen. Die Kinder waren Kleinausgaben ihrer zerlumpten Eltern. Sie sammelten in einer Blechbüchse Regenwasser, das vom Dach des Zollgebäudes herunter tropfte. Weiter entfernt bewachten ältere Jungs in Lumpen drei wettergegerbte Wohnwagen und drei Tiere. Hätten ihre Rippen nicht skelettartig hervorgestanden, hätte man sie für lebendige Pferde halten können.

Als wird das Zollbüro verließen, winkte der große Beamte, der unser Berater war, die, wie sich herausstellte, Zigeuner mit einer Handbewegung weg und schrie ihnen etwas hinterher. Sie verzogen sich zu ihren Wohnwagen. Dann sagte er leise:»Natürlich haben wir hier keine Schwarzen, aber dafür diese Schweine.« Zuerst traute ich meinen Ohren nicht, ließ mir aber von Thomas bestätigen, dass ich richtig gehört hatte.

Drei der Jungen, die bei unserer Ankunft auf dem Ponton gestanden hatten, kamen einfach mit, als Thomas und ich uns auf den für mich langen Weg in die Stadt machten. Es gab keine Taxis in Calafat. Ich war erfreut, dass einer der Jungen ein wenig Englisch sprach. Sie waren Studenten an der hiesigen Uni und erwarteten für das Jahr 1986 mit Resignation ihre Einberufung in die rumänische Armee. Sie dachten etwa so darüber, wie ich über das Sterben denke, als eine unglücklicherweise und unausweichlich eintretende Unterbrechung des Lebens.

Mit Thomas diskutierten sie über Popmusik, sie kannten die Namen aller bekannten Bands. In Osteuropa, wo immer wir hinkamen, war Popmusik stets ein gemeinsames Diskussionsthema zwischen den jungen Leuten aus West und Ost, und auch mit einigen nicht mehr so jungen. An vielen Orten war es auch die einzige gemeinsame Grundlage, denn, wie ich verstand, unterschieden sich die schulischen Ausbildungen sehr stark voneinander. Den meisten rumänischen Jugendlichen hatte man mit Überzeugung gelehrt, dass die Leute in Amerika und in Großbritannien in einer Welt lebten, wie sie in *Onkel Toms Hütte* und *Oliver Twist* dargestellt wird. Die Jungen erzählten mir, dass das rumänische Fernsehen Berichte über Ausschreitungen und Katastrophen zeigte.

Wir gingen hinauf in die Stadt Calafat. Sie war sehr hübsch, voller alter Villen und Herrenhäuser, aber, wie man von den Schildern und Transparenten ablesen konnte, im Besitz der kommunistischen Partei von Rumänien, unter dem Vorsitz des großen Führers, Wohltäters und Lehrers Nicolai Ceausescu. An der Hauptstraße gab es einen lieblichen alten Park mit ausgewachsenen Buchen und Bänken darunter in ihrem Schatten. Die Stadt war voller Blumen. Ich saß auf einer dieser Bänke und blickte auf das farbenprächtige Bild, während Thomas und seine neuen Freunde sich zu einer immer größer werdenden Menge vor einer Tür gesellten. Offensichtlich war das der einzige Brotladen in der Stadt.

Bald waren es an die 250 Leute, Männer, Frauen und Kinder, die auf Brot warteten. Ich hoppelte zum Fuß der breiten Straße hinab, um sie anzuschauen. Die anfangs geteerten Seitenstraßen verloren sich in Feldwegen, waren matschig nach dem vorangegangenen Regen. Die Straße von der Insel der Flussfähre zum Fuß der Hauptstraße war ebenfalls ungeteert und ein einziger Schlammsee. So lange ich dort war, sah ich keine Autos oder anderen Verkehr. Es gab zwei Schulen, die sich gegenüberlagen und eine Tankstelle. Es war die einzige Tankstelle, die ich sah, und sie war etwa eineinhalb Kilometer vom Fluss entfernt. Diesel hatte man dort, aber nur für Lastwagen oder für »Touristentickets«, wie wir eines hatten. Die Leute auf der Straße und in der hoffnungsvoll auf Brot wartenden Menge waren düster gekleidet. Die meisten Frauen trugen schwarze, formlose Kleider und Kopftücher. Manche hatten schwarze Schals um die Schultern. Einige ältere Leute machten furchtbar traurige Gesichter, als sie mich ansahen. Es war, als würden sie sich an etwas erinnern, das lange her und jetzt so gut wie vergessen war. Ab und zu sah ich einen Jungen, der sich von den anderen unterschied, weil er einen für sein Alter verständlichen Versuch gemacht hatte, seinem Haarschnitt oder seiner Kleidung ein wenig Eleganz zu verleihen. Ich sprach darüber mit einem unserer Studentenfreunde. Er sagte mir, dass man dabei sehr vorsichtig sein musste, denn die Polizei war überall und hielt Ausschau nach »westlicher Dekadenz«. Als wir allein unter einem Baum saßen, erzählte mir einer der Burschen, dass es sogar in seiner Klasse Polizeispitzel gab. Die Studenten wurden in der Schule dahingehend instruiert. Es wurde ihnen sogar befohlen, nach Anzeichen westlichen Lebensstils bei ihren Eltern Ausschau zu halten. Rumänen durften auch keine Ausländer zu Besuch einladen, es war einfach gegen das Gesetz. Es gab sehr, sehr wenige Verstecke vor der bei zu jeder Stunde, bei Tag und bei Nacht aktiven Beaufsichtigung durch den Staat. Man konnte nie sicher sein, mit wem man redete, von ein paar wenigen vertrauenswürdigen Freunden abgesehen, denn man konnte schnell bei der geheimen Sicherheitspolizei denunziert werden.

Nachdem wir eine Stunde lang in der größer werdenden Menge auf Brot gewartet hatten, fing es wieder an zu regnen. Ich sagte Thomas, wir sollten ein Café suchen, um dort Kaffee oder sonst etwas zu trinken. Wir fanden eins am oberen Ende der Hauptstrasse. Es war ein riesiger Raum und sah aus, als wäre er früher ein kleines Theater gewesen. Das Café war voller schmiedeeiserner Tische mit schönen Tischplatten, auf jeder standen vier Weingläser kopfüber auf einer ehemals blütenweißen Tischdecke. Neben jedem Tisch stand ein schmiedeeiserner Kübelhalter mit einem verzinkten Eisenkübel, wie in fast jedem öffentlichen Café, das ich am rumänischen Ufer der Donau gesehen hatte. Es war gespenstisch. Es war eine stille Erinnerung an die Allwissenheit des Zentralkomitees der Rumänischen Kommunistischen Partei und ihren großen Helden, der ernst von einem gewaltigen goldgerahmten Bild an der Wand herab blickte. Nirgendwo im Restaurant waren die Eiskübel in Gebrauch.

Über eine Stunde warteten wir im Café. Irgendwann ging dann mein Crewmann hinüber und fragte die Kellnerin, ob sie uns bedienen würde. Sie kam zu unserem Tisch und, wie wir verstanden, weigerte sie sich hartnäckig. Unsere jungen Freunde sagten uns, sie würde sich weigern, weil sie unter achtzehn, dem legalen Trinkalter, waren. Ich protestierte und sagte, wir wollten Kaffee. Es spielte keine Rolle, sie weigerte sich. Die Jungen boten an, draußen zu warten. Sie weigerte sich.

Der Junge sagte mir, dass ihn die Kellnerin früher schon bedient hätte, mit Limonade und so. Jetzt hatte sie sich nur geweigert, weil wir aus dem Westen seien. Es war das erste Mal, das uns in Rumänien so etwas passierte. Aber dann kam es noch ein Dutzend Mal vor. Es war eine absolut bösartige Diskriminierung aus dem schlechtesten aller Gründe. Sie wussten nichts von unserer Herkunft, zu welcher Klasse wir gehörten oder von unserer politischen Weltanschauung. Wir waren aus dem Westen – und das war genug. Sie behandelten uns so, wie sie ihre Zigeuner behandelten. Wir waren, was wir waren, und das war ein ausreichender Grund, uns entsprechend zu behandeln. Wir hätten vielleicht irre Trotzkisten sein können, aber das wusste die Kellnerin nicht, sie wusste nur, dass wir aus dem Westen kamen, und das war für sie genug.

Später trafen wir im Touristenhotel einen bulgarischen Ingenieur, der auf einem seiner vielen Besuche beim Bürgermeister von Calafat war. Sein Englisch war gut, und wir sprachen über das Segeln in Bulgarien. Er sagte, man hätte dort großes Interesse an Jollenregatten. Aber er wurde bald sehr nervös und schaute andauernd um sich herum. Dann murmelte er, dass er weg müsste, weil uns die Geheimpolizei beobachten würde und ging. Die Jungs waren auch inzwischen gegangen. Uniformierte Polizisten hatten sie gewarnt, bei uns zu bleiben, man hatte sie nach Hause geschickt. Thomas und ich aßen eine Mahlzeit im Touristenhotel, fanden aber, dass die Preise denen in Österreich oder Deutschland entsprachen, obwohl Qualität und Zubereitung nicht annähernd vergleichbar waren. Von da an aßen wir bis nach Calarasi hinab meistens an Bord, mit Ausnahme von unserer Tagesreise nach Bukarest. Das meiste von dem, was wir an Bord aßen, waren Konserven aus Österreich. In Rumänien war es fast unmöglich, frische Lebensmittel zu finden, es sei dann, wir »kannten« jemanden, der sie auf verschlungenen Pfaden für uns ergatterte. Lebensmittelmäßig war es so wie 1945 in England.

Die Bar und das Restaurant im Hotel machten um neun Uhr zu. Die Lichter wurden plötzlich ausgeschaltet, und wir kehrten zu *Outward Leg* im Hafen von Calafat zurück. Nirgendwo in der Nähe des Hafens war auch nur eine einzige Seele zu sehen noch nicht einmal auf den schweigend da stehenden Wachtürmen, die alles überblickten. Das erste Mal in Rumänien war an Land kein Polizist in Sicht.

Am nächsten Morgen, dem 22. Juni, ersuchten wir um Erlaubnis, Calafat um 8.00 Uhr zu verlassen. Wir bekamen sie schließlich für 11.30 Uhr, nachdem die Zollbeamten das Schiff noch einmal gründlich durchsucht hatten, aber die Schwimmer wurden wieder vergessen. Bevor wir ablegten, fragte ich den Hafenkapitän, wo wir für die Nacht festmachen könnten. Er sagte, wir sollten nach Bistret gehen, bei km 725, eine Strecke von 64 Kilometern. Wir legten ab, Mr. McPherson wimmerte zur Erbauung aller Geheimpolizisten, die vielleicht am Ufer lauerten »Behind the Bushes« auf seinem Dudelsack. Langsam lernten wir Rumänien kennen. Wir wollten, dass Rumänien uns ebenfalls ein wenig kennen lernte, und weil wir gerade dabei waren, auch die Bulgaren am anderen Ufer, von dem wir zeitweise nur ein paar Meter entfernt waren.

Bei Kilometer 790 lagen drei Kanonenboote am bulgarischen Ufer. Wir dippten unsere Flagge »chutzpah«, im New Yorker Stil, aber bekamen von den Crews nur versteinerte Blicke zurück. Bei Tageslicht und angesichts all der Wächter auf dem Türmen am rumänischen Ufer, konnten sie sich kaum über unseren Reisefortschritt freuen.

Es war ein herrlicher Tag, aber mit starkem Nordwind und vielen Wolken. Die Schatten der Wolken, die über die Wasseroberfläche zogen, erzeugten Effekte von Untiefen. Also war es für uns beide ein lebhafter Tag, denn wir mussten herausfinden, was Wolkenschatten und was Untiefen waren. Die gute alte Donau schob uns mit etwa sieben Knoten voran. Die Landschaft war ein Kontrast zwischen dem flachen trübselig aussehenden rumänischen Wald auf einer Seite und den sanften rollenden schönen Ausläufern der bulgarischen Planina Berge auf der anderen. Wir waren knapp an Treibstoff, und ich ließ die Maschine nur im Leerlauf mitschieben.

In den langen, langen Abschnitten gab es wenig Auffälligkeiten und die wenigen schrieb ich beim Passieren auf, aber es war durchaus nicht als Spionage an der Grenze zwischen Bulgarien und Rumänien gedacht. Viele Jahre an abgelegenen Küsten hatten in mir die Gewohnheit erzeugt, Navigationshilfen im Vorüberziehen zu notieren. Manchmal dachte ich mir dabei, sie könnten einmal für andere nützlich sein, die nach mir kamen, und könnten ihnen vielleicht bei mehr als einer Gelegenheit helfen, Ärger zu vermeiden. Aber weil das Gelände hier eine Grenze war, stellte ich sicher, dass diese Notizen vor neugierigen Augen versteckt waren, wenn *Outward Leg* in einen Hafen einlief. Die gewaschenen Gehirne hinter den Augen könnten vielleicht denken, dass meine Notizen »strategische« Bedeutung hätten. Ich ging dabei ein Risiko ein, das war mir klar, aber ich redete mir ein, dass gute Gewohnheiten mehr wert seien als untergeordnete Risiken oder stupide Gesetze.

Die durchschnittliche Tiefe der Donau zwischen Calafat und Oltenita betrug sechs Meter, aber es gab auch Untiefen, in denen der Fluss nicht tiefer war als zweimeterdreißig, und manchmal waren diese Strecken einige Kilometer lang.

Der Hafenkapitän in Calafat hatte mir gesagt, dass es bei km 732 eine Einfahrt gäbe. Wenn die Grenzpolizei uns die Erlaubnis erteilte, könnten wir dort vielleicht die Nacht über ankern. Er sagte, es stünde ein Wachturm bei der Einfahrt. Aber es existierte weder die Einfahrt noch, zu unserer großen Überraschung, der Wachturm. Wo beides sein sollte, gab es nur ein gerades felsiges Ufer, über das die Bäume hingen, und viele wilde Enten und Reiher. Eine gesunde Vogelwelt an einem geraden Flussabschnitt mag ja für Ornithologen etwas Besonderes sein, aber wir suchten einen Platz für die Nacht, das war eine ganz andere Sache. Die Dämmerung senkte sich rasch hernieder, und die Strömung lief mit sechs Knoten. Kein Anker würde im Hauptfahrwasser halten.

Wie der gute Hafenkapitän gesagt hatte, existierte bei Flusskilometer 725 ein Hafen, sonst gab es nichts auf der rumänischen Seite, aber am verbotenen bulgarischen Ufer lag ein großer Ponton. Es gab auch bulgarische Pontons bei Dolni Tzibar, km 718 und einen bei km 707, aber dort konnten wir nicht festmachen. Wir waren schließlich keine Millionäre, die freiwillig zwei Wochen unbenötigte Hotelkosten an die bulgarische Regierung bezahlen wollten.

Als wir endlich in Bechet bei km 679 ankamen, nahm ich Kurs auf das Ufer, McPhersons Pfeifen weckten die rumänischen Wächter auf. Es war ein trostloser Ort, einfach nur ein Kai ohne Ponton, mit vier Meter Wassertiefe, zwei Wachtürmen, einem Dutzend junger Soldaten mit Waffen und einem vergammelten aber funktionierenden Ladekran aus Holz. Was die Trostlosigkeit des Ortes noch verstärkte, war der Blick auf die bulgarische Stadt Oriachov, die nur vierhundert Meter weiter im leichten Regen lag. In der Abenddämmerung wurden dort die Lampen angezündet, und ein kunterbuntes Blinken und lebhafte Musik drang zu uns herüber. Es war wie eine Gefängnismauer, auf deren anderer Seite eine Straße mit lustigen Kneipen liegt.

Außer den Soldaten, die ihr Gewicht ab und zu von einem dreckigen Stiefel auf den anderen verlagerten, gab es keine weiteren Lebenszeichen in Bechet mit Ausnahme einer Herde Wildgänse, die sich bemühte, das Gras des Genossen Ceausescu am Ufer so kurz zu halten wie die Frisur seiner Soldaten.

Jemand aus Bechet schickte nach der Grenz-«Kontrolle», deren Büro im ein paar Kilometer entfernten Dorf war. Als wir nach Einbruch der Dunkelheit immer noch nicht »kontrolliert« worden waren, schickte ich Thomas an Land. Er sollte versuchen, ob er vielleicht ein wenig Brot im Dorf bekommen könnte.

Gerade als Thomas das Tor im Drahtzaun erreicht und dem Soldaten dort gesagt hatte, wo er hin wollte, kam ein Motorrad an, auf dem zwei Beamten saßen. Es hielt an, und ein Offizier der Grenzpolizei stieg ab. Er stürmte zu Thomas hin und packte ihn an der Schulter. Da der Polizist etwa einhundertfünfzig Kilo wog, Waffen und Munition bereits abgezogen, und Thomas etwa fünfzig, war der Ausgang des Gerangels bereits vorauszusehen. Thomas flog auf den Offizier zu, und der stolperte ein paar Schritte rückwärts. Das machte den Offizier wütend, und er griff nach seiner Pistole. Sein Freund, der inzwischen auch vom Motorrad geklettert war, beruhigte ihn. Er war ein älterer Mann, wie ich sah. In stiller Verwunderung beobachte ich vom Cockpit aus die Szene.

Dann stand der Offizier turmähnlich über Thomas, die Hände in die Hüften gestemmt, und brüllte Thomas gute fünf Minuten lang an. Zuerst brüllte er auf Rumänisch, dann in schlechtem Deutsch. Ich hörte, wie er meinen Crewmann ein Faschistenschwein nannte, eine deutsche Sau, einen kapitalistischen Lakai, einen Schoßhund von Reagan, einen Dummkopf, einen Idioten und einen Bastard, dem man in den Arsch treten sollte. Dann befahl er Thomas, wieder an Bord zu gehen und mir zu sagen, ich solle meinen lausigen kapitalistischen Kahn von Bechet weg bringen. Thomas machte das, blass und zitternd. Ich kletterte schäumend an Deck und stellte mich breitbeinig hin.

Der Kerl brüllte mich an:»Gehen Sie! Verschwinde! Schwein!«

Ich starrte schweigend auf den Dreckskerl aus Bechet, der jetzt auf die Kante des Kais marschiert war. Ich sah ihm direkt in die Augen. Ich zitterte, aber nicht vor Angst. Es war reiner Ärger über diesen verdammten, uniformierten, schmierigen, Sauhund mit Syphilis, diese verfluchte Drecksau, die es wagte meine Crew anzubrüllen. Kein Gentleman brüllt jemals eine Crew an Land an!

Ich studierte schweigend sein Gesicht. Er war nicht älter als fünfunddreißig. Er hatte ein rotes Gesicht, einen schwarzen Schnurrbart und hasserfüllte Augen. Der Mann war nur ein Angeber, das sah ich, und voll mit den Komplexen eines Angebers. Er verdiente voll und ganz, was er war und wo er war, dachte ich.

Ich ließ ihn eine Sekunde oder so warten, er mied meinen Blick. Dann sagte ich langsam, laut und sehr klar in Deutsch:»NEIN!«

29 Kapitäne und Kapitalisten

E s war gar nicht so leicht sich gegen den großen Saukerl von Bechet aufzulehnen. Ich wusste ganz genau, dass er für jedermann und für alles auf dieser Seite des Flusses die Macht über Leben und Tod hatte und das volle Gewicht der brutalen Diktatur hinter sich. Er stand da mit seinen jungen, bis an die Zähne bewaffneten Untergebenen, und die einzige Zuflucht, die ich hatte, die einzige Hilfe, auf die ich mich verlassen konnte, die einzige Richtung, in die ich gehen konnte, war mein eigenes Gerechtigkeitsgefühl, meine Meinung über ihn und mein Widerstand gegen alles, was er repräsentierte.

Der rumänische Offizier der Grenzpolizei starrte mich jetzt an, seine Augen waren weit aufgerissen, sein Mund ging auf und zu. Wahrscheinlich hatte er noch nie mit jemandem zu tun gehabt, der zu einem seiner Befehle einfach »Nein« gesagt hatte.

Er brach wieder in Rumänisch aus, aber mehr in einer stotternden Weise. Ich starrte ihn in den Boden. Ich dachte an alle rumänischen Schiffe, die sich in amerikanischen Gewässern aufhielten. Würde man ihre Fahrt aufhalten, wenn *Outward Leg* an die Kette gelegt würde? Wie viele würden das sein? Drei, zwei, eines? Würde irgendjemand erfahren, dass wir in Schwierigkeiten steckten? Oder würden wir einfach, wie so viele andere, in einem der Konzentrationslager des großen Genossen Ceausescu verschwinden?

Er sagte wieder etwas auf Rumänisch zu mir. Ich nahm an, es wäre wieder der gleiche Befehl, nämlich den Steg zu verlassen.

In Englisch sagte ich: »No! Mein Schiff bleibt für die Nacht hier. Du kannst mir so viele Befehle geben, wie du willst, das nutzt dir überhaupt nichts, ich lege nicht vor dem Morgengrauen ab! Wir gehen beim ersten Tageslicht! Dieser Fluss ist nicht betonnt, wir haben keine Karten, es gibt anderen Schiffsverkehr. Mister, du kannst einen Salto rückwärts machen!«

In diesem Moment kam der zweite Offizier hinzu, der eine blaue Kappe trug. Ich fiel fast um, als er mich in gutem Englisch ansprach. »In Ordnung, Kapitän, mein Freund hier ist ein wenig aufgeregt.« Es sprach einige Minuten lang schnell zu dem Saukerl, während die Spannung um uns herum nachließ, dann drehte er sich zu mir. »In Ordnung, Kapitän, sie können bis zum Morgen bleiben, aber beim ersten Licht legen sie ab! Richtig?«

»Beim ersten Licht, wie ich gesagt habe.«

Damit bestiegen die beiden rumänischen Offiziere wieder ihr Motorrad und knatterten davon; der Saukerl von Bechet sah mich wütend über die Schulter an. Ich brach auf dem Cockpitsitz zusammen und brauchte eine gute Stunde, um mich soweit zu erholen, dass ich nach unten klettern konnte. Ich zitterte immer noch vor Wut.

Die Soldaten auf dem Kai streiften die ganze Nacht auf dem Kai auf und ab. Wir konnten ihre Stiefel quietschen und die Riemen an ihren automatischen Waffen klingeln hören, als wir versuchten zu schlafen, und wir hörten ihre gedämpften Stimmen, wenn sie sich unter dem gelben Licht der Bogenlampen begegneten. Bevor ich mich hinlegte, gab ich einem von ihnen eine Packung Kent Zigaretten, damit sie rauchen konnten. Er lächelte scheu seinen Dank, sagte aber kein Wort.

Um Viertel vor sechs am nächsten Morgen legten wir ab – in Stille. Die Soldaten standen mit ihren Regencapes über den Schultern schweigend herum. Im Morgennebel sahen sie nicht bösartig herüber, sie lächelten sogar, als Thomas losmachte und hoben flüchtig die Hand, als ich ihnen zum Abschied zuwinkte.

Es war ein geisterhafter Morgen. Dicker Dunst hing über dem Fluss, zirka einen halben Meter über der Wasseroberfläche. Am Ufer konnten wir Wildenten herumschwimmen sehen, aber über ihnen war nur weißgrauer Dunst, der die gleiche Farbe wie die Umgebung außerhalb von Rumänien auf unserer Karte hatte. Über dem Nebel, der ab und zu aufriss, streckte ein Baum seine Äste grau und gespenstisch in den Himmel. Es gab keine Anzeichen auf das bulgarische Ufer, nur die dicke graue Nebeldecke. Unter uns gurgelte die gute alte Donau mit ungefähr vier Knoten, es hätten auch einhundert sein können oder null, wie sollte ich das wissen? Der Tiefenmesser gab fast jedes Mal Daueralarm, wenn das Flussbett näher kam und das Wasser flacher als einmetersiebzig wurde.

Später, gegen 6.30 Uhr, begann sich der Nebel aufzulösen, aber nur sehr langsam. Erst gegen zehn Uhr konnten wir beide Ufer ausmachen, allerdings nur undeutlich und lückenhaft. Wir schoben uns weiter und weiter. Endlich, gegen elf Uhr, stand die Sonne hoch am Himmel, und der Nebel auf den bulgarischen Hügeln hob sich und enthüllte eine schöne Flusslandschaft mit kleinen Dörfchen und Höfen am Ufer entlang und viele einsame Angler, die vor sich hin meditierten. An diesem Morgen machte ich eine Eintragung ins Logbuch, sie besagte: »Nachdem wir in Bechet waren, sahen die bulgarischen Dörfchen geradezu strahlend aus.« Jedes Mal, wenn wir aus einem rumänischen »Hafen« herauskamen, war es, als kämen wir aus dem Herzen der Finsternis.

Auf dieser Strecke im Nebel, zwischen Bechet und Corabia, kamen wir an vielen Inseln und Untiefen vorbei. Zuerst war der Nebel zu dicht. Ich konnte keine navigatorischen Notizen machen, und außerdem war ich zu beschäftigt, nach Hindernissen Ausschau zu halten. Ich bemerkte eine gute Anlegestelle auf der rumänischen Seite bei km 663, wo ein Fluss in die Donau mündet. Glücklicherweise hatte sich der Nebel gelichtet, um eine besonders gefährliche Untiefe bei 649 rechtzeitig zu erkennen, und ich konnte sie mit zehn Knoten gerade noch umschiffen, indem ich zum bulgarischen Ufer hin steuerte. Der Fluss war hier ungefähr eineinhalb Kilometer breit.

Als der »Hafen« von Corabia in Sicht kam, hatte sich der Nebel fast ganz aufgelöst und die Sichtweite betrug etwa achthundert Meter. Der Fluss vor uns teilte sich in eine verwirrende Anzahl von Armen, mehrere Inseln und Sandbänke lagen im Fluss verstreut. Es war unmöglich, zu erkennen, welcher der Arme ein ausreichend tiefes Fahrwasser bot. Ich entschied mich dafür, Corabia anzulaufen, um mich zu erkundigen, welcher Arm sicher war. Auf einem unbekannten Fluss, schnell oder langsam, ist das eine normale Sache, überall auf der Welt. Aber wir waren nicht auf der Welt, wir waren in der Leere neben dem dahinschwebenden Planeten Rumänien.

Auf einem Fluss wie der Donau, mit einer Strömung von fünf Knoten, die dich unerbittlich auf unbekannte Tiefen zuschiebt, wo weißes Wasser sich oft über die gesamte Breite des vor dir liegenden Flussabschnitts erstreckt, muss man schnelle Entscheidungen treffen. Macht man das nicht, dann schiebt dich der Fluss schnell weiter und weiter, auf eine Untiefe oder zu einem Punkt, an dem eine Entscheidung, richtig oder falsch, unmöglich wird.

Als ich *Outward Leg* gegen die Strömung zu drehen begann, um mich seitwärts an den Ponton von Corabia anzunähern, waren wir noch zu weit entfernt, um die bewaffnete Wache auf dem Ponton zu bemerken. Erst als wir mit halber Kraft versuchten, längsseits zu gehen, sah ich, dass sie uns mit der Waffe wegwinkte. Aber es war schon zu spät, irgendetwas anders zu machen, und ich machte mit dem Anlegemanöver weiter. Der Wächter richtete seine Waffe auf mich. Ich hielt das Schiff einen Meter vom Ponton weg, und dort blieb ich gegen die Fünfknotenströmung eine Stunde lang. Man schickte nach dem englisch sprechenden Schullehrer, der uns fragen sollte, was wir wollten. Während unserer Wartezeit sahen wir das örtliche Patrouillenboot, das mit Beamten und ihren Familien an Bord zu einer Picknickfahrt flussaufwärts ablegte. Später sahen wir sie unter den Bäumen einer Insel mit dem Namen Baloiu mit der ausgebreiteten Picknicktafel. Die Kinder jagten spielerisch die Lämmer herum, genau so wie es kapitalistische Kinder tun würden.

Nachdem wir den sicheren Arm herausgefunden hatten, zwischen km 630 und 610, blieben wir sehr nahe am rumänischen Ufer und wurden weiter geschoben. Bald fanden wir heraus, dass sich die bisherige Ordnung in der Landschaft umgekehrt hatte; Bulgarien war nun flach und eben und in Rumänien lagen sanfte Hügel. Zwischen km 616 und 610 war das bulgarische Ufer wie ein Tropenwald; es gab sogar ein paar Palmen, um den Eindruck zu verstärken.

Turnu-Magurele in Rumänien, gegenüber von Nikopol, bestand aus mehreren Pontons, hinter denen ein langer Kai mit einem Dutzend Wachhäuschen lag, vier Wachtürmen, einem Dutzend bewaffneten Jugendlichen und Jungen und drei lärmenden Fabriken. Die Fabriken von Turnu-Magurele spuckten Rauch aus, weißen, braunen, schwarzen und grauen. Dieser Rauch wurde von dem vorherrschenden Wind flussabwärts geweht und verschmutzte das ganze Donautal auf den nächsten dreißig Kilometern. Auf Proteste gegen Luftverschmutzung hätte Rumänien wahrscheinlich mit Todeskommandos geantwortet, und wie man uns erzählte, wurden im rumänischen Fernsehen nur Berichte über die Luftverschmutzung im Westen gesendet. Ich habe meine Zweifel, ob man dieses Umweltproblem in der näheren Zukunft beseitigen wird, wenn überhaupt.

Da wir an einem Sonntag in Turnu-Magurele ankamen, hatte der Zollbeamte seinen freien Tag. Der Hafenkapitän, ein dicker Mann in jeder Hinsicht, schickte uns flussabwärts nach Zimnicea. Dort wäre der Zoll dienstbereit. Das waren noch einmal 43 km flussabwärts. Wir legten ab und fädelten uns weiter vier Stunden lang durch Inseln, Untiefen und andere Hindernisse hindurch bis nach Zimnicea. Auf dieser Strecke war der Fluss so breit, dass wir trotz guter Sicht beide Ufer nicht mehr gleichzeitig sehen konnten. Der Nachmittagswind baute eine ziemliche See auf, so etwa wie im Ärmelkanal an einem lebhaften Tag. Wir sahen acht Bojen, bei km 594, 596, 574, drei bei km 566 und zwei bei km 560. Drei der Bojen waren so rostig, dass nicht zu erkennen war, was sie eigentlich markierten, aber alle erzeugten durch die vorbeilaufende Strömung eine »Bugwelle« wie ein Rennboot. Wie viele Bojen auf der unteren Donau hatten sie die Form eines Torpedos, aber dicker, sie waren etwa fünf Meter lang und hatten Radarreflektoren, die aus Aluminium oder verzinktem Blech zu bestehen schienen. Sie glitzerten im Sonnenlicht, wenn die Bojen auf und ab gingen.

Zimnicea bestand aus drei Pontons vor einem ziemlich langen Kai mit sechs Wachtürmen, zwei Dutzend bewaffneten Jugendlichen, sechs riesigen Kränen und vier Fabriken. Jede besaß einen rauchspuckenden Kamin. Aber die Beamten waren relativ freundlich, obwohl sie unsere Pässe vorübergehend beschlagnahmten (illegalerweise), so dass wir uns nicht mit einer ihrer Fabriken davon machen konnten. Mit »relativ freundlich« will ich sagen, dass sie uns nicht wegjagten wie der Drecksskerl von Bechet, und sie brüllten auch meine Crew nicht an.

Früh am nächsten Morgen machten wir uns auf den Weg nach Oltenita. Unsere Karte gab an, dass dort die Eisenbahnverbindung nach Bukarest, der Hauptstadt von Rumänien, verlief. Es war ein schöner Tag, und wir hatten keine Probleme mit Morgennebel. Navigatorisch war es eine sichere Strecke, denn der Fluss war bis auf die Strecke um die Insel Batin zwischen km 532 und 522 breit und tief. Dort war der Fluss etwa drei Kilometer breit, und weißes Wasser zeigte rundum Untiefen an. Wir hatten Glück, denn gerade als ich wendete, um gegen die Strömung zu laufen und an irgendwas am Ufer festzumachen, um darauf zu warten, dass der Wind nachließ und wir das tiefe Fahrwasser besser ausmachen konnten, kam ein großer sowjetischer Konvoi herauf und zeigte uns die

Fahrrinne an. In der Gegend der Insel Batin sahen wir nur eine einzige rostige Boje, sie lag bei km 523 und war halb abgesoffen, sie war kaum zu erkennen und noch weniger zu »identifizieren«. Danach war der Fluss nur noch achthundert Meter breit, die durchschnittliche Tiefe betrug sechs Meter. Die Landschaft auf der bulgarischen Seite war sehr hübsch, und das kleine Dörfchen Stilpiste errang für diesen Tag den ersten Preis für Attraktivität. Achthundert Meter unterhalb von Stilpiste gab es am bulgarischen Ufer einen hohen Wasserfall. Das Wasser stäubte von einer hundert Meter hohen Klippe herab, und der Nebel aus Wassertröpfchen sah vor dem Hintergrund der grünen Buschblätter auf der Klippe wie eine Million Diamanten aus. Der Platz sah sehr idyllisch aus, genau der Ort, um ein paar Stunden zu ankern, aber die Strömung unterhalb des Wasserfalls war zu stark, an die sieben Knoten. Als wir vorbei kamen, flogen Hunderte von Wildgänsen in perfekter Formation vorüber.

Die Fahrt vom Eisernen Tor flussabwärts auf der Donau, durch das Inselgewirr, bis hin nach Dobrudja erzeugte ein kolossales Gefühl der Freiheit, sobald wir unterwegs waren. Wier schienen befreit von der Enge des Raums, der Zeit und den menschlichen Sitten. Es war nicht wie auf einem großen Ozean oder wie auf See, denn wir mussten sehr vorsichtig sein. Nicht wir, sondern der mächtige Fluss hatte unser Schicksal in seiner Gewalt. Aber es war ein bestimmtes, ein einzigartiges Freiheitsgefühl, weil wir es waren, die diese Strecke gewählt hatten. Es war unsere Wahl gewesen und nicht die des Flusses, und das unterschied uns von der großen Mehrheit der Menschen.

Da wir aus politischen Gründen auf die rumänische Seite beschränkt waren, fühlten wir uns aber auch wie in einer Todeszelle eingesperrt. Wir absolvierten eine idiotische schizophrene Übung, bei der wir versuchten, den Gefahren in Rumänien zu entkommen und dafür den Gefahren des Flusses ausgesetzt waren. Beide waren etwa gleichwertig, jede hatte ihre Eigenart, bedrohlich und unheilvoll. Aber in Zweifelsfall zogen wir die Gefahren des Flusses in jedem Fall vor. Hier wäre es unserer eigenen Dummheit oder unserem Mangel an Konzentration zuzuschreiben, wenn wir in ein Desaster gerieten oder vielleicht umkämen. Es war dann nicht die hirnlose, roboterhafte Maschine der paranoiden Unterdrückung, die an Land weiter und weiter rumpelte, in jeder Ecke, in jeder Spalte an der Grenze.

Gott mag denen helfen, die wie wir tage- und wochenlang das Ufer eines sowjetischen Satellitenstaates als annehmbaren Hafen dem noch schlimmeren anderen Ufer vorziehen müssen. So fühlten wir jedenfalls, wenn wir an einem bulgarischen Ponton vorbeizogen.

Wir wussten, dass Bulgarien wenigstens etwas Licht von außen reinließ, wie dämmrig es auch leuchtete, nachdem es durch die Fenster des Kremls gefiltert worden war. Aber die Grenze von Rumänien war so schwarz wie das Loch von Kalkutta und genau so erstickend, ganz gewiss für mich. Bei km 511 lag eine grüne Wiese am bulgarischen Ufer, ein einzelner Felsblock ragte einsam empor. Er mag bestimmt tausend Tonnen schwer gewesen sein, und er gab mir Rätsel auf. Ich dachte an die enormen Kräfte, die ihn dorthin versetzt hatten. Er sah aus wie ein keltisches Hünengrab, wie einer der Pfeiler von Stonehenge. So weit ich sehen konnte, sicher acht Kilometer weit, gab es keine anderen Blöcke oder auch nur blank liegenden Fels.

Bei Flusskilometer 499 passierten wir die wichtige bulgarische Donauhafenstadt Ruse. McPherson wimmerte in voller Lautstärke auf seinen Pfeifen »Die große Sause«. Es war der Heimathafen vieler bulgarischer Touristenschiffe. Einige davon lagen im Hafen und warteten auf Passagiere. Von allen winkte man uns zu, und die Schiffe schalteten für *Outward Leg* sogar ihre Sirenen an, als wir vorbeikamen. Auch die Leute auf den fünf Pontons, Passagiere und einfache Leute aus der Stadt, winkten uns zu, wie ich sehen konnte.

Bevor wir Ruse passierten, konnten wir etwas Dieseltreibstoff organisieren, aber ich will nicht schreiben, wie und wo. Wir ergatterten zum Glück neunzig Liter, denn wir hatten vorher nur noch fünf Liter im Tank gehabt, ohne Hinweis darauf, dass wir vor unserer Ankunft am Meer Diesel bekommen würden. Es hatte mir große Sorgen bereitet. Man konnte nicht wissen, ob es irgendwo Diesel geben würde. Diesel war rar in Rumänien, Benzin so gut wie nicht vorhanden.

Der Ponton bei Giurgiu war wieder so ein trostloser Ort unterhalb einer langen Reihe von Fabriken, laut und dreckig. Wir entschieden uns, nach Oltenita weiter zu fahren. Es gab starken Wind, aber zum ersten Mal seit dem Eisernen Tor kam er flussaufwärts. Seine vorherrschende Richtung war Südwest. Ich konnte die Salzluft über die ganze Entfernung von der Adria her, über 650 km, riechen. Thomas dachte, dass ich mir das einbildete, aber ich war mir sicher. Es war die erste Prise Salzluft seit Holland, das war jetzt neun Monate her, und es gab für mich keine Zweifel. Als ich sie einatmete, fing mein Blut an zu rasen. Nein, das war keine Einbildung, es war wie ein Fieber. Der Wind, der gegen die Strömung lief, baute eine steile See auf. Am Nachmittag waren die Wellen vom Tal bis zum Kamm einen Meter hoch und sehr kurz, sie hatten Abstände von weniger als drei Meter oder so. Das ergab einen guten nassen Schlag gegen den Wind, den ganzen restlichen Tag lang, aber es machte uns nicht langsamer, denn die Donau war genau wie wir darauf erpicht, das Schwarze Meer zu erreichen.

Als wir Giurgiu verließen, kamen wir unter der einzigen Brücke hindurch, die wir auf der rumänischen Donau sahen. Es war eine Eisenbahnbrücke, sie zog sich hoch über den Fluss hinweg. Als wir unter ihr hindurch kamen, fuhr gerade ein Zug auf ihr, und viele Hände winkten aus allen Fenstern.

Unterhalb der Brücke sahen wir zu unserem Erstaunen ein Tragflächenboot. Es flog den Fluss hinauf und schien direkt Kurs auf uns angelegt zu haben. Es lief mit bestimmt fünfunddreißig Knoten gegen die Strömung und kam nur ein paar Meter entfernt an uns vorbei. Jeder auf dem Tragflächenfährboot, der bulgarischen *Meteor 3*, rief etwas, und die Leute winkten wie verrückt, als es an uns vorbei schoss. Von nun an war das ein übliches Ereignis, den ganzen bulgarischen Abschnitt hinunter. Nicht nur die Leute von *Meteor 3* winkten uns zu, sondern auch die von *Meteor 1, 2, 4, 5* und *6*, und auch die auf allen anderen vorbeiziehenden Schiffen, die wir zu Gesicht bekamen. Es war schnell klar, dass alles, was auf der Donau schwamm, *Outward Leg* kannte, was sie war, und woher sie kam, was sie machte und wo sie hin wollte. Die vorbeikommenden Flussschiffe grüßten uns jetzt nicht nur einfach durch Winken des Rudergängers und der Mannschaft, jetzt stellten sie ihre Sirenen an, alle, jedes einzelne Schiff, sogar die sowjetischen. Es schien, dass jeder auf dem Fluss uns Glück wünschte, mit Ausnahme der Leute auf den rumänischen Pontons. Dort hätten wir in der Regel genau so gut von einem anderen fremdem Planeten landen können, von der anderen Seite des Sternbildes Alpha Centauri, man hätte uns sofort und automatisch üble Absichten unterstellt.

Unterhalb von Ruse gab es auf der Donau viel Schiffsverkehr. Daher wurde unsere Navigation wesentlich einfacher, denn wir konnten dem

Kurs der flussaufwärts- und flussabwärts fahrenden Schiffe folgen. Mit unserem Vorrat an Diesel konnten wir jetzt auch schneller fahren und kamen sechzehn Kilometer in der Stunde voran. Die einzigen sicher aussehenden Häfen, mit Ausnahme der üblicherweise belegten Pontons, waren Nothäfen auf der bulgarischen Seite in der Nähe eines Fischercamps bei km 454, in der Mündung eines kleinen Stroms und bei km 441 zwischen zwei niedrigen Inseln mit fächelndem hohen Gras. Sonst stand überall eine starke See, und es gab wenig Schutz vor dem Wind.

Zu dieser Zeit hatten wir einen der Gründe herausgefunden, warum die rumänischen Grenzwächter bei unserer Ankunft in Panik und geradezu frostige Aggression auszubrechen schienen. Es waren die Khakihemden, die Thomas trug. Die stammten aus ehemaligen Beständen der Bundeswehr, und eine großzügige Seele hatte sie ihm in Passau geschenkt, weil ihr der in der Abendkühle blasse, zitternde, frierende Kerl Leid getan hatte. Ich sagte ihm, er solle sie verstecken und ein weißes oder ehemals weißes Hemd anziehen. Er machte das, und die Einstellung zu seiner Person veränderte sich schlagartig, fast wie ein Wunder. Wir fanden, dass die Rumänen ziemlich flexibel waren, – wenn man die richtige Quelle gefunden hatte, bekam man auch die »Flexibilität«. Das war sehr wichtig, besonders wenn der Flexible eine Kalaschnikow trug, hinter einem Maschinengewehr auf einem Wachturm saß oder einen Schießbefehl auf jeden im Umkreis von Kilometern, unschuldig oder schuldig, ausgeben konnte. Wir waren uns bewusst, dass wir bei Tag und Nacht durch eine Dunkelzone hindurch reisten.

Zu unserer Verwunderung fanden wir in Oltenita den freundlichsten und kultiviertesten Hafenmeister, mit dem ich in vielen Jahren die Ehre hatte, in einem Handelshafen zusammenzutreffen. Er war ein großer älterer Herr, der gut Französisch sprach. Nicht allzu oft sind die französisch Sprechenden von so angenehmem Naturell. Zwischen den Diskussionen über moderne Yachtbaumethoden besuchte er die Tomatenpflanzen im kleinen Garten vor seiner Hütte. Er wiederum wurde von seinem Kumpel besucht, einem jungen Mann mit einer lauten Familie. Die Zwei brachten es fertig, die ersten frischen Lebensmittel seit der Einreise nach Rumänien für uns zu organisieren. (Mein Gott, war das erst vier Tage her?)

Der Hafenmeister von Oltenita sprach mit den uniformierten Jungen auf dem Kai und gab ihnen endlich einmal etwas Richtiges zu bewachen, nämlich *Outward Leg.* Thomas und ich machten einen Tagesausflug nach Bukarest. Natürlich gab es keine Taxis in Oltenita, und so machten wir uns mit einem Lastwagen, den der Kumpel des Hafenmeisters organisiert hatte, auf den Weg in das hübsche Dorf, das etwa fünf Kilometer vom Hafen entfernt liegt. Der Beifahrersitz war mit nassem Kalkschlamm bedeckt, und so saß ich bald weich und gemütlich.

In Oltenita gingen wir zur staatlichen Bank zum Hauptplatz, um ein paar unserer schwindenden DM zu wechseln. An der Tür des alten Gebäudes mit seiner sich schälenden Fassade wurden wir von sechs Leuten empfangen, die exakt so aussahen, so angezogen waren und so klangen wie die Leute, die ich an den Theken der Wettbüros in Belfast und Glasgow gesehen hatte. Ohne ein Wort zu sagen, nur nach stiller Musterung, begleiteten sie uns zum Auszahlungsschalter und beobachteten uns genau, als wir eine halbe Stunde lang auf die, wie es schien, erste Umwechslung ausländischer Währung in Oltenita warteten. Sie sprachen die ganze Zeit kein Wort, weder zu uns noch untereinander. Sie waren alle unrasiert und trugen kragenlose Hemden an ziemlich dreckigen Hälsen. Sie hatten alle morastige, schmutzige Schuhe an. Später informierte man uns, dass sie die geheime Sicherheitspolizei der Stadt waren.

Das Innere der Bank war der langweiligste Ort von allen, an denen ich gezwungenermaßen in meinem Leben war. Es war sehr staubig, die Decke war sehr hoch und neben uns acht bestand die Belegschaft aus achtundzwanzig Personen. Hinter den Schaltern gab es Männer und Frauen jeder Altersklasse. Im Kunden-Vorraum waren weder Tische noch Stühle aufgestellt. Es gab auch keine Kunden, nur Thomas, mich und sechs schweigende Geheimpolizisten. Die einzige Dekoration bestand aus einem großen Bild von Bruder, Lehrer, Genosse und Wohltäter Ceausescu an der Wand, mit allen seinen Orden – und einem ausgestopften Fuchs auf einem niedrigen Regal. Ich dachte, das Paar würde einigermaßen zusammen passen. Der Rest der Bankeinrichtung war mausgrauer Stein und Marmor. Es sah alles so hoffnungslos aus, dass ich verwundert war, als mir eine mäuseähnlich aussehende Frau mit kieselsteindicken Brillengläsern eine Menge Banknoten in Leu gab. Gegen unsere 200 DM sah das beeindruckend aus, wie ein sehr günstiges Geschäft. Thomas zählte nach, und es war tatsächlich die richtige Summe, aber es waren Banknoten von fünf und zehn Leu, die kleinsten überhaupt. Ich will nicht behaupten, die Bank hätte in der ganzen Stadt nach

Leus suchen müssen, um unsere DM zu kaufen, aber es sah ganz danach aus. Unsere Ankunft hatte sowieso viel geflüsterte Konferenzen hinter dem Schalter ausgelöst, viel Hin- und Hergelaufe durch die Hintertüren. Die gesamte Bankbelegschaft war praktisch mit diesem Vorgang beschäftigt gewesen, bevor man endlich die Leus zusammengekratzt und mit einem Stück Kordel zu einem Bündel, so groß wie ein Stiefel, zusammengebunden hatte. Die Rolle war schmierig, fast so dreckig wie die Hälse unserer Eskorte. Endlich kamen wir wieder in das überraschende Sonnenlicht vor der Bank hinaus. Wir mussten über den schönen Hauptplatz mit schattigen alten Bäumen zum Bahnhof hinüber eilen. Der Dampfzug (der Thomas wiederum aufgeregt machte) blies schon mit seiner Pfeife, es klang entfernt wie das Lied »On Top of Old Smokey«. Es gab weder ein Dach noch einen Bahnsteig, so etwas gab es auch auf den anderen Stationen auf der Fahrt zu der sechzig Kilometer entfernten Hauptstadt Bukarest nicht. Wir brauchten fünf Stunden für die Strecke. Es war das einzige Mal, dass ich mit einem Zug reiste, der langsamer war als das Schiff, das ich zurzeit hatte, aber mir war die Langsamkeit ganz recht. Es war ruckendes Anfahren, schnelle rumpelnde Fahrt und schockartiges Anhalten. Dann langes Warten.

Der Zug war bereits mit Bauern und Dockarbeitern überfüllt, als er Oltenita verließ, und in den ungefähr ein Dutzend Stationen auf der Route nach Bukarest nahmen wir noch einmal mindestens fünfhundert Leute vom Land auf, die größtenteils schwer mit Bündeln von Gemüse und mit anderen Produkten ihrer kleinen Gärten beladen waren und sie irgendwo hinbringen wollten. Die Rumänen im Zug schienen keineswegs niedergeschlagen zu sein. Es waren einfache Leute, die Thomas und mich mit viel Rücksicht behandelten. Fernab der Uniformen lachten sie, und machten Späße untereinander; sie begrüßten sich, als hätten sie sich jahrelang nicht gesehen. Sie waren sehr ähnlich wie die Latinos in Südamerika oder die Leute im Süden von Spanien. Sie waren nett zu uns und neugierig, aber zu höflich, um uns mit zu vielen Fragen zu belästigen. Es waren offensichtlich viele Zigeuner im Zug; sie saßen üblicherweise in dem rüttelnden Spalt zwischen einem Wagen und dem nächsten.

Als wir in Bukarest ankamen, stellten wir mit Erstaunen fest, dass der Zug nicht in die Stadt hineinfuhr. Er hielt mitten auf einem offenen Feld, einige Kilometer vor der Stadt. Um das Feld herum standen Fabriken, die mit riesigen roten Transparenten geschmückt waren, die besagten, dass sie Eigentum der rumänischen kommunistischen Partei unter der Leitung des großen und großzügigen Wohltäters und Lehrers Nicolai Ceausescu waren. Gewaltige Plakate des großen Genossen starrten von jeder Wand herunter. Bewaffnete Soldaten standen an der Seite der Eisenbahntrasse, wo die etwa tausend Passagiere, Thomas und ich darunter, mitten im Nichts ausstiegen. Wäre Thomas nicht so ein ausgesprochen netter Deutscher gewesen, hätte ich ihm zugeraunt, dass etwa so die Ankunft an den Toren von Auschwitz gewesen sein musste.

Nach einem Versuch, mich inmitten der wimmelnden Masse nach dem Stadtzentrum zu erkundigen, wurden wir schließlich von einem unglaublich schäbigen, aber höflichen kleinen Mann zur Station der Untergrundbahn gewiesen. Die lag etwa drei Kilometer in Richtung Stadt an einer sehr schlampig geteerten Schnellstraße, auf der eine stetige Prozession von Lastwagen, mit Arbeitern beladen, irgendwoher kam. Eine andere Kolonne transportierte Arbeiter augenscheinlich irgendwohin. Die so herumgekarrten Arbeiter steckten alle in dem gleichen Typ von Overall, und alle trugen weiße Plastikhelme. Sie schienen alle daran gewöhnt zu sein, in Overalls und Plastikhelmen herumgefahren zu werden.

Das Hinabfahren in die Untergrundbahn von Bukarest, eine Rolltreppe hinunter, enthüllte eines der schönsten, effizientesten und sicherlich der leisesten und gesetzestreuesten unterirdischen öffentlichen Transportsysteme, das ich je irgendwo gesehen hatte. Die Durchgänge und Vorplätze waren aus Marmor und Granit, sie sahen fast neu aus. An fast jeder Wand gab es herrliche Fresken. Ich war so damit beschäftigt, die Umgebung anzusehen, dass ich nicht mehr weiß, ob wir für die Fahrt bezahlt haben oder nicht.

Der Wagen der Untergrundbahn war halbvoll mit Schülern auf ihrem Weg zum Unterricht. Die Jungen und Mädchen hatten alle exakt die gleiche Uniform an, blau mit einem roten Schal, und die Jungen trugen alle blaue Schildkappen. Jungen und Mädchen standen oder saßen separat von einander. Eine junge Dame stand auf und bot mir ihren Sitz an, aber ich lehnte ihr Angebot höflich ab. »Olympiade, Olympiade«, sagte ich ihr, und sie lachte. Aber sie hatte keine Ahnung.

Irgendwie schaffte Thomas, der sehr gut darin ist, ohne ein einziges Wort der einheimischen Sprache zu verstehen, seinen Weg zu finden, sich und seinen Skipper aus dem flotten U-Bahnzug hinaus auf irgendeinen offenen Platz, um den hohe Gebäude standen. In der freien Luft saßen wir ein paar Minuten auf einer kleinen Mauer, damit ich mich ausruhen konnte. Besichtigungen auf einem Bein sind nicht die einfachste Art, sich zu entspannen und die Zeit zu verbringen. Der Lärm des Verkehrs und der Passanten war so gewaltig, dass wir kaum miteinander sprechen konnten, aber etwas war ziemlich ungewöhnlich an dieser Stadt. Ich brauchte eine Minute, um es herauszufinden. Es gab wenig, sehr wenig Geschäfte in den Straßen und keine Reklame, noch nicht einmal auf den Dächern der Häuser im Zentrum. Der einzige Schriftzug war einfach »Ceausescu«. Ich dachte, dass es seltsam sei, für etwas so Allgegenwärtiges Reklame zu machen.

Ein kurzer Besuch mit einem in Russland gebauten Taxi im Hotel Intercontinental zeigte, dass der Taxifahrer aus Bukarest genau so habgierig wie seine Kollegen in London oder Paris war. Die »Brasserie« im Intercontinental war voll mit Besuchern und Studenten aus der Dritten Welt. Hinter den Automaten mit Coca Cola und siruppartigem Muzak suchten sie Zuflucht vor der harten Realität außerhalb der marxistischen Vision von der Zukunft in ihren eigenen Heimatländern. Die meisten der Asiaten und Afrikaner in der Brasserie sprachen Französisch. Das freute mich. Französisch höre ich sonst gar nicht so gerne, denn oft gehört es zu einem Sprecher, der sich in seine eigenen Nöte und Ambitionen eingehüllt hat, der alles um sich herum ausschließt, das nicht weiblich, jung und begehrenswert ist. Aber der Hafenmeister von Oltenita, der am Bahnhof war und uns abholte, als wir um Mitternacht müde von unserer Reise nach Bukarest zurückkamen, sei ganz bewusst ausgenommen.

Auf unserem Weg zum Bahnhof von Bukarest, draußen auf dem freien Feld vor der Stadt, zeigte der Taxifahrer schweigend auf eine Schlange von Autos, die vor einer Tankstelle auf ihre Benzinration wartete. Sie war fünf Kilometer lang. Den Zeichen und einzelnen Worten des Fahrers war zu entnehmen, dass alle Taxis dem großen Genossen und den Parteibonzen gehörten. Sie konnten soviel Benzin bekommen, wie sie wollten. Die nicht privilegierten Leute standen bis zu drei Tagen in der Benzinschlange, um an die Spitze vorzurücken, und dann waren die Vorräte vielleicht für eine Woche erschöpft. Wir wussten, dass Rumänien eigene Ölfelder und auch eigene Raffinerien hatte. Wir fragten uns, in welche Taschen der Familie des großen Genossen der Profit floss, denn die Benzinknappheit in Rumänien war die ganze Zeit, in der wir dort waren, chronisch.

Bukarest war die vierte europäische Hauptstadt, die wir auf dieser Reise besucht hatten, nur hatten wir dieses Mal unser Schiff nicht mitnehmen können. Der Bau eines Kanals zwischen der Hauptstadt und der Donau hatte bereits begonnen, aber er würde nicht vor 1995 fertig werden. Zwar hatten wir unser Schiff nicht nach Bukarest mitnehmen können, wohl aber seine Idee, denke ich.

Wir blieben zwei weitere Tage in Oltenita. Einen Tag für mich, um mich von den Strapazen der anstrengenden Kletterei in den Zügen, der U-Bahn und der Straßenbahn von Bukarest zu erholen, und einen Ruhetag, um über die Nachwirkungen eines Mittagessens in dem riesigen alten Herrenhaus in Oltenita hinwegzukommen, das zu einem Restaurant für Arbeiter umgebaut war.

Das alte Herrenhaus war ein verwahrloster, schlampiger, schmieriger Ort, der nicht nach gutem Essen aussah, aber wir waren recht zufrieden. Das Fleisch, das in Rumänien selten ist, wurde auf einem Grillplatz vor der schönen, alten, aber ramponierten Eingangstür gebraten. Soldaten, Arbeiter, Polizisten, Zollbeamte und Ozeansegler, die sich in der Zwischenzeit aneinander gewöhnt hatten, standen herum, aßen mit den Fingern und tranken wie die Gutsherren. Rundum waren große Hunde, laut grunzende Schweine jagten ihre Jungen zum Fluss hin. Das Mittagessen war auch eines der teuersten, das ich je hatte. Für vier Personen (wir hatten ausnahmsweise zwei Gäste) kostete es umgerechnet dreißig Dollar. Dieses schnelle Geldausgeben konnten wir uns kaum leisten. Ich hätte einen Tauschhandel mit Blue Jeans anbieten können, wenn ich jemand gekannt hätte, dem man vertrauen konnte. Aber außer Thomas gab es keinen, und der war pleite.

Als *Outward Leg* schließlich Oltenita verließ, kamen wir an einer großen Schiffswerft vorbei. Wir ließen McPherson »Lament for the Old Sword« spielen. Als sie uns über dem Lärm ihrer Werkzeuge hörten, legten alle tausend oder so Männer und Jungen die Arbeitsgeräte hin und winkten. Sie tanzten herum und winkten in der heißen Sonne mit ihren Hemden. Über ihnen flatterten leise und sinnlos rote Transparente. »Amerika, Amerika«, riefen sie, immer und immer wieder, bis hinunter zum unteren Ende der tausend Meter langen Werft. Viele von ihnen ballten die Fäuste über dem Kopf.

Schließlich sichteten wir die bulgarische Stadt Silistra, und direkt hinter den Pontons am Kai zog sich eine lange Schramme über die Hügel hinweg, die anzeigte, wo die bulgarisch-rumänische Grenze die Donau verlässt und über die Dobrudja zum Schwarzen Meer verläuft. Diese Wunde aus verwüsteter Erde hatten wir erwartet und herbeigesehnt. Natürlich standen auch eine lange Reihe von Wachtürmen und der zugehörige hohe Drahtzaun auf der rumänischen Seite. Gegenüber von Silistra lag bei Flusskilometer 376 auf der rumänischen Seite ein Ponton. Hinter dem Ponton standen wie üblich Wachtürme und Soldaten, aber es gab noch etwas, und das war sehr unüblich für Rumänien. Es gab nämlich ein Hotel direkt beim Ponton. Der Hafenmeister von Oltenita hatte uns empfohlen, dort hinzugehen, bevor wir unsere Reise in rein rumänischen Donaugewässern fortsetzten.

Ich hatte kaum das Schiff gewendet und mich dem Ponton genähert, als wieder einmal ein Soldat zur Kante des Kais gerannt kam und mich weg winkte. Dabei zielte er mit seiner Flinte auf mich. Eine Stimme aus einem Hotelfenster rief in gutem Englisch:»Bleiben sie weg«, dann:»Das ist verboten!« Schließlich sah ich einen Mann, der mit dem Arm flussabwärts zeigte.»Gehen sie nach Calarasi. Nach der nächsten Biegung links.« Er schrie in gutem Englisch und mit einem, wie ich dachte, schottischen Akzent.

Ich entfernte mich vom Steg und nahm Kurs auf Calarasi. Wir erreichten die Stadt, indem wir den sich windenden Fluss Borca etwa zwölf Kilometer aufwärts fuhren. Es war ein rumänischer Ferienort, voll mit Arbeitern auf Urlaub. Die meisten kamen aus einem halben Dutzend Fabriken in Timosioara, droben im nordwestlichen Rumänien.

Auf dem Weg den engen Fluss hinauf nach Calarasi kamen wir am ersten Badestrand vorbei, den wir in Rumänien auf den fast tausend Kilometern seit der Grenze zu Jugoslawien sahen. Es war in der Tat auch der erste Ort, den ich in Rumänien sah, an dem Leute sich offensichtlich des Lebens freuten. Der Stand war mit fetten Männern, ihren meist molligen Frauen und Familien überfüllt. Es gab ein paar Ruderboote und sogar ein paar Segeljollen mit Kindern am Ruder. Eine lange Reihe moderner Autos war hinter dem Strand geparkt, und überall waren bunte Sonnenschirme wie Schmetterlinge an einem fliegenverseuchten Honigtopf verstreut. Eine Atmosphäre von Reichtum lag über dem Strand.

Ich sage nicht, dass es ein Strand für die mittleren Parteibonzen oder für die in dem Einparteiensystem des großen Genossen Ceausescu favorisierten Technokraten und Funktionäre war, aber es war im Vergleich zu dem, was wir später sahen, sicherlich ein Strand, der nach oberer Mittelklasse roch. Als ich den sich vergnügenden Familien zusah, war ich überzeugt, dass weder Karl Marx noch Friedrich Engels die geringste Freude daran gehabt hätten, besonders wenn man bedenkt, dass die »Badestrände« der unteren Ränge weiter oben an der felsigen Donau lagen, zwischen den öligen Rückständen der dort festgemachten Flusskähne oder direkt neben dem Hauptabwasserkanal der Stadt.

Der Hafenmeister von Calarasi war ein freundlicher, sprudelnder, aufgeregter Ex-Seekapitän. Er war über unser Erscheinen verblüfft, hieß uns willkommen, und sagte, wir könnten so lange bleiben, wie wir wollten. Er nahm (illegalerweise) unsere Pässe und die Schiffpapiere an sich, um sie bis zu unserer Abreise in seinem Büro aufzubewahren. Das war in rumänischen Häfen so üblich.

Thomas und ich gingen in dem angenehmen Uferpark entlang, und, nachdem wir zwei Stunden gewartet hatten, bekamen wir in einem Restaurant, das mit Urlaubern in jedem Stadium von Rausch und Nüchternheit überfüllt war, sogar etwas zu essen. Dann gingen wir ziemlich früh schlafen. Alles machte um neun Uhr dicht, sogar in einem Ferienort.

Am nächsten Tag gingen wir flussabwärts an einem Passagierschiff längsseits, um einem Flusskahn Platz zu machen. Der Skipper gab uns dankenswerterweise ein wenig Fisch, Hasenfleisch und ein paar frische Pflaumen für unser Frühstück. Wir machten uns gerade darüber her, als wir oben Stiefelgetrampel hörten. Die »Kontrolle« von Calarasi war da, vielleicht hatten sie unsere Pässe dabei, damit wir endlich ablegen könnten.

Es war in der Tat die Kontrolle von Calarasi. Sie steckten die Mündungen von zwei automatischen Gewehren in meine Kabine herunter. »Keine Bewegung!«, brüllte eine laute Stimme in Deutsch: »Sie stehen alle unter Arrest!«

30 Schiffe, Hölle
und Hochwasser

E s ist schon manchmal komisch: Wenn eine Situation eng wird, dann genügt oft ein kleiner Vorfall, um die Anspannung zu lösen. Als Thomas und ich nach dem Befehl in tiefem Schweigen da saßen und durch das Niedergangsluk nach oben schauten, fing der Kessel in der Kombüse an zu pfeifen.

Oben im Cockpit zielten die Soldaten der rumänischen Grenzpolizei immer noch mit ihren Kalaschnikows auf uns, und an Deck standen ein Leutnant und ein Sergeant mit Pistolen in den Händen. In der Kombüse pfiff fröhlich der Teekessel.

Thomas brauchte keine Aufforderung von mir. Er übersetzte, was zu uns herunter gerufen wurde. »Keine Bewegung!«, riefen alle zusammen und durcheinander, dann schrie der Leutnant: »Ihr Schiff steht unter Arrest! Sie sind auf einer strategischen Wasserstraße Rumäniens! Sie haben mit Absicht die internationale Wasserstraße der Donau verlassen, um zu spionieren!« Der Leutnant hatte eine hohe Piepsstimme. Ich schätze, er war nicht älter als zweiundzwanzig. »Was haben sie vorzubringen?«, fügte er hinzu. Seine Stimme überschlug sich fast.

Ich fühlte mich wie ein Idiot, als ich Thomas sagte, was er auf diese Tirade antworten sollte: »Frag' ihn ob du in die Kombüse gehen kannst, um den Herd auszuschalten, bevor der Kessel durchbrennt.« Thomas gab die Frage an den verblüfften Leutnant weiter.

Das Pfeifen des Kessels hatte auch den beiden Soldaten zu schaffen gemacht, denn sie zogen die Mündungen ihrer Gewehre aus dem Niedergangsluk. Der Leutnant sah einen Moment lang sehr verwirrt aus, dann nickte er unter einem erschreckten Glucksen mit dem Kopf. Thomas ging durch die Passage im Maschinenraum nach vorn in die Kombüse. Als er in der Kombüse ankam, hörte der Kessel auf zu pfeifen. Ich rief ihm zu: »Frag' die drei Typen, ob sie eine Tasse Tee wollen.«

Als Thomas das übersetzte, fing der Leutnant an, zu schnaufen und gestikulierte heftig, dass wir nach oben kommen sollten. Absichtlich kletterte ich noch mühsamer an Deck als ohnehin üblich und stolperte gegen einen der Soldaten. Er legte seine Automatik hin und nahm meinen Ellenbogen, um mir zu helfen. Dann lehnte sich auch der Sergeant nach unten und half mir. Die Augen des Leutnants fielen fast aus ihren Sockeln, als er mein falsches Bein sah. Wie üblich hatte es eine Sandale an, und die hatte ich weiß angestrichen, damit ich sie unten und in dunklen Nächten an Deck besser sehen konnte.

Der Leutnant hatte offensichtlich vergessen, was er sagen wollte. Auf dem Passagierschiff, an dem wir längsseits lagen, hatten sich eine ganze Menge Leute versammelt. Sie hingen über die Reling und schauten schweigend auf uns herunter. Ich blickte hinauf. Es waren sicher einhundert, die den Vorgang verfolgten.

»Was meinen sie, unter Arrest?«, fragte ich den Leutnant über Thomas, der inzwischen an meiner Seite war. Plötzlich zuckte es mir durch den Kopf, ein klarer Fall von déjà vu. Ich erinnerte mich, dass ich den gleichen Satz irgendwo vor Kurzem schon einmal gesprochen hatte. Es war wie eine alte Schallplatte, die in einer Rille hing, nur kamen die Geräusche aus meinem Mund. Der Leutnant sah wie ein Student aus, schlank, ein elegant uniformiertes Kerlchen, mit randloser Brille, eine jüngere, modernere Ausgabe von Heinrich Himmler. Er hatte sogar ein zurückfliehendes Kinn, stellte ich fest, genau wie der alte Heini. Er hatte inzwischen seine Spielzeugpistole weggelegt und hielt mit beiden Händen eine Aktentasche vor sich, als ob er irgendeine Tugend verteidigen müsste.

»Ihr Schiff ist in strategischen Gewässern«, wiederholte er. Dann fuhr er fort: »Sie müssen ihre Maschine starten und uns folgen.« Er gestikulierte zu dem Patrouillenboot hin, das neben *Outward Leg* schaukelte. Ihr Boot war nur mit einer einzigen Leine an uns festgemacht, und ein vorbeifahrendes Schiff erzeugte eine Bugwelle. Der lange Fender aus Holz schlug gegen die Seite von *Outward Leg*. Ich drehte mich zu Thomas um.

»Mach' noch eine Leine an diesem verdammten Ding fest, Thomas«, befahl ich, »und steck noch einen Fender dazwischen.« Dann wandte ich mich wieder dem Leutnant zu.

»Unsere Pässe und Papiere sind nicht an Bord«, sagte ich.»Bevor ich mein Schiff bewege, müssen sie an Bord sein. Wir haben sie gestern Abend beim Hafenmeister deponiert. Er sagte, er würde sie zurückgeben, wenn wir reisefertig wären. Ich lege hier nicht ohne sie ab.« Als Thomas dies übersetzte, fiel dem Leutnant die Kinnlade herunter. Er drehte sich um und starrte seinen Sergeanten an. Der Sergeant sah unschlüssig aus. Dann sagte der Leutnant zu mir:»Ich habe ihre Papiere und Pässe hier in meiner Aktentasche. Ich werde sie auf unserem Patrouillenboot sicher aufbewahren. Sie müssen uns folgen!«

»Nein«, schüttelte ich den Kopf,»nicht ohne meine Schiffspapiere und unsere Pässe in der Hand!«

»Folgen sie uns!«, der Sergeant kam in Fahrt.

Ich ignorierte den Sergeanten. Man soll immer auf den Kopf zielen! Ich sprach weiterhin zu dem Leutnant:»Das ist ein in Amerika registriertes Schiff. Das Deck, auf dem Sie stehen, ist Territorium der USA. Ich bin Brite, aber ich bin der rechtlich eingetragene Kapitän dieses Schiffes. Meine Crew ist Staatsbürger der Bundesrepublik Deutschland und rechtlich mein Angestellter. Die Papiere dieses Schiffes sind das Privateigentum von Leuten, die keine Gesetze verletzt haben, soweit ich weiß, keine rumänischen und keine anderen. Unsere Pässe sind Eigentum der Regierungen unserer Länder. Ich werde mein Schiff nicht so viel bewegen …« (ich hielt meinen Zeigefinger in zwei Zentimeter Abstand vom Daumen) …»ohne unsere Schiffspapiere und unsere Pässe in der Hand.«

Der Leutnant starrte mich nach meiner Rede intensiv an, als würde er seinen Ohren nicht trauen.

Ich fuhr fort:»Jetzt können Sie machen was sie wollen, Herr Leutnant, solange ich nicht meinen Pass, den meiner Crew und meine Schiffspapiere in Besitz habe. Wenn sie wollen, dass ich mein Schiff bewege, dann müssen Sie zunächst Kontakt zu den Botschaften der USA, Großbritannien und der Bundesrepublik Deutschland in Bukarest aufnehmen, und dann will ich, dass die diplomatischen Vertreter dieser Botschaften hier anwesend sind. Wenn die mich anweisen, hier abzulegen, dann werde ich das tun. Aber vorher nicht! Nein!«

»Aber sie müssen weg, wenn das Passagierschiff ablegt« wandte der junge Mann ein.

Jetzt wusste ich, dass ich ihn hatte.»Nicht, bevor Sie mir meine Schiffspapiere und unsere Pässe übergeben haben!«

»Aber ich habe sie sicher in meiner Aktentasche verwahrt, und wir werden nicht weglaufen, wenn Sie uns folgen«, winselte er.

»Nein!«

»Aber mein Chef hat mir gesagt, ich soll sie behalten …«, stöhnte er.

»Dann bringen Sie Ihren Chef hierher! Er kann mir dann selbst die Dokumente übergeben«, antwortete ich.

Ich stand auf Deck und hatte der rumänischen Fähre den Rücken zugedreht, aber ich konnte die Anspannung in der Gruppe der Passagiere fühlen. Natürlich verstanden sie das Gemisch aus Deutsch und Englisch nicht, aber sie verstanden die Willensschlacht, die hier ablief.

Ein paar Momente lang herrschte tiefe Stille. Dann sagte der Leutnant leise: »Sie werden uns also nicht ohne Ihre Papiere folgen?«

»Nein, sicherlich und unwiderruflich nicht! Nein, keinen Zentimeter«, sagte ich, ebenfalls leise.

Der Leutnant wandte sich an den Sergeanten, der mich voller Verwunderung ansah. Dann bückte er sich, öffnete die Aktentasche, steckte seine Hand hinein und holte die blaue Mappe mit den Schiffspapieren von *Outward Leg* heraus. Er übergab sie mir mit schlappem Lächeln und fügte »Bitte« hinzu.

Der Leutnant schaute mich wieder durch seine Brille an. Es schien, als ob er am liebsten weinen wollte. »Jetzt folgen Sie mir zu meinem Chef«, bettelte er.

»Wenn ich alle unsere Papiere in meinem Besitz habe, dann ja.«

Er tauchte wieder mit der Hand in seine Aktentasche und zog meinen blauen und Thomas grünen Pass heraus. Mit einer Verbeugung übergab er sie mir. Jetzt probierte er sein weniges Englisch aus: »Sie müssen dicht bei unserem Boot bleiben«, murmelte er, »viele …«

»Untiefen«, fügte ich für ihn hinzu, als er nach dem Wort suchte.

»Genau«, sagte er. Ich stampfte hinunter in meine Kabine und legte *Outward Legs* Papiere in unsere Kassette. Meine Hände zitterten.

Als ich wieder oben war, sah ich, dass alle Passagiere auf der Fähre, Männer, Frauen und Kinder, miteinander redeten. Sie starrten mich und Thomas an, als wären wir die Weltmeister im Boxen. Sie waren offensichtlich verwundert, dass wir tatsächlich die Tollkühnheit besessen hatten, irgendjemand in Uniform und mit einer Waffe in der Hand herauszufordern und ihm die Stirn zu bieten. Sie liefen umher und winkten mit den Händen. Alle lächelten. Der Skipper der Fähre grinste breit.

Ich schaute hinüber zu dem Patrouillenboot. Es hatte losgemacht und hielt sich etwa einen Meter von *Outward Leg* entfernt draußen im Fluss. Der Sergeant stand ohne eine Regung im Gesicht am Rad, der Leutnant sah aus der Tür des Ruderhauses zu uns herüber, und die Soldaten hatten ihre automatischen Gewehre auf mich gerichtet.

Thomas starrte mich mit einem erstaunten Grinsen im Gesicht an. Ich starrte zurück und zwinkerte. »Soll ich von der Fähre losmachen?«, fragte er.

»Nein, noch eine Minute, leg' zuerst McPherson ins Kassettendeck.«

Aber mein Bootsmann schwang sich bereits durch das Achterluk hinab und ein paar Sekunden später zogen die Klänge des Hochlandtanzes »Delvinside« lustig, trotzig und, wie ich hoffte, anfeuernd über die Stadt Calarasi, den engen Fluss, die Fähre, die Passagiermenge und das Boot der rumänischen Grenzpolizei an der Seite von *Outward Leg* hinweg. Sobald die ersten Klänge der Dudelsäcke erklangen, klatschten die Passagiere auf der Fähre in die Hände und jubelten so laut und heftig, wie sie nur konnten. Bald machten die Leute auf dem Ponton mit, am Ufer, auf den Parkbänken und dahinter. Drei Minuten später, als wir unsere Leinen von der Fähre loswarfen und ablegten, riefen alle Leute in Sicht etwas herüber und winkten *Outward Leg* zu. Selbst die Soldaten auf dem Kanonenboot hielten ihre Flinten quer über sich und grinsten wie verrückt.

Dass wir die Handlanger des großen Genossen Ceausescu aus der Fassung gebracht hatten, war ein gewaltiges Ereignis. Es war ein kleiner Sieg, aber so einschneidend, dass er die Luft um uns her erfüllte, als *Outward Leg* mit ihrer flatternden amerikanischen Nationale, der britischen Flagge, dem wehenden deutschen Wimpel und dem knatternden roten Drachen langsam dem Patrouillenboot folgte, so langsam, wie ich nur konnte. Wir fuhren flussabwärts auf dem Weg, den wir am vorhergehenden Abend heraufgekommen waren. Ich wollte die Situation auskosten, sie sehen, sie fühlen, sogar schmecken. Jetzt lächelte sogar der Leutnant; er gab unseren kleinen Sieg zu und wollte einen Teil davon abbekommen. Den gestand ich ihm auch gerne zu. Wenn man gesiegt hat, ist Edelmut angebracht.

Wir wurden zehn Kilometer flussabwärts »eskortiert«, am Parteibonzenstrand vorbei und in die Strömung der guten alten Donau hinein. Es war ein herrlicher Tag, und selbst der Fluss schien an unserem kleinen

Sieg teilhaben zu wollen, denn er zog spielerisch dahin, breit und tief. Gegen die Strömung von vier Knoten nahmen wir direkten Kurs auf die Stadt Silistra. Das ergab keinen Sinn für mich, denn Silistra lag in Bulgarien. Ein paar Minuten lang machte ich mir Sorgen. Vielleicht wurden wir gerade von Bulgaren gekidnappt, oder wollten diese Rumänen *Outward Leg* etwa ins Exil schaffen, damit ihr eigener Staat dieses Hindernis für »Recht und Gesetz« loswerden würde?

Aber bald wurde uns klar, dass wir zur rumänischen Zollstation gebracht wurden, die den vorbeikommenden Verkehr bei der Ein- und Ausfahrt zu dem rein rumänischen Abschnitt der Donau zwischen Silistra und Galati kontrolliert. Dort in Galati, so sagte man uns, gäbe es einen weiteren Kontrollposten für den Ein- und Ausreiseverkehr zum letzten Abschnitt der Donau, bei dem sich Rumänien die Donau mit der UdSSR teilt, bevor sie sich über ihr ausgedehntes Delta bei Sulina ins Schwarze Meer ergießt.

Bei der Zollstation wurden wir an einen Ponton verwiesen, der nur einen einzigen Meter in rumänischen Gewässern lag, im Fluss Bratul Ostrov, der sich bei km 375 mit der Donau am Ufer bei Silistra, direkt über dem Flussdamm der Stadt, vereinigt. Der Ponton lag so nahe bei Bulgarien, dass wir sehen konnten, wie die Bulgaren in ihren Wohnungen aßen. Die Hochhäuser standen nur fünfzig Meter weit hinter einem sieben Meter hohen Drahtzaun. Der Zaun war gerade noch innerhalb von Rumänien, bewacht natürlich. Alle paar Dutzend Meter stand ein rumänischer Wachturm. Die bulgarische Stadt hörte an dem Drahtzaun abrupt auf, und auf der rumänischen Seite gab es nichts außer Soldaten, Zollbeamten, Schweinen, Hühnern und Schlamm.

In dieser Gegend brauchten der Zollchef und der Chef der rumänischen Grenzpolizei ein paar Stunden, um beim Schiff zu erscheinen. Während dieser Zeit fand ich heraus, warum *Outward Leg* sich verirrt hatte. Ich konnte klar den Ponton am Nordufer bei km 376 ausmachen, wo uns der Flinten schwingende Soldat am Vorabend weggejagt und der Mann am Fenster in seinem schottischen Akzent gerufen hatte, wir sollten nach Calarasi gehen. Aber er hätte uns besser zurufen sollen, dass wir zu dem Ponton an der Grenze zu der bulgarischen Stadt Silistra am Fluss Bratul Ostrov fahren sollten.

Als der Zollchef und der Polizeiboss endlich kamen, waren sie offensichtlich in ihren feinsten Klamotten, und ihr Benehmen war auch vom

Feinsten. Der Polizeiboss war ein wenig kalt und vorlaut, aber natürlich sollte das wohl so sein. Doch der Zollchef, ein kleiner alter Mann in einer so pompösen, herrlichen Uniform, die besser in das Victoria Palace Theater in London gepasst hätte, war sowohl von unserer morgendlichen Vorstellung beeindruckt als auch auf Freundlichkeit eingestellt. Er hörte aufmerksam zu, als ich ihm Vorschläge zum Bau eines großen Zeichens auf dem Ponton bei km 376 machte, um vorbeikommenden Schiffen zu zeigen, wo der eigentliche Zollponton lag. Ich machte sogar eine Zeichnung für ihn, einen Zeigefinger, drei Meter lang, der direkt über den Fluss zeigte. Das interessierte ihn, und er fragte mich, was er denn auf das Zeichen schreiben sollte, um vorbeikommenden Yachtleuten den richtigen Weg zu zeigen. Ich schrieb: »Hey! Es ist da drüben, Kumpel!«

Der kleine alte Zollchef verstaute meine Skizze sorgfältig in der Innentasche seiner herrlich blauen Uniform und schüttelte mir mit ernstem Gesicht die Hand. Er versicherte mir, dass so bald wie möglich mit dem Bau des Wegweisers begonnen würde, d.h. sobald das Handelsministerium in Bukarest seine Zustimmung gegeben hätte, damit man durch kleine Fehler hervorgerufene unliebsame Vorfälle wie heute Morgen in Zukunft vermeiden könne.

Später erfuhr ich, dass der Zollchef sein Wort gehalten hatte. Es ist das einzige Graffiti, das *Outward Leg* auf ihrer Reise von dreitausendsechshundertsieben Kilometern von London quer durch Europa zurückgelassen hat.

Als der Zollchef und der Polizeiboss mit ihrem Anhang von Bord geklettert waren und sich einen Weg durch den mit Schweinekot gespickten Schlamm zu einem wartenden Konvoi aus Dienstwagen gesucht hatten, war es Zeit zum Mittagessen. Aber wir entschieden uns zum Essen während der Fahrt, um den Staub von Calarasi und Silistra von meinem Fuß zu schütteln. Wir bekamen rauschenden Beifall von praktisch der gesamten Grenzmannschaft des Ostrov Distrikts. *Outward Leg* machte sich davon, McPherson begleitete den Abschied mit dem Marsch »Lochaber Gathering«. Wir nahmen unsere letzte Etappe auf der mächtigen Donau in Angriff.

Zwischen Silistra und Cernavoda, unserem nächsten Zielhafen, gab es auf den gesamten vierundsiebzig Kilometern keine Pontons. Der Fluss war ziemlich breit, achthundert Meter bis sechs Kilometer und gut betonnt unter Beachtung der Donauregel: grün an grün flussabwärts. Die Ufer an beiden Seiten gehörten zu Rumänien, und es gab viele Anzeichen für Wassersportaktivitäten, denn wir waren ja weit von der Grenze entfernt. Ein paar Leute am Ufer angelten oder schwammen, und die meisten winkten und riefen, als wir vorbei rollten. Wir machten gute Fahrt, und Yannie schob uns mit zwei Drittel der Nenndrehzahl voran, denn ich fühlte mit jedem zurückgelegten Kilometer mehr und mehr die Salzluft. Es gab ein paar Dörfer und ab und zu ein paar leere Schuten, die entweder auf Ladung warteten oder als Reserve für bessere Zeiten am Fluss in Bereitschaft lagen. Meist tollten Gruppen von jungen Leuten auf ihnen herum, schwammen oder tauchten. Es waren meist junge Burschen und immer riefen sie »Chingo, Chingo«. Das Wort war ein Rätsel für uns, bis wir Cernavoda erreichten, wo ein junger Mann uns in stockendem Englisch erklärte, dass sie »chewing gum« (Kaugummi) meinten.

Genau wie amerikanische Zigaretten wurde Kaugummi von den Rumänen als ein fast unbezahlbarer Schatz angesehen und oft als Tauschobjekt verwendet. Langsam hatten wir uns an den Wert gewöhnt, den die Rumänen so unscheinbaren Dingen wie ausländischen Zigaretten, Feuerzeugen, Kugelschreibern und so zumaßen, aber erst in Cernavoda fanden wir heraus, dass wir auf der ganzen Strecke der rumänischen Donau so etwas wie eine schwimmende Goldmine an Bord hatten, ganz bestimmt in dieser Gegend. Allein vom Tauschhandel mit meinen zweihundert Kugelschreibern hätten wir ein ganzes Jahr leben können.

In Cernavoda gab es einen Kleinschiffhafen, aber ausländische Schiffe mussten an einem Ponton festmachen, der direkt außerhalb der Einfahrt zu dem kürzlich fertig gestellten Kanal lag, der die Donau mit dem Schwarzen Meer verbindet.

Auf unserem ganzen Weg durch Europa hatten wir von diesem Kanal gewusst, aber das Meiste darüber hatten wir von vorbeikommenden Schiffen aufgelesen, vom Hörensagen und vagen Andeutungen. Ich hatte sogar einen Film von der Eröffnung mit dem großen Genossen Ceausescu gesehen, aber das war vor ein paar Jahren in Deutschland gewesen.

Ungeachtet der Gerüchte und Schlussfolgerungen wusste man eigentlich wenig über diesen Kanal. Aus diesem Grund und auch, weil ich mich nach dem Anblick des Meers sehnte, egal welches Meer, hatten wir uns entschlossen, die Donau bei km 300 zu verlassen und den Kanal zu benutzen, der sechzig Kilometer weit bis nach Agigea führt, wo er im Schwarzen Meer endet. Für uns stellte sich Cernavoda als der fröhlichste Ort in ganz Rumänien heraus. Es war der einzige Hafen, in dem wir nicht unter ständiger bewaffneter Bewachung standen, mit Ausnahme des kleinen Spaziergangs, den wir in Calafat gemacht hatten, der Bahnfahrt vom Fluss in die Hauptstadt und der Reise auf dem »strategischen« Fluss Bucea.

Ohne Bewachung zu sein, war solch eine herrliche Abwechslung, dass wir ein Wochenende in Cernavoda blieben, während wir mit der Behörde des Donau-Schwarzmeerkanals über eine Reise auf ihrer Wasserstraße verhandelten. Der Hafenkapitän und die sehr zivilen Polizisten auf dem Kontrollponton waren angenehm. Sie ließen uns zu jeder Tageszeit an Land und an Bord gehen, ganz wie wir wollten. Sie verbrachten das Wochenende feiernd mit ihren Familien und Freunden, alle Parteimitglieder, und am Abend war es fast wie in einem schwimmenden Nachtclub. Am Nachmittag verwendeten sie ihr offizielles Dienstboot dazu, mit ihren Familien Ausflüge auf der Donau zu machen. Aber das Beste war, dass sie uns in Ruhe ließen.

Das Donauufer zwischen km 300 bis 299 war die Spielwiese der guten Leute von Cernavoda. Vom Morgen bis zum Abend, manchmal bis neun Uhr, wenn alle Lichter der Stadt gelöscht wurden und nur noch Soldaten und Polizisten durch die Straßen streiften, konnte man sie fischen sehen, zu Hunderten, Männer, Frauen und Kinder. Erst nach einer gewissen Zeit erfuhr ich, dass die Leute zum Lebensunterhalt für sich und ihre Familien fischten. Fleisch bekamen sie nie zu sehen. Die meisten von ihnen hatten Lumpen an, und selbst die Bestgekleideten sahen nach westlichen Maßstäben schäbig aus. Es gab am Ufer von Cernavoda eine klare Abgrenzung zwischen Männern und Frauen. Horden von Jugendlichen versammelten sich beim Schiff, um nach »Chingo« zu betteln, hielten sich die Finger vor den Mund und pafften nach Zigaretten, aber es gab nur wenige Mädchen oder junge Frauen. Wie wir sehen konnten, waren sie meist zu Hause mit der Hausarbeit beschäftigt.

Es gab eine Brücke über den Donau-Schwarzmeerkanal, etwas innerhalb der Wasserstraße. Bei Tag und bei Nacht donnerten schwere Lastwagen vorbei. Zwischen den Lastwagen zogen Zigeunerwagen vorüber, bunt und »pittoresk«, die Kutscher und Reiter in Lumpen und Fetzen und die Tiere reif für den Abdecker. Sie fuhren auf ihrem eigenen Weg von nirgendwo nach nirgendwo.

Die Fahrt auf dem Donau-Schwarzmeerkanal war nach unseren vorangegangenen Erfahrungen auf der Donau ein wenig langweilig. Man hatte uns gesagt, wir würden keinen Lotsen brauchen und die Durchfahrt würde 25 Dollar kosten. Das Kanalbett war schnurgerade, eintönig und öde, jedenfalls das, was wir beim Licht der Bogenlampen ausmachen konnten, denn wir hatten im letzten Moment nur eine Fahrterlaubnis für die Nacht und mit einem Lotsen bekommen. Er hatte keinen Sinn für Humor, er war überzeugter Kommunist und ein Langweiler. Aber er war überaus höflich, als wir unterwegs waren und gab Anweisungen wie: »Nichts an Backbord, Captain«, und »leicht nach Steuerbord, Captain«. Er setzte sich im Cockpit trotz wiederholter Angebote nicht hin. Wenn wir anhalten mussten, redete er wie eine Schallplatte und hörte erst gar nicht auf meine Antworten oder Argumente. Ich war froh, als er in Agigea mühselig von Bord kletterte.

Als wir in Cernavoda ablegten, waren etwa zweihundert Leute zum Abschied gekommen. Die meisten von ihnen waren arm, und es waren meist Jugendliche. Ich hoffe, dass sie sich noch lange an *Outward Leg* und an die Idee erinnern werden, die sie verkörperte, wie ein Zeiger in die Zukunft, in der die Angst vor einer allwissenden und übergewaltigen Regierung nicht mehr jede Minute ihres Lebens, ihre Gedanken und ihre Handlungen beeinflussen würde.

Wir brauchten von 9.30 Uhr am Abend des 1. Juli bis 5.30 Uhr am nächsten Tag, um durch den Donau-Schwarzmeerkanal hindurch zu kommen. Es waren insgesamt 64 Kilometer. Das hieß, wir waren unter voller Maschinendrehzahl nur mit viereinhalb Knoten vorangekommen. Es gab zwei Schleusen im Kanal, eine an jeder Seite, und bei der ersten, nahe bei Cernavoda, bei km 59, betrug die Höhendifferenz gerade mal zehn Zentimeter.

Zwischen den Schleusen war der Kanal fast auf der gesamten Länge 100 Meter breit, und die Brücken hatten eine lichte Einheitshöhe von etwa 27 Meter. Die Wassertiefe betrug überall 6,50 m mit einer Variation von ein paar Zentimetern.

Wie bei den meisten modernen Bauwerken schienen die Erbauer bei der Konstruktion weniger an die Menschheit gedacht zu haben als an ihre Maschinen. Es war ein langer Betontrog mit breiten Trassen aus

schlammigem Lehm. Ab und zu ein gab es ein paar Kais, auf denen
monströse Kräne im kalten Licht der Bogenlampen in der Nacht standen. Auf beiden Seiten dieses wassergefüllten Grabens aus Beton hatte
man künstliche Dämme aus Schlamm bis zu einer Höhe von dreißig Metern aufgeschüttet. Also war es unmöglich, von *Outward Leg* aus auch
nur irgendetwas zu sehen, das dahinter lag. Ich fühlte mich wie eine Bak-
terie in einem gewaltigen Darmkanal. Wir kamen kurz vor der Morgendämmerung in Agigea an. Thomas
war todmüde und ging bald in die Koje. Ich wartete ein paar Minuten,
um die Sonne über einer schnurgeraden Schattenlinie in weiter Entfernung aufgehen zu sehen. Die Linie war niedrig, kaum hinter den nahen
Schleusentoren zu sehen. Still senkte ich meinen Kopf. Ich war zufrieden, wieder an der See zu sein und dankte mit ganzem Herzen Gott dafür. Dann schlief ich ein.

31 Thalassa

Später am Vormittag wachte ich wieder auf. Es war ein schöner, trockener, sonniger Tag, und außer den Grenzsoldaten, deren schwere Stiefel im Kies auf dem Kai über unseren Köpfen knirschten, war es ruhig. Ich streckte mich und blickte über den Kanal im Südwesten hinüber, denn ich wollte mich vergewissern, dass das, was ich ein paar Stunden zuvor gesehen hatte, Wirklichkeit war. Über dem Horizont lag eine blassblaue Linie, sie hing niedrig hinter den gewaltigen Schleusentoren. Es war wirklich das Meer, und ich fasste Thomas an der Schulter und deutete mit meinem Bart in diese Richtung.

»Thalassa«, sagte ich leise zu ihm.

»Was ist das?« Er hatte eine Tasse frisch gebrühten Tee in der Hand. Ich hatte vergessen, dass er ohne seine Brille kurzsichtig war. »Die See, Thomas, die verdammte See, weißt du, wo ihr eure U-Boote untertauchen lasst .... wo alte Mädchen hinein pissen, weil jeder Tropfen zählt ...«

Thomas schlüpfte hinunter und kam mit der Brille auf der Nase zurück. Danach stand er gute fünf Minuten im Cockpit und starrte auf die dicke dunstige blaue Linie in der Ferne. Wir starrten beide dorthin, bis ich mich nach Thomas umblickte. Er starrte hinüber wie ein guter Katholik auf das Abendmahl. Für ihn schien es ein heiliger Augenblick zu sein, eine Sehnsucht, eine Anbetung und eine Dankbarkeit. »Wie hast du das genannt?«

»Thalassa, ist griechisch. Die unsterblichen Zehntausend riefen es oder auch ihre Überreste, als sie nach ihrem Marsch durch Kleinasien wieder das Meer sahen, die Odyssee, weißt du, Homer ...«

»T`alassa, t`allassa«, murmelte Thomas, immer und immer wieder leise vor sich hin, als er wieder nach Südosten blickte. Er hatte immer noch Schwierigkeiten mit der Aussprache des englischen »th«.

»Wie du es sagst, klingt es für mich nicht wie Homer, eher nach Oscar Wilde«, nahm ich ihn auf die Schippe.

Gegen neun Uhr, nach einem Frühstück aus Haferbrei mit Birnen, einem Geschenk vom Skipper der Fähre in Calarasi, machten Thomas und ich uns auf den Weg zum Hafenkapitän von Agigea. Der war ein fetter, korrupter Bonze, der eine Stange Kent-Zigaretten und eine Flasche Johnny Walker Black Label in seinem Schreibtisch unter Verschluss hielt, sicherlich von der deutschen Yacht *Karma* beschlagnahmt, die zwei Wochen vor *Outward Leg* durch den Kanal gekommen war, schlussfolgerte ich.

Der Hafenkapitän des angeblichen Superhafens von Rumänien steckte in einer goldblauen Prunkuniform, die ein kleines Vermögen gekostet haben musste, denn sie wurde von den aufgesetzten Goldtrassen fast erstickt. Sie bestand aus blauem Hirschleder, und das Gold daran sah für mich echt aus, es musste mehr als ein Kilo wiegen. An seinen Füßen, die er vor sich übereinander geschlagen hatte, als er sich neben seinem Schreibtisch zurücklehnte, trug er schwarze Schuhe mit weißem Oberteil, diese Dinger nannten wir »Puffkriecher«, und in der Tat sah er mehr wie der Türsteher eines Puffs in Buenos Aires aus als der Verantwortliche für ein millionenschweres Kanalprojekt. Er war fett und hatte schmieriges Haar. Er bewegte seine ringbedeckten Finger wie Amöben und seinen Körper wie eine Qualle. Als er sprach, tat er das mit einer falsch klingenden Bedachtsamkeit.

Zuerst wollte er wissen, warum wir durch den Kanal gekommen waren und nicht weiter durch das Donaudelta fuhren. Er sprach verständliches Englisch.

»Weil ich Constanta besuchen will«, log ich ein wenig, »um das berühmte Spielkasino zu sehen.« Jetzt trug ich wirklich dick auf. Wir hatten gerade noch 200 Dollar, um *Outward Leg* von Rumänien nach Rhodos zu bringen, einschließlich Maststellen und der Beschaffung einiger Ersatzteile für das Rigg. Sobald ich das gesagt hatte, merkte ich, dass das ein Fehler gewesen war. Jetzt dachte der fette Typ, ich hätte Geld. Ich hatte recht mit meiner Vermutung. Seine kleinen schwarzen Augen blitzten auf, als er sich hinter seinem Schwabbelkinn räusperte und mit seinem goldenen Stift auf seine Schreibmappe klopfte. »Die Kosten für Ihre Kanaldurchfahrt betragen 475 Dollar. Ich nehme alle westlichen Währungen, aber nach Möglichkeit Dollar.«

Einen Moment lang war ich geschockt. In Cernavoda hatte man gesagt, die Kosten würden ohne einen Lotsen 25 Dollar betragen, wenn wir hinter einem anderen Schiff durch den Kanal fahren würden und 45 Dollar mit einem Lotsen an Bord. In keinem Fall konnten wir 475 Dollar bezahlen. Bei 64 km Kanallänge wären das 7.42 Dollar pro Kilometer!

»Aber wir sind über 2000 Kilometer bis hierher die Donau herunter gekommen, und das hat keinen Pfennig gekostet«, wandte ich ein.

»Die Donau wurde auch nicht von der rumänischen Bevölkerung erbaut«, sagte er gierig, »dieser Kanal fängt genau hier an!« Er klopfte wieder mit dem Goldstift auf die Mappe.

»So viel kann ich nicht bezahlen!« sagte ich ihm, »ich verdiene mein Geld mit Schreiben, und manchmal bekomme ich mein Geld erst Monate später ...«

»Dann müssen sie eben ein paar Monate hier warten, in diesem Fall ...« Er sagte das in einem arroganten Ton, hob seinen fetten Körper aus seinem Stuhl und watschelte aus dem Zimmer. Sein Kilo Goldtressen schleppte er mit sich.

Thomas und ich gingen zum Schiff zurück, um zu überlegen. Mein Beinstumpf war von der Kletterei rot wie rohes Fleisch, und ich musste mich auf dem Weg aus trockenem Schlamm auf der Kaistraße ab und zu ausruhen. Es tat mir in der Seele weh, wir waren so nahe an der See und doch immer noch so weit von ihr entfernt. Hinter dem dicht geschlossenen Schleusentor am anderen Ende konnten wir das Meer deutlich sehen und die Schiffe vor Anker auf Reede vor Constanta, etwa zwei oder drei Kilometer weit weg.

Überall um den nagelneuen und deshalb noch hässlicheren Kanal herum war es ruhig und still, nur mehrere Gruppen von Leuten marschierten mit Schaufeln auf den Schultern auf den Kaiwegen umher. Sie erregten plötzlich meine Aufmerksamkeit, erst nach ein oder zwei Minuten wusste ich warum. Dann bemerkte ich, dass anscheinend keiner von ihnen vorher jemals körperliche Arbeit geleistet hatte, so wie sie aussahen. Alle, Männer und Frauen, hatten den weichen, sanften – nicht unbedingt fetten – Körperbau vom sitzenden Arbeiten. Auch die Art, wie Büroarbeiter gehen und stehen, kann ich aus einem Kilometer Entfernung klar unterscheiden. Einmal halten sie ihre Arme näher zum Körper als es mit den Händen arbeitende Leute tun, und die Männer bewegen sich beim Gehen mehr aus der Hüfte als mit den Schultern. Diese Rumänen, die alle langstielige Schaufeln auf den Schultern trugen, waren schweigsam. Sie hatten alle normale Kleidung an, wie für einen Sommertag in der

Stadt, aber ein wenig schäbiger. Sie starrten uns an, als sie mit ihrer Eskorte von zwei bewaffneten Wächtern pro Gruppe aus etwa zwanzig Personen, vorbeiliefen. Als ich Thomas sagte, das wären Büroarbeiter, wollte er wissen, wieso ich mir dabei so sicher wäre.

»Ich bin mir nicht absolut sicher«, sagte ich, »aber wenn das keine Büroleute sind, dann bin ich die Landeplattform auf einer Ölbohrinsel in der Nordsee!«

Als wir uns später mit dem Kalaschnikow-schwingenden Jungen, der *Outward Leg* bewachte, ein wenig angefreundet hatten und für ihn ein wenig Country-&-Western-Musik spielten, erzählte er uns, anfangs zögernd, dann ein wenig zutraulicher, in Zeichensprache, dass die Schaufelträger Leute aus der Stadt waren. Auf Befehl des großen Genossen musste jede im Sitzen arbeitende Person ein paar Tage im Jahr damit verbringen, am Donau-Schwarzmeerkanal Lehmschlamm mit der Schaufel zu bewegen. Das Ganze hieß »Volkserholung« und ging das ganze Jahr hindurch, Sommer wie Winter. Jeder in Rumänien musste arbeiten, in der Armee sein, verhungern oder im Gefängnis sitzen. So war das Gesetz, erklärte der Junge.

Unser erzwungenes Warten war eine Sackgasse. Die Kanalbehörde in Gestalt des uniformierten Puffheinis wollte 475 Dollar. Ich sagte seinen Untergebenen, ich hätte nur 100 Dollar und damit müsste ich noch den Mast stellen lassen und nach Istanbul kommen. Es gab ein Hin und Her zwischen den Herren der Kanalbehörde, der Polizei, der Dockbehörde und dem Touristenbüro in Constanta.

Am nächsten Morgen ging der Preis in Schritten von 25 Dollar bis auf 375 Dollar herunter. Jeder Schritt bedeutete ein langes Humpeln vom Schiff zum Hafenmeisterbüro und wieder zurück und eine schmerzhafte Kletterei die Kaileiter hinauf und hinunter, die etwa sieben Meter hoch war. So verging der Tag, in hoffnungsloser frustrierender Konfusion, bis eine hilfreiche Seele der Kanalbehörde, ein Ex-Offizier der Handelsmarine, Severin Anastis, an Bord huschte und mir sagte, dass es ein Schlupfloch gäbe, durch das *Outward Leg* mit allen ihren drei Rümpfen hindurch segeln konnte. Wenn ich beweisen könnte, dass sie ein »Fahrzeug zu Forschungszwecken« sei, dann kämen wir mit 41 Dollar davon. Schnell durchsuchte ich meinen Aktenschrank, eine alte Keksdose. Da war es, das Zertifikat für die Anmeldung der Atlantis Society: »Wege und Methoden zu erforschen, um das Ozeansegeln in kleinen Schiffen zu einem wertvollen Vorhaben für mehrere behinderte Menschen zu machen«, gemäß den Gesetzen von New York, Präsident: Tristan Jones. »Derzeitiges Vermögen: keines«, fügte ich in Gedanken bedauernd hinzu. »Mit was haben sie geforscht?«, fragte Severin Anastis.

Ich zeigte ihm unseren ganzen Stolz, den verlängerten Handgriff in meiner Achterkajüte, der so breit gemacht war, dass ich meinen Fuß hinein klemmen konnte, um auf See sichere Sextantenpeilungen zu machen.

Es war alles, was mir meine »Forschungsgelder« seit Oktober 1983 an Forschung erlaubt hatten. Der Griff hatte mindestens einen halben Dollar gekostet, für den Rest fehlten mir zurzeit noch die Forschungsmittel; das Überleben, das Schreiben und das Weiterkommen hatten Vorrang.

Aber es gab keine Zeit für lange Überlegungen. Ich übergab Severin das ausgefranste Gründungsformular der Atlantis Society, Inc., New York. Ich tröstete mich damit, dass jeder Schriftsteller oder Segler entweder weinen oder lachen muss, es gibt ohnehin wenig Unterschiede zwischen den beiden. Also lachte ich, als er die Leiter hinaufkletterte.

Severin war nach ein paar Minuten schnaufend zurück und hatte zwei blasse Angestellte der Kanalbehörde bei sich. In wenigen Minuten hatten sie meine 41 Dollar kassiert, mir eine Quittung ausgestellt und meine Schiffspapiere gestempelt. Weitere zehn Minuten später, mit einem fröhlichen jungen Lotsen an Bord, öffnete sich das letzte Schleusentor. Unter McPhersons »großer Sause« lief Outward Leg ins Salzwasser des Schwarzen Meeres hinaus.

Ich bat Thomas, eine Pütz ins Wasser zu werfen und sie wieder ins Cockpit zu holen. Er machte das. Ich tauchte meine Hand hinein, fing ein wenig in meiner Hand auf, hob sie zu meinen Lippen empor und schluckte es runter. Salzwasser! Outward Leg hatte Europa durchquert! Wir hatten die Ochsentour überstanden!

Ich schickte Thomas hinunter, um den letzten Bocksbeutel Frankenwein zu holen. Er entkorkte die Flasche und schenkte zwei Finger hoch in vier Gläser ein. Ein Glas gab ich unserem wandernden Lotsen, eines gab ich Thomas, und das überzählige Glas goss ich durch mein im Cockpit installiertes Toilettenrohr (einfach ein senkrechtes Rohr, an beiden Enden offen, die Schwerkraft funktioniert immer) in die See. Dann nahm ich mein Glas in die Hand und brachte einen walisischen Toast auf die

See ringsum aus: »Euchi Dda!« Wir haben die Ochsentour überstanden! *Outward Leg* hatte als erstes in Amerika registriertes Ozeanschiff den europäischen Kontinent durchquert, über den Rhein, den Main und die Donau, und eine Gesamtstrecke von 3988 Seemeilen zurückgelegt. Thomas und ich hatten das erste amerikanische Ozeanschiff nach Bayern gebracht, nach Österreich (nach 1918), in die Tschechoslowakei und nach Ungarn (nach 1918). Wir hatten das erste Seeschiff aus Amerika oder sonst woher in das Herz dreier europäischer Hauptstädte gebracht, nach Wien, Budapest und Belgrad. *Outward Leg* war der erste Ozean-Trimaran überhaupt, der diese Überquerung gemacht hatte, wir hatten alles hinter uns, einschließlich des Landtransports in Bayern, und das für weniger als 10 Dollar pro Tag!

Als wir nun im Schwell der ein paar hundert Meter tiefen See die acht Kilometer unter Maschine an der Küste entlang liefen, dachte ich, es wäre noch wichtiger, dass wir von mehreren hunderttausend Leuten, die nie zuvor ein Dreirumpfschiff vom Ozean erblickt hatten, gesehen worden waren, einschließlich der achthundert oder mehr meist jugendlichen Behinderten. Achthundert von 450 Millionen Behinderten in der Welt war nur ein Tropfen auf den heißen Stein, aber es war ein Anfang.

Als die flache Küste südlich von Constanta langsam an uns vorbeizog, als *Outward Leg* sich im Schwell der See hob und senkte, tröstete ich mich mit dem Gedanken, dass wir noch 159 Dollar im Sparstrumpf hatten. Mit etwas Glück würden wir mit einer kleinen Reserve an Bord in Istanbul ankommen.

Die Docks von Constanta waren in jeder Hinsicht gewaltig. Die großen Hafenwälle erstreckten sich einige Kilometer weit nach Süden und Westen. Trotzdem hatten wir in den mehr als fünf Tagen, in denen wir im Donau-Schwarzmeerkanal unterwegs waren, nicht mehr als fünf Schiffe gesehen. Jetzt baute man gerade am Ausgang des Kanals einen Hafen, der so groß war, dass er die gesamte Handelsflotte der Welt aufnehmen könnte und danach immer noch Platz war. Von Horizont zu Horizont gab es nur die monströsen Hafenmauern aus Betonplatten, Kräne, schwere Lastwagen und Bagger, die ständig arbeiteten, sonst nichts. Als wir an all dem vorbeikamen, dachte ich an die zerlumpten Jungen in Cernavoda, die Essen aus dem Abfall suchten. Hier in der Bucht von Constanta wurde sicher in der einen Stunde, in der wir als einziges Schiff hindurchfuhren, mehr Geld verbraten, als man für die Versorgung aller hungernden Kinder auf dem Balkan für ein Jahr benötigen würde, von Rumänien ganz abgesehen. Einige werden sagen, dass die Docks die Kinder in der Zukunft ernähren würden. Aber dem ist nicht so, denn diese Docks sind auf Sand gebaut; der erste große Sturm spült sie wahrscheinlich an Land. Selbst an einem Tag mit absoluter Flaute, mit einer See so glatt wir die Glatze des Hafenkapitäns von Agigea, stand ein achterbahnähnlicher Schwell in der Bucht von Constanta. Der ganze Donau-Schwarzmeerkanal-Komplex ist ein einziges bei Lloyds registriertes Desaster erster Klasse. Man hätte das alles einige Kilometer weiter oben bauen sollen, so, dass der Kanalausgang in den geschützten Gewässern nördlich von Constanta bei Lacul Sinoe liegen würde.

Der »Touristenhafen« von Tomis war der alte kleine Hafen von Constanta. Er war schon von den Phöniziern angelegt worden und wird seitdem von kleinen Küstenfischerbooten benutzt. Er bestand aus einer Mole hinter einem hohen Wellenbrecher, einem Bunker und einem bewaffneten Wächter an jedem Ende. Am Fuß der Mole lagen eine schwimmende Marinebaracke, die auf einen alten Kahn gebaut war, und einige rumänische Fischtrawler. An den meisten Stellen der Mole betrug die Wassertiefe fünf Meter. Es gab einige Poller und ein paar Ringe zum Festmachen, aber die waren entweder ausgeleiert, abgebrochen oder verbogen. Am Abend war die gesamte Mole düster beleuchtet, bis um neun Uhr alle Straßenlampen ausgeschaltet wurden, mit Ausnahme der Lampen um das Hauptquartier der rumänischen Marine herum und vor dem Bunker. Bei Nordwind stand ein starker Schwell im Hafen.

Ich hatte beabsichtigt, den Mast zur Ehre von *Outward Leg* am 4. Juli, dem amerikanischen Unabhängigkeitstag, zu stellen. Aber der Wind war zu böig an diesem Tag. Außerdem brauchten wir Hilfe, wenn wir das von Hand machen wollten. Aber es gab keine Helfer; nur die braven Leute des Hafenkapitäns von Constanta könnten so etwas organisieren, und dann auch nur mit Rücksprache bei den örtlichen Bonzen der kommunistischen Partei, sagte man uns.

»Was ist mit einem Kran?«, fragte ich.

»Die gleiche Sache« sagte man uns (ich bin zu vorsichtig zu sagen, wer das sagte und wo. Einige Leute könnten erschossen werden).

Während wir auf nachlassenden Wind warteten, um den Mast sicher stellen zu können, erkundeten Thomas und ich die Gegend um Port Tomis. Beim Ende der Mole, hinter dem bewachten Eingangstor, und über dem breiten Platz, war ein Café mit Tischen im Freien. Es hieß Teraca. Man servierte hier den Beamten und Kleinbürokraten, die in russischen Autos mit Dienstnummernschildern vorfuhren, vornehmlich Bier und selten etwas Wein.

Über dem Teraca Café stand das Hotel Palace, und das war die Zentrale der Mauschler und Geschäftemacher. Die Toilette des Hotels war an den Nachmittagen eine komplett ausgerüstete Geldwechselstube, am Abend wurde dort mit »verbotenen« Waren wie Blue Jeans, Zigaretten und Musikkassetten gehandelt.

Die Stadt über dem Hafen hatte einen fadenscheinigen Ruf, aber sie war nicht unangenehm. Jede Tür dort sah so aus, als würde sie quietschen, jedes Fenster, als würde es klemmen, aber dahinter spielten sich interessante Dinge ab. Über allem lag das Ambiente kontinuierlicher und leiser Intrigen, egal ob gut- oder bösartig. Die vorbeigehenden Frauen, jung und alt, hielten ihre Augen gesenkt. Junge Paare schienen ihre Beziehung sehr ernst zu nehmen. Es gab wenig Gelächter. Jede Anstrengung, jede Frage, jeder Wunsch schienen entweder maximale Verwirrung auszulösen oder direkte Ablehnung. Nichts war einfach oder bequem oder wurde bereitwillig geleistet.

Weiter im Norden der Stadt lag das Feriengebiet von Mamaia, das voller Hotels für ausländische Touristen war. An einem Abend besuchten Thomas und ich zwei dieser Hotels. Die Gegend dort war nach dem Rumänien, das wir kannten, wie eine andere Welt. Es gab keine uniformierten bewaffneten Soldaten, keine Beamten in einem Dutzend verschiedenen Uniformen, und die Geheimpolizisten, die wir ausmachten, hatten alle westliche Kleider an und lange Haare. Die Preise waren auch ziemlich westlich. Die Straße wimmelte vor Polizeiautos. Wir konnten sie natürlich nicht einfach als solche erkennen, aber unser rumänischer Begleiter konnte es. Und weil er Rumäne war, wurden wir in einem Hotel nicht bedient. Im nächsten bekamen wir nur alkoholfreie Getränke, denn es war nach neun Uhr abends. Der Taxifahrer, der uns zu den Docks zurückfuhr, war ein habsüchtiger Halunke. Er nahm uns fast den doppelten Fahrpreis ab. Das gefiel mir. Jedes Zeichen von privatem Unternehmertum sollte in Rumänien bis zum Anschlag unterstützt werden. Da wir ein weiteres Paar Levis für ein kleines Vermögen in Leus verschachert hatten, gab ich ihm den dreifachen normalen Fahrpreis. Wir konnten die

Leus sowieso nicht für etwas anderes ausgeben, und mitnehmen konnten wir sie auch nicht.

Thomas erzählte mir, dass das Warenangebot in den Geschäften sehr spärlich sei. Es gäbe nur Karotten, Zwiebel und Spinat. Er hatte es geschafft, einen Laib Brot zu kaufen, aber nur, weil er in dem Moment an einem staatlichen Brotladen vorbei kam, als dieser öffnete. Es hatte einen Wirbel und ein Geschiebe gegeben, die Leute hatten um die Laibe gekämpft, und dann hatte der Laden zur schweigsamen Enttäuschung der hundert oder so Hausfrauen und alten Leute wieder zugemacht.

»Wo ist denn das Brot, Thomas?«, fragte ich ihn, ich sah keines bei ihm.

»Oh, ich hab es einer alten Frau gegeben. Sie war so alt und konnte kaum mehr laufen ...«

Als wir an diesem Abend an Bord zurückkamen, lag ein in Zeitungspapier eingewickeltes Bündel im Cockpit. Der Regen hatte es durchnässt. Ich riss es auf, und ganz genau, es war ein Laib Brot. Es war keine Mitteilung dabei. »Das ist das gewöhnliche Rumänien im Kleinen«, dachte ich.

Wir wechselten ein paar freundliche Worte mit dem Wachsoldaten am Tor zu den Docks. Bald kam er mit einem Uniformhemd zurück, um es für Kent Zigaretten einzutauschen. Danach kamen ein paar seiner Kumpels und klopften Sprüche mit uns, wir gehörten fast schon »zum Inventar«. Der Abend endete damit, dass Thomas zwei Päckchen Kent gegen die komplette Marineuniform eines regulären Seemanns der Rumänischen Sozialistischen Republik eintauschte, Schuhe, Kappe, Hemd und Gürtel inbegriffen. Alles ist immer noch an Bord von *Outward Leg*.

Am folgenden Tag besuchten zweihundert aufstrebende Studenten der Handelsmarineschule von Constanta das Schiff. Der Besuch war nicht geplant und sicher auch nicht vom großen Genossen für seine Zöglinge vorgesehen. Man hatte die aufstrebenden Kadetten mit Schleppern der Marine für einen kurzen »Seekrankheitstest« auf See hinausgebracht. Als sie darauf warteten, in die lebhafte See auszulaufen, konnten sie es nicht vermeiden, *Outward Leg* zu sehen und die Dudelsackmusik zu hören. Trotz der finsteren Blicke ihrer Vorgesetzten versammelten sie sich ums Schiff und unterhielten sich mit Thomas und mir. Die Verwunderung in den Gesichtern der Jugendlichen war unvergesslich, als wir ihnen erzählten, wer wir waren, wo wir hin wollten und warum wir das machten. Wir hinterließen viele gut gepflanzte gedankliche Samenkörnchen bei dieser Gruppe.

Später kam der Mobilkran den Kai heruntergetrudelt, und wir wussten, dass ihn die Parteibonzen geschickt hatten, um unseren Mast zu stellen. Die Kosten wären zirka 50 Dollar, sagte der Vorarbeiter, aber erst müsste man sehen, wie viel Zeit und Material gebraucht würde. Das war überall die Regel, obwohl mir der Preis ein wenig hoch vorkam. Der Vorarbeiter war Armenier und sprach sehr einfaches Englisch. Obwohl er sich ständig über den Mangel an Material und die Schwierigkeiten mit der rumänischen kommunistischen Partei beschwerte, übte er nie Kritik an ihr. Er tat so, als wäre es die natürlichste Sache der Welt, dass wir im Stadtbüro des Vorsitzenden und Parteisekretärs der kommunistischen Partei Rumäniens in Constanta hatten vorstellig werden müssen, nur um den Mast eines Schiffs zu stellen und die Prozedur zu organisieren. Er akzeptierte die Tatsache, dass man nirgendwo in Rumänien Splinte kaufen konnte, weder für Liebe noch für Geld, und wir in unserer Not die Dinger selbst aus Messingdraht herstellen mussten. Aber um den zu kaufen, hatten wir zuerst wieder im Stadtbüro des Vorsitzenden und Parteisekretärs der kommunistischen Partei Rumäniens in Constanta vorstellig werden müssen ..., dann erst durften wir in das Warenhaus der Docks mit zwölf Formularen in dreifacher Ausfertigung hinein. Und jedes Formular musste einzeln unterschrieben werden, an vier verschiedenen Schreibtischen und an acht verstreuten und verschiedenen Orten in den Docks von Constanta. Wir hatten fünf Tage gebraucht, um provisorische Splinte zu machen. Phosphorbronze oder Aluminium gab es überhaupt nicht.

Schnell hatte der Ausleger des kleinen Mobilkrans den Mast hochgehoben. Dann stolperten vier Dockarbeiter an Bord und halfen, den Mast mit einer Schlinge oberhalb der Mitte zu heben. Mit Mühe konnte ich erklären, dass die Schlinge weiter nach oben musste, damit der Mast mehr senkrecht hing und dass man ihn erst noch einmal ablegen sollte. Aber der Armenier war nicht aufzuhalten, man konnte ihm nichts sagen. Er brüllte und schimpfte, der Kranführer war verwirrt, aber er war ein guter Parteigenosse und die Arbeiter führten einfach Befehle aus. Thomas und ich waren machtlos. Einer der brutalen Riesen vom Dock schnappte den Mastfuß und richtete ihn aus, während zwei seiner Genossen den schwingenden Mast zu beruhigen versuchten. Dann rammte er den Fußbolzen durch den Mastkoker und den Mast.

Der Mast hing jetzt in einem Winkel von fünfundachtzig Grad aus der Horizontalen am Kran, fünf Grad aus der Senkrechten. Am Fuß war er durch den Mastkoker aus rostfreiem Stahl und den Zwölfmillimeterbolzen fixiert. Es war jetzt nur noch nötig, an der Dirk, die als provisorisches Achterstag diente, zu ziehen, um den Mast in die Senkrechte zu bringen, so dass ich den zweiten Bolzen in den Mastkoker einsetzen konnte. Danach würde der Mast sicher und senkrecht im Koker stehen. Schnaufend versuchte ich zu helfen, den Mast gegen den riesigen Hebelarm von zwölf Metern zu schieben. Gleichzeitig rief ich dem Armenier zu, einer seiner Arbeiter auf dem Achterdeck solle an der Dirk ziehen, um Druck auf den schwingenden Mastkopf zu bringen. Als Reaktion befahl ihm der Armenier wahrscheinlich, die Dirk loszulassen, denn genau das machte der Kerl auf dem Achterdeck.

Mit Entsetzen starrte ich auf den langsam fallenden Mast, der, wie ich später herausfand, den kleinen Mobilkran rückwärts schob, weg vom Schiff. Ich hörte das schreckliche Geräusch von berstendem Metall, als sich der Mastkoker langsam verbog und in einzelne Teile zerlegte. Atemlos sah ich zu, wie sich der Mast unerbittlich nach vorne und nach unten neigte. Ich wartete auf den Knall, mit dem unser Mastkoker aus dem Deck gerissen würde, und hielt meinen Kopf und den Oberkörper übers Wasser hinaus.

32 Siegestrunken, überglücklich – und reif für's Irrenhaus

Mit starren Augen glotzte ich auf die Vorderseite des Mastes, steif vor Horror. Sie erschien mir so groß wie ein Elefantenrüssel, sie bewegte sich langsam, kroch weiter und riss dabei unseren Mastkoker aus 12 Millimeter dickem Aluguss auseinander. Plötzlich war eine Stimme hinter meinem Rücken, sie sprach Englisch. Es war klares, richtiges Englisch. Es war eine britische Stimme, die Stimme eines Engländers. »Brauchst du Hilfe, alter Junge?«

Die Stimme klang höflich und zivilisiert, und ich hörte sie in diesem rumänischen Höllenloch, tief hinter den Eisernen Vorhang, meilenweit ohne rational und sensibel denkende Gehirne. Und mein schwerer Mast fiel langsam, unendlich langsam zur Seite. Und zwischen hier und der Ägäis gab es nicht eine einzige vernünftige Reparaturwerkstatt.

»Thomas, kletter' den Kranausleger hoch. Eddie,«, rief ich dem Armenier zu, »du gehst nach hinten und zeigst dem Blödmann, wie man an der Dirk zieht. Mein Gott, beruhigt den Mast, haltet ihn, haltet ihn fest«, hörte ich mich selbst schreien.

Über meinem Kopf schwang der Zwölfmetermast, er schüttelte und rüttelte, er schwankte und wankte. Dann hatte Eddie der Armenier endlich eine Leine zum Achterdeck gebracht, und für ein paar Minuten stand der Mast einigermaßen sicher, jedenfalls so lange kein anderes Schiff in den Hafen hereinkam und eine Bugwelle erzeugte. Würde das passieren, dann würden die ganzen eineinhalb Tonnen von oben auf das Vorschiff knallen, so sicher, wie zwei nach eins folgt. Das Gewicht würde das halbe Deck mittschiffs mitreißen und das Vorschiff in Splitter zerschlagen. Danach wäre *Outward Leg* ein seeuntüchtiges Wrack.

Das Schlimmste für mich bei diesen Vorgängen war weniger das, was passierte, sondern die Tatsache, dass ich mich selbst nicht bewegen konnte. Ich würde auf meinem einen Bein kaum schnell genug sein, um zu tun, was notwendig war. Es blieb mir nur das Aussenden von Signalen, schnell genug und laut genug, damit sie von Thomas (in Deutsch) und Eddie (in Rumänisch) sofort verstanden würden. Aber hierbei war ich durch das Sprachproblem schwer behindert.

»Hast du Probleme?«, fragte der Engländer hinter mir. Thomas war jetzt ganz am schwankenden Ende des Kranauslegers angelangt und brachte einen zweiten Stropp weiter oben am Mast an, so dass sich eine bessere Hebelwirkung ergab und der Mast besser stabilisiert wurde. Danach würden wir die Wanten festsetzten und ihn sichern. Die Last lag jetzt nicht mehr allein auf dem Koker, und der hörte auf, sich in Einzelteile zu zerlegen. Ich war inzwischen auf den Steuerbord-Schwimmer hinausgerutscht und machte eine Leine an einer der Oberwanten an Steuerbord fest. Dann setzte ich die Leine hart durch. Dann endlich, als die Dirk fest nach achtern festgezurrt war, die zweite Leine am Kranausleger das Gewicht aufnahm und mit dem schnell zusammengeschraubten Wantenspanner an meiner Seite, konnte ich mich umblicken.

Schweiß strömte von meiner Stirn, ich wusste, dass mein Stumpf blutete. Ich schaute nach der Stelle, wo die englische Stimme herkam.

Zwei Männer standen da, beide ziemlich jung, und beide sahen wohlhabender als alle anderen ringsum aus. Sie trugen Sportjacketts und graue Hosen. Einer von ihnen hatte ein Wappen an der Brusttasche, einen Schnurrbart und einen Kamerakoffer um die Schulter geschlungen.

»Guten Morgen«, ich glotzte den Schnurrbart an. »Was kann ich für dich tun?«

Der Schnurrbart grinste ein wenig und seine blauen Augen leuchteten auf. »Also, guten Morgen. Wir sind von der Presseagentur BUP.«

»Oh, mein Gott!«, dachte ich, »jetzt kommen die auch schon hierher. Aber ich sagte:»BUP? Was macht ihr hier?«

»Also, wir berichten über den Besuch von *HMS Naiad* ...«

»Was??«

»Ja, Maggie dachte, sie müsste mal eine unserer Fregatten ins Schwarze Meer schicken, um Flagge zu zeigen, sozusagen. Sie liegt jetzt im Hauptdock. Aber den Matrosen gefällt es dort nicht, sie wollen so schnell wie möglich nach Istanbul ...«

Er erzählte mir, dass dies seit Jahren der erste Besuch eines britischen Kriegsschiffs in Rumänien war, oder eines westlichen überhaupt, und

335

dass die *Naiad* erst vor drei Stunden angelegt hatte. »Und was können wir für dich tun?«, fragte der Schnurrbart.

»Frag' den ersten Ingenieur auf der Naiad, ob er mich besuchen kommen kann, um Himmels Willen.«

Und so kamen wir auf wundersame Weise zu einer Stahlhalterung, die den Mastfuß provisorisch auf der Deckplatte des Kokers fixierte. Sie würde lange genug halten, um *Outward Leg* durch die bisweilen stürmischen Winde ins östliche Mittelmeer zu bringen, wo wir einen Koker aus rostfreiem Stahl machen lassen und anpassen konnten.

Sobald der Mast, gehalten von den Stags und den Wanten, sicher stand und die Stropps vom Kran gelöst waren, kam Eddie mit seiner Rechnung daher. Er hatte sie auf ein Stück braunes Packpapier, das er aus der Tasche holte, aufgeschrieben. Sie lautete auf 100 Dollar!«

»Was zum Teufel ist das, Eddie? Einhundert Dollar?«

»Ja, du hattest den Kran über eine Stunde lang, also müssen wir zwei Stunden berechnen. Um die Arbeiter musst du dich nicht kümmern, das mache ich.«

»Aber das ist verdammter Beschiss, Eddie. Du hast eine Menge Schaden angerichtet, sicher mehr als dreihundert Dollar! Du hast um ein Haar den Mast, das Vorschiff und das Kabinendach ruiniert. Mein Gott, einhundert Dollar!«

Der Erfolg war, dass ich ihn auf 80 Dollar herunter handelte, aber darauf bestand er. Die Partei würde sich sonst aufregen, sagte er. Mit den zehn Dollar, die Thomas am Vortag ausgegeben hatte, blieben uns 49 Dollar auf der Welt, das war aber auch alles, nirgendwo gab es noch etwas. Wir hatten noch drei Dosen ungarisches Cornedbeef an Bord und etwas Reis.

Am Nachmittag, als der provisorische Beschlag angepasst war und wir zum ersten Mal seit neun Monaten die Segel anschlugen und nachdem wir kilometerweit von einem Büro ins andere gejagt worden waren, bekam ich endlich die Erlaubnis, zu einem kurzen Probesegeln auszulaufen. Ich wollte mich vergewissern, dass alles richtig funktionierte, bevor wir nach Bulgarien und Istanbul weiter segelten. Die Erlaubnis war, direkt außerhalb von Port Tomis auf und ab zu segeln, exakt fünfzehn Minuten lang. Um sicherzustellen, dass ich zurückkam, musste ich mein Dunlop-Beiboot mit dem Außenborder bei der Wache zurücklassen.

Es war scheußlich, dieses Probesegeln unter Zwang, aber als wir erst einmal draußen in der Bucht waren, ließ ich Thomas das Schiff in dem gleichmäßigen 20-Knoten Nordostwind herumsegeln wie ein junges Fohlen, während ich den neuen Kokerbeschlag beobachtete wie eine Katze den Kanarienvogel. Bevor wir es merkten, waren die fünfzehn Minuten um, und wir mussten in den Hafen zurück. Wir fühlten uns, als hätten wir unser Schiff direkt vom großen Genossen Ceausescu gechartert, für ein paar unvergessliche Minuten von Freiheit. Wir sammelten unser Beiboot und den Außenborder ein. Dann lagen wieder unter der sicheren Bewachung durch eine Kalaschnikow. Ich gab dem Soldaten eine Zigarette und ließ mir von ihm den Lademechanismus seiner automatischen Waffe erklären. Es war keine Munition drin!

Den Rest der Woche verbrachten wir damit, das Schiff für den Schlag über dreihundert Seemeilen nach Istanbul klar zu machen. Wir bauten den Reserveimpeller für das Log ein, befreiten und justierten die klemmende Rollreffeinrichtung für das Vorsegel, überholten alle Blöcke und prüften unsere Segel. Thomas machte die periodische 100-Stunden-Inspektion an unserem zuverlässigen Yannie. Dann brachte er die Sicherheitsnetze zwischen den Bugs an, falls er auf See über Bord gehen sollte und testete die Lampen und die Funkgeräte, während ich meinen Sextanten überholte und justierte. Ich kramte unsere Seekarten für das Schwarze Meer und den Bosporus hervor.

Das alles machten wir, fast ohne uns der wundersamen Blicke bewusst zu sein, mit der die Rumänen uns beobachteten. Er war uns nur nebenbei klar, dass wir freie Männer waren und sie nicht. Worte, wie »emigriert« oder »weggegangen« verwendeten sie nie, wenn sie über jemanden sprachen, der ihr Land verlassen hatte, sie sagten immer »geflüchtet«, selbst die Parteibeamten sagten das, wenn sie Englisch sprachen. Für sie »flüchteten« auch wir aus ihrem Land. Der Ausdruck in ihren Augen war tragisch.

Am 6. Juli wurden Thomas und ich an Bord von *HMS Naiad* zum Essen in der Offiziersmesse eingeladen. Es war für uns beide ein besonderes Ereignis, aber besonders für mich, denn ich hatte noch nie in einer Offiziersmesse gespeist, hatte es auch nie gewollt. Aber meine Erinnerungen an die Offiziere der Royal Navy waren ziemlich alt, sie passten nicht mehr zu dem, was ich auf *HMS Naiad* sah und fühlte. Diese Offiziere waren, mit einer Ausnahme, nicht mehr so, wie ihre

Vorgänger gewesen waren. Es waren hoch ausgebildete und belesene Techniker. Ihr Verhältnis zu den Kumpels unter Deck war augenscheinlich ganz anders als das ihrer Vorgänger. Jetzt gab es viel mehr gegenseitigen Respekt, sehr viel weniger Geringschätzung auf der einen und direkten Groll auf der anderen Seite. Das stimmte mich unglaublich froh. Ich erfreute mich an der ersten vernünftigen Mahlzeit seit Wochen. Ich erfreute mich auch am »Nelsonblut« (Rum), mit dem mich die Offiziere – alle viel zu jung, um in »meiner« Navy gewesen zu sein – bewirteten. Ihr Rum kam nicht mehr aus einem Fass, wie in unserer guten alten Zeit. Er kam aus einer Flasche, aber mein Gott, es war das gleiche alte Gebräu, und bald war ich in sehr vergnügter Stimmung. Als Thomas und ich das Schiff verließen und aus dem hellen Schein seiner Lampen in die Düsterheit von Rumänien kamen, kam ein uniformierter bewaffneter Idiot herbeigerannt und verlangte barsch etwas auf die harte Art.

»Was will das Arschloch, Thomas?« fragte ich meinen Bootsmann. Ich konnte kaum noch geradeaus schauen. Alles was ich wahrnahm, war wieder eine andere Uniform, wieder eine Waffe, wieder einen der Schläger aus der Truppe des großen Genossen. Er war etwa dreißig und hatte fette Backen.

»Er will deine Dokumente sehen, Tristan.«

»Dokumente willst du, du Saukerl?«, sagte ich leise und starrte auf das Gesicht hinter der Waffe.

Das Gesicht starrte auf mich zurück und knurrte etwas, dann brüllte er mich an.

»Dokumente«, schrie ich den Polizisten an. »Ich verpass' dir fünf der besten Dokumente, die du je gesehen hast …« und damit schlug ich ihm direkt in sein fettes Gesicht. Es war eine gute solide Gerade, und ich zog meine Faust zurück, um ihm noch einmal »die Fresse zu polieren«. Aber, wie man mir später erzählte, wurde ich vom Schiffsarzt und dem Ersten Ingenieur zurückgehalten, die die Gangway herunter gerast waren, als sie mich auf den Vopo losgehen sahen. Ich weiß nicht, was danach passierte, nur, dass wir in Frieden auf unser Schiff zurückkehrten, so wie gute, ehrliche und gesetzestreue Seeleute.

Am nächsten Morgen erwachte ich mit einem schweren Kopf und einer gewissen Befriedigung. Ich hatte die Nase gestrichen voll von Polizisten und dickschädligen Idioten, die Tag und Nacht um mich herumlungerten, rechts, links und in der Mitte. Unser Mast stand, und die See lag nur hundert Meter von uns entfernt.

In dieser Nacht, wohl abgefüllt mit noch mehr von dem harten Zeug, beobachteten Thomas und ich den Andrang im Teraca Café von Tomis. Es wurde besucht von Dutzende von Parteibeamten mit ihren Frauen und ihrem Nachwuchs. Sie parkten ihre russischen Autos und setzten sich mit ihren Bier- und Weingläsern an die Tische. Ich vergewisserte mich, dass mein Krückstock bereit und sicher an meiner Seite war, dann stand ich auf. Ich wusste ganz genau, dass alle Augen in dem Schuppen uns beobachteten. Als ich auf meinem Fuß stand, setzte eine Totenstille ein und herrschte eine volle Minute lang. Es war mir recht so.

Ich sagte:»Guten Abend, Ladies and Gentlemen, Genossen und der Rest!« Ich machte eine kurze Pause.»Ich denke, viele von euch wissen, wer ich bin. Und ich denke, ich weiß auch, wer ihr seid, und was euer Lebensinhalt ist ...« Thomas zog mich an meiner Jacke. Ich schob seine Hand weg.»Im Namen meiner Mannschaft hier, mir selbst, und meinem Schiff *Outward Leg*, das, so Gott will, bald wieder auf See hinaus fährt, möchte ich mich bei den Leuten von Rumänien für all die kleinen Freundlichkeiten bedanken, die sie uns erwiesen haben.«

Ich hielt einen Moment lang inne, dann verbeugte ich mich und sagte:»Danke sehr!«

Ein paar Leute fingen an zu klatschen, bald fielen die meisten anderen ein. Nur ein paar Offiziere mit roter Dekoration starren mich an. Ich nahm noch einen Schluck von dem harten Zeug, was immer das war. Dann fuhr ich fort:»Ich denke, die Leute in Rumänien gehören zu den liebenswürdigsten in der Welt, sie helfen in vielen kleinen Dingen, sie sind ein buntes Völkchen, und sie gehören sicherlich zu den interessantesten Menschen in Europa, wenn nicht der Erde!«

Es gab wieder einen kurzen Applaus. Jetzt hörten mir alle zu. Selbst die Offiziere mit den roten Schulterklappen; sie lächelten zwar nicht, aber sie knurrten auch nicht.

Ich sprach langsam weiter, in gesetztem Tonfall.»Aber ich denke auch, dass die rumänischen Leute zu den unterdrücktesten und missregiertesten Menschen zählen, die ich in den letzten zehn Jahren getroffen habe. Ich liebe euch. Ich möchte irgendwann wieder zu euch kommen. Aber ich denke auch, dass eure derzeitige Regierung korrupt ist, ineffizient, brutal und ignorant. Ich glaube, eine Gesellschaft muss auf Recht und Liebe gebaut sein. Alles andere ist falsch organisiert. Ich denke, die rumänische Regierung ist eine Oligarchie, sie ist eine »Geheimpolizistenmacht«. »Ich denke, sie ist faschistisch!«

Jetzt standen die rot dekorierten Offiziere schnell auf und verließen ihren Tisch, nur zwei blieben. Ein paar Zivilisten folgten ihnen nach, aber so ungefähr neunzig Prozent der Funktionäre blieben sitzen. Ihre Augen waren so groß wie ihr Mund. Ein paar nickten leicht mit dem Kopf, eine Frau klatschte in die Hände, bis der Mann neben ihr sie bremste. Irgendwo schrie ein Baby, das aber schnell beruhigt wurde.

»Rumänien, ich liebe dich!«, brüllte ich.

Ein kurzer Applaus, jemand rief: »Bravo«.

»Aber eure Regierung stinkt zum Himmel!« Und damit setzte ich mich hin. Jetzt konnten sie machen, was sie wollten, dachte ich. Ich hatte gesagt, was ich fühlte, und nur die Wahrheit war für mich wichtig.

Danach herrschte Totenstille auf der Caféterrasse, als ich meinen Stock aufnahm. Leute schauten sich gegenseitig ins Gesicht. Keiner bewegte sich. Keiner im Lokal machte auch nur die geringste Bewegung oder schaute in unsere Richtung, als Thomas und ich uns still auf den Weg zu unserem Schiff machten.

Am nächsten Morgen, als ich hoppelnd meinen Frühsport-Spaziergang auf der Seepromenade zum alten Casino absolvierte, kam ein Dutzend völlig fremder Leute auf mich zu. Sie nahmen schweigend meine Hand und schüttelten sie vehement. Wir hatten keine Probleme mehr mit bewaffneten Soldaten, die uns nach Dokumenten fragten. Jetzt wusste offensichtlich jeder, wer und was wir waren. Ich kam gerade noch rechtzeitig, um *HMS Naiad* auslaufen zu sehen. Ihr Flaggenbesuch war vorüber. Schweigend schaute ich ihr nach und wünschte ihr alles Gute.

Ich hatte beabsichtigt, am 12. Juli bei Tagesanbruch auszulaufen, aber die »Kontrolle«, die uns aus Rumänien ausklarieren musste, kam erst um die Mittagszeit. Letztendlich erledigten sie die Formalitäten mit guter, wenn auch langsamer Höflichkeit.

Bald danach machte *Outward Leg* wieder ihre Hofknickse vor den Göttern der See. Wir hüpften und sprangen mit etwa drei Seemeilen Abstand die rumänische Küste hinab. Den ganzen Nachmittag hindurch gab es nur eine schwache Brise aus Norden, nicht mehr als fünfzehn Knoten. Ich war viel zu konzentriert damit beschäftigt, das Rigg zu beobachten, es zu prüfen und zu kontrollieren, als eindrückliche Gefühle zu entwickeln, wie etwa Erleichterung darüber, wieder auf See zu sein. Nach so langer Zeit auf Binnengewässern, selbst wenn sie so rau gewesen waren wir die gute alte Donau, brauchte unser Schiff viel Aufmerksamkeit, als wir zum ersten Mal wieder auf See waren; jede Mutter, jeder Bolzen und jede Kleinigkeit wurde wieder und wieder geprüft. Wir setzten den Gennaker und testeten die Spibäume. Als der Wind eine Stunde später drehte und nun raum von Backbord kam, nahmen wir alles wieder herunter. Wir setzten die doppelten Vorsegel und ließen sie eine Weile stehen. Wir rollten sie wieder ein und probierten, ob die Sturmfock und das Trysegel in Ordnung waren. Dann banden wir nacheinander alle Reffs im Groß ein und refften wieder aus. *Outward Leg* muss sich gefühlt haben wie eine Dame, die aus dem Krankenbett aufsteht, alle ihre Kleider anprobiert und am gleichen Tag mehrere verschiedene Frisuren versucht. Wir justierten die Aries-Selbststeueranlage und überließen *Outward Leg* eine Weile sich selbst, auf langen Schlägen und bei jeder erdenklichen Segelstellung. Aber danach gingen wir immer wieder auf unseren Kurs zurück – weg von Constanta.

Um Mitternacht standen wir zirka zwölf Seemeilen südöstlich von Kap Mangalia. Die Lichter funktionierten überraschenderweise. Wir gingen für die Nacht mit der Geschwindigkeit herunter, denn es gab keinen Grund, in der Dunkelheit die bulgarische Küste anzulaufen. Ich wusste, dass es im Golf von Varna um die Frühstückszeit guten auflandigen Wind geben würde, der uns angenehm voranbringen würde. Aber wir hielten Wache an Deck, Thomas und ich, denn die Gegend war voll mit Schiffsverkehr, aus jeder Richtung und in jede Richtung.

Gegen zwei Uhr nachts rundeten wir Kap Shableh. Es war, wie es sein sollte, und um halb fünf, als die Morgendämmerung die zitternde Dunkelheit der Nacht zerriss, sichteten wir sauber voraus an der Steuerbordseite Kap Kaliakos.

Während des Frühstücks zischten wir mit zehn Knoten dahin. Varna war im Abstand von guten zwanzig Seemeilen klar auszumachen. Um halb elf hatten wir die Außenmolen passiert und stocherten auf der Suche nach einem Liegeplatz ein wenig herum, bevor man uns anwies, im Yachthafen direkt hinter dem Wellenbrecher anzulegen.

Nach Constanta war Varna eine Enttäuschung. Ich denke, jeder andere Ort wäre es auch gewesen. Wir vermissten unsere rumänischen Freunde sehr. Varna könnte uns nie in einer solchen Weise beeindrucken, wie es Constanta getan hatte, in jeder Hinsicht. Zum Ersten war Varna sehr modern. Es gab viel weniger Uniformen, obwohl es ohne Zweifel sicherlich genau so viele Bürokraten gab. Die Leute der Einwanderungsbehörde im Hafen und die Zollbeamten waren korrekt und höflich, aber die Fragen waren fast die gleichen wie in Rumänien. Wen wollten wir treffen? Kannten wir irgendjemand in Varna? Wollten wir an Land bleiben? Wo? Beabsichtigten wir, unsere Funkanlage zu benutzen? Hatten wir mit irgendjemand Funkkontakt? Aber die Bulgaren waren viel fortschrittlicher als die Rumänen. Die Eiserne Faust war auch hier vorhanden, sicherlich, aber sie war unter einem dicken Samthandschuh versteckt.

Das einzig Bemerkenswerte an Varna war, dass die Leute nickten, wenn sie »Nein« sagten.

An unserem Liegeplatz, direkt gegenüber der Yacht des bulgarischen Präsidenten, lag ein monströser Luxuskahn italienischer Bauart, mit sechs bulligen jungen Vollzeitmatrosen. Wir arbeiteten an der Justierung der Windinstrumente von *Outward Leg* und reparierten die Kompassbeleuchtung. Dies waren die einzigen Problemchen, die wir auf unserem ersten Schlag im Schwarzen Meer gefunden hatten. Nach zehn Monaten im Binnenland, in denen das Rigg an Deck lag, war das gar nicht so übel.

Wie ein Wunder warteten die Korrekturabzüge meines Buches *Outward Leg* für mich auf der Post. Die Dame am Schalter für »Poste Restante« schenkte mir das erste Lächeln in Bulgarien. Ich korrigierte die Abzüge in einer einzigen Tag- und Nachtsitzung und schickte sie am nächsten Tag wieder nach London. Die Dame gab mir ein zweites Lächeln, außer dem von Thomas natürlich, und es war auch das letzte, das ich in Bulgarien bekam. Es schien, als ob die Normalbulgaren das Gemüt eines Leichenbestatterlehrlings hätten.

Wir machten zusammen einen Besuch in der Stadt Varna. Es gab viel mehr kleine Geschäfte als in Rumänien, und das Warenangebot war reichlich, aber nichts war in irgendeiner Hinsicht billig. Die Läden hatten, unter Berücksichtigung des Wechselkurses, etwa die gleichen Preise, wie sie in Westeuropa üblich waren. Über die Qualität kann ich nichts sagen, wir hatten kein Geld, um etwas zu kaufen, außer einer einzigen Mahlzeit.

In dem Restaurant hatten wir Glück, dass man uns bediente. Als Thomas Wurst und Kartoffeln bestellte, fragte ihn die Kellnerin, wo er her käme. Sie sprach kein Englisch, aber wir entzifferten ihre Zeichensprache.

»Deutschland«, sagte Thomas, unschuldig wie immer.

»Ost oder West?« quietschte die gute alte Dame in Cafédeutsch. Wir näherten uns dem Mittelmeerraum, wo die meisten einheimischen Frauen Stimmen wie Papageien haben.

»West«, antwortete Thomas. Worauf die gute Frau ihren Kopf in die Luft warf und unter Kopfnicken wegmarschierte.

Ein Mann, der am Nebentisch saß und sagte, dass er in Westdeutschland gearbeitet hatte, intervenierte und überredete die Genossin Kellnerin, uns eine Mahlzeit aus kalter fettiger Wurst und noch kälteren Kartoffeln zu servieren. Sie knallte das alles vor uns hin und gab uns keine Messer, dafür schüttelte sie immer noch den Kopf.

Ich hatte die sowjetische Botschaft in Sofia angerufen und nach dem Marineattaché gefragt. Ich wollte herausfinden, was aus meiner Anfrage, die Krim zu besuchen, geworden war. Man sagte mir, er wäre »in den Ferien« und »man wüsste nicht, wann er zurück kommen würde.«

Später, drinnen in der Stadt, die voll war mit Matrosen der russischen Marine, die alle in den schattigen Parks saßen, Bier tranken und den vorbeigehenden Frauen nachstarrten, gingen wir in ein großes Café. Die ganze Bedienungsmannschaft saß kaffeetrinkend um einen Tisch herum.

»Kaffee?«, fragte wir.

»Kein Kaffee«, grunzten sie zurück und vertieften sich wieder in ihre Unterhaltung.

Wir gingen zum Schiff zurück, es war jetzt spät am Abend. Die langen Reihen von Reklame an den Mauern der Docks faszinierten mich. Sie waren alle durch helle Lampen beleuchtet, und sie waren die erste kommerzielle Werbung, die wir sahen, seit wir die Grenze von Jugoslawien überquert hatten. Die Plakate zeigten Autos und Kühlschränke und all die anderen Paraphernalien des »modernen Lebens«, die den Einwohnern der sozialistischen Volksrepublik Bulgarien vor Augen geführt wurden. Es waren keine Hämmer und keine Sicheln zu sehen, und die einzigen roten Sterne waren an den Kappen der Polizisten und den Mützen der sowjetischen Seeleute.

Wir auf *Outward Leg* waren uns der eisernen Faust, die Bulgarien kontrollierte, viel mehr bewusst als normale Touristen. Wir konnte das Schiff keinen Zentimeter bewegen, ohne vorher die »Kontrolle« zu infor-

mieren. Wir konnten nicht an Land gehen ohne vorherigen Besuch im
»Kontrollturm«, der alles im Hafen überschaute, alles an Land und alles,
was schwamm. Es gab keine Minute bei Tag oder Nacht, an dem sich
nicht ein dunkler Schatten hinter den getönten Scheiben des »Kontrollturms« bewegte und uns beobachtete. Wenn wir jemanden zu uns an
Bord einladen wollten, mussten wir die »Kontrolle« informieren. Bulgaren durften unter gar keinen Umständen an Bord kommen, das hatte
man uns schon fünf Minuten nach unserer Ankunft in Varna eindrücklich
klar gemacht. Einige der Yachten im Hafen hatten bulgarische Crews an Bord.
Sie grüßten uns nie, noch nicht einmal ein Lächeln oder ein Kopfnicken. Sie nahmen *Outward Leg* kaum wahr, obwohl uns der Direk-
tor erzählt hatte, dass es einer der ersten Trimarane war, der je hier gesehen worden war, wenn nicht gar der allererste. Ich bin nicht sicher,
ob vielleicht die Größe von *Outward Leg* der Grund für die Kälte der
bulgarischen Yachtleute war, sie belegte so viel Platz wie zwei Einrumpfschiffe – oder ihre amerikanische Nationale. Ich habe den Ver-
dacht, es war das Letztere.

Vorbeikommende »Zivilisten« auf der Mole blieben stehen, schauten
auf unser Schiff und redeten miteinander darüber, manchmal eine Stunde lang. Aber die bulgarischen Yachtleute taten so, als würden wir nicht
existieren. Vielleicht waren es Vorurteile oder eine gewisse Eifersucht,
nationalistisch oder nautisch, oder vielleicht waren es auch die Schatten
hinter den getönten Scheiben des Kontrollturms. Am 16. Juli segelten wir von Varna weg, nachdem wir durch die Beamten der Einwanderungsbehörde und die Polizei eingehend befragt
worden waren, wo wir gewesen seien und wen wir getroffen hätten.
Auch das Schiff wurde eingehend durchsucht. Ich konnte mir nicht vorstellen, nach was sie suchten. Neben sieben Paar Blue Jeans bestand unsere ganze Habe aus zwanzig amerikanischen Dollars, und mit unseren
Vorräten hätten wir noch nicht einmal eine verhungernde Katze am Leben halten können, geschweige denn einen blinden Passagier. Wieder
vergaßen sie die Schwimmer. Beim Auslaufen wurden wir bis fünf Meilen
vor die Küste durch eine Barkasse der Einwanderungsbehörde beschat-
tet. Erst als sie sich sicher waren, dass wir auf unserem Kurs lagen, ließen
sie uns in Ruhe. Wir waren alleine mit der weiten See und unseren Erinnerungen, manche schön und manche bitter.

In dieser Nacht zeigte uns das Schwarze Meer sein Temperament. Zuerst wehte ein stetiger Nordwind, bis etwa zur ersten Hundewache, dann drehte er direkt um auf Süd und schlief ein, bis es nur noch Flaute und eine schlappende See gab. Wir starteten Yannie und krochen ein paar Stunden lang unter miserablen Bewegungen auf unserer Kurslinie voran. Dann setzte der Wind wieder aus Norden ein, eine Stunde lang mit sechs Windstärken. In der nachfolgenden Stunde schlief er wieder vollkommen ein, hämmerte dann eine Weile aus Osten auf uns ein, bevor er endlich schmollend aufgab, sich versteckte, und uns einer Kabbelsee aus sieben verschiedenen Richtungen, aber hauptsächlich aus Süd, überließ.

Vor der bulgarischen Küste war die See flach, selbst einige Meilen weit draußen betrug die Tiefe nur zwanzig Meter, und dann versank der Grund wieder schlagartig in unendliche Tiefen. Es war eine bösartige See im Schwarzen Meer, und ich legte einen Kurs nach draußen an, denn dort sollte ein Strom nach Süden stehen, direkt auf den Bosporus zu. Tatsächlich ergab unsere Peilung nach der Sonne am nächsten Tag, dass wir mit zwei Knoten nach Süden versetzt wurden. Ein weiterer Grund, die Mitte anzusteuern, war der, dass man uns erzählt hatte, dass es in Küstennähe an der Grenze zwischen Bulgarien und der Türkei Minenfelder geben sollte, alte und neue. Das war ein allgemeiner Tratsch unter den Fischern aus Rumänien und Bulgarien, mit denen ich geredet hatte, aber ansonsten schien niemand davon zu wissen, oder vielleicht erzählten auch die, die es wussten, nichts davon.

Kurz nach der Mittagszeit am 17. Juli, machte ich Land aus. Zuerst war es, wie meistens, nur ein vager geisterhafter Schimmer am dunstigen Horizont. Eine Standlinie bestätigte, dass es sich um Kap Rumelia handelte, an der Westseite der Nordeinfahrt zum Bosporus. Ein paar Minuten später stellten wir die Segel ein, um vor dem achterlichen Nordwind in den Bosporus einzulaufen. Der Wind blies hart, und das Steuern war mühsam. Wie man uns später erzählte, baute dieser Wind um die Nachmittagszeit üblicherweise eine höllische See auf.

Gegen zwei Uhr mittags standen wir ziemlich weit in der engen Straße des Bosporus. Vor Sariyet kam ein türkisches Zollboot auf uns zu. Ich legte *Outward Leg* in den Wind und drehte bei. »Jetzt geht's schon wieder los«, dachte ich und stellte mir die übliche Anzahl genagelter Stiefel vor, die über unser Schiff trampeln würden, die peinliche Durchsuchung unserer Schapps und Backskisten und das nachfolgende Verhör.

Nichts davon! Die Türken machten gekonnt an uns fest, luden Thomas mit den Schiffspapieren zum Übersteigen ein, stempelten unsere Crewliste und winkten uns lächelnd auf unseren Kurs zurück.

Ich war total verblüfft, stand da wie ein Ochse vor einer Wegegabelung, starrte den türkischen Offizier eine volle Minute lang an, das Schiff nickte und die Fock schlug im Wind. Er war klein und dunkelhäutig.

Der Offizier machte seine Leine von unseren Belegklampen los. Irgendwie fühlte ich eine leichte Panik in mir aufsteigen, sie würden uns jetzt verlassen!

Endlich brachte ich ein paar Worte heraus, ich rief: »Aber wohin ... wo müssen wir hin? Müssen wir ankern?«

Der türkische Offizier schaute zu mir auf, er stellte sich gerade und streckte die Arme seitwärts aus, bis sie in Höhe seiner Schultern waren. Er grinste breit, zeigte seine weißen Zähne unter seinem schwarzen Schnurrbart. »Wohin ihr wollt!«, rief er.

Ich traute meinen Ohren nicht, ich rief wieder: »Aber ... wohin müssen wir?«

»Segeln sie einfach, wohin sie wollen, die ganze türkische Küste liegt vor Ihnen!«

Ich drehte das Rad über, aber dann hielt ich inne, bis sich der Nebel vor meinen Augen verzogen hatte. Es war das erste Mal, dass man uns nicht befohlen hatte, an einen bestimmten Platz zu fahren, das erste Mal seit Österreich, vor achtundsiebzig Tagen und zweitausend Kilometern.

Outward Leg hatte drei ramponierte Rümpfe, einen unsicher stehenden Mast, eine ziemlich verwundete Seite und zwanzig Dollar in der Kasse. Aber sie war frei.

Wir nahmen Kurs auf Istanbul – aber das ist eine andere Geschichte.

Liste der angelaufenen Häfen

Die Häfen werden in der Reihenfolge genannt, in der sie von *Outward Leg* auf ihrem Weg quer durch Europa angesteuert wurden.

Großbritannien

1 London, St. Katherine's Dock
2 Hole Haven, Essex

Holland

3 Ijmuiden
4 Sixhaven
5 Amsterdam
6 Utrecht
7 Arnheim
8 Rheden
9 Nijmegen

Deutschland

10 Wesel
11 Homburg
12 Düsseldorf

13 Köln
14 Remagen
15 Koblenz
16 Lorchhausen
17 Assmannshausen
18 Rüsselsheim
19 Frankfurt am Main
20 Obernau
21 Faulbach
22 Gemünden
23 Marktbreit
24 Schweinfurt
25 Hassfurt
26 Bamberg (3 Mal)
27 Erlangen (2 Mal)
28 Fürth (2 Mal)
29 Nürnberg, Geberdorf (2 Mal)
30 Ingolstadt
31 Neustadt
32 Bad Abbach
33 Regensburg
34 Straubing
35 Passau

Österreich

36 Obermühl
37 Linz
38 Grein
39 Ybbs
40 Weitenegg
41 Tulln
42 Wien (Stadtzentrum)
43 Deutsch Altenburg

Tschechoslowakei

44 Karlova Ves
45 Bratislava
46 Hrusov
47 Komarno

Ungarn

48 Komarom
49 Esztergom
50 Nagymaros
51 Vencermaros
52 Budapest (Stadtzentrum)
53 Romai
54 Lupazig
55 Adony
56 Mohacs

Jugoslawien

57 Batina
58 Apatin

59 Borovo
60 Vukovar
61 Novi Sad
62 Breska
63 Stari Slankamen
64 Stari Banovici
65 Zemun
66 Belgrad
67 Ada Ciganlija
68 Grocka
69 Ram
70 Veliko Gradiste
71 Donji Milanovac
72 Kladovo

Rumänien

73 Turnu-Severin
74 Calafat
75 Bechet
76 Corabia
77 Turnu-Magurele
78 Zimnicea
79 Guirgiu
80 Oltenita
81 Calarasi
82 Cernavoda
83 Agigea
84 Constanta
85 Varna

Bulgarien

Wir kamen an den folgenden
Donauhäfen vorbei: Novo Selo,

Evdokia, Vidin, Lom, Kuzudoi,
Oriyakhovo, Nikopol, Svishtov,
Ruse, Ryakhovo, Tutrakan,
Popina.

Türkei

86   Istanbul (Bebek)

Von Istanbul aus segelte *Outward
Leg* tausend Seemeilen durch das
Marmarameer, die Dardanellen
und die Ägäis nach Rhodos und
Kastellorizo. Dieses Buch wurde
auf der Insel Kastellorizo geschrieben, in schlappen 28 Tagen.

Hinweis für den deutschsprachigen Leser:

Warum Tristan Jones »Outward Leg« als Namen für seinen Trimaran wählte

Jones liebte Wortspielereien und »Outward Leg« ist ein Beispiel dafür. Der Name hat mehrere Bedeutungen, weshalb man ihn auch nicht direkt ins Deutsche übersetzen kann:

Erstens bedeutet *leg* im Englischen so viel wie »Strecke«, oder – wie Segler auch sagen – »Schlag«. Im Zusammenhang mit dem Wort *outward* meinte Jones also einen Schlag, der nach außen (auf See hinaus) führt. Tatsächlich brachte ihn *Outward Leg* ja wieder auf seinen geliebten Ozean hinaus.

Zweitens ist mit *leg* wirklich »Bein« gemeint. Da Tristan Jones ein Bein durch Amputation verloren hatte, wollte er mit seiner Namensgebung ausdrücken, dass das Schiff ihm das fehlende Bein ersetzen sollte.

Und drittens handelte es sich bei *Outward Leg* um einen Trimaran, bei dem die Ausleger ein ganzes Stück draußen vom Hauptrumpf weg liegen. Der Name ist zugleich also eine Anspielung auf die Bauart seines Schiffes.

Salzwasser-Lektüre vom Feinsten – so nur von Tristan Jones

Treibgut
Tristan Jones sitzt auf dem Trockenen. Sein Schiff wurde beschlagnahmt. Das zwingt ihn auf einen Kurs mitten durch den schwierigsten Ozean der Welt – die menschliche Gesellschaft.
280 Seiten
Bestell-Nr. 50382 € 23,–

Himmel, Sturm und Takelgarn
Der eigensinnige Seemann widmete dieses Buch all den ausgefallenen und schrägen Typen, die an Land keiner mehr haben wollte und die er darum auf See antraf.
288 Seiten
Bestell-Nr. 50370 € 22,–

Abenteuer eines eigensinnigen Seemanns
Dieses Buch ist ein echter Jones: lebendig, aufregend, bissig und frech. Es ist meisterhaft erzählt und so salzig wie die See und hochgradig suchtfördernd.
304 Seiten, 4 Karten
Bestell-Nr. 50358 € 22,–

Die unglaubliche Seereise
Faszinierend! Tristan Jones unglaubliche Abenteuer auf seinem Weg zu einem Höhenrekord für Segelschiffe. Prickelnd und stürmisch, wie die See selbst.
312 Seiten,
32 Bilder,
19 Zeichnungen
Bestell-Nr. 50346 € 22,–

IHR VERLAG FÜR MARITIM-BÜCHER

Postfach 10 37 43 · 70032 Stuttgart
Telefon (07 11) 2 10 80 65 · Telefax (07 11) 2 10 80 70

Abenteuer der Meere

Lore Haack-Vörsmann
Mit dem Atem der Welt
Auf Großseglern unterwegs – gestern und heute

Jimmy Cornell
Segelrouten der Weltmeere
Das Standardwerk überarbeitet und erweitert. 500 Routen mit allen Seekarten und Handbüchern, dazu 4000 Wegpunkte für Skipper, die mit GPS unterwegs sind.
656 Seiten, 80 Zeichnungen
Bestell-Nr. 50328 **€ 35,–**

Haack-Vörsmann
Mit dem Atem der Welt
Sie waren die Königinnen der Meere und sind noch heute der Stolz jeder Nation: Lebensnah beschrieben und mit beeindruckenden Fotos erschließt dieses Buch die ganze Welt der Großsegler.
224 Seiten, 114 Bilder, davon 70 in Farbe, 51 Zeichnungen
Best.-Nr. 50392
€ 26,–

Gernot Firsching
Die Tränen Mohammeds
Eine illustre Gesellschaft hat sich an Bord der »Star Cradle« eingefunden, um die Jungfernfahrt zu erleben. Doch die Idylle trügt.
448 Seiten
Bestell-Nr. 50383 **€ 23,–**

Volker Reineke
Segeln in rauen Gewässern
Damit Skipper Starkwindtauglich sind, beschreibt das Buch wie man sich auf Starkwindtage vorbereitet und sich bei einer Havarie verhält.
160 Seiten, 73 Farbbilder
Bestell-Nr. 50367 **€ 16,–**

Hellmut Hintermeyer
Die See war ihr Zuhause
Dieses Buch ist eine Hommage an Kapitäne, die in den letzten 1000 Jahren die Weltmeere befuhren.
224 Seiten, 91 Bilder, davon 7 in Farbe
Bestell-Nr. 50354 **€ 22,–**

Stand September 2002
Änderungen in Preis und Lieferfähigkeit vorbehalten

IHR VERLAG FÜR MARITIM-BÜCHER

Postfach 10 37 43 · 70032 Stuttgart
Telefon (07 11) 2 10 80 65 · Telefax (07 11) 2 10 80 70